KB264798

마가복음 _ 1장~16장

이광우 목사의 마가복음 강해

기독교 승리주의에 대한 반론

일어나라! 함께가자!

A refutation
to the triumphalism
in Christianity

예영커뮤니케이션

이광우 목사의 마가복음 강해
기독교 승리주의에 대한 반론

일어나라! 함께가자!

지은이 이광우
초판1쇄 펴낸날 2002년 12월 13일
개정2쇄 펴낸날 2011년 8월 25일
펴낸이 김승태
편집 김은주
표지디자인·편집 송봉주
캐릭터디자인 이호진
Clayillustrator 이윤진_designtoast.com
등록번호 제 2-1349 호(1992.3.31)
펴낸곳 예영커뮤니케이션
110-616 서울 광화문우체국 사서함 1661
출판유통사업부 tel 02-766-7912 fax 02-766-8934
e-mail jeyoungsales@chol.com
출판사업부 tel 02-766-8931 fax 02-766-8934
e-mail jeyoungedit@chol.com
http// www.jeyoung.com

ISBN 89-8350-252-5 03230

값 13,000원

※ 잘못 만들어진 책은 언제든지 교환해 드립니다.

A refutation
to the triumphalism
in Christianity

MARK 1-16

이광우 목사의 마가복음 강해
기독교 승리주의에 대한 반론

일어나라!
함께가자!

예영커뮤니케이션

이광우 목사의 마가복음 강해
기독교 승리주의에 대한 반론

일어나라!
함께가자!

A refutation
to the triumphalism
in Christianity

차 례

※마가복음 강해 〈강의안〉은,
  전주열린문교회 홈페이지(http://www.jopendoor.com)
  ▷ 자료실 ▷ 열린문자료실 ▷ '신학자료' 게시판에
  한글문서(hwp)로 등록되어 있습니다.

" '복음' 만으로는 안된다"는 그릇된 확신이
교회 안에서 독버섯처럼 번져가고 있는 이 어두운 시대에
이 책을 통해,
우리 주 예수 그리스도의 십자가 복음의 영광과
신랑 되신 어린 양 예수 그리스도의 신부
교회공동체의 자존감과 자긍심이
회복되기를 바랍니다.

"유일한 길이요 유일한 진리요 유일한 생명이신 구세주 예수님은,
인생의 행복을 위한 '선택사양' 이나 '장신구' 가 결코 아닙니다.
그러기에 신앙생활은,
우리가 적당히 골라 즐길 수 있는 여러 가지 취미생활이나
문화활동 가운데 하나가 아니라
이생과 내세를 아울러 '삶과 죽음' 을 판가름하는 치명적인 일입니다."
(본문 중에서)

우리 주 예수님의 십자가 사랑으로
사랑하는 당신께 정중히 묻습니다.

"그리스도인입니까?"

전주열린문교회 공동체를 섬기는 한편, 의료선교단체인 한국누가회 (Christian Medical Fellowship)의 학원사역 간사로 부름 받아 기독의료인들(의과대학생들)을 섬기기 시작한 지 어언 10년이 되었습니다. 짧지 않은 세월 동안 새벽이슬 같은 주님의 일꾼들을 복음으로 섬길 복된 기회를 많이 주신 우리 하나님을 찬양하며 주님께 먼저 감사 드립니다.

이 책은, 저자가 제 40 회 한국누가회 학생전국수련회(1999년 7월 26 ~31일, 장소 : 김천대학, 본문 : 마가복음, 주제 : "일어나라! 함께 가자!")의 주강사로 부름 받아 전국에서 모여든 650여 명의 기독 의대생들에게 일곱 차례에 걸쳐 마가복음 전체를 강론하면서 주 예수님께 올려드린 소박한 '신앙 고백'으로서, 수련회 현장에서 실황 녹음한 총 15시간(약 900분) 분량의 강론 테이프를 녹취하여 그 녹취본을 바탕글 삼아 설교문 전체를 저자가 직접 다시 손질하여 펴낸 것입니다.

'듣는 설교'와 '읽는 설교'는 장르 자체가 전혀 다릅니다. 그러기에 각 장르가 엇갈려 지니고 있는 장·단점이 분명히 있기 마련입니다. 이것을 누구보다도 잘 알기 때문에, 설교 녹음테이프를 마구잡이로 녹취하여 설교집을 만드는 것을 저 스스로 내내 경계해 왔습니다. 잘 아시다시피 '듣는 설교'는, 설교자와 청중이 직접 만나서 대화하는 형식이기 때문에 설교 현장의 생생한 분위기(감동)를 따라 청중의 반응을 재빨리 확인하고 바로 바로 대응할 수 있는 강점이 있는 반면, 자칫 고조된 분위기 때문에 설교내용이나 어투가 좀 투박하고 거칠어질 위험성이 있습니다. 반면 '읽는 설교'는, 저자가 차분히 생각을 정리하여 글을 쓰고 여러 차례 다듬는 과정에서 좀더 정교한 논리로 독자와 만날 수 있는 강점이 있는 반면, 설교 현장의 생동감과 성도 상호간의 섬세한 교감을 바로바로 분명하게 교환하지 못하는 아쉬움이 많습니다. 때문에 저자는, '말'로 했던 설교(듣는 설교)를 '글'로 쓰는 설교(읽는 설교)로 장르를 바꾸기 위해 녹취본을 손질하는 과정에서, 부득이 모든 설교문을 거의 다 새로 쓰다시피 하는 수고를 한 번 더 감당해야만 했습니다. 꽤 오랜 시간에 걸친 작업을 마치고 보니, 원고 수정 과정에서 설교 현장의 생생한 분위기를 가능한 한 살리기 위한 노력을 게을리 하지 않았음에도 불구하고, 아무래도 청중들과 호흡을 직접 마주하며 복음(하나님 말씀) 안에서 함께 울고 웃던 수련회 현장의 생생한 감동이 많이 사라진 것 같아 아쉬움이 참 많지만, 다른 한 편으로 다소 투박하고 거칠던 표현 하나 하나를 바로잡고 가다듬는 과정에서 여러 가지 새로운 성과들이 은혜롭게 드러난 점에 대해서는 참 다행스럽게 생각합니다. 그럼에도 어쩔 수 없이 드러나는 아쉬움에 대해서는 독자 여러분들께서 그리스도의 사랑으로 용납하고 선히 이해해 주시기를 바랍니다.

1998년 말 한국누가회 학생전국수련회 주강사로 선정된 후, 인터넷을 통해 (당시로서는) 최신판 마가복음 영문판 주석서를 구입하여 번역작업을 거의 다 마쳐가던 무렵(수련회가 시작되기 4개월쯤 전인 1999년 3월

26일 밤, 이 날은 저희 부부의 결혼 16주년 기념일이기도 했습니다) 저는, 비 내리는 밤늦게 어느 병원 응급실에 입원한 교우를 심방하기 위해 나가다가 그만 술을 마신 채 신호를 무시하고 달려온 차(대형 갤로퍼)에 들이 받혀 양쪽 차가 모두 다 폐차되는 큰 교통사고를 당했습니다. 만일 약 0.1초 정도만 더 일찍 사고가 났으면 저는 틀림없이 그 날 밤에 주님 품에 안겼을 것입니다. 수련회가 시작되기까지의 정말 얼마 남지 않은 금싸라기 같은 기간 동안, 전주열린문교회 공동체를 섬김과 동시에 약 10주간에 걸친 입·통원 치료를 병행하며 설교 원고와 강의안을 만드느라 늘 시간에 쫓기면서 제 마음은 정말 한없이 옥죄었습니다. 그렇게 해서 큰 부담 속에 맞이한 수련회 기간 동안에도 제 몸이 온전치는 않았지만, 뒤돌아보니 성령 하나님의 큰 도우심으로 수련회는 은혜롭게 잘 마무리 된 것 같습니다.

당시, 교통사고의 후유증을 안고 설교원고와 강의안을 쓰면서 옥죄는 마음이 힘들 때마다, 제 삶을 끊임없이 고난 가운데로 이끄시는 하나님의 속마음을 어떻게든 더 잘 이해하려고 애썼던 기억이 새롭습니다. 그런 과정에서, 살아가는 동안 '죽음의 강변'을 단 몇 발짝이라도 진지하게 거닐어보지 않은 사람은 '마가복음'을 제대로 강론하기 어렵겠다는 데 생각이 미치면서 비로소 그 교통사고의 큰 아픔을 강해 준비의 가장 큰 동력으로 삼아주신 우리 하나님께 새삼 감사할 수 있었습니다. 사고를 당하고 병원을 오가며 치료하는 과정 또한 강해 준비과정의 소중한 일부였다는 생각을 마침내 하게 되었기 때문입니다. 그처럼 큰 사고가 나는 과정에서도 제 몸을 하늘의 평화로 안아 주신 주님의 도움이 컸던 까닭에, 수련회에서 강론하는 동안 교통사고 후유증으로 무더위 속에서 몸은 비록 많이 힘들었음에도, 강단에 설 때마다 저와 함께 하시며 새 힘을 주시는 하나님의 능력을 더욱 분명하고 섬세하게 느낄 수 있었습니다. 수련회를 준비하며 설교원고를 쓰는 과정과, 수련회 기간 동안에 함께 하시며 저를 비롯한 많은 젊은 기독의학도들을 은혜 가운데로 이끄신 성령 하나님께서 이 강해집의 원고를 다듬는 과정에서도 변함 없이 함께 하셨음을 저는 굳게 믿습니다. 그 소박한 믿음으로, 성령 하나님께 이 책을 읽으시는 여러 동역자님들을 온전히 맡겨 드리려 합니다. 진리의 영이신 성령 하나님께서 독자 여러분을 예수 십자가 복음과 부활 진리의 큰 바다로 넉넉히 인도해 주실 것을 믿어 의심치 않습니다. 이 책을 통해, 여러 동역자님들의 신앙이 새로워지고 예수 그리스도의 신부인 교회공동체의 거룩과 자긍심이 많이 회복될 수 있으리라는 소박한 기대와 뜨거운 소망을 안고 깊은 기도 끝에 감히 이 책을 펴냅니다.

성경을 연구하고 글을 쓰며 책을 펴낼 때마다, 신학대학원 시절 존경하는 교수님들로부터 자주 들었던 정직한 고백 "(선배들의) 어깨 위에 선 신학"이라는 말을 실감합니다. 지면사정으로 일일이 밝히지는 못하지만, 기독교 진리를 전파하기 위해 곳곳에서 목숨 바쳐 헌신하신 신앙의 스승·선배님들과, 진리를 수호하기 위해 밤낮 없이 애쓰는 신실한 신학자들의 빛나는 업적들이 없었다면 이 마가복음 강론을 준비하는 과정이 훨씬 더 벅차고 수고로웠을 것입니다. 때를 따라 당신의 종들을 적절하게 불러 멋지게 사용하시는 우리 주 예수님을 찬양 또 찬양합니다.

한결같은 마음 뜨거운 사랑으로 말없이 동역해 주시는 한국누가회의 동역자님들과 간사님들, 그리고 성서유니온선교회(SU)의 여러 동역자님들께 감사 드립니다. 한없이 친애하는 어버이와 장인 장모님께도 감사 드립니다. 고난의 세월 속에서 더 깊이 사랑하게 된 아내와 우리 4 남매에게, 낙제점 가장의 어눌하고 철 지난 사랑을 고백합니다.

찜통더위 속에서 설교를 정성껏 녹음해 준 한국누가회 학생전국수련회 영상팀의 양윤선 형제님, 엄청난 분량의 채록작업을 도맡아 수고해 준 '예수마당'의 양현아 자매님, 멋진 표지 디자인과 편집작업을 맡아준 송봉주 형제님, 변함 없는 사랑과 신뢰로 동역해 주시는 전주열린문교회 공동체의 김태삼 · 정세환 · 오성근 · 김재옥 장로님을 비롯한 모든 교우님들, 10년 가까운 세월을 한결같이 동역하며 출판기획의 모든 과정을 세밀히 살펴 준 임완철 목사님과 박성규 · 김경호 강도사님, 최관호 선교사님 여러모로 많이 수고해 주신 전주열린문교회 청년들께 감사 드립니다.

같은 믿음 · 같은 소망으로, 오늘도 예수 십자가의 좁은 길을 묵묵히 걷는 기독문화운동의 신실한 선두주자이자 귀한 동역자이신 예영의 김승태 사장님을 비롯한 임직원 여러분께 마음 깊이 감사 드립니다.

하나님 홀로 영광 받으소서!(soli Deo gloria!)

2002. 늦가을
열린문서재에서
저자 드림.

왜 오늘 '마가복음'인가?

    얼마 전 신문에서 요즘 초·중등 학생들의 체격과 체력을 측정하여 30년 전 또래의 학생들의 것과 비교 분석한 기사를 본 적이 있습니다. 그 통계보고서의 결론은, 요즘 학생들이 "30년 전에 비해 체격은 엄청나게 커졌으나 체력은 형편없이 약해졌다"는 것이었습니다. 요컨대 살이 많이 쪘다고 다 건강한 것은 아니라는 기초상식이 한번 더 입증된 것입니다. 우리는 지금 인류역사상 유례 없는 지적/물질적/문화적 풍요 속에서 살고 있습니다. 이런 시대의 흐름을 따라 한국교회(선교단체)도 그 몸집이 많이 커졌습니다. 커졌다기보다는 하염없이 비대해졌다는 표현이 더 어울릴 만큼 한국교회는 세계에서 손꼽히는 부자가 되었습니다. 개척교회가 많다지만, 아무튼 이 땅의 교회당 안에는 사람도 많고 돈도 많습니다. 이 사회 안에서 교회가 이제는 퍽 힘있는(?) 단체가 되었습니다. 교세로만 단순 평가할 때 세계 50대 교회 중에 한국 교회가 20여 개나 들어 있고, 그 중에서도 세계에서 가장 큰 교회와 두 번째로 큰 교회가 우리 한반도 남한 땅에 있으며, 단순히 매년 배출하는 목사후보생수만으로 이야기하더라도, '우주에서' 가장 큰 신학교들 역시 우리 한반도 이남에 거의 몰려 있기 때문입니다.

한국현대사의 험난한 소용돌이 속에서 어쨌거나 우리 기독교계에서 대통령을 이미 두 명이나 배출했습니다. 뿐만 아니라 우리 사회 요소 요소에 기독교신자로 자부하는 사람들이 어엿이 자리잡고 있습니다. 확인해 보지는 않았지만, 여의도 국회의사당에 금 배지를 달고 출입하는 현직 국회의원의 45%가 개신교 신자라 합니다. 밤에 거리에 나가 눈을 한 번 휘둘러보십시오. 무논에 심기운 모처럼 빼곡이 들어찬 교회당의 붉게 빛나는 수많은 십자가를 쉬 볼 수 있을 것입니다. 그래서 야간에 김포공항을 통해서 이 땅을 드나드는 외국인들은 두 번 놀란다고 합니다. 한 번은 입국할 때, 공항주변에 붉게 깔린 십자가 네온을 보고 한국을 기독교 국가로 착각하면서, 또 한 번은 출국할 때, 그럼에도 불구하고 이 한반도에 하나님의 의(義)와 거룩이 전혀 뿌리내리지 못하고 있는 심각한 사실 때문에…… 어떤 분한테서 그 얘기를 들으면서 예수 믿는 사람의 하나로서 부끄러움과 탄식과 아릿한 아픔으로 몹시 심란했습니다. 이 땅에 복음이 처음 들어오던 때, 그 엄청난 핍박과 시련 속에서 "일사각오(一死覺悟)"의 신앙으로 순교의 피를 뿌린 우리 믿음의 선배님들은 그 숫자가 기껏 우리 민족의 1%도 채 안 됐습니다. 백성의 수가 지금보다 훨씬 적었을 때의 1%이니 정말 작고 작은 무리였음을 짐작할 수 있습니다. 그러나 그 분들은, 순교의 피를 뿌려가며 이 민족 앞에 삶의 준엄한 표준을 제시했고 그 덕분에 우리 민족이 그나마 오늘에 이를 수 있었다고 저는 믿습니다.

오늘 우리는 이 땅 5천만 백성의 25%인 1천 2백만이라는 교세를 세계 교회 앞에 자랑할 수 있게 되었습니다. 불과 얼마 전까지만 해도, 한국전

쟁의 상흔을 채 이겨내지 못하고 미국의 원조물자에 기대어 근근히 목숨을 연명하던 백성, 횟배앓이하는 주린 배를 움켜쥐고 보릿고개를 할딱이며 넘던 그 초라한 민족이 어느덧 세계 제 10 위권의 경제대국이 되었습니다. 비록 잠시 국제통화기금(IMF) 구제금융의 그늘을 넘나든 적도 있으나, 그래도 우리 민족의 경제력은 아직은 탄탄합니다. 심각한 국난에도 까딱없는 재벌들과, 몇 백 만 원짜리 외제 아니면 옷을 입지 않는 부유층과 고위층, 그리고 돈 많고 힘있는 교회들이 여전히 든든히 버티고 있기 때문입니다. 하지만 이처럼 살찌고 부강한 나라가 되었으나 이 민족의 장래는 참으로 암담하기만 하다는 것을 대다수 국민이 어쩔 수 없이 인정합니다. 자세히 들여다보면 이 땅 어느 한 분야도 건강한 곳이 없이 만신창이가 되어 있습니다. 안타깝게도 민족의 마지막 소망의 불꽃이 되어야할 기독교인들도 마찬가지임을 인정하지 않을 수 없습니다. 세상과 달라야할 교회가 세상을 닮아 가는 일에 앞을 다투고 있습니다. 이 땅에 물질적 풍요가 자리잡아가면서 교회(기독교인)도 서서히 돈맛을 알기 시작했기 때문입니다. "하나님과 재물을 겸하여 섬길 수 없다"(마 6:24)고 주님이 단언하셨음에도, 우리 기독교인들은 은혜(?)롭게도 하나님과 돈(명예)을 아울러 잘만 섬깁니다.

언제부터인지 교회 안팎에 외형적 교세가 진리의 잣대로 암암리에 자리잡기 시작했습니다. 세상이 추구하는 물신(物神)주의와 고도성장 이데올로기에 맞서 싸우기는커녕 교회가 이런 흐름의 선두주자가 되었습니다. 오죽하면 "기독교 특수(特需)"라는 말이 요즘 경제인들 사이에 중요한 애깃거리로 자리잡아가고 있겠습니까. 한국 교회의 교세가 커지면서 사회 요소 요소에 많은 인재(?)를 배출하게 되었습니다. 그래 그런지, 종종 우리 사회를 떠들썩하게 만드는 몇몇 낯뜨거운 대형사건들의 주역들은 안타깝게도 거의 다 교회의 중직자들입니다. 몸집은 무던히 커졌는데 체력은 형편없어진 요즘 아이들처럼 이 땅의 교회는 지금 성인비만도 아닌 소아비만증에 시달리고 있습니다. 안타깝게도 많은 기독교인들은 소아비만증에 걸린 아이들처럼 "단 것"만 즐겨 먹습니다. 그 덕분에 세계 교회가 볼 때, 한국은 기독교 이단의 천국(?)이 되고 말았습니다. 이처럼 낯간지러운 낙인이 찍힌 한국교회의 엄연한 현실 앞에서 이제는, 우리가 받은 "복음"의 본질이 과연 무엇이며 어떠한 것인지를 진지하게 되짚어 볼 때가 되었다고 생각합니다.

위대한 믿음의 선배 사도 바울 선생님은, "내가 그 동안 복음을 위해 숱한 고난을 당한 것은 제쳐두고, 오히려 날마다 내 속에 눌리는 것(스트레스)이 있으니 곧 모든 교회를 위하여 염려하는 것"(고후 11:28)이라고 고백하였습니다. 좀 생각이 있는 기독교인이라면 이 땅의 어두운 역사와 이 땅 우리들의 교회의 소아비만증 때문에 바울 못지 않은 엄청난 스트레스를 받는 것이 지극히 당연하다고 생각합니다. 그것이 없다면, 자신의 신앙고백과 받은 바 복음의 본질을 서둘러 재점검해 보아야만 합니다. 예수 믿으면 "지금 이곳에서" 만사 형통한다는 '기독교 승리주의', 그 기독교 승리주의의 후예인 극단적인 개인주의와 개교회주의, 역사의 현실적 지평에 전혀 눈길을 주지 못하는 극단적 경건제일주의, 불건전한 기복주의의 잔재주(mechanism), 성장 이데올로기, 그리고 물신(돈)숭배의 매혹적인 풍랑 앞에 많은 기독교인들이 멀미하며 서 있습니다. 심지어 몇몇 영향력 있는 교계 지도자들조차, 섬겨야할 지역의 어두운 역사적 상황을 차분히 직시하고, 그 상황을 밝히 변화시킬 빛나는 복음의 메시지에 꾸준히 귀를 기울이기보다는, 값비싼 항공료와 여행경비를 들여가며 미주지역의 그럴듯한 목회성공사례들을 견학하러 다니기 바쁘고,

초보적인 마케팅 전략을 비복음적인 교회성장이론으로 교묘히 포장한 그럴듯한 사이비 속설에 온 마음을 다 빼앗긴 나머지, 그 어설픈 이론을 적용(?)하여 단기간에 가시적인 업적을 쌓는 일에 더 골몰하는 두렵고 서글픈 현실을 봅니다. 모든 개인차를 초월하여 정말 함께 모여 마음과 뜻을 모아 기도하고 힘과 지혜를 모아야 하는 곳에는 늘 찬바람이 돌지만, 모이기를 폐하는 이런 분위기 속에서도 '교회성장 세미나' 라는 현수막 하나만 내걸면 순식간에 목회자 몇 백, 몇 천 명 모이는 일은 그리 어렵지 않은 저급한 목회경쟁시대에 접어들었습니다. 이런 분위기 속에서는 주님께서 그토록 극찬하셨던 '과부의 두 렙돈'(막 12:41~44, 우리 돈으로 천 원도 채 안 되는 액수의 헌금)은 이미 설자리가 없습니다. 하나님 나라 안에서는 '작은 것/작은 이' 가 얼마든지 더 아름다울 수 있음에도 불구하고, '작고 초라한 것' 은 이 땅의 기독교계에서 더 이상 미덕이 아닙니다. 따라서 낮고 천한 주님의 나무십자가가 마음 편히 서 있을 곳 또한 그리 많지 않은 현실입니다. 정말 헤어나기 어려운 '기독교승리주의' 의 풍랑에 우리 신앙의 배가 침몰해가고 있는 것입니다. 이미 이런 풍랑에 빠져 들어간 사람들은, '역사의식' 도 '하늘의 거룩한 윤리' 도 '주님나라의 정의' 도 생각할 겨를이 없이 모양만 번지르르한 경건의 탈을 쓰고 적(돈 귀신)과의 동침에 거짓평안의 깊은 잠을 자고 있습니다. 고난과 시련이 면제된 그 거짓 평안(사이비 영광)을 하나님의 은혜로 착각하고 '종교의 아편' 에 취해 고통 없이 멸망의 길을 떼지어 달려갑니다. 주님께서 그토록 목이 터져라 외쳤던 '좁은 문/좁은 길' 은 그 낱말조차 사라진 지 이미 오래고, 그래서 교회당을 출입하는 사람들은 이제 더 이상 외롭지 않습니다. 은혜스럽게도(?) 교회당을 함께 찾는 이가 아주 많고, 나중에 삼수갑산(三水甲山)을 갈망정 우선은 제법 모양 좋은 기독교문화를 즐기며 '함께 갈' 사람들이 많기 때문입니다. 어쨌거나 이 정도 교세면 인해전술로도 이 땅에서 못할 게 없을 것 같은데도 손바닥만한 한반도 반 조각 안에서조차 1천 2백만 기독교인의 거룩한 목소리는 별로 들리지 않습니다. 다만 멸망 직전의 예루살렘 성전처럼 겉만 화려한 '기독교문화' '기독교 특수(特需)'만이 교회주변에 신기루처럼 아름답게 드리워, 추잡한 교권쟁탈전과 잡다한 이권다툼의 아우성만 여기저기 요란할 뿐입니다.

사랑하는 동역자 여러분, 우리 모두 허망한 풍요에 취해 있는 이 땅의 교회를 향해 휘몰아오는 소리 없는 풍랑을 눈 부릅떠 보아야만 합니다. 오늘 우리가 이 풍랑을 부릅뜬 눈으로 직시하지 못하고 그것을 '믿음'으로 잘 이겨내지 못하면 소위 '새 천년의 꿈'이라는 빛나는 비전도 그저 목 타는 하룻밤 꿈에 지나지 않을 것입니다.

우리 한국교회가 이 암울한 한반도에서 '사람 낚는 어부'로 주님 앞에 부름을 받은 지 벌써 100년이 훌쩍 지났습니다. 결코 짧지 않은 고난의 세월동안 한국교회는 하나님의 사랑을 먹고 제법 잎새 푸른 나무로 성장했습니다. 그 푸른 잎새를 향해 풋 열매 몇 개라도 찾기 위해 다가오시는 주님(막 11:12~25 참조)의 발걸음소리가 들려 오는 듯합니다. 세계사적으로 커다란 아픔(두 차례의 세계대전/원자폭탄 투하/냉전과 군비경쟁/패권다툼/인권 유린/부(富)의 편중/심각한 지구환경 오염과 자원고갈)이 많았던 20세기를 마감하고 우리는 어언 21세기에 접어들었습니다. 하나님께서 우리 모두에게 주신 이 복된 소망의 21세기, 새 시대 소망의 첫 걸음을 우리 모두가 힘을 합해 오롯이 내디디기를 마음에 갈망하면서 이 마가복음 강론을 감히 시작합니다. 모쪼록 이 마가복음 강해를 통해 우리 한국교회 신자들의 신앙이 얼마나 견고한 토대 위에 있는지를 정직하고 진지하게 돌아보는 의미 있고 아름다운 시간이 되기를 바랍니다.

21세기 지구촌 황금어장이 우리 한국교회 앞에 있습니다. 이 책을 읽는 동안, 성령하나님의 도우심으로 "사람 낚는 어부가 되라"고 우리를 부르시는 주님의 절절한 음성을 듣는 귀가 열리며, 십자가 너머 주님의 영광의 나라를 바라보는 소망의 눈이 아울러 열리는 큰 은혜를 누리시기 바랍니다. 21세기 지구촌과 우리 통일조국을 능히 섬길 수 있는 힘을 기르기 위해, 주님과 함께 고난의 좁은 길을 즐거움으로 걷는 십자가 복음의 열매들이 풍성하게 맺히는 계기가 되기를 바랍니다. 이 준엄한 시대의 갈림길에서 우리가 나날이 힘써야 할 것은, '허무맹랑한 시한부종말론'이나 '얄팍한 마케팅전략' 혹은 '기독교적 처세술', '알량한 기복주의 잔재주' 나부랭이를 '엿듣기' 위해 우리들의 간지러운 귀를 여는 것(딤후 4:3~4)이 아니라, 마가 선배님이 전하는 〈하나님의 아들 예수 그리스도〉의 〈십자가 고난의 복음〉을 무릎 꿇고 마음 밭에 '새겨듣는' 일일 것입니다. 그렇지 않고 우리가 여전히 '기독교 승리주의'를 복음으로 착각한 채 세월을 보낸다면 어느 순간 우리는, 고난의 주님을 팽개치고 십자가의 현장을 떠나 갈릴리 바닷가로 도망쳐 하루하루 물고기나 잡아 끼니나 연명할 생각을 함부로 하던 제자들처럼, 눈부시고 화려한 명함 아래 별 의미 없는 슬픈 길을 영원히 걷게되고 말 것입니다. 혹시 어쩌다 지금 그처럼 어두운 길에 서 있는 분들에게는 이 책이, 주님을 만났던 추억과 소망의 갈릴리 바다로 다시 인도하는 길잡이가 될 수 있기를 바랍니다. 아울러 예수 그리스도의 신실한 제자들에게는 이 책이, 어두움과 혼돈에 휩싸인 채 극히 불안한 잰걸음으로 새 천년을 시작한 이 땅 이 민족의 죄와 허물을 온몸으로 보듬어 안고 주님 앞에 깊이 회개하며 십자가 아래서 믿음의 심지를 곧추세우는 데 도움을 줌과 동시에, "내 뜻을 죽이고 오직 하늘 아버지의 뜻을 간구하는 우리들의 피눈물로 죄에 젖은 이 땅의 부끄러움을 정갈하게 씻어낼 준비를 하는" 겟세마네 동산으로 우리 모두를 이끄는 나침반이 될 수 있기를 바랍니다. 모쪼록 고난의 길을 앞서 걸으시며 "일어나라! 함께 가자!"고 우리를 일으켜 세우시는 주님을 따라 결연히 일어서는 헌신의 발자국소리가 이 책을 통해 이 시대의 짙은 어둠 속에 우렁차게 울려 퍼지기를 바랍니다. 십자가 복음의 권세가, 우리 마음의 완악함을 압도하는 시간, 나 하나가 죽어서 많은 이를 살릴 수 있도록 우리 모두 십자가의 고난을 정말 목놓아 사모하는 기회가 되기를 간절히 바랍니다. 예수님처럼, 예수님의 제자인 우리 또한 오직 십자가 아래 〈죽을 때만〉 복음의 영광을 드러낼 수 있기 때문입니다. 아울러, 이 땅 우리네 역사가 아무리 어둡고 칙칙해도, 우리 주 예수 그리스도의 십자가 복음 안에는 여전히 소망이 있으며, 그 소망은, 그 분을 온전히 믿고 따르는 우리들의 단호한 결단과 구체적인 헌신이 나타나지 않는 한, 향기로운 열매로 나타나기 어렵다고 믿기 때문입니다.

"오, 주님, 마가 선배님을 통해 허락하신 이 장엄한 마가복음서 강해를 통해 21세기를 섬겨야할 주님의 백성들이, 십자가의 고난을 삶의 유일한 소망과 푯대로 붙들고 주님과 함께 고난의 길을 기쁨으로 걷게 되기를 간절히 원하나이다. 성령님께서 부디 도우소서. 아멘. 아멘."

하나님 홀로 영광 받으소서!(soli Deo gloria!)

마가복음은 어떤 성경인가?

　　마가복음은 사복음서 중에서 가장 분량이 작은 책입니다. 그런 만큼 그 내용이 고도로 압축되어 서술됩니다. 마가는 예수님의 교훈보다는 그분의 삶과 사역에 보다 더 깊은 관심을 가지고 이 복음서를 기록했습니다. 호흡이 아주 간결한 문장을 주로 사용하면서 다양한 사건들을 아주 간략하게 묘사하고 있습니다. 여하튼 사복음서 중에서 예수님의 활동과 사역을 가장 진솔하게 표현한 것이 바로 마가복음서입니다. 그러므로, '예수님이 어떤 분이시며', 또 '무슨 일을 하셨는가'를 알고 싶어하는 이들이 가장 쉽게 접근할 수 있는 복음서가 바로 마가복음이라고 할 수 있습니다. 마가는, 단순히 '인간 예수'를 그리려는 것이 아니라 인류에게 나타난 기쁜 소식(복음)의 시작으로서 예수 사건을 묘사하고 있습니다 (막 1:1). 마가는 나사렛 예수를 하나님의 아들이요 구세주(메시아, 그리스도)로 고백하면서 이 복음서를 기록한 것입니다.

　　글의 흐름으로 보아 마가복음은 마가 당시 이방인 출신 그리스도인들을 대상으로 기록된 듯합니다. 이방인 출신 독자들을 배려한 듯한 기록들(3:17, 5:41, 7:11, 34, 14:36, 15:34 ; 7:3~4, 14:12, 15:42 ; 6:48, 13:35 ; 12:42 ; 10:12)이 자주 눈에 띄기 때문입니다. 특히 유대인들이나 예수님의 측근 제자들보다는 오히려 이방인을 신앙의 귀감으로 제시하는 기록을 통해서 그런 흐름이 더욱 분명하게 드러납니다. 마가복음서 전체에서 예수님을 향해 '주님'으로 부른 이는 오직 수로보니게 출신 이방 여인뿐이었으며(7:28), 예수님을 '하나님의 아들'로 부른 이 또한 예수를 십자가에 못 박는 일을 지휘했던 로마군대의 백부장(이방인) 한 사람뿐이었다는 사실(15:39)에서도 그것을 충분히 짐작할 수 있습니다. 그러면서도 마가는 마가복음서 전체 열여섯 장의 중심부인 8장 29절에서 "주는 그리스도시니이다"라는 유대인 베드로의 고백을 분명히 기록함으로써 예수가 유대인의 구세주일 뿐만 아니라 이방인의 하나님도 되신다는 것을 밝힘과 동시에 나사렛 예수 그리스도의 십자가 복음이 지니는 우주적 성격을 분명히 드러내고 있습니다. 사복음서 중에서 예수님의 수난에 관한 기록 비중이 가장 높은 복음서로서 마가복음은 우리의 왕이신 〈하나님의 아들〉이 바로 우리를 위해 친히 〈수난 당하신 섬김의 종〉이시라는 것을 분명하게 밝힘으로써 시대와 공간을 초월하여 모든 그리스도인들(예수 제자들)이 과연 어떻게 살아가야 할 것인지에 대해 귀한 이정표를 뚜렷하게 제시해 주고 있는 아주 귀한 책입니다.

 # 기록자에 대하여 : 마가복음서 기자에 대한 복음서의 직접적인 내적 증거는 없지만, 초대교회는 이 복음서가 요한 마가에 의해 기록되었다는 것을 이의 없이 인정했습니다. 가장 중요한 근거는 교부 파피아스(Papias/A.D. 140)의 증언인데, 그는 당시 오랫동안 전승되어온 다음과 같은 내용을 인용하면서 요한 마가가 본서의 기록자임을 증언합니다.

① 마가는 사도 베드로와 친분이 매우 두터웠다. 마가는 베드로로부터 주 예수님이 행하시고 가르치신 것들에 대한 다양한 전승을 받을 수 있었다(마가가 사도 바울한테서 복음서의 주요 내용을 전해 받았다고 주장하는 신학자들도 있기는 하나, 예수님의 공생애 행적을 증언하는 복음서의 기본적인 성격을 감안할 때 납득하기 어려운 점이 많다).

② 이 전승들은 마가에게 우리 주님의 생애에 관한 체계적인 형태로 주어지지는 않았으나, 베드로의 설교-초기 기독교회공동체들의 절실한 필요를 겨냥한 내용-형태로 주어졌다.

③ 마가는 이 자료를 정확하게 보존했다. 이것을 근거로, 마가복음은, 대략 베드로의 설교내용을 요한 마가(행 10:37 참조)가 정리 기록한 것이라고 말할 수 있다.

 # 신약에 등장하는 본서의 기록자 요한 마가에 대하여 : 요한 마가가 베드로의 동역자였다는 데 대해 이견은 별로 없습니다. 신약에서 요한 마가에 대한 최초의 언급은 그의 어머니와 관련해서 등장합니다. 마가의 어머니는 예루살렘에 집을 갖고 있었는데 그녀는 그 집을 신자들의 만남의 장소로 내 놓았습니다(행 12:12). 바울(Paul)과 바나바(Barnabas)가 예루살렘으로부터 안디옥으로 돌아왔을 때, 마가는 그들을 수행하고 있었습니다(행 12:25). 마가는 나중에 바울과 바나바의 1차 선교여행에 '도우미'로 일하게 되지만(행 13:5), 그러나 그는 무슨 까닭인지 밤빌리아의 버가에서 그들과 헤어져 예루살렘으로 돌아오고 맙니다(행 13:13). 바울은 이 때 마가의 그런 행동으로 인해 크게 실망했음이 분명합니다. 왜냐하면 2차 선교여행 시 바나바가 마가를 데리고 가자고 하는 것을 바울이 단호하게 거절했고, 그 결과 바울과 바나바가 크게 다툰 후 갈라서게 되

는 아픈 과정을 볼 수 있기 때문입니다(행 15:36~39). 바나바는 결국 바울과 헤어져 자신의 생질인 요한 마가를 데리고 구브로(Cyprus)로 떠납니다. 이 두 사람의 행적에 대한 사도행전의 기록은 그것으로 끝나고 이후로는 사도행전에서 그들에 관한 기록을 찾을 수 없습니다. 마가는 바울이 로마에서 써서 골로새교회에 보낸 편지와, 또한 비슷한 시기에 쓴 빌레몬서(몬 24)에 바울과 함께 문안 인사하는 사람으로 다시 등장합니다. 이 무렵에 마가는 분명히 바울의 신뢰를 다시 회복하는 방향으로 걷기 시작하고 있었을 것입니다. 바울의 말년에 이르러, 마가는 바울이 전적으로 신뢰하는 사람이 되어 있었습니다(딤후 4:11, 골 4:10).

 # 기록시기에 대하여 : 마태와 누가가 마가의 이 복음서를 주요자료로 활용했다고 주장하는 사람들은 이 복음서가 대략 주후 50년대 혹은 60년대 초에 기록되었다고 봅니다. 또 어떤 이들은 이 복음서의 내용과, 초대 교회 교부들의 마가에 대한 진술에 근거하여 이 복음서가 예루살렘 멸망(주후 70년) 직전에 기록되었다고 보기도 합니다. 그러나 전자를 지지하는 사람들이 좀더 많은 편입니다.

 # 기록 장소에 대하여 : 초대교회 전승에 의하면, 마가복음은 '이탈리아 지역' 특히 '로마' 에서 기록되었다고 합니다(이레니우스와 알렉산드리아 출신 클레멘트의 주장). 이들은 마가가 사도 베드로와 함께 이 복음서를 기록했을 것으로 추정하고 있습니다. 그 근거는 다음과 같습니다.
① 베드로가 그의 말년, 특히 순교할 때 로마에 있었을 역사적 가능성.
② 비슷한 시기에 마가 또한 로마에 머물고 있었으며, 그럼으로써 베드로와 친밀한 관계였을 것임을 암시하는 성구들(딤후 4:11, 벧전 5:13

을 보십시오. 벧전 5:13의 '바벨론에 있는 교회'는 '로마교회'를 가리
키는 암호임)이 눈에 띈다는 점.

이 복음서의 수신자에 대하여 : 로마에 있는 교회 혹은 적어도 이방인
독자들을 겨냥한 듯한 증거가 많이 있습니다. 마가는 유대인들의 관습을
(이방인에게) 설명하거나(7:2~4 ; 15:42), 로마인들의 습관을 따라 밤 시
간을 4등분하거나(6:48 ; 13:35), 헬라의 동전을 로마 동전으로 환산해
주거나(12:42), 아내에게도 이혼할 권리가 있다는 로마-헬라법을 간접적
으로 인용하거나(10:12), 히브리어나 아람어 어휘들을 알기 쉽게 번역해
주는(3:17 ; 5:41 ; 7:11, 34 ; 15:22) 대목 들이 눈에 띄기 때문입니다. 한
편 마가는, 박해와 순교에 대해 특별한 관심(8:34~38 ; 13:9~13)을 보이
는 듯한데, 이것은 당시 가혹한 박해를 당하던 로마교회 기독교인들에게
매우 절절한 문제였습니다. 로마교회의 기독교인들은 이 복음서를 액면
그대로 받아 이것을 급속도로 보급시켰을 것입니다.

마가복음서 기록 동기와 목적에 대하여 : 마가복음서는, 전통적으로,
로마와 연관되기 때문에 주후 64~67년 경 로마교회에 극심한 핍박이 가
해지기 시작하던 상황에서 기록된 것으로 추정됩니다. 주후 64년에 로마
에 대화재-전승에 의하면 네로 황제가 방화한 후 그 책임을 기독교인들
에게 덮어 씌웠다 함-가 발생했고 그로 인해 로마 교회에 대대적인 박해
의 피바람이 불고 있었습니다. 그 과정에서 로마교회의 신자들 중에 순
교자까지 생기기 시작했습니다. 마가는, 로마교회의 신자들을 우리 주님
의 고난 찬 생애 앞에 세움으로써 이 고난에 대비하도록 하기 위해 마가
복음서를 기록했을 것입니다. 마가복음서 전반에 걸쳐서 〈고난과 제자도

〉에 관한 직·간접적인 언급(1:12~13 ; 3:22, 30 ; 8:34~38 ; 10:30, 33 ~34, 45 ; 13:8, 11~13)이 많은 것도 그 때문입니다.

마가복음서의 주요 내용에 대하여

① **십자가(고난과 핍박)** : 인간의 부패한 역사적 상황(12:12/14:1~ 2/15:10) 때문에, 그리고 하나님의 인간을 향한 공의와 사랑 때문에 (8:31/9:31/10:33) 마가복음에서 십자가(고난과 핍박)가 강조됩니다.

② **하나님나라와 구원** : 세례 요한, 예수님, 제자들의 설교(가르침/각종 비유)의 주요주제는 '하나님의 왕국(하나님나라)' 이었습니다. 그 나라 에 들어가는 길이 "회개와 믿음"(1:9~15), "하나님의 은총과 구원의 능력"(10:26~27 ; 7:37)으로 제시되고 있습니다. 유대교 교권자들과 예수님의 논쟁의 핵심에는 언제나 '하나님의 나라에 들어가는 길(구 원 얻는 방법)' 이라는 심각한 주제가 놓여 있었습니다. 이 과정에서 예수님은, 모세 율법에 근거한 정결 규례를 준수함으로써 구원을 얻 을 수 있다고 굳게 믿고 있으면서 부질없는 선민(選民)의식에 사로잡 혀 있던 유대인들의 자존심을 건드리게 되었고 그것이 결국 예수님을 십자가로 내모는 결과를 불렀습니다.

③ **하나님의 아들** : 마가가 다른 복음서 기자들보다 예수님의 인성을 더 강조하는 것은 사실(3:5 ; 6:6, 31, 34 ; 7:34 ; 8:12, 33 ; 10:14 ; 11:12) 이나, 예수님의 신성 또한 이에 못지 않게 강조되고 있음을 놓쳐서는 안 됩니다(1:1, 11 ; 3:11 ; 5:7 ; 9:7 ; 12:1~11 ; 13:32 ; 15:39).

④ **제자도** : 인간의 육체를 입고 우리 가운데 오신 하나님의 아들 우리 주 예수님의 〈수난〉예언과 〈제자도〉에 관한 준엄한 가르침이 맞물려 기록(8:34~9:1 ; 9:35~10:31 ; 10:42~45)되어 있다는 사실을 특히

주목하지 않으면 이 복음서의 핵심을 놓칠 가능성이 많습니다.

⑤ **예수님의 교훈** : 마가가 다른 복음서기자들에 비해 예수님의 가르침을 상대적으로 적게 기록한 것은 사실이지만, 이 복음서에 선생님으로서의 예수님을 강조한 부분 또한 적지 않습니다. "선생님/가르치다/가르침/랍비"라는 어휘가 예수님께 적용된 경우는 마가복음에 무려 39군데나 됩니다(예수님에 대한 이런 호칭은 예수님을 하나님의 아들로 인정하지 못하는 제자들과 무리들의 '불신앙의 결과'로 보는 학자들도 많은데, 마가복음서 전체의 흐름으로 보아 퍽 타당성이 있는 주장입니다). 어쨌거나 마가복음서에서 그 분의 가르침의 내용 또한 주목해 보아야 할 중요한 요소임은 분명합니다.

⑥ **메시아 비밀론** : 이 복음서의 여러 곳(1:34, 44 ; 3:12 ; 5:43 ; 7:36~37 ; 8:26, 30 ; 9:9)에서, 예수님은 자신이 '이적을 행한 후'에 당사자에게나 제자들에게 〈예수님이 누구시며/무엇을 하셨는가〉에 대해 침묵할 것을 요구합니다. 그 이유는 십자가의 길(고난의 좁은 길)과는 정 반대편에 있는 '기독교 승리주의' 및 '이적신앙'을 철저히 배격하기 위함이었습니다.

⑦ **제자들의 실패와 영적 안목의 어두움** : 마가복음에서 제자들은, 예수님의 사명과 자신들의 소명(김命) 곧 예수님의 초자연적 능력과 고난(수난)의 의미를 깨닫는 데 매우 둔감한 것으로 묘사됩니다(4:40 ; 8:17~ 21 ; 9:18~19, 28~29참조). 그들의 어두움은 전적인 헌신을 요구하는 예수님의 부르심과 너무나도 뚜렷한 대조를 이룹니다. 이야기의 주연이 되어야할 이들의 실패와, 조연(혹은 엑스트라)에 불과한 사람들의 눈부신 믿음·헌신을 대조 비교해 보는 것도 마가복음을 깊이 있게 읽는 한 가지 좋은 방법이 될 것입니다. 부활의 소식을 들은

후까지도 제자들의 이 어두움은 여전하여 마가복음은 결국 두려워하는 제자들의 모습으로 끝이 납니다(16:7~8). *16:9 이하의 [   ]속에 기록된 말씀은 어떤 사본에는 생략되어 있습니다. 이 부분은 후대에 첨가되었을 가능성이 높습니다.

마가복음의 특징에 대하여 : 앞서 말씀드린 대로 마가복음서는 단순하고 간결하며 꾸밈이 없으면서도, 예수님의 가르침보다는 행동(사역)을 강조하면서 예수님의 사역을 매우 생생하게 소개하고 있습니다. 예수님의 삶과 사역을 소개하는 이야기를 전개해 가는 과정에서 마가복음서가 지닌 특징은 장면전환이 매우 빠르다는 것입니다(마가는 "곧/즉시"라는 부사어를 매우 빈번하게 사용합니다. 그 한 예로 1:12를 보십시오). 이 복음서는 대체로 "복음의 시작"(1:1)이라는 특징을 지닙니다. 예수 그리스도의 삶/죽음/부활은, 사도행전 등에 기록된 사도적 설교의 "시작"을 포괄하고 있습니다.

마가복음의 구조에 대하여 : 우리의 이해가 아직 부족한 탓인지, 마가복음의 전체 구조를 아직 명쾌하게 파헤치지 못하고 있습니다. 마가복음의 구조를 파악하기 위한 다양한 시도들이 있었으나 아직까지 견해차를 좁히지 못하고 있습니다. 마가복음서의 구조에 대한 이해를 돕기 위해 도움이 될 만한 두어 가지 시안을 제시합니다. 우선 마가복음서를 2~3회 정독한 후, 이 견해들을 참고로 마가복음의 구조를 각자 분석해 보시기 바랍니다.

[견해 1]

1. 새 시대의 여명(1:1~13)

   * 예수님의 능력(1~10장)

2. 빛과 어두움의 싸움(1:14~10장)

3. 수난의 깊은 밤(11장~15장)

   * 예수님의 수난(11~15장)

4. 부활의 새 아침(16장)

   * 예수님의 승리(16장)

[견해 2]

1. 갈릴리 주변(1~8장)

2. 예루살렘으로 가는 길(8~10장)

3. 예루살렘에서(11~15장)

4. 다시 갈릴리로(16장)

[견해 3]

1. 예수님의 사역 시작(1:1~13)   * 표제어(1:1) : 서론 겸 결론

2. 예수님의 갈릴리 사역(1:14~6:29)

   [초기(1:14~3:12)]

   제자들을 부르심(1:14~3:12), 가버나움에서의 이적들(1:21~34)

   갈릴리 여행(1:35~45), 가버나움 사역(2:1~22), 안식일 논쟁(2:23~3:12)

   [후기(3:13~6:29)]

   12제자 선택(3:13~19), 가버나움에서의 교훈(3:20~35),

   하나님나라 비유(4:1~34), 갈릴리 바다 항해(4:35~5:20),

갈릴리에서의 이적들(5:21~43), 고향에서 배척 당하심(6:1~6)
전도대 파송(6:7~13), 예수님의 사역에 대한 헤롯왕의 반응(6:14~29)

3. 갈릴리로부터 물러나심(6:30~9:32)
갈릴리 동부해안으로(6:30~52), 갈릴리 서부 해안으로(6:53~7:23), 베니게 지방으로(7:24~30)
데가볼리 지방으로(7:31~8:10), 가이사랴 빌립보 근방으로(8:11~9:32)

4. 갈릴리에서의 마지막 사역(9:33~50)

5. 유대와 베뢰아 지방에서의 예수님의 사역(10장)
이혼에 대하여(10:1~12), 어린이에 대하여(10:13~16), 부자청년(10:17~31)
수난예언(10:32~34), 두 형제의 청원(10:35~45), 소경 바디매오의 신앙고백과 구원(10:46~52)

6. 예수님의 수난(11~15장)
승리의 입성(11:1~11), 성전 청결(11:12~19), 유대교 교권자들과의 논쟁(11:20~12:44)
종말론 강화(13장), 기름 부음 받은 예수님(14:1~11), 예수님의 체포/시련/죽음(14:12~15:47)

7. 예수님의 부활(16장)

---

* 보충자료 1 : 로마 황제 연표 *

줄리어스 시이저-옥타비아누스(가이사 아구스도/ B.C. 27~A.D. 14 재위)-티베리우스(A.D. 14~37 재위, 기독교 핍박 시작)-갈리굴라(A.D. 37~41, 과대망상증 환자. A.D. 41년 암살 당함)-클라우디우스(A.D. 41~54)-네로(A.D. 54~68, A.D. 68년 자살)-(네로 사후 1년 동안에 4

명의 황제가 바뀜)-베스파시아누스(A.D. 69~79, 능력 있는 행정가)-티투스(A.D. 79~81, 베스파시아누스의 아들, A.D. 70년 로마군의 장군으로서 예루살렘을 정복, 성전을 초토화시킴. 이렇게 해서 막 13:1~2에 기록된 예수님의 예언이 정확히 성취됨)-도미티아누스(A.D. 81~96)
아우구스투스(Augustus) : 신성한 경의를 나타내는 로마 황제의 직함(황제숭배의 한 방편이 됨).
예수님 당시의 로마 황제 : 옥타비아누스(가이사 아구스도), 티베리우스(디베료)

*** 보충자료 2 : 사도후시대(교회핍박기, 주후 100~313년)의 10대 박해자(로마 황제)**

네로(54~68년)-도미티안(81~96)-트라얀(97~117)-하드리얀(117~138)-마르쿠스 아우렐리우스(161~180)-셉티머스 세베루스(205~211)-막시미너스(235~238)-데시우스(240~251)-바렐리안(253~260)-데오클레시안(284~286)   ## 313년 로마제국에서 기독교 공인.

*** 보충자료 3 : 예수님 당시의 유대인 분파들**

알렉산더 대왕의 정복사업 이후, 헬레니즘이 근동 아시아인들의 사상에 거센 도전을 가해오자, 일부 유대인들은 선조들의 신앙에 더욱 강하게 집착하는 경향을 보인 반면, 일부 유대인들은 그리스로부터 나오는 새로운 사상체계를 적극적으로 수용하기도 하였습니다. 결국, 헬레니즘과 유대주의와의 충돌로 인해 예수님 당시 유대사회 안에 다음과 같은 몇몇 유대종파(분파)가 자리잡게 되었습니다.

① **바리새파** : 바리새인들은 초기 마카비시대 때 헬라화된 유대인들과

싸웠던 경건한 유대인들의 영적 후손들이었습니다. "바리새", 즉 "분리주의자"라는 명칭은, 그들이 타협을 모르는 자들이라는 적들의 공격에서 나온 것으로 보입니다. 어쨌든 이 명칭은, 그들의 극단적인 엄격함으로 인해, 이방인은 물론 동료 유대인들과도 그들 스스로를 엄격히 구별하였기 때문에, 경멸의 뜻으로 사용되었을는지도 모릅니다. 진리에 대한 지나친 충성심 때문에 바리새인들은 때로는 교만하였고, 심지어는 위선을 보이기도 하였습니다. 예수님께서 바리새인들을 비난하신 것은, 이같은 초기 바리새파의 이상이 곡해되어 나타났기 때문이었습니다.

② **헤롯당** : 유대주의자들은 팔레스타인을 식민통치하고 있는 로마와 협력해야만 최대의 유익을 얻을 수 있다고 믿었습니다. 헤롯당이라는 명칭은, 팔레스타인을 로마화하려고 애썼던 헤롯대왕의 이름을 따서 붙인 것입니다. 헤롯당의 정책은 종교적이라기보다는 정치적이었으며, 종파라기보다는 일종의 정당과도 같은 로마의 하수인들(괴뢰 정당)이었습니다.

③ **사두개파** : 사두개파는, 솔로몬이 임명한 대제사장 사독의 이름을 본뜬 것처럼 보입니다(왕상 2:35). 사두개파는 전승의 권위를 부인하였으며, 모세의 율법 이후의 모든 계시를 의혹의 눈초리로 바라보았습니다. 그들은 부활교리를 부인하였으며, 천사나 영의 존재도 믿지 않았습니다(행 23:8). 예수님 당시 사두개인들은 대부분 부유하고 권세 있는 자들로서, 당시의 헬라주의와 즐겨 협조하였습니다. 신약시대에는 사두개파 사람들이 그 권세로 제사장직을 차지하고 성전 의식을 주로 관장하였습니다. 한편, 지방 회당은 바리새파의 요새였습니다.

④ **에세네파** : 에세네파는 바리새파의 형식주의와 사두개파의 세속주의

에 반기를 든 금욕적 신앙인들이었습니다. 그들은 사회로부터 은둔하여 금욕과 독신생활을 하였습니다. 그들은 성경 읽기와 연구, 기도, 그리고 청결의식을 강조하였습니다. 그들은 재산을 공동으로 소유하였으며, 근면함과 경건으로 이름을 떨쳤습니다. 전쟁과 노예제도도 반대하였습니다. 사해사본이 발견된 동굴들 근처에 있는 쿰란수도원은 유대 광야 내의 에세네파의 중심지였습니다. 사해사본에 따르면, 쿰란공동체의 회원들은 광야에서 '주의 길'을 예비하기 위해 부패한 유대마을을 떠났다 합니다. 그들은 장차 임할 메시아에 대한 믿음을 갖고 있었고, 자신들이야말로 메시아가 임할 진정한 이스라엘이라고 생각하였습니다.

⑤ **서기관** : 엄밀히 말해, 서기관들은 종파가 아니라 일종의 직업인들입니다. 그들의 주 업무는 율법을 베끼는 것이었습니다. 그러는 과정에서 점차 그들은 성경의 권위자들로 인정되었고, 따라서 자연스레 가르치는 교사의 기능을 맡게 되었습니다. 그들의 사상은 대체로 바리새파와 비슷하였습니다. 따라서 신약성경에서는 바리새파와 서기관들이 서로 연관된 것으로 자주 언급됩니다.

⑥ **열심당(Zealots)** : 이 명칭은 헬라어 '젤로테스'에서 비롯되었습니다. 헤롯당과는 반대로, 어떠한 희생을 치르더라도 로마에 항거할 것을 결의한 열성적인 애국자들이었습니다. 그들은 로마에 세금을 내지 말아야 한다고 주장(막 12:13~17 참조)했고, 율법을 어기는 자들을 응징하기 위해 폭력을 사용했습니다. 이를테면 로마에 대항하는 극좌테러 단체였던 것입니다. 그들의 이러한 태도로 인해 A.D. 70년 로마의 디도 장군이 이끄는 로마군대에 의해 예루살렘과 성전이 초토화되는 결과를 낳게 되었습니다.

결론적으로, 헤롯당에 의해 상징되는 로마의 정치적 박해와, 기독교 이전시대의 유대주의 안에 있는 종파적 반동들 안에 표현된 왜곡된 종교운동의 후유증 때문에 구세주 예수님께서 활동하실 역사적 골격이 충분히 마련된 셈입니다. 좌절과 분쟁으로 얼룩진 이스라엘 안에 하나님의 아들 메시아가 오실 길이 이렇게 예비되었습니다. 마침내 "때가 차매"(막 1:14~15) 예수 그리스도께서 이 땅에 임하셔서 하나님나라의 기쁜 소식을 증거하시게 된 것입니다.

** 지면 사정으로 나머지 강의안(마가복음 장별 주해 포함)은 생략합니다.
〈마가복음 강해 강의안〉은, 전주열린문교회 홈페이지(http://www.jopendoor.or.kr 혹은 http://www.jopendoor.org) ▷ 행랑채 ▷ 말씀 ▷ '강의자료' 게시판 3번에 한글문서(hwp)로 등록되어 있습니다. 〈강의안〉을 참고하면서 이 강해서 《일어나라! 함께 가자!》를 읽으시면 마가복음서의 흐름을 좀더 쉽게 이해하실 수 있을 것입니다.
-이광우 목사 -

제 1 강
'기독교 승리주의' 의 유혹 앞에서

(마가복음 1:21~45)

(마가복음 1:21~45) ²¹저희가 가버나움에 들어가니라. 예수께서 곧 안식일에 회당에 들어가 가르치시매 ²²뭇 사람이 그의 교훈에 놀라니 이는 그 가르치시는 것이 권세 있는 자와 같고 서기관들과 같지 아니함일러라. ²³마침 저희 회당에 더러운 귀신 들린 사람이 있어 소리질러 가로되, ²⁴"나사렛 예수여, 우리가 당신과 무슨 상관이 있나이까? 우리를 멸하러 왔나이까? 나는 당신이 누구인 줄 아노니 하나님의 거룩한 자니이다." ²⁵예수께서 꾸짖어 가라사대, "잠잠하고 그 사람에게서 나오라" 하시니, ²⁶더러운 귀신이 그 사람으로 경련을 일으키게 하고 큰 소리를 지르며 나오는지라. ²⁷다 놀라 서로 물어 가로되, "이는 어찜이뇨? 권세 있는 새 교훈이로다. 더러운 귀신들을 명한즉 순종하는도다" 하더라. ²⁸예수의 소문이 곧 온 갈릴리 사방에 퍼지더라. ²⁹회당에서 나와 곧 야고보와 요한과 함께 시몬과 안드레의 집에 들어가시니, ³⁰시몬의 장모가 열병으로 누웠는지라. 사람들이 곧 그의 일로 예수께 여짜온대, ³¹나아가사 그 손을 잡아 일으키시니 열병이 떠나고 여자가 저희에게 수종드니라. ³²저물어 해 질 때에 모든 병자와 귀신들린 자를 예수께 데려오니, ³³온 동네가 문 앞에 모였더라. ³⁴예수께서 각색 병든 많은 사람을 고치시며 많은 귀신을 내어 쫓으시되, 귀신이 자기를 알므로 그 말하는 것을 허락지 아니하시니라. ³⁵새벽 오히려 미명에 예수께서 일어나 나가 한적한 곳으로 가사 거기서 기도하시더니, ³⁶시몬과 및 그와 함께 있는 자들이 예수의 뒤를 따라가, ³⁷만나서 가로되, "모든 사람이 주를 찾나이다." ³⁸이르시되, "우리가 다른 가까운 마을들로 가자. 거기서도 전도하리니 내가 이를 위하여 왔노라"하시고, ³⁹이에 온 갈릴리에 다니시며 저희 여러 회당에서 전도하시고 또 귀신들을 내어 쫓으시더라. ⁴⁰한 문둥병자가 예수께 와서 꿇어 엎드리어 간구하여 가로되, "원하시면 저를 깨끗케 하실 수 있나이다." ⁴¹예수께서 민망히 여기사 손을 내밀어 저에게 대시며 가라사대, "내가 원하노니 깨끗함을 받으라" 하신대, ⁴²곧 문둥병이 그 사람에게서 떠나가고 깨끗하여진지라. ⁴³엄히 경계하사 곧 보내시며, ⁴⁴가라사대 "삼가 아무에게 아무 말도 하지

말고, 가서 네 몸을 제사장에게 보이고 네 깨끗케 됨을 인하여 모세의 명한 것을 드려 저희에게 증거하라" 하셨더니, [45]그러나 그 사람이 나가서 이 일을 많이 전파하여 널리 퍼지게 하니, 그러므로 예수께서 다시는 드러나게 동네에 들어가지 못하시고 오직 바깥 한적한 곳에 계셨으나 사방에서 그에게로 나아오더라.

"그리스도인이십니까?"

이 물음 앞에서 스스로 그리스도인이라고 생각하든 그렇지 않든 간에, 단 한 사람도 빠짐없이 그 이유를 분명하게 댈 수 있어야 한다고 생각합니다. 우선, 제 1 강에서는 마가복음 강해 첫 시간인 만큼 마가복음 전체의 서론에 해당하는 본문을 먼저 살피고자 합니다. 마가복음 1장 1절부터 다루지 않고 마가복음서 본문의 순서를 약간 바꾸어 1장 21~45절 말씀을 먼저 다루는 이유는, 나머지 여섯 차례 마가복음 강론의 큰 흐름(방향)을 먼저 분명하게 제시하고 싶은 생각이 있기 때문입니다.

우리 한국교회에 아무 문제가 없다고 생각하는 이는 아마 없을 것입니다. 아울러 우리 각 사람의 신앙고백에 문제가 전혀 없다고 생각하는 이도 거의 없을 것입니다. 참으로 부끄럽고 안타깝게도, 거룩해야 할 신앙인들의 삶 여기저기에 이러저러한 문제들이 참 많습니다. 그 문제들의 본질이 무엇이든, 문제가 있다면 '복음의 영광'을 위해서라도 서둘러 그 문제를 해결해야만 할 것입니다.

본문을 다루기 전에, 마가복음의 핵심에 접근하는 데 참고될 만한 몇 개의 짤막한 이야기를 먼저 들려 드리겠습니다.

(1) 아프리카에 나가 있던 어떤 선교사님이, 어느 날 정글을 헤치고 다

른 마을로 나아가다가 숲 속에서 갑자기 황소 만한 사자를 만났습니다. 그날따라 동행이 없었고, 손에 아무런 무기도 없었습니다. 당장 달려들어 몸을 찢어 삼킬 것 같은 사자 앞에서 선교사는 달리 할 일이 없었습니다. 잠시 당황하던 선교사는 가슴을 조여오는 절박한 죽음의 공포를 달래기 위해 선교사답게 사자 앞에서 무릎을 꿇고 마지막으로 하나님께 기도하기 시작했습니다.

"사자의 입에서 다니엘을 건지신 하나님, 그 하나님께서 지금도 살아 계심을 믿습니다. 뜻이 계시거든 저를 이 사자의 이 무서운 발톱으로부터 건져 주십시오."

정말 간절히 기도했습니다. 한참 기도하는데 은혜롭게도 갑자기 사방이 조용해지는 느낌이 왔습니다. 그래서 '아, 주님께서 내 기도를 들으시고 사자의 입을 막았나보다.' 이렇게 생각하고 슬며시 눈을 떠보았습니다. 그런데, 참으로 놀랍게도 그 사자 역시 무릎을 꿇고 하나님께 기도하고 있었습니다.

"하나님, 오늘도 저에게 일용할 양식을 주셔서 감사합니다."

어떻습니까? 누군가가, 지나치게 이기적인 기독교인들의 자기모순을 꼬집기 위해 지어낸 이야기이겠지만, 어쨌든 이 예화에 등장하는 선교사와 사자의 기도는, 오늘날 한국교회의 매우 심각한 문제의 하나로 일컬어지는 〈기독교 승리주의〉를 꼬집는 참으로 뼈아픈 이야기입니다.

오늘날 많은 기독교인들(특히 기독교 승리주의자들)에게 하나님은 늘 '내 편' 입니다. 신자들에게 하나님은 기껏 '나의 삶을 잘되게 지켜주는 수호천사 같은 분'에 지나지 않습니다. 하나님께서 나에게 내 욕망과 구미에 맞는 어떤 삶의 열매를 주시기만 하면 그 순간 그것이 '은혜'가 됩니다. 강론을 시작하기에 앞서 여러분께 다시 한번 분명히 물어보고 싶은 것이 있습니다.

"그리스도인이십니까?"

이 새삼스러운 질문, 지금 어떻게 들리십니까? "당신은 그리스도인입니까?"라는 이 물음에 우리가 올바르게 대답하기 위해서는, 무엇보다도 먼저 우리 '믿음의 대상인 예수 그리스도'가 어떤 분인가에 대한 이해가 분명해야 될 것이고, 아울러 '예수님과 나와의 관계'가 분명해야만 할 것입니다. '그리스도가 어떤 분인가'에 대한 이해를 문제삼는 영역을 신학적으로 '기독론'이라 이름하고, '그 분과 우리와의 관계'를 다루는 분야를 흔히 '제자도'(혹은 '영성')라고 부릅니다.

아무튼 이제부터 우리가 일곱 번에 걸쳐 살피게 될 마가복음은 그 핵심 주제와 내용이 '기독론'과 '제자도'로 짜여져 있습니다. 그러기에 우리는, 마가를 통해서 하나님이 우리에게 주신 이 분명한 하늘 복음에 대한 이해가 없이는 함부로 "나는 그리스도인"이라고 대답할 수 없다고 봅니다.

(2) 혹시 서양 영화 〈인디애나 존스〉 시리즈를 보셨습니까? 〈인디애나 존스〉가 흥행에 성공한 후로 지금까지 그 후속편인 〈인디애나 존스〉 1, 2, 3, 4까지 나와 있는 것으로 알고 있습니다. 강제규 감독의 한국영화 영화 〈쉬리〉는 보셨습니까? 영화 〈쉬리〉의 인기로 미루어, 언젠가 〈쉬리 2, 3, 4〉가 만들어질지도 모른다는 생각을 합니다. 〈쉬리〉가 흥행에 아주 크게 성공했기 때문입니다. 상식적인 이야기지만, 〈인디애나 존스〉 1, 2,

3, 4가 나왔다는 것은 그 영화가 흥행에 크게 성공했다는 것을 의미합니다. 그런데 얼마 전에 저는, 어느 기독 출판사에서 내놓은 베스트셀러 목록을 보다가 깜짝 놀랐습니다. 평신도들이 선정한 베스트셀러 1번에, 《가계에 흐르는 저주를 끊어야 산다》는 이상한 제목의 책이 올라 있었기 때문입니다. 그 책이 아주 많이 팔린 덕분에, 그 책의 속편까지 나왔다는 이야기도 얼마 전에 들은 것 같습니다. 어쩌면 여러분 중에도 그 책을 갖고 있는 분이 있을 것입니다. 혹시 그 책을 읽으면서, 자기 나름대로 많은 은혜를 받았을지 모릅니다. 형광펜으로 밑줄을 그어가면서 열심히 읽으신 분도 혹시 있을 것입니다. 그러나 제 생각에 그 책은, 기독교인들의 신앙에 별다른 도움을 줄 수 없다고 봅니다(그러므로 아무리 수익률이 높아도 기독교서점에서 그런 책들은 제발 좀 팔지 않았으면 좋겠습니다).

그런 책들이 왜 문제입니까? 그리스도인 개개인의 삶에서 일어나는 여러 가지 문제들에 대해서 그 책임을 자기가 지도록 만드는 것이 아니라 그 모든 책임을 조상 탓으로 돌리게 만들기 때문입니다. 때문에 그런 책의 흐름을 따라가다 보면 나도 모르는 사이에 이 땅에서 그리스도인으로서 책임 있는 삶을 살기 어렵게 되기 때문입니다. 다시 말하면 그런 책들은, 참다운 기독교 윤리를 삶 속에 뿌리내리지 못하게 할 위험성이 대단히 큽니다. 한국인의 심성에 깊이 파고 들어있는 샤머니즘적인 흐름과 잘 맞아 떨어져서 그런 책이 한동안 베스트셀러가 됐다 할지라도, 그런 책들은 마가 선생님이 전하는 이 기독교의 복음과는 180° 다른 방향의 이야기를 하고 있는 것으로 생각됩니다.

(3) 서울에 있는 어느 의과대학을 아주 좋은 성적으로 졸업한 어떤 분의 간증비디오 테이프가 몹시 잘 팔린다는 이야기를 들었습니다. 간증 내용 중에, 그 분이 의과대학을 다닐 때 "하나님의 은혜로 시험 전날 다

음날 치를 시험문제를 미리 보기도 했다"는 대단한 이야기가 있다 합니다. 그런 간증을 들으면, 솔직히 누구라도(특히 학생들은) 자기도 그런 은혜를 체험하고 싶을 것입니다. 그렇게만 되면, 대하기 몹시 어려운 선배님들을 쫓아다니면서 아쉽게 시험정보(족보) 좀 달라고 애걸복걸 할 필요도 없을 것이니 얼마나 좋겠습니까? 아무튼 그처럼 아슬아슬한 내용이 담겨있는 자료들이 기독교인들에게 큰 은혜(?)를 끼치고 버젓이 돌아다니는 우리 현실이 몹시 두렵고 안타깝습니다.

(4) 전 국가대표 축구팀 감독이었던 차범근 씨(저는 개인적으로 차 감독님을 아주 좋아합니다)의 인기가 한참 상승곡선을 긋던 시절에 저는 어느 주일 예배시간에 설교 도중 이런 이야기를 했습니다.

"아, 이거 큰일났습니다, 예수 믿는 차범근 감독이 지도하는 한국 국가 대표축구팀이 월드컵에서 어떻게든 좋은 성적을 내야지, 만일 잘못되는 날에는 하나님 얼굴에 먹칠을 하게 생겼으니……."

하지만 잘 아시다시피 대표팀 성적 부진의 책임을 지고 프랑스 월드 컵(1998)이 진행되는 동안에 경질된 차 감독은 한동안 쫓기듯이 중국으로 밀려 나갔습니다(1999년 당시). 저는 차 전 감독이 정말 성숙한 그리스도인이라면, 중국에 쫓겨나가 있는 고통스럽고 힘든 시점에서 더 바르고 굳센 신앙고백을 할 수 있어야 한다고 생각합니다(차범근 감독은 충분히 그럴 만한 신앙이 있는 분이라고 생각합니다). 한 번 생각해 보십시오. 만일 축구 시합에 나서는 양 팀 국가대표 감독이 모두다 기독교인이라면, 어느 팀 골문에 골이 더 많이 들어 갈 것인가? 그런 경우 제가 하나님이라도, 고민이 참 많을 것 같습니다. 두 감독 중에 기도를 좀 더 요란하게(?) 한 쪽이 이기게 해 줄 것인가, 아니면 참으로 은혜롭게 비기게 해

줄 것인가?

결론부터 말씀드리자면, 축구 시합에서 선수가 골을 넣는 것과 그 선수의 신앙과는 아무런 상관이 없는 것입니다. 차 감독이 기독교인 감독으로서 한 골 들어갈 때마다 하나님 앞에 머리 숙여 개인적으로 감사하는 것은 참으로 당연한 것이고, 또한 신앙인으로서 얼마든지 그럴 수 있다고 봅니다. 그러나 우리가 분명히 짚어야 할 것은, 대표팀 감독이 기독교인이기 때문에, 대표선수들이 골을 하나씩 넣을 때마다 드리는 그의 감사기도를 하나님께서 받기 때문에, 상대편 골문에 골이 더 많이 들어가도록 하나님이 일하시지는 않는다는 사실입니다.

축구는 이른 바 '일반은총'에 속하는 것입니다. 그러기에 축구경기는, 믿음과 상관없이, 땀 많이 흘리고 전술훈련을 열심히 하고 기량을 더 잘 닦고 조직력이 강한 팀이 이기게 되어 있습니다. 엄밀히 말하면 감독과 거기 뛰는 선수들의 믿음과 경기의 결과는 사실 아무 상관없는 것입니다. 학생들이 열심히 하고 있는 전공공부도 마찬가지입니다. 학생들의 영성과 학교 성적은 별 상관이 없습니다. 아무리 뛰어난 영성을 가지고 사는 학생이라 하더라도 공부 안 했으면 사정없이 나쁜 성적 나오고 낙제도 하는 것입니다. (좀 심하게 말해서) 입시철만 되면 각 교회마다 '그 교회 소속 고3학생들만을 위한 40일 특별금식 푸닥거리(?)'가 열립니다. 웃지 마십시오. 거기에 참여하는 수많은 부모님들은 정말 심각한 마음으로 진지하게 교회당에 왔다 갔다 합니다. 그 분들, 정말 온 마음을 다해 열심히 기도합니다. 그러나 그 분들이 그렇게 기도했다 해서 그 자녀들의 수능점수가 기도의 열정에 비례하여 올라가지는 않을 것입니다. 왜냐하면 우리가 믿는 하나님은 예수 믿는 사람들만의 하나님이 결코 아니기 때문입니다.

(5) 어느 교회에서 새벽기도를 끝나고 나오시던 안수집사님이 교회당

문 앞에서 뺑소니차에 치여 현장에서 돌아가셨습니다. 그 안수집사님이 없으면 그 교회 쓰러진다는 얘기가 공공연히 나돌 만큼 주님의 몸된 교회를 열심히 섬기고 봉사하던 분입니다. 그런데 그만 뺑소니사고가 나서 허망히 세상을 떠났습니다. 어느 차가 어떻게 사고를 냈는지도 전혀 알지 못한 채 그냥 뺑소니사고를 당해 삶을 안타깝게 마감했습니다. 그런데……그 교회에서는, "교회에 덕이 안 된다"고, 주보에 광고도 하지 않고 쉬쉬해서 덮어버렸습니다. 마침내…… 장례식이 끝난 뒤 그 가족들은 마음에 큰 상처를 안고 그 교회를 떠나고 말았습니다. 제 개인적으로는, 정말 깨끗한 마음으로 주님께 새벽시간을 드리고, 주님을 찬양하고, 말씀 듣고, 간절히 기도하고 나오는 길, 정말 정갈한 마음과 몸가짐을 지닌 채 주님 품에 안긴 이 안수집사님은 정말 복된 분이라고 생각하는데 말입니다.

(6) 제가 지난(1999년) 3월 26일 큰 교통사고를 당했습니다. 양쪽 차가 모두다 폐차되고 지방 TV뉴스에도 나올 만큼의 대형사고였습니다. 야간 심방을 나가다가 술을 많이 마신 채 신호를 무시하고 달려오는 차에 느닷없이 된통 얻어맞은 것입니다. 이 교통사고의 후유증으로 저는 지금도 많이 힘듭니다. 어떤 사람은 저의 교통사고를 놓고 그렇게 생각할지 모릅니다.

'뭔가 크게 잘못한 거 있겠지, 그러니까 저렇게 큰 사고가 난 거겠지……'

이렇듯, (신실한) 기독교인은 아프거나 사고가 나면 안 된다고 생각하는 신자들이 많습니다. 특별히 신앙이 좋다고 생각하는 사람일수록 아프면 안 된다고 생각하는 경향이 도드라지는 것 같습니다. 기독교인들은 시합에 지면 안되고, 특별히 기도를 열심히 하는 사람은 인생의 삶의 여러 가지 부분에서 결코 실패하면 안 된다고 여기는 이들이 많습니다.

지금까지 드린 몇 가지 예화를 통해 한국교회의 심각한 병리현상 한 가지를 소개했습니다. 많은 분들이 이 이야기에 상당부분 공감할 것입니다. 그러나 방금 소개한 몇 가지 이런 일화에 드러나듯, 예수 믿는 우리가 '지금' '이 땅에서' (예수 안 믿는 사람들보다) 잘 돼야만 하나님의 은혜를 체험할 수 있고 하나님께 영광을 돌릴 수 있다고 생각하는 사람들은, 아직 성숙한 기독교인(기독교)이 아니라고 생각합니다. 심하게 말하자면 그것은 기독교가 아니고 샤머니즘을 기독교적인 용어로 포장한 것일 뿐입니다. 마가를 통해서 하나님이 우리에게 주신 기독교의 복음, 그야말로 기쁜 소식 곧 복된 소리(복음)는 그렇게 저급한 것이 아니기 때문입니다. 이 복음의 은총 가운데 거니는 사람들의 삶은 결코 그렇게 얄팍한 것이 아니기 때문입니다.

오늘날 기독교 복음의 개념에 심각한 혼선이 일어나고 있습니다. 복음이 아닌 것을 '복음'이라고 말합니다. 기독교라는 이름을 걸고 수많은 운동들이 우리들 안에 일어나고 있습니다. 아무리 봐도 기독교가 아닌데 기독교라고 생각합니다. 화려하고 멋진 기독교 문화가 우리 안에 많이 있습니다. 그 문화 속에서 우리들이 호흡하고 있다고 해서, 그 문화를 즐기는 사람들 속에서 내가 '기독교 회원권'(?)을 하나 가지고 있다고 해서, "나는 그리스도인"이라고 함부로 말해서는 안됩니다. "그리스도인입니까?"라는 이 물음에 우리가 정직하게 대답하기 위해서는 그런 주변적인 요소를 고려할 것이 아니라, 그리스도를 닮는 사람답게,

그리스도가 어떤 분이며,

무슨 일을 하셨으며,

어떤 길을 걸으셨으며,

그리고 그 그리스도와 나는 개인적으로 어떤 자세로 관계를 맺고 있는

가?

에 대한 분명하고 정직하고 객관적인 분석과 답이 나온 후에, "내가 그리스도인"이라고, "저 사람은 그리스도인"이라고 "우리 공동체는 그리스도인들의 모임"이라고 말할 수 있는 것입니다. 그러기에 마가는 마가복음 1장 1절에서 이렇게 담대하게 선언하고 있습니다.

(막 1:1) "하나님의 아들 예수그리스도 복음의 시작(이라.)"

사실 우리말 개역성경에는 "시작이라"는 식의 서술형으로 되어있지만, 헬라어 성경 원문에는 "이라"라는 말(서술격 조사)이 없습니다. 그러므로 1장 1절은 그냥,

"하나님의 아들 예수그리스도, 복음의 시작!"

으로 번역·이해하는 것이 더 좋을 것입니다. 영어 성경(NIV)에도 헬라어 원문의 의도를 살려 분명히 다음과 같이 번역되어 있습니다.

"The beginning of the gospel about Jesus Christ, the Son of God".

"하나님의 아들 예수 그리스도는 '기쁜 소식의 시작' 이다!!! "
마가는 우리에게 '기쁜 소식의 시작' 을 이야기합니다. 마가복음 1장 1

절에서 마가가 강조하는 것은, 나사렛 예수가 그리스도(구세주)이고, 그 예수 그리스도가 곧 하나님의 아들이며, 그 분의 삶이 우리에게 기쁜 소식이 된다는 것입니다. 오늘 우리는 이 말씀을 아주 편하게 듣지만, 마가 당시의 이 선언은 사뭇 심각한 것이었습니다. 왜냐하면 당시 예수는 공개처형 당한 "사형수"였기 때문입니다. 서른 세 살에, 장가도 못 가고, 매우 잔혹하게 나무십자가에 매달려 공개 처형된, 강도의 한 사람으로 취급당하면서 골고다 언덕에서 처참하게 아무 소리 못하고 힘없이 죽어버린, 사형수가 바로 예수였기 때문입니다. "예수" 하면 사람들의 머릿속에 "사형수"라는 이미지가 아주 강력하게 떠오르던 시절, 마가는 바로 그 사형수 예수가 그리스도(구세주)이고, 그가 바로 하나님의 아들이었으며, 그의 삶과 그가 걸었던 그 길이 우리 죄인들에게 기쁜 소식이 되는 것이라며 참으로 놀라운 선언을 하고 있는 것입니다.

마가복음 1장 1절의 폭탄 같은 선언 이후, 마가복음 전체를 통해서 예수님의 삶은 매우 비극적인 모습으로 그려지고 있습니다. 세례요한은, 그가 헤롯에게 목이 잘려 죽었을 때 그 제자들이 와서 시신이라도 수습해 주었지만, 예수님이 돌아가셨을 때는 그의 제자 중에 어느 누구도 그분의 시신을 수습하려고 하지 않았습니다. 예수님이 가셨던 그토록 고독한 길, 예수님의 삶, 그분의 생애와 사역이, 마가 당시의 독자들과 2천년 가까운 긴 시간의 폭을 뛰어 넘어 오늘 이 자리에서 이 말씀을 듣는 오늘 우리들에게도 '기쁜 소식'이 될 수 있다는 것입니다.

세례 요한을 통해 성령의 세례를 받고, 공생애를 사역을 시작하시면서 예수님은 이렇게 말씀하셨습니다.

(막 1:14~15) "…… 때가 찼고 하나님의 나라가 가까웠으니, 회개하고 복음을 믿으라."

주님의 말씀 안에서 '하나님 나라'와 '회개·믿음'이 아주 자연스럽게 연결되고 있습니다. 따라서 오늘 우리가 그리스도인으로서 하나님 나라의 거룩한 백성이 되기를 원한다면, 주님이 제시한 이 '회개와 믿음'이라는 연결고리를 갖지 않고는 어느 누구도 하나님 나라의 거룩한 백성의 자리에 들어갈 수 없다는 것을 분명히 밝히신 것입니다. 이 설교를 하신 주님은 이내 제자들을 부르십니다(막 1:16~20). 공생애 사역을 시작하시면서, 무엇보다도 먼저 '제자들을 부르는 일'을 하신 것입니다.

(막 1:17) "나를 따라 오너라. 내가 너희로 사람 낚는 어부가 되게 하리라."

제자들을 부르시면서 주님께서 그들에게 주신 이 말씀은, "나를 따라 오너라. 그러면 내가 너희로 사람을 낚는 어부가 되게 하겠다. 이제부터 너희들은 전혀 다른 사람(Being)이 될 것이다. 내가 너희를 전혀 다른 존재(Being)가 되게 하면 너희들은 전혀 다른 일(Doing)을 하게 될 것"이라는 뜻을 함축하고 있었습니다. 그들이 해야될 일은 바로 "사람을 낚는 일"입니다. 그동안에는 갈릴리 바닷가에서 산 고기를 잡아서 죽이는 일을 많이 했지만, 이제부터는 '죄악의 바다'에서 죽어 가는 사람들을 건져서, 그들을 새 생명의 길로 인도하는 거룩한 일(Doing)을 하는 사람으로 그들을 만드시겠다는 것입니다. 그러기에 예수님의 제자로 부름을 받은 모든 사람들, 곧 오늘 우리 그리스도인들의 손에 살생부(殺生簿)가 주어져 있는 셈입니다. 우리들의 낚시에 걸리는 사람은 살 것이고, 걸리지 않는 사람들은 죽을 것입니다. 그러므로 사랑하는 여러분, 전국 방방곡곡에서 '흩어진 교회'가 되어 서 있는 우리들 각자의 '삶의 자리'에서, 우리들의 일터에서, 우리들이 하는 모든 전도사역의 결과는 매우 치명적이고 심각한 것임을 한시도 잊지 말아야 합니다. 우리가 하는 이 일에 따라서, 우리 곁에 있는 우리의 이웃(가족·친지들, 직장동료들과 선·후배들)이 죽을 수도 있고, 살 수도 있기 때문입니다. 다행히 그리스도인인 나에게 걸리면 사는 것이고, 그러지 않으면 그들은 영원히 죽고 말 것입니다.

이렇듯 예수님은, 처음부터 이 하나님나라의 거룩한 일을 '팀 사역' 위주로 해 나가셨습니다. 오늘 우리가 이 자리에 이렇게 〈함께〉 모여있는 이유가 바로 거기에 있습니다. 우리 주님이 하신 방식이 그렇기에, 우리가 공동체로 이 자리에 함께 모인 것입니다. 그분은 사역을 시작하시면서 팀 동료들을 먼저 불러모으셨습니다. 이 사람들이 바로 사도('보냄 받은 사람'이라는 뜻)들입니다. 그래서 오늘 본문 마가복음 1장 21~45절 말씀은, 예수님과 그 제자들이 한 팀을 이루면서 갈릴리 일대에서 사역하는 모습을 다룬 기록입니다.

지면 사정상, 이 시간에는 마가복음 1장 후반부 말씀의 흐름만을 간략하게 다루면서 오늘 우리 기독교인들이 가지고 있는 심각한 문제인 〈기독교 승리주의〉에 대해서 함께 고민하는 가운데, 기독교 승리주의의 치명적인 독소를 우리의 삶 속에서 뿌리뽑는 작업을 하고자 합니다. 왜냐하면 이것이 제거되지 않으면, 설사 이곳에 지금보다 열 배나 더 많은 사람들이 모여들고, 우리 민족 전체가 그리스도인이 된다 할지라도 이 땅에는 별 소망이 없다고 보기 때문입니다. 서론에서 이미 지적했듯이, 여의도 국회의사당을 출입하는 국회의원의 약 45% 정도가 기독교인입니다. 그리고 제 짐작에, 그들이 가슴에 금 뱃지를 달았기 때문에 이 분들은 각자 섬기는 지(branch) 교회에서 나름대로 중직을 맡았을 것입니다. 그런데 안타깝게도 국회의사당 안에서 하늘백성의 거룩한 음성은 아무리 귀를 기울여 봐도 별로 들리지 않습니다. 최근 우리사회를 떠들썩하게 한 낯뜨거운 사건들의 주역이 바로 우리 기독교인들입니다. 의원직, 장관직, 지사직에 나갈 때는 그 인물의 출신학교를 밝히면서, 왜 나쁜 짓 해서 수갑차고 감옥에 들어갈 때는 그토록 빛나는 출신성분을 안 밝히는지 모르겠습니다. 출신학교 나부랭이를 꼭 밝혀야만 한다면, 그 임무(임기)를 마치고 물러날 때 밝히는 것이 더 이치에 맞다고 생각합니다. 우리가 잘 아는 '고급 옷 로비사건'의 주역들은 이른 바 '강남의 권사 3인방'입니다. 놀랍게도 우리 민족의 짧은 근·현대사에서 기독교인 대통령이 이미 두 명이나 나왔습니다. 이렇게 보면 한국교회가 얼마나 복된 기회를 많이 받았는지 모릅니다. 하지만 기독교인 대통령이 나왔다해서 그분들이 하늘의 법도를 따라서 정말 거룩하게 정치를 잘했다고 생각하는 이는 별로 없을 것입니다.

아무튼, 한국교회가 얼마나 복을 많이 받은 공동체인지 모릅니다. 아울러 우리 한민족이 복음 안에서 얼마나 많은 복을 받았는지 모릅니다. 그러나 저는 어디까지나 이 모든 것은 한낱 '가능성'에 불과하다고 생각합니다. 그 '가능성'이 우리 민족 앞에 실질적으로 거룩하고 의로운 열매를 풍성히 맺도록 하기 위해서는 우리가 반드시 풀어야할 한 가지 숙제가 있다고 보기 때문입니다. 그것은 〈기독교 승리주의〉를 서둘러 십자가에 못 박는 것입니다. '예수 믿으면, 〈지금〉 〈이 자리에서〉 잘되고, 형통해야 된다'는 생각, 그래서 사람이 많고 예산액수가 많으면 하나님 앞에 복을 많이 받은 것이고, 어쩌다 몸이 아프거나 집이 가난하거나, 너무 이른 나이에 직장에서 쫓겨나서 정리해고 대상이 되어 느닷없이 길거리 노숙자가 되는 사람들은 하나님의 저주를 받았거나, 하나님의 심각한 심판의 손길이 임하는 것이라고 함부로 생각하는 이런 못된 생각들이 이 땅의 교회와 기독교인들의 마음을 갉아먹고 있는 한 우리 기독교는 민족 앞에 소망이 되지 못할 것입니다.

(막 1:23~24) ²³마침 저희 회당에 더러운 귀신 들린 사람이 있어 소리질러 가로되, ²⁴"나사렛 예수여, 우리가 당신과 무슨 상관이 있나이까? 우리를 멸하러 왔나이까? 나는 당신이 누구인 줄 아노니 하나님의 거룩한 자니이다."

이 말씀을 잘 살펴보면, 예수님 당시 유대교 회당의 영성이나, 오늘 이 곳 우리네 교회공동체 내부의 영성이나 크게 다를 바가 없다는 것을 알 수 있습니다. 본문에 등장하는 귀신들린 사람이 언제부터 어떻게 회당을 출입했는가에 대한 기록은 없습니다만, 본문의 분위기로 보아 이 사람은 상당히 여러 번 회당을 출입한 것으로 보입니다. 이런 사람들이 회당에 출입해도 심각하게 문제가 되지 않는 상황이 지속되고 있었던 것입니다. 그런데 그 회당에 예수님이 들어 가시면서부터 문제가 생기게 되었습니다. 그분이 그 회당에 가시기 전에는 회당예배에 별다른 문제가 드러나지 않았습니다. 귀신이 버젓이 앉아 있어도 별 문제 없는, 나름대로 평화로운 분위기에서 나름대로 은혜를 누리며 사람들이 회당예배를 드렸을 것입니다. 마가복음 1장 7~8절에서 마가는 이미, 요한의 입을 통해서 예수님의 신분에 대해 분명하게 이야기한 적이 있습니다.

(막 1:7~8 요약) "내 뒤에 오시는 능력 많으신 분이 있는데 나는 그분의 신발 끈을 멜 자격도 없는 사람이다. 나는 이 요단강 흙탕물로 세례를 베풀지만, 내 뒤에 오시는 그분은 성령으로 너희에게 세례를 주실 수 있는 분이시다."

바로 그 메시아가 이 땅에 오셔서 요한에게 회개의 세례를 받고 물에서 올라오실 때 하늘에서 성부 하나님의 음성이 들렸습니다.

(막 1:11) "너는 내 사랑하는 아들이라. 내가 너를 기뻐하노라."

이처럼, 하나님 아버지께서 성자 예수님이 어떤 분인가를 친히 증언해 주셨습니다. 그리고 오늘 나사렛 유대교 회당에서, 어떤 귀신이 예수님의 존재에 대해 참으로 놀라운 증언을 하고 있는 것입니다(막 1:24).

"나는 당신이 누구인줄 압니다. 지금 이 사람들은 타락하고 부패한 영성 때문에 당신이 누구이신 줄을 모른다고 할지라도 나는 당신이 누구인 줄 압니다. 당신은 하나님의 거룩한 자이십니다. 우리를 멸망시키려고 오셨습니까?"

귀신의 이 말에서 우리는 여러 가지를 생각할 수 있습니다. 이 귀신의 증언을 통해서 우리는, 하나님과 사악한 귀신의 세력과는 결단코 공존할 수 없다는 사실을 알 수 있습니다. 예수님이 오시면 악한 세력들은 멸망당하게 되어 있습니다. 때문에 예수님이 나타나시자마자, 귀신이 큰 부르짖음과 함께 그분이 어떠한 분이신가를 여러 사람들 앞에 말하고 있는 것입니다.

(막 1:25) 예수께서 꾸짖어 가라사대, "잠잠하고 그 사람에게서 나오라" 하시니 더러운 귀신이 그 사람으로 경련을 일으키게 하고 큰 소리를 지르며 나오는지라.

여기서 우리는 예수님의 말씀에 얼마나 큰 권능이 있는지를 확인할 수 있습니다. 그분의 '말씀' 한 마디로 귀신이 쫓겨나가기 때문입니다. 놀랍게도 예수님이 〈말씀하신 그대로〉 되고 있습니다. 곧 창세기 1장에 기록된 창조기사의 기본 골격이 이 본문에 그대로 드러나고 있는 것입니다.

① 하나님이 말씀하셨다.
② 그대로 되었다.
③ 하나님이 보시기에 (심히) 좋았다.

이와 같은 창조기사의 틀에 비추어 볼 때, '타락'은, ①하나님이 말씀하셨으나, ②그대로 안 되는 것이고, ③그래서 하나님이 보시기에 좋지 않게 되는 것입니다. 같은 논리로 '구원'은, ①하나님이 그리스도 안에서 다시 말씀하시고, ②다시 그대로 되고, ③그래서 하나님 보시기에 다시 좋게 되는 것입니다. 창세기적인 놀라운 골격이 이 본문에 그대로 나타나고 있습니다. 말하자면 '예수님이 말씀하시면 그대로 되는 것'입니다. 예수님이 (재)창조주 하나님이라는 결정적인 증거가 나타난 것입니다. 그래서 이토록 허망하게 쫓겨나가는 귀신을 보면서 회당에 있던 사람들이 깜짝 놀랐던 것입니다.

'아, 어떤 사람인가, 이 도대체 어떻게 된 일인가? 야, 참으로 놀라운 새 교훈이다. 더러운 귀신들에게 명령하니, 귀신들이 꼼짝 못하고 예수에게 순종하는구나!'

이런 일들로 인해 예수님의 소문이 온 갈릴리 사방에 널리 퍼졌습니다(막 1:28). 오늘 본문 21~28절은 안식일 낮에 있었던 일에 대한 기록이고, 29~31절은 안식일 오후에 있었던 일에 대한 기록입니다. 그리고 32~34절은, 석양에 많은 귀신들을 쫓아내신 이적을, 그리고 35~39절은 안식일 다음날 새벽의 일을 간략하게 기록한 것입니다.

(막 1:29~31) [29]회당에서 나와 곧 야고보와 요한과 함께 시몬과 안드레의 집에 들어가시니, [30]시몬의 장모가 열병으로 누웠는지라. 사람들이 곧 그의 일로 예수께 여짜온대, [31]나아가사 그 손을 잡아 일으키시니 열병이 떠나고 여자가 저희에게 수종드니라

본문 29절의 "누워 있다"는 말은 헬라어 성경원문에 미완료시제(대개 동작의 반복 표시)로 되어있습니다. 이 미완료시제 동사를 통해 이 베드로의 장모의 열병이 만성질환(고질병)이었다는 것을 알 수 있습니다. 그 고치기 어렵던 고질병을 예수님이 아주 간단히 고쳐주었습니다. 예수님께서 베드로의 장모의 손을 잡아 일으키자마자 열병이 즉시 떠나고, 이 여인이 감격한 마음으로 예수님을 수종들었습니다. 이 치유사역에 대한 반응이 본문 32절 아래에 자세히 기록되어 있습니다.

(막 1:32~34) [32]저물어 해질 때에 모든 병자와 귀신들린 자를 예수께 데려오니 [33]온 동네가 문 앞에 모였더라. [34]예수께서 각색 병든 많은 사람을 고치시며 많은 귀신을 내어쫓으시되 귀신이 자기를 앎으로 그 말하는 것을 허락지 아니하시니라.

'저물어 해질 때' 란 말은 사람들이 안식일 규례를 어기지 않기 위해서 해 지는 시간을 기다렸다는 것을 말하는 것입니다. 유대인들의 안식일은 금요일 오후부터 시작됩니다. 그래서 토요일 해질 무렵 안식일이 공식적으로 끝나는 시간을 기다린 사람들이, 안식일이 끝나자마자 병자들을 예수님 앞에 데려 온 것입니다. 사람들은 불쌍한 사람들을 계속해서 주님

앞에 데리고 왔습니다. 마가는, "온 동네 사람들이 모두 다 베드로 장모의 문 앞에 모였다"(33절)고 기록하고 있습니다.

> (요 6:26) 예수께서 대답하여 가라사대, "내가 진실로 진실로 너희에게 이르노니, 네가 나를 찾는 것은 표적은 본 까닭이 아니요, 떡을 먹고 배부른 까닭이로다."

바로 앞 요한복음 6장 15절 말씀("그러므로 예수께서 저희가 와서 자기를 억지로 잡아 임금 삼으려는 줄을 아시고 다시 혼자 산으로 떠나가시니라")을 보면, 사람들이 왜 예수님을 붙잡아 강제로 왕 삼으려 했는지를 알 수 있습니다. 예수님의 손을 통해 오병이어(五餠二魚)의 이적이 베풀어졌기 때문입니다. 보리떡 다섯 개와 물고기 두 마리로 예수님은, 장정만 5천 명이 넘는 사람들(어린아이와 부녀자까지 포함하면 약 2만 명 정도?)을 배불리 먹였습니다. 이런 일이 일어나자, 사람들이 몰려와서 예수님을 붙잡아서 강제로 왕 삼으려고 했던 것입니다. 참으로 놀랍게도 예수님은 그들의 요청을 따라서 왕위에 즉위하지 않으시고, 그들을 떨쳐버리고, (그 눈부신 대권을 포기한 채) 혼자 산으로 떠나가셨습니다(요 6:15).

어떻게 생각하십니까? 오늘 우리가 믿고 따르는 예수님, 우리가 믿는 하나님이 성경에서 말하는, 우주의 왕이며, 우리의 생명의 주인이며 역사의 주인이신 하나님이십니까, 아니면 내가 행복하기 위해, 내가 안락하고 건강하게 살기 위해서, 나에게 내 삶을 보장해주는 신적인 존재(하나님)가 어차피 필요하기 때문에, 아무튼지 내 행복을 위해 반드시 있어야만 되는 (내 머리 속에서 내 마음대로 만들어낸) 모조품 하나님입니까? 내 삶에 문제가 생길 때마다 나타나서 내 삶의 이러저러한 문제들을 해결해 주는 하나님을 혹시 우리가 믿고 따른다고 고백하지는 않는지 정직하게 점검해 봐야만 할 것입니다. 그리고 참 안된 이야기이지만, 우리의 관념 속, 곧 피조물인 우리네 머릿속(깊은 잠재의식 속)에서 '내 삶을 행복하고 안정되게 지켜주어야만 할 하나님 하나쯤은 반드시 있어야 한다'고 생각한 나머지, 피조물인 우리가 우리들의 관념 속에서 만들어 낸 이 하나님은, 성경 66권이 계시하고 있는 우주의 왕인 하나님이 아니라 피조물인 내 관념 속에서 피조된 또 하나의 피조물 곧 참으로 우스운 '피조물 제곱'에 불과하다는 사실을 분명히 기억해야 합니다.

제가 보기에는 안타깝게도 오늘날 한국교회 안에 많은 사람들이 그런 하나님(예수)을 믿고 있습니다. 그래서 아라비안 나이트에 나오는 무슨 마법의 주전자나 마법의 램프에 갇힌 마왕처럼, 필요할 때마다 우리 마음대로 그 그릇을 쓰다듬기만 하면 그 속에서 빠져나와 무엇이든 다 척척 해결해 주는 마왕 같은 이가 하나님이라는 그릇된 생각을 갖고 있는 이들이 적지 않은 듯합니다.

"주인님, 무얼 도와 드릴깝쇼?"
"오, 나 지금 이러 이러한 문제가 있는데 네가 좀 해결해 줘야겠다."
"예, 제가 그 문제 다 해결했습니다. 이제 그만 램프 속으로 들어갈까요?"
"그러려므나." (딸깍)

나오라면 나오고, 문제를 해결하라면 해결하고, 들어가라면 들어가는 편리하고도 유능(?)한 마왕, 참으로 신통하고 써먹을 데 많은 존재들입니다.

사랑하는 동역자 여러분, 행여, 우리들이 '기도'라는 램프를 쓰다듬으면 언제든 나와서 우리네 삶의 이러저러한 문제들을 우리가 원하는 대로 바로 바로 해결해 주는 '웨이터급 하나님' '해결사 하나님' 을 혹시 믿고 따라가지는 않습니까? 요한복음 6장에 등장하는 군중들은 바로 그런 예수님(왕), 골치 아픈 경제문제를 언제든 속 시원히 해결해줄 쓸모 있는 왕을 원했습니다. 그렇게 편리하게 마음껏 부려먹을 수 있는 왕을 원했던 것입니다.

'이 사람이 왕 노릇 해주면, IMF 구제금융 상황 같은 것도 없이 우리가 평안하게 잘 먹고 살 수 있겠다.'

이렇게 생각한 것입니다. 그래서 예수님을 붙잡아 강제로 왕 삼으려고 했던 것입니다. 예수님은 그들의 지저분한 중심을 꿰뚫어 아셨고, 그래서 그들을 뿌리치고 혼자 산으로 가셨습니다. 산에 가셔서 아마 홀로 조용히 성부 하나님과 대화(기도)하셨을 것입니다.

(막 1:35~39) 35새벽 오히려 미명에 예수께서 일어나 나가 한적한 곳으로 가사 거기서 기도하시더니, 36시몬과 및 그와 함께 있는 자들이 예수의 뒤를 따라가 37만나서 가로되, "모든 사람이 주를 찾나이다." 38이르시되, "우리가 다른 가까운 마을들로 가자. 거기서도 전도하리니 내가 이를 위하여 왔노라"하시고, 39이에 온 갈릴리에 다니시며 저희 여러 회당에서 전도하시고 또 귀신들을 내어쫓으시더라.

분주하게 일하신 안식일 다음날 새벽 이른 시간에 주님은 혼자 한적한 곳으로 가셔서 기도하셨습니다. 우리말 개역성경에 '한적한 곳' 이라고 표현되어 있지만, 사실 이 말은 '광야' 로 번역해야 맞는 말입니다. 주님께서 새벽 일찍 홀로 '광야'로 가셨습니다. 세례 받으신 직후에 예수님은 '광야'에 나가서 시험을 받으셨습니다. 예수님은 공생애 사역 도중에 시간이 날 때마다 '광야'로 나가셨습니다. '광야'에서 하나님 아버지와 끊임없이 교제했습니다. 본문 35절의 '한적한 곳으로 가 거기서 기도하셨다'는 말 역시 헬라어 원문에 미완료시제(동작의 반복 진행 표시)로 되어있습니다. 곧 예수님께서 계속해서 끈질기게 기도하셨다는 것입니다. 다음날 아침, 일찍 일어난 사람들이 계속해서 예수님을 찾는 까닭에, 예수님을 열심히 찾았는데 아무리 찾아보아도 예수님이 없었습니다. 베드로를 비롯한 예수님의 제자들이 직접 예수님을 향해서 찾아 나섰습니다. 본문에는 '그 분을 찾아 나섰다'고 적혀 있지만, 본문의 정확한 의미와 분위기를 살려서 말하면, 이 예수님의 제자 일행이 예수님을 찾기 위해 마치 사냥꾼들이 토끼몰이 하듯 그분을 '뒤쫓아 다녔다'는 것입니다. 아무튼 마침내 예수님을 만나 사람들의 소원을 이렇게 전달합니다.

(막 1:37) "모든 사람이 주를 찾나이다."

예수님을 향해 올라가는 인기에 찬물을 끼얹는 "당신의 사역전략은 아주 비현실적"이라고 말하는 것이나 다름없는 이야기입니다.

"주님, 지금 한창 주가가 오르고 있는데, 인기를 유지할 수 있는 (목 좋은) 자리에 계셔야지, 어째서 이런 광야에 혼자 계십니까? 돌아갑시다. 모든 사람들이 주님을 찾습니다. 돌아갑시다. 인기가 오를 때 기회를 놓치지 말고 인기관리도 좀 잘 해 둬야되지 않겠습니까? 얼른 돌아갑시다!"

제자들의 요구에 대해 주님은 "다른 마을들로 가자"며 정말 뜻밖의 대답을 하십니다. 왜 그랬겠쭙니까? 사실, 많은 사람들이 찾고 있는 것은 주님이 아니었습니다. 엄밀히 말하자면 주님의 '치유하시는 능력'을 찾는 것이지 '주님'을 찾는 것이 아닙니다. 주님은 그것을 아셨습니다. 사람들의 얄팍한 중심을 잘 아시는 주님은 제자들에게 "우리가 다른 가까운 마을들로 가자. 거기서도 전도하리니, 내가 이를 위하여 왔노라"고 말씀하십니다(막 1:38).

> "나는, 인기몰이를 하러 온 것이 아니고, 그저 사람들의 이러저러한 삶
> 의 필요나 충족시켜주기 위해 온 것이 아니고, 오직 '하나님 나라의 복
> 음'을 전하러 왔다."

여기에는, "제자된 너희들도 그 복음의 영광을 위해서 길을 걸어야 한다"는 뜻도 아울러 담겨 있습니다. 예수님이 보기에 제자들은, 예수님의 오신 목적을 오해하고 있었고, 아울러 그들을 '사람 낚는 어부'로 부르신 하나님의 거룩한 뜻도 오해하고 있었던 것입니다.

오늘날 많은 그리스도인들이 주님의 부르심에 대해서 오해하고 있습니다. 교회사역을 이상한 쪽으로 몰고 가는 사람들이 있습니다. '질병 치유'가 마치 복음사역의 전부인 것처럼 행동하는 환원주의자들도 많습니다('환원주의'의 기독교 세계관적인 오류와 위험성에 대해서는, 리차드 미들톤·브라이언 왈쉬 공저[황영철 역],《그리스도인의 비전》IVP, pp. 220~227쪽과 이 책의 '제 5 강'을 참조하십시오). 하지만 주님이 인간의 육체적 질병만을 고치러 오신 것은 아닙니다. 기독교권에서 질병 치유사역이 사람들의 관심을 끌기 시작한 요즘은 '치유'라는 낱말 앞에 아예 이러저러한 멋진 수식어들이 많이 붙어서 나돌고 있습니다. 신앙 안

에서 육체적 치유가 전혀 필요 없다거나 의미 없다는 말로 오해하시면 안됩니다. 다만, 주님은 그저 우리의 질병이나 치유해 주시러 오신 분이 아니라는 것을 강조하고자 함입니다(치유 이적은, 인성을 지니신 그 분의 신성을 분명히 드러내기 위한 예수님의 거룩한 신분증입니다). 주님이 '치유'하러 이 땅에 오셨다고 말할 경우, 주님이 말씀하시는 치유의 개념은 오늘 우리들이 사용하는 아주 치우치고 비좁은 치유 개념과는 전혀 다른 것임을 잊지 말아야 합니다. 주님이 말씀하시는 치유는 '인간을 포함한 우주 만물의 온전한 회복'입니다. 우리 삶의 온전한 회복, 그래서 우리들이 하나님의 충만한 은총 가운데 들어가는 것, 그것이 주님이 우리에게 주고자 하시는 치유은총의 본질입니다. 그러므로 교회공동체(그리스도인)가 해야될 가장 중요한 일은 '하나님나라의 복음'을 전하고 선포하는 것입니다. 그러면 그 전도사역의 가장 중요한 원천은 무엇일까요? 주님께서 부활 승천하신 뒤 얼마 지나지 않아 예루살렘 성전 문 앞에 앉아있던 앉은뱅이를 향해서 베드로와 요한이 이렇게 외쳤습니다.

(행 3:6) "금과 은은 내게 없거니와, 내게 있는 것으로 네게 주노니, 나사렛 예수 그리스도의 이름으로 일어나 걸으라!"

예수 그리스도의 복음사역은 돈(금과 은)으로 하는 것이 아닙니다. 비록 '금'과 '은'(세속적인 힘)이 없다 할지라도, 우리 안에 있는 예수 그리스도의 십자가 복음의 능력과 권세로 우리가 일을 할 수 있는 것입니다. 우리들의 신앙공동체에 돈이 많아서 무슨 일을 하는 것이 아니고, 모인 사람들의 수가 많아야만 일을 할 수 있는 것도 아닙니다. 문제는, '우리 안에 복음(의 능력에 대한 확신)이 있느냐', '우리 안에 예수그리스도의 생명이 약동하고 있느냐' 입니다. 예수님은 사람들의 호기심이나 만족시키는 재미있는(?) 이적을 베푸시는 분이 아닙니다. 예수님은 그저 그렇고 그런 마술사가 아닙니다. 예수님은 인기에 죽고 사는 연예인이 아닙니다. 그래서 한창 들떠 있는 제자들에게 "다른 마을들로 가자"는 김 빠지는 얘기를 하신 것입니다. 이 말을 들은 제자들은 몹시 실망했을 것이고, 제자들의 이 실망하는 모습을 보시면서 주님 역시 또 한 번 실망하셨을 것입니다. 그분은 하나님 아버지의 뜻을 시행하러 오셨지, 오빠부대, 아줌마부대를 몰고 다니면서 인기몰이를 하기 위해서 오신 분이 아니었습니다. 본문 마가복음 1장 40~45절에서, 주님께서 문둥병자를 고치시는 모습을 볼 수 있습니다.

> (막 1:40~41) [40]한 문둥병자가 예수께 와서 꿇어 엎드리어 간구하여 가로되, "원하시면 저를 깨끗케 하실 수 있나이다." [41]예수께서 민망히 여기사 손을 내밀어 저에게 대시며 가라사대, "내가 원하노니, 깨끗함을 받으라"

장군멍군입니다. 문둥병자가 "(당신이) 원하시면 (당신은) 저를 깨끗케 하실 수 있다"고 고백하자마자 "그래. 내가 원하노니 깨끗함을 받으라"고 주님이 말씀하십니다. 마음먹은 대로 무엇이든 다 할 수 있는 분은 오직 하나님 한 분밖에 없습니다. 사람은 결코 그렇게 하지 못합니다. 학생들이 마음먹은 대로 공부할 수 있습니까? 우리가 마음먹은 대로 살 수 있습니까? 그렇게 안됩니다. 그러나 예수님은 하나님이기 때문에 그분이 마음먹은 대로 무엇이든 다 하실 수 있는 분입니다.

> "당신이 원하면 하실 수 있습니다."
> "그래 내가 원한다. 깨끗함을 받으라."

그 추한 문둥병자를 친히 만져, 추하게 뭉그라져 진물 나는 문둥이의 손을 잡아 일으켰습니다. 예수님이 문둥병자의 손을 친히 잡아 일으키는 이 동작은 당시로서는 매우 충격적인 것이었습니다. 다음 다음 강좌에서 유대인의 정결의식 문제에 대해서 좀더 자세히 다룰 것입니다만, 유대인들에게는 문둥병자를 만지는 행위는 아주 부정 타는 일입니다. 그러기에 선한 사마리아인의 비유(눅 10:25~37)에 등장하는 레위인과 제사장의 행동도 유대인들의 정결법 체계를 감안하지 않으면 제대로 이해하기 어렵습니다. 왜냐하면 피 흘리고 있는 사람을 만지고 나면, 제사장과 레위인은 당장 드려야할 제사를 집례할 수 없게 되기 때문입니다. 그러니 그네들 입장에서는 하나님께 제사 드리기 위해 강도 만나 죽어 가는 사람 곁을 그냥 지나칠 수밖에 없는 것입니다. 부정한 것을 만지면 부정하게 된다고 모세 율법이 규정하고 있기 때문입니다. 그런데 놀랍게도 예수님은 유대인들의 정결법 규례를 훤히 아시면서도 친히 그 문둥병자를 만졌습니다.

사랑하는 동역자 여러분! 하나님이신 예수님이 오셔서 우리를 만지시면 우리의 추함이 물러가고, 우리 안에 거룩이 들어온다는 이 놀라운 사실을 믿으십시오. 썩어 냄새나는 우리의 삶 속에, 우리 가정과 우리 교회와 신앙공동체 안에 주님이 들어오시면, 그래서 주님이 우리를 잡아 일으키시면, 우리 안에 있는 모든 어두움이 물러가고, 하늘의 거룩이 우리를 사로잡을 수 있다는 것을 굳게 믿어야만 합니다. 예수님은 거룩한 변혁의 주체이시기 때문입니다. 그렇다면, 그분을 믿고 그분의 새 생명이 우리 삶 속에 약동하는 모든 그리스도인들, 곧 그리스도의 몸된 교회 역시 이 땅에서 예수님처럼 거룩한 변혁의 주체로 설 수 있어야 되는 것입니다. 우리가 가서 만져 일으키는 모든 사람들의 삶 속에서, 어두움이 물러가고, 그들 삶 속에 새 생명의 의로운 빛이 들어오게 하는 복된 사역을 함과 동시에 그런 신령한 복의 통로로서 우리가 이 땅에 서 있어야만 하는 것입니다(창 12:1~5, 마 5:13~16 참조).

그런데 문둥병자를 고쳐주신 주님은 놀랍게도 "삼가 아무에게 아무 말도 하지말고, 다만 제사장에게 가서 네가 나았다는 것을 증거하라"(44절)고 간곡히 당부하십니다. 곰곰 생각해 보면 본문 44절에 있는 이 말씀은 아주 이상합니다.

"삼가 아무에게 아무 말도 하지 말라."

오늘날 은사사역에 치중하는 아주 불건전한 사이비 이단들은 자기네 집단에서 병자가 무수히 일어난다고 광고를 엄청나게 하고 있지 않습니까? 그렇다면 문둥병자가 단번에 회복된 일, 사실 널리 소문내고 크게 광고할 일 아닙니까? 여러분, 우리 공동체 안에서 우리가 기도해서 어느 문둥병자가 고침 받았다고 한번 생각해 보십시오. 광고비가 아무리 많이 들더라도 정말 크게 광고해야 될 일이고, 세계 의학계에 서둘러 보고해야 할 굉장한 일일 것입니다. 그러나 주님은 이상하게도 이 놀라운 사실을 숨기려 했습니다.

"아무에게 아무 말도 하지말고 삼가라."

그런데 본문(마가복음 1장 45절)을 보면, 이 고침 받은 문둥병자가 주님의 말씀에 불순종(?)하여 동네방네 떠들고 다니는 바람에 주님의 갈릴리 사역에 적잖은 지장이 왔다고 마가는 기록합니다. 45절 하반절에서 마가는, '그럼에도 불구하고 예수님의 인기는 계속 높아져 가고 있다' 고 증언합니다.

본문을 좀 거슬러서 마가복음 1장 24~25절을 다시 살펴보십시오.

(막 1:24~25) 24"나사렛 예수여, 우리가 당신과 무슨 상관이 있나이까? 우리를 멸하러 왔나이까? 나는 당신이 누구인 줄 아노니 하나님의 거룩한 자니이다." 25예수께서 꾸짖어 가라사대, "잠잠하고 그 사람에게서 나오라!"

귀신이 "당신은 하나님의 거룩한 자입니다. 이제 우리를 멸하러 오셨느냐"고 말합니다(24절). 솔직히, "당신은 하나님의 거룩한 자"라는 귀신의 말은, 침묵시킬 일이 아니라 확성기를 갖다 대줘야 할 이야기가 아닙니까? "당신은 하나님의 거룩한 자"라고 말하면 확성기를 갖다 대줄지언정, 침묵시킬 일은 결코 아닌 것으로 생각됩니다. 그런데도 주님은 귀신을 침묵시키십니다.

(막 1:34) 귀신이 자신을 앎으로 그 말하는 것을 허락지 아니하니라.

그 분의 신적인 본질을 귀신이 아주 잘 알고 있기 때문에 귀신이 침묵하도록 예수님이 귀신에게 재갈을 먹였다는 겁니다.

(막 3:12) 예수께서 자기를 나타내지 말라고 많이 경계하시니라.

여기 3장 12절에서도 예수님께서 자기가 하시는 일들과 자기 존재의 본질에 대해서 말하지 말라고 끊임없이 경계하셨습니다.

(막 5:43) 예수께서 "이 일을 아무도 알지 못하게 하라"고 저희를 많이

경계하시고, 이에 "소녀에게 먹을 것을 주라" 하시니라.

(막 7:36) 예수께서 저희에게 경계하사 "아무에게라도 이르지 말라" 하시되 경계하실수록 저희가 더욱 널리 전파하니

(막 9:9) 저희가 산에서 내려 올 때에 예수께서 경계하시되 "인자가 죽은 자 가운데서 살아날 때까지는 본 것을 아무에게도 이르지 말라" 하시니

이렇듯 회당장 야이로의 딸을 살려내신 후(막 5:43)에도, 귀 먹고 어눌한 자를 고치신 후에도(막 7:36), 변화산에서 예수님의 영광의 본체를 제자들에게 보여주신 뒤에도(막 9:9), 예수님은 제자들에게 이처럼 (상식적으로 참 받아들이기 어려운) 말씀을 계속하십니다.

오늘 우리 인생에는 문제가 많습니다. 그래서 많은 경우, 사람들은 자신의 상황과 필요를 따라서 예수님(의 능력)을 필요로 합니다. "우리는 모두/주가 필요해"라는 널리 알려진 복음성가 가사도 있지 않습니까? 참 은혜로운 찬양이고 저도 가끔씩 부르는 곡이지만, 생각하기에 따라서는 좀 위험한 분위기를 담고 있는 노랫말입니다. 예수를 임금 삼으려고 하자, 그 분은 사람들을 피해 도망쳤습니다. 가버나움 회당에서 귀신을 쫓아냈습니다. 베드로의 장모를 고쳤습니다. 사람들이 몰려 왔습니다. 수많은 병자들을 고쳤습니다. 그래서 심지어 그 분이 마음놓고 기도조차 할 수 없는 상황(35절)에 처하시기도 했습니다. 그 분의 인기가 절정을 향해서 치달아 가고 있었습니다. 하지만 주님은 결코 그 인기에 파묻히지 않습니다(38절). 예수님은, 사역자(예수 제자)에게 있어서 그 인기라는 것이 때로는 본질적인 사명을 망각할 수 있는 매우 심각한 위협(걸림돌)이 된다는 것을 잘 알고 있었습니다. '안락하고 좋은 자리' 가 사람 낚는 어부에게 얼마나 위험한지, 이것을 주님이 알고 계셨기 때문에, 제자

들을 이끌고 서둘러 다른 마을들로 옮겨 가버렸던 것입니다. 문둥병자를 고쳐 주셨습니다. 하지만 고침 받은 그 문둥병자의 불순종, 그의 지나친 열성 때문에 예수님의 복음사역에 심각한 악영향이 미치게 되었습니다. 그러므로 하나님의 뜻과 상관없는 '종교적 열정'이 때로는 하나님 나라의 사역에 심각한 장애가 된다는 것을 알아야 합니다.

이 시간 진지하게 생각해 봅시다.

'왜 예수님은 자꾸만 무리들을 피하는가?'
'왜 크게 광고해야 될 만한 위대한 일을 행하신 뒤에 자기를 쫓는 수많은 무리들을 뒤로하고 그 분은 제자들의 손을 붙들고 자꾸만 한적한 곳(광야)으로 피해 가시는가?'
'왜 자꾸만 사람들을 피해 장소를 옮겨가시는가?'

하나님 편에서의 이유가 있고, 사람 편에서의 이유가 따로 있다고 생각합니다. 하나님 편에서의 이유를 신학적으로 '메시아 비밀론'이라고 합니다. 다시 말하면 하나님 편에서 볼 때는 주 예수님의 신분이 공개적으로 드러나야 될 '때'가 아직 되지 않았기 때문에 자신의 본 모습을 숨기신다는 것입니다. 이 '때'를 헬라어로 '카이로스'라고 말합니다. 참고로 말씀드리자면, 헬라어에 '시간'을 나타내는 낱말 두 개가 있습니다. 하나는, '크로노스'이고, 다른 하나는 '카이로스'입니다. 여러분이 잘 아시는 '연대기'라는 뜻의 영어 단어 '크로놀로지(Chronology)'는 헬라어 '크로노스'에서 비롯된 말입니다. '크로노스'는 기계적인 시간입니다. 그 흐름에 따라 날/달/해가 바뀌는 기계적인 시간의 흐름을 '크로노스'라고 합니다. 그러나 "때가 찼다"든지, 혹은 주님이 "아직 때가 아니라"고 하실 경우의 이 '때'는 '크로노스'가 아니고 '카이로스'입니다. '카이로스'는 기계적인 시간의 흐름이 아니라 '구원사적인 시간'의 흐름을 가리킵니다. 예컨대 예수님께서 재림하시는 '때'와 같은 개념은 반드시 '크로노스'가 아닌 '카이로스'로 이해되어야만 합니다. 하나님의 구원사(史)에 있어서의 어느 특정한 '때'를 나타낼 때마다 '카이로스'가 사용되기 때문입니다. 그러기에 이 '카이로스'는, 기계적으로 고정된 시간이 아니고, 하나님 앞에 믿음으로 반응하는 신앙인들의 실제 헌신 및 삶의 열매와 깊이 연관되어 움직이는 시간입니다. 그래서 '예수 재림의 시기'는 기계적인 시간개념인 '크로노스'로 어느 시점이라고 꼭 집어 말할 수가 없습니다. 우리가 열심히 전도해서 모든 족속들이 주님 안에 들어오면, 예수님께서 재림하시는 '카이로스'가 좀 빨리 올 것이고, 복음을 열심히 전하지 못해서 그 시간(크로노스)이 지체되면 그 '때(카이로스)'는 한없이 뒤로 밀릴 수도 있는 것입니다. 그런 점에서 아직 '때'가 되지 않았기 때문에 '주님이 우리로부터 숨는다'는 이 말은 결국 예수님을 쫓아다니는 사람들 쪽에 무언가 심각한 문제가 있다는 것을 암시하는 것입니다. 아직 그들 앞에 예수님 자신의 존재를 분명하게 드러내서 공개적으로 말씀하실 때가 되지 않았고, 동시에 그들에게 신앙적이고 영적인 준비가 다 되지 않았다는 것을 말하는 것입니다.

그 원인이 무엇입니까? 그들 안에 〈기독교 승리주의〉가 있기 때문입니다. '기독교 승리주의'는 아주 다양한 모습으로 우리 주변을 서성이고 있습니다. 우선, '기독교 승리주의'의 자녀들 가운데 '이적신앙'이 있습니다. '이적신앙'은 다른 것이 아닙니다. 오직 병이 낫기 위해서만 신앙생활하는 사람들, 병 낫는 데만 열심히 쫓아다니는 사람들, 그게 바로 '이적신앙'을 가진 사람들입니다. 이 '이적신앙'은 우리 믿음을 결코 견고하게 세워주지 못합니다. 거지 나사로 이야기(눅 16:19~31)에서, 아브라함은 지옥에서 고통 당하는 부자에게 이렇게 말합니다.

(눅 16:31) "모세와 선지자들에게 듣지 아니하면 비록 죽은 자 가운데서 살아나는 자가 있을지라도 권함을 받지 아니하리라."

"저희들에게 선지자가 있다. 하지만 그 선지자들의 말을 듣지 않는다면, 설사 죽은 자가 다시 살아나서, 천국과 지옥에 대해 이야기(간증)를 한다해도 그들은 결코 그 사실을 믿으려 하지 않을 것"이라는 것입니다. 죽은 자가 살아나는 것, 얼마나 큰 이적입니까? 지금 이 시간에, 어떤 사람이 지옥에서 와 가지고, "지옥 있습니다. 천국도 분명히 있답니다" 이렇게 간증한다면 그 얼마나 눈부신 증언이 되겠습니까? 그런데 이런 간증으로는 '믿음'을 형성시킬 수 없다고 아브라함이 단호하게 잘라 말합니다. 하나님의 말씀(성경 66권)을 통해서 믿음을 세우지 못한다면, 죽은 자가 살아나는 이적을 본다 할지라도 온전한 믿음이 형성되지 못한다는 것입니다. '이적신앙'의 한계를 참으로 아프게 지적한 것입니다.

〈역사의식 없는 경건 제일주의〉도 기독교 승리주의의 또 다른 자식입니다. 오직 하나님 앞에 묵상(Q.T.)하고, 본문의 문맥과 상관없이, 자기 편한 대로 제멋대로 묵상결과를 만들어 놓고 자기 기분이 좋으면 그것으로 끝나버립니다. 그러기에, 고난을 무릅쓰고 그 말씀을 따라 살면서, 우리 삶의 역사적 지평에 진지하게 눈을 돌려야 될 신성한 의무가 우리 기독교인들에게 있다는 생각을 전혀 하지 않습니다. 그런 사람들에게 하나님은 '우주의 왕'이 결코 아닙니다. 그저 하나님은 그들의 삶을 보다 풍족하게 보다 안락하게 보장해주는 생명보험증서의 하나일 뿐입니다. 그리고 그런 욕구가 충족되면 그들은 교회를 떠납니다. 반대로 그런 욕구가 충족되지 않으면, 그래도 교회를 떠납니다. 자기들의 욕구가 충족되면 하나님으로부터 얻어낼 것 다 얻어냈으니까 떠나는 것이고, 충족되지 않으면, 마치 하나님이 없는 것 같고 자기 삶과 하나님은 아무런 관계가 없는 것처럼 느껴지기 때문에 신앙공동체를 미련 없이 떠나는 것입니다. 이런 사람들은 결국은 그토록 열렬히 예수님을 따라다녔으면서도 마침내 예수님을 십자가에 못 박고 말았던 예수님 당시의 유대인들이 걸었던 배신과 불충의 부끄러운 길을 어김없이 걷게 되고 마는 것입니다.

〈기독교 승리주의자〉들은 신앙을 끊임없이 '실용적 관점'에서만 저울 질한 나머지, '고난'을 통해서 다가오는 하나님의 영광을 짐작조차 하지 못합니다. 그들은, '예수님을 위해 내가 무엇을 할까'를 고민하기보다는 '예수가 내게 주는 유익'에만 관심을 갖습니다. 내가 하나님 편에 서고자 하기보다는 '하나님은 내편'이라는 것만을 강조합니다.

> (막 1:1) 하나님의 아들 예수 그리스도 복음의 시작
> (막 1:14~15) [14]요한이 잡힌 후 예수께서 갈릴리에 오셔서 하나님의 복음을 전파하여 [15]가라사대, "때가 찼고 하나님 나라가 가까왔으니 회개하고 복음을 믿으라" 하시더라.

기독교 승리주의자들은, '예수 믿으면 (지금, 이 땅에서) 만사 형통'이라고 외쳐댑니다. 예수 믿는 사람들(이른 바 믿음이 좋은 사람들)은 반드시 건강해야만 하고, 시합에 이겨야 하고, 시험에 항시 합격해야 하고, 사업이 잘 돼야만 한다고 생각합니다. 그렇게 돼야만 (그 결과물로) 하나님께 영광을 돌릴 수 있다고 생각합니다. 그러기에 그들은 끊임없이 십자가를 우회하거나 회피하는 길을 '은혜'라고 생각합니다. 십자가를 지고 죽어야할 순간에 요령껏 처세하여 어떻게든 죽지 않고 살아남는 것이 '하나님의 은혜'라고 주장합니다. 한 번 깊이 생각해 봅시다.

오늘 본문에 등장하는 '무리들'이, 병이 낫지 않았더라도 예수님을 계

속 따랐을 것인가?

만일 그랬다면, 그들은 예수님을 따르지 않았을 것이라고 저는 생각합니다. '무리'를 피해 도망치는 예수님은, 하나님이 주시는 가시적인 열매가 없어도 하나님을 따를 준비가 되어 있는 사람들, 〈기독교 승리주의〉로부터 자유로운 사람들을 찾고 계셨던 것입니다. 여기서 우리가 반드시 기억해야만 할 사실이 하나 있습니다. 그것은, 본문에 등장하는 예수님은 결코 약하지(무능하지) 않다는 것, 그 분은 대단히 강하시다는 것입니다. 귀신을 쫓아내고, 열병을 고치고, 문둥병자를 고쳐주는 예수님은 대단히 강하신 분이라는 것을 우리가 인정한다면, 그 다음 남은 문제는 '그 강함을 어떻게 드러낼 것인가' 하는 것입니다. 바로 이런 이유로, 기독교 승리주의를 배격하는 것을 '기독교 패배주의'를 조장하거나 그것을 받아들이는 것으로 오해해서는 안 되는 것입니다. '승리주의'에 노예가 된 예수님 당시의 유대인들은 정치적인 구세주를 기대한 나머지 결국은 예수님을 십자가에 못 박아 죽이고 말았습니다. 오늘날도 마찬가지입니다.

> (요 17:1) 예수께서 이 말씀을 하시고 눈을 들어 하늘을 우러러 가라사대, "아버지여, 때가 이르렀사오니 아들을 영화롭게 하사 아들로 아버지를 영화롭게 하게 하옵소서"

요한복음 17장 1절에서 예수님은 자신이 '십자가를 지고 죽는 때'를 '영광의 절정'으로 인식하고 있습니다. 기독교 승리주의자들은 '십자가 영광의 절정'이라는 주님의 이 심오한 선언을 결코 이해하지 못합니다. 그러기에 그들은 예수님을 만날 수도 없고 그 분을 모실 수도 없습니다. 오늘 본문을 다시 잘 살펴보시면 이런 사람들을 예수님이 안 만나 주는 것을 분명히 확인할 수 있으실 것입니다. 그처럼 질 낮은 생각을 가지고 주님을 쫓아다니는 사람들을 주님은 안 만나 주셨습니다. 오늘도 마찬가지입니다. 동역자 여러분들이 정말 예수님을 만나고 싶으면, 정말 그분과 정말 동행하고 싶으면, 그래서 그 분의 이름을 딴 '그리스도인'이라는 고상한 이름을 가지고 끝까지 살기 원한다면, 이 〈기독교 승리주의〉를 서둘러 십자가에 못박아 버려야만 합니다. 이 기독교 승리주의를 십자가에 못 박지 못한다면 우리 역시 주님을 만나지 못할 것입니다.

예수 믿는 사람들이, 시합에 졌을 때, 사업에 실패했을 때, 시험에 떨어졌을 때, 소중한 꿈이 좌절되었을 때, 가난할 때, 너무 이른 나이의 어느 날 죽을병에 걸렸을 때, 느닷없이 정리해고 당하고 노숙자가 되었을 때, 열심히 해보려고 했는데 그래서 최선을 다해서 일했는데 정말 기대 이하의 실망스런 결과가 나왔을 때, 바로 그때, 우리가 하나님께 더 큰 영광을 돌릴 수 있다는 사실을 분명히 믿어야 합니다. 그런 슬픔과 고통의 순간에, 하나님을 하염없이 원망하며 미련 없이 십자가를 등지고 떠나가지 말고, 바로 그때가 우리 삶을 통해 우리가 주님을 가장 영화롭게 할 수 있는 가장 좋은 기회라는 것을 기억해야 됩니다. 그런 의미에서 〈기독교 승리주의〉는 결코 하나님 나라의 사역에 보탬이 되지 않습니다.

참으로 슬프고 안타깝게도 오늘날 많은 교계 지도자들과 많은 그리스도인들이 오직 눈부신 '승리'만을 쟁취하기 위해서 교묘한 종교적 잔재주(mechanism)로 승리의 열매들을 가시적으로 사람들 앞에 보여주는 일에 몰두하고 있습니다. 이유는 단 하나, 우선 눈에 확실하게 보이는 것으로 자기들의 신앙의 깊이나 역량을 널리 과시하고 싶은 것입니다. 앞서 말씀드렸듯이, 어떤 이들은 심지어 기도까지도 하나님을 조종하는 리모콘으로 사용하려고 합니다. 분명히 말씀드리거니와 기도는 하나님을 조종하는 열쇠가 아닙니다. 나중에 겟세마네 동산의 기도(제 7 강)에서 다시 말씀드리겠지만, 기도는 하나님의 거룩한 뜻 앞에서 우리의 저급한 인간의 욕망이 무릎 꿇려지는 거룩한 과정이지, 하나님을 내 마음대로 조종하는 리모콘이 결코 아닙니다. 이 제 1 강 강론이 끝나면 이 말씀을 붙들고 우리가 함께 기도할 것이고, 앞으로도 많이 기도하겠지만, 어떤 경우에도 우리가 기도의 본질을 오해하면 안됩니다. 기독교 승리주의자들은, 스스로 생각해서 승리했다고 생각되면 하나님의 은혜라고 생각하며 한껏 으스대고, 패배했다고 생각하면 행여나 누가 알까봐 쉬쉬합니다. 그래서 학생들은 요령껏 부정행위를 해서라도 장학금을 타려고 합니다. 그 장학금의 일부를 십일조로 헌금하면 하나님이 그걸 보시고 흐뭇해하실 거라고 생각하는 정신 나간 학생은 혹시 없는지 모르겠습니다. 언젠가, 제가 섬기는 전북대 의대 형제자매들에게 "공부 열심히 안 했으면 정직하게 낙제하라"고 설교했습니다. 그랬더니, 아예 자원해서 낙제하는 친구들이 종종 나와서 설교 함부로(?)한 책임을 지고 저 혼자서 한동안 고민(?)하기도 했습니다. 그 이후로 '설교할 때 단 한 마디의 말이라도 함부로 해서는 안되겠다' 는 생각을 많이 하며 지냈습니다. 그러나 시험에 실패하고 스스로 낙제해서 한 학년 아래 후배들과 일년을 더 공부하면서도 정말 믿음 안에서 떳떳하고 당당한 모습으로, 공동체를 변함없이 섬기면서 뛰는 신실하고 정직한 형제 자매들을 보면서 제 마음속으로 하나님 앞에서 얼마나 감사했는지 모릅니다. 안타까움에도 불구하고 '아, 내가 설교를 헛되이 하지는 않았구나' 하는 안도감이 분명히 있었기 때문입니다.

여러분, 신앙인들이 왜 "내가 실패했다"고 떳떳하게 말을 못합니까? 왜 "내가 아프다"고 솔직하게 말을 못합니까? 왜 믿음의 식구들에게 나의 약한 부분을 드러내 놓고 진지하게 기도부탁을 못합니까? 왜 "내가 시험에 떨어졌다"고 말을 못합니까? 왜 자기 약점을 솔직하게 공동체 앞에 내어놓으며, "내게 이런 아픔과 슬픔이 있고, 이런 고통이 있다"고 말을 못합니까? "하나님 앞에 벌(저주) 받았다"고 오해하고 함부로 막말하는 사람이 있을까봐 그러십니까? '기독교 승리주의'의 독한 후유증으로 이렇듯 자기 약점을 솔직하게 인정하지 못하고 가면(假面)을 쓰고 숨죽이며 숨어사는 사람들이 너무 많습니다. 너도 가면, 나도 가면, 여기에도 가면, 저기에도 가면…… 그래서 공동체 규모가 크면 클수록 더 거대한 가면무도회가 벌어지는 것이 오늘 우리네 현실입니다.

'기독교 승리주의자'들의 내면을 잘 들여다보면 거기에는 어김없이 바리새인 의식이 있습니다. 참으로 부질없는 '신앙의 조울증'이 너무 깊이 뿌리내리고 있어서, 자기에게 조금이라도 그럴듯한 열매가 나타나면 한껏 교만해진 나머지, 그런 열매를 갖지 못한 형제 자매들을 함부로 판단하고 정죄합니다. 반면, 자기보다 조금이라도 나아 보이는 사람 앞에서는 미리 설설 기면서 스스로 좌절해버리는 사람들…… 그런 점에서 기독교 승리주의는 신앙의 탈을 쓴 '자기중심주의'라고 말할 수 있습니다. 그런 점에서 기독교 승리주의자들은, 언뜻 가장 믿음이 좋은 듯하지만 사실은 가장 믿음이 없는 사람들입니다. 왜냐하면 그들은 끊임없이 십자가를 피해 가는 '넓은 길'을 선택하기 때문입니다. 오직 '고난 없는 영광의 길'만을 찾고 있기 때문입니다. 그들은 마침내, 고난의 순간에 십자가를 거부하고 배신의 길을 걷고 맙니다. 고난 속에서 하나님의 영광을 체험할 수 있는 가장 좋은 기회에 십자가의 영광으로부터 돌아서 버립니다. 그러므로 오늘 우리들이 정말 서둘러 십자가에 못박아 버려야할 가장 추악한 것이 바로 '기독교 승리주의'인 것입니다.

예수님을 만나고 싶습니까? 먼저 '기독교 승리주의'를 버리셔야 합니다. 신앙의 길에서, 슬픔의 순간, 고통의 순간, 아픔의 순간, 실패의 순간이 바로 내가 십자가를 질 수 있는 참으로 복된 기회입니다. 바로 그 순간이 주님의 부활의 권능을 체험하는 순간입니다. 사단(마귀)은 십자가(십자가를 지신 예수님) 외에는 아무 것도 두려워하지 않습니다. 그래서 악한 영은 마가복음 끝부분(15:27~32)에서 확인할 수 있듯이 예수님이 십자가를 지실 때 자꾸만 내려오라고 속삭였던 것입니다.

(막 15:27~32) [27]강도 둘을 예수와 함께 십자가에 못박으니, 하나는 그의 우편에, 하나는 좌편에 있더라. [28](없음)[29]지나가는 자들은 자기 머리를 흔들며 예수를 모욕하여 가로되, "아하 성전을 헐고 사흘에 짓는 자여, [30]네가 너를 구원하여 십자가에서 내려 오라" 하고 [31]그와 같이 대제사장들도 서기관들과 함께 희롱하며 서로 말하되, "저가 남은 구원하였으되 자기는 구원할 수 없도다. [32]이스라엘의 왕 그리스도가 지금 십자가에서 내려와 우리로 보고 믿게 할지어다" 하며 함께 십자가에 못 박힌 자들도 예수를 욕하더라.

마귀는, 예수님으로 하여금 마지막 죽음의 순간까지도 십자가를 거부하도록 유혹했습니다. 하지만 아무리 유혹해도 주님은 십자가를 거부하지 않으셨습니다. 만일 제가 예수님이라면, 십가가에서 내려올 능력이 있는 하나님이기 때문에 예수님처럼 행동하지 않았을 것 같습니다. 저 같으면, 보아란 듯이 한 5분 정도만 십자가에서 내려와서 사람들에게 저의 능력을 보여준 다음 이렇게 말했을 것 같습니다.

"자, 내가 십자가에서 간단하게 내려오는 것 잘 봤지? 자아, 그럼 나를 다시 십자가에 못 박도록 하시지!"

이렇게 통쾌하게 일을 했을 것 같은데 우리 주님은, 너무 허망하고 무능하게 그냥 십자가에서 숨을 거두어 버리십니다. 너무 허망하고 무능하게 죽어버리신 예수님의 시신을 올려다보면서, 망나니의 우두머리 로마 군대의 중대장급 장교인 백부장이 놀랍게도 "이 사람은 진실로 하나님의 아들이었다"(막 15:39)고 위대한 고백을 합니다. 인류 역사상 가장 놀라운 역설로 생각됩니다. 하지만 바로 이것이 기독교 복음의 힘입니다. '산 예수'가 아니라 '죽은 예수'가 유대인도 아닌 이방인의 입술을 통해 하나님의 아들로 인정되는 것, 이것이 기독교 복음의 신비입니다. 마가복음 전체를 통틀어서, 예수님이 살아 계실 때 그런 고백을 사람들로부터 받으신 적이 없습니다. 베드로가 "주는 그리스도"라고 고백(마가복음 8장)했지만, 전후 맥락을 살펴 볼 때 그 고백은 좀 애매한 면이 없지 않은 것이었기 때문입니다.

마귀는, 죽음을 각오한 기독교인 외에는 누구도 겁내지 않습니다(히 11:38 참조). 우리 앞에 있는 이 땅에 넘쳐나는 이 도도한 검은 권세는, 우리 삶의 현장에서 기꺼이 십자가를 지고 죽으려는 사람 외에는 두려워하지 않습니다. 그러므로 우리가 어떻게든 이 땅에 살아 남아서 하나님의 영광이 되는 게 아니라, 우리 몫의 십자가를 지고 십자가 상의 예수님처럼 말없이 죽어 버릴 때, 또 그런 사람들이 모여 공동체를 이룰 때, 이 땅이 거룩하게 변화될 것입니다. 많은 기독교인들이 정말 모양 좋고, 그럴 듯하게 빛나는 일을 많이 하고 있지만, 그럼에도 이 땅의 검은 구름에는 큰 변화가 없는 이유는, 십자가를 지고 '정말로' 죽어버리는 사람들이 그리 많지 않기 때문입니다. 복음의 영광을 위해 죽는 사람이 전혀 없다는 것이 아니라 그런 이들이 많지 않다는 것입니다. 신앙공동체 안팎에 그럴 듯하게 모양(form) 나는 일, 그럴 듯하게 빛나는 영역이 참 많이 있습니다. 기독교인들이 가고 싶어하는 빛나는 일터 곳곳에 많이 있습니다.

하지만 너나 없이 그런 데만 가려고 하는 사람들을 가지고는 이 땅의 이 어두움은 결코 사라지지 않을 것입니다.

(고전 11:30) "내가 부득불 자랑할지니, 나의 약한 것을 자랑하리라."

(고후 12:10) "그러므로 내가 그리스도를 위하여 약한 것들과 능욕과 궁 핍과 핍박과 곤란을 기뻐하노니, 이는 내가 약할 그 때에 강함이라."

우리 믿음의 대 선배 사도 바울의 고백입니다. 세속적인 기준으로도 바울이 얼마나 유능한 사람이었는지 잘 아실 것입니다. 그토록 위대하고 유능한 일꾼이었던 바울이, 자기에게 "자랑할 것이 있다면", 자기에게 "영광스러운 순간이 있다면" 그것은, 자기가 강할 그 때가 아니라, 자기가 모양 좋은 위치에 있을 때가 아니라 "자기가 〈약할 때〉"라고 거듭 거듭 고백합니다. 내가 약할 그때에 비로소, 하나님을 향한 믿음이 뜨겁게 불타오르고 그 믿음의 불꽃을 따라 하나님의 능력이 나타나기 때문입니다. 오직 고난을 믿음으로 이기는 그 믿음의 사람을 통해서만 하늘의 능력이 역사하기 때문에, 자기가 약할 그 때, 자기가 실패할 그 때, 자기가 패배할 그 때, 자기의 삶에 슬픔과 고통과 아픔이 몰려오는 바로 그 때야말로 자기가 가장 강해지는 때라고 고백하는 것입니다.

우리 공동체에, 돈이 많고 사람이 많고 그래서 그 힘으로 우리가 어떤 일을 한다면, 우리가 하는 이 모든 일의 열매를 본, 수많은 사람들은 거리낌없이 돈에게 영광을 돌릴 것입니다. "그 돈 있으면 나도 하겠다. 그 정도로 많은 사람 있으면 나도 하겠다"는 말이 반드시 나오게 되어 있기 때문입니다. 그러나 우리에게 일할 사람이 별로 없고, 우리에게 빛나는 프로그램이 없고, 우리가 쓸 수 있는 자원이 많지 않은 때에 인간의 힘으로 할 수 없는 어떤 삶의 열매들이 우리를 통해서 이 땅에 나타나게 될 때, 사람들은 그 일을 바라보며 우리 모임 안에 하나님이 활동하고 있다는 것을 어쩔 수 없이 인정하게 될 것입니다. 우리들의 공동체를 향해서 '과연 믿음의 모임이며, 예수 제자들의 모임'이라고 말할 것이므로, 바로 그 순간에 우리를 불러서 사람 낚는 어부를 삼으신 우리 주님께서 영광을 받으시게 되는 것입니다.

사랑하는 동역자 여러분, 마가는 마가복음 전체를 통해서 〈예수 그리스도의 십자가에서의 죽음이 복음〉이라고 말합니다. 기독교 승리주의자들은 도무지 이해할 수 없는 어려운 말입니다. '하나님의 아들의 죽음'이 우리에게 기쁜 소식이 된다는 이 신비스런 진리는, '예수 믿는 사람은 이 땅에서 모든 것이 다 잘 돼야만 한다'고 굳게 믿는 기독교 승리주의자들에게는 도무지 이해가 되지 않을 것입니다. 여러분, 하나님이 어떻게 죽습니까? 하나님이 남을 죽인다면 몰라도, 하나님이 죽었다면 그것이 어떻게 우리에게 기쁜 소식이 될 수 있습니까?

우리가 기독교 승리주의로부터 정말 자유롭다면, "돈과 힘과 능력과 시간이 없어서 우리가 주님의 일을 하지 못한다"고 함부로 말하지 말아야 합니다. 우리가 이 기독교 승리주의로부터 정말 자유롭다면, "우리 공동체는 모이는 숫자가 너무 적고, 그럴 듯한 프로그램이 없고, 너무 보잘 것 없는 모임이기 때문에 일할 수 없다"고 함부로 말하지 말아야 합니다. 만일 여러분들이 속한 공동체의 규모가 작다면 작은 만큼 주님의 동행하심과 주님의 능력을 더욱 깊이 체험할 복된 기회를 더 많이 가진 것입니다. 그러기에 우리는 이렇게 정직하게 말해야만 합니다.

"우리에게 '믿음'이 없어서 못합니다."

이게 진정 솔직한 고백입니다. '사람'이 없어서 못하는 게 아니고, '돈'이 없어서 못하는 게 아니고, '힘'이 없어서 못하는 게 아니고, '시간'이 없어서 못하는 것이 아니라, 우리에게 〈믿음〉이 없어서 헌신하지 못한다고 고백해야 합니다. 그런 고백과 함께, 비록 '돈'도 '힘'도 '명예'도 없지만, 오직 믿음 하나로 우리가 힘차게 전진할 수 있다고 담대히 말해야만 합니다. 여러분 이제 아주 정직하게 생각하고 대답해 보십시오.

'나는 그리스도의 십자가의 복음을 믿는가? 아니면 기독교 승리주의로 포장된 샤머니즘을 믿는가?'

만일 우리가 마가가 말하는 이 복음의 본질과 흐름이 맞지 않는 어떤 생각을 가지고 내가 이제껏 기독교인으로서 살아왔다고 한다면, 지금 당장 주님 앞에 엎드려서 깊이 회개해야 합니다. 예수님이 우리에게 주시는 그 어떤 것 때문에 주님을 따르지 말고, 나를 위해 죽어주신 그분이 좋아서, 나를 위해 죽어주신 그 분을 사랑하기 때문에 주님을 따라야 하는 것입니다. 그것이 한국교회를 무너뜨리고 있는 기독교 승리주의의 어두운 굴레로부터 재빨리 벗어나는 지름길이 될 것입니다. 기독교 승리주의를 극복한 바른 복음으로 무장된 우리 동역자님들이 섬기는 교회 공동체와 삶의 현장에, 그리스도의 십자가 복음의 영광이 영원토록 찬란하게 드러나게 되기를 바랍니다. "기독교 승리주의를 이겨내라"는 주님의 이 말씀을 생각하면서 우리 모두 하나님 앞에 회개하고 결단하는 기도를 올립시다.

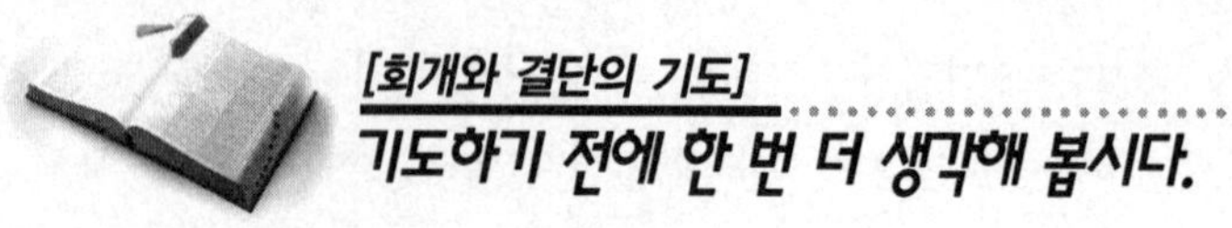

① 기독교 승리주의자들은, 신앙인들이 어쩌다 아프는 것도, 사업에 실패하는 것도, 가난해지는 것도 그리고 심지어 한낱 스포츠 경기에서 패배하는 것도 다 믿음이 적기 때문이라고 생각합니다. 그러나 '복음'은 오히려 예수 제자들이 믿음 때문에 고난을 더 많이 받을 수 있다고 말합니다. 성경이 일관되게 말하는 '복음'은 '십자가 고난을 통한 부활의 영광'입니다. 그러나 어떤 이들은 성경이 말하는 참된 복음을 받으려 하기보다는 자기 취향(입맛)에 맞는 기독교 승리주의의 그릇된 복음(?)을 추구합니다. 신앙생활을 한다고 하면서 혹시 '고난 없는 영광'만을 추구하고 있지는 않습니까?

② 예수님의 제자들처럼 '인기'를 얻기 위해 신앙 생활을 하거나, 자신의 저급한 욕심만을 채우기 위해 하나님을 찾지는 않습니까? 예수 믿고 신앙생활을 해보려고 어렵사리 공동체에 나온 사람들에게 복음을 왜곡 전달해서 그들이 주님께 나아가는 길을 가로막고 있지는 않습니까?

③ 오늘날 많은 신앙공동체들이 돈과 인적 자원이 많이 있어야만 큰 일을 할 수 있다는 이상한 확신을 가지고 있는 듯합니다. 그러나 성경은 복음 사역을 금과 은이나 사람 수로 하는 것이 아니라 오직 그리스도의 생명으로 한다고 말씀합니다. 복음 사역은 우리 안에 그리스도의 생명이 약동할 때만 가능합니다. 지금 우리(공동체)는 무엇으로 일을 하려고 합니까? '복음' 하나만으로 충분하다는 고백이 있습니까?

④ 예수님이 이 땅에 오신 이유는 인간의 죄(불순종) 때문에 '보시기에

좋지 않은 세상'을 말씀으로 회복하기 위해서입니다. 예수님 자신이 하나님(의 말씀)이며 그러기에 그분에게는 놀라운 재창조의 능력이 있습니다. 지금 당신은 '말씀'이신 주님 앞에 온전히 순종하는 종으로 서 있습니까? 지금 당신의 삶은, '예수님 안에서 하나님 보시기에' 좋습니까? 만일 그렇지 못하다면 그 원인이 무엇이라고 생각하십니까?

⑤ 사단이 가장 힘있게 사용하는 무기가 '죽음'이기에, 사단이 가장 무서워하는 것은 '죽음을 두려워하지 않는 신앙'입니다. 예수님은 요한복음 17:1 말씀에서 '십자가'를 '영광의 절정'이라고 말씀하십니다. 사단이 무서워하는 것은 이것 하나밖에 없습니다. 어떻게 하겠습니까? 당장 살기 위해 영원히 죽는 길을 선택하시겠습니까? 아니면 예수님처럼 십자가를 지고 당장 죽더라도 영원히 사는 길을 선택하시겠습니까?

제 2 강
회개하고 복음을 믿으라

(마가복음 1:1~15, 7:1~30)

(마가복음 1:1~15) [1]하나님의 아들 예수 그리스도 복음의 시작이라. [2]선지자 이사야의 글에, "보라! 내가 내 사자를 네 앞에 보내노니 저가 네 길을 예비하리라. [3]광야에 외치는 자의 소리가 있어 가로되, '너희는 주의 길을 예비하라. 그의 첩경을 평탄케 하라'"기록된 것과 같이 [4]세례 요한이 이르러 광야에서 죄 사함을 받게 하는 회개의 세례를 전파하니, [5]온 유대 지방과 예루살렘 사람이 다 나아가 자기 죄를 자복하고 요단강에서 그에게 세례를 받더라. [6]요한은 약대털을 입고 허리에 가죽띠를 띠고 메뚜기와 석청을 먹더라. [7]그가 전파하여 가로되, "나보다 능력 많으신 이가 내 뒤에 오시나니 나는 굽혀 그의 신들메를 풀기도 감당치 못하겠노라. [8]나는 너희에게 물로 세례를 주었거니와 그는 성령으로 너희에게 세례를 주시리라." [9]그 때에 예수께서 갈릴리 나사렛으로부터 와서 요단강에서 요한에게 세례를 받으시고, [10]곧 물에서 올라오실새 하늘이 갈라짐과 성령이 비둘기 같이 자기에게 내려오심을 보시더니, [11]하늘로서 소리가 나기를, "너는 내 사랑하는 아들이라 내가 너를 기뻐하노라" 하시니라. [12]성령이 곧 예수를 광야로 몰아내신지라. [13]광야에서 사십 일을 계셔서 사단에게 시험을 받으시며 들짐승과 함께 계시니 천사들이 수종들더라. [14]요한이 잡힌 후 예수께서 갈릴리에 오셔서 하나님의 복음을 전파하여, [15]가라사대, "때가 찼고 하나님 나라가 가까왔으니 회개하고 복음을 믿으라" 하시더라.

(마가복음 7:1~30) [1]바리새인들과 또 서기관 중 몇이 예루살렘에서 와서 예수께 모였다가 [2]그의 제자 중 몇 사람의 부정한 손 곧 씻지 아니한 손으로 떡 먹는 것을 보았더라. [3](바리새인들과 모든 유대인들이 장로들의 유전을 지키어 손을 부지런히 씻지 않으면 먹지 아니하며 [4]또 시장에서 돌아 와서는 물을 뿌리지 않으면 먹지 아니하며 그 외에도 여러가지를 지키어 오는 것이 있으니 잔과 주발과 놋그릇을 씻음이러라) [5]이에 바리새인들과 서기관들이 예수께 묻되, "어찌하여 당신의 제자들은 장로들의 유전을 준행치 아니하고

부정한 손으로 떡을 먹나이까?"[6]가라사대, "이사야가 너희 외식하는 자에 대하여 잘 예언하였도다. 기록하였으되, '이 백성이 입술로는 나를 존경하되 마음은 내게서 멀도다. [7]사람의 계명으로 교훈을 삼아 가르치니 나를 헛되이 경배하는도다' 하였느니라. [8]너희가 하나님의 계명은 버리고 사람의 유전을 지키느니라." [9]또 가라사대 "너희가 너희 유전을 지키려고 하나님의 계명을 잘 저버리는도다. [10]모세는 '네 부모를 공경하라' 하고 또 '아비나 어미를 훼방하는 자는 반드시 죽으리라' 하였거늘, [11]너희는 가로되, '사람이 아비에게나 어미에게나 말하기를 내가 드려 유익하게 할 것이 고르반 곧 하나님께 드림이 되었다고 하기만 하면 그만이라' 하고 [12]제 아비나 어미에게 다시 아무 것이라도 하여 드리기를 허하지 아니하여 [13]너희의 전한 유전으로 하나님의 말씀을 폐하며 또 이같은 일을 많이 행하느니라" 하시고, [14]무리를 다시 불러 이르시되, "너희는 다 내 말을 듣고 깨달으라. [15]무엇이든지 밖에서 사람에게로 들어가는 것은 능히 사람을 더럽게 하지 못하되, [16]사람 안에서 나오는 것이 사람을 더럽게 하는 것이니라" 하시고, [17]무리를 떠나 집으로 들어가시니 제자들이 그 비유를 묻자온대, [18]예수께서 이르시되, "너희도 이렇게 깨달음이 없느냐? 무엇이든지 밖에서 들어가는 것이 능히 사람을 더럽게 하지 못함을 알지 못하느냐? [19]이는 마음에 들어가지 아니하고 배에 들어가 뒤로 나감이니라"하심으로 모든 식물을 깨끗하다 하셨느니라. [20]또 가라사대 "사람에게서 나오는 그것이 사람을 더럽게 하느니라. [21]속에서 곧 사람의 마음에서 나오는 것은 악한 생각 곧 음란과 도적질과 살인과 [22]간음과 탐욕과 악독과 속임과 음탕과 흘기는 눈과 훼방과 교만과 광패니, [23]이 모든 악한 것이 다 속에서 나와서 사람을 더럽게 하느니라." [24]예수께서 일어나사 거기를 떠나 두로 지경으로 가서 한 집에 들어가 아무도 모르게 하시려하나 숨길 수 없더라. [25]이에 더러운 귀신 들린 어린 딸을 둔 한 여자가 예수의 소문을 듣고 곧 와서 그 발 아래 엎드리니 [26]그 여자는 헬라인이요 수로보니게 족속이라. 자기 딸에게서 귀신 쫓아 주시기를 간구하거늘, [27]예수께서 이르시되 "자녀로 먼저 배불리 먹게 할지니 자녀의 떡을 취하여 개들에게 던짐이 마땅치 아니하니라." [28]여자가 대답하여 가로되, "주여 옳소이다마는 상 아래 개들도 아이들의 먹던 부스러기를 먹나이다." [29]예수께서 가라사대, "이 말을 하였으니 돌아가라. 귀신이 네 딸에게서 나갔느니라" 하시매, [30]여자가 집에 돌아가 본즉 아이가 침상에 누웠고 귀신이 나갔더라.

"그리스도인이십니까?"

과연 어떤 이유에서 여러분은 "나는 그리스도인"이라고 대답하십니까? 혹시 하나님께서 내 희망과 뜻과 소망에 맞게 나에게 주신다고 생각하는 것들, 하나님이 내게 주시는 그 어떤 것으로 인해서 내 삶이 평안하고, 내가 이 땅에서 승승장구하기 때문에 그리스도인이라고 대답하십니까? 아니면 내 삶의 중심에 그리스도가 계시고, 예수 그리스도의 복음의 영광을 위한 헌신과 희생과 그에 따르는 고통과 수난의 그림자가 있기 때문에 그리스도인이라고 대답하십니까? 저는 두 번째 이유로 여러분들이 "내가 그리스도인"이라고 대답하셨다고 믿고 싶습니다.

진리와 비진리는 사실 백지장 한 장 정도의 차이 밖에 없습니다. 그렇습니다. 알곡과 가라지는, 다 같은데 오직 한 가지 맨 마지막에 나오는 이삭만 다릅니다. '이삭' 만 다르고 그 나머지는 모두 다 똑같습니다. 어찌 보면, 이삭이 나오기 전까지는 가라지의 모습이 훨씬더 푸르러 보일 수 있습니다. 그래서 이 두 가지의 차이는 다만 백지 한 장 정도의 차이라고 말을 할 수 있지만, 그 마지막 결과는 하나님나라와 지옥만큼이나 큰 차이를 보이게 됩니다. 〈강의안〉에, 마가복음 1장과 연관된 구약의 성경구절들을 아래와 같이 정리해 드렸습니다(좀 세심하게 살필 필요가 있는 부분은 중간 중간에 글자 모양을 약간 달리해서 여러분들이 이해하시기 쉽도록 해 두었습니다).

[보조자료 1]

〈마가복음 1장과 관련된 하나님의 언약의 뿌리〉

[마가복음 1:1 관련 성구]　　　　　"하나님의 아들의 죽음"

　(창 2:16~17) 여호와 하나님이 그 사람에게 명하여 가라사대, "동산 각종 나무의 실과는 네가 임의로 먹되 선악을 알게 하는 나무의 실과는 먹지 말라. 네가 먹는 날에는 정녕 죽으리라" 하시니라.

　(창 3:4) 뱀이 여자에게 이르되, "너희가 결코 죽지 아니하리라."

　(막 8:35) 누구든지 제 목숨을 구원코자 하면 잃을 것이요, 누구든지 나와 복음을 위하여 제 목숨을 잃으면 구원하리라.

　(막 15:39) 예수를 향하여 섰던 백부장이 그렇게 운명하심을 보고 가로되, "이 사람은 진실로 하나님의 아들이었도다" 하더라.

[마가복음 1:2~8 관련 성구]

　(출 23:20) 내가 사자를 네 앞서 보내어, 길에서 너를 보호하여 너로 내가 예비한 곳에 이르게 하리니

　(말 3:1) 만군의 여호와가 이르노라. 보라. 내가 내 사자를 보내리니 그가 내 앞에서 길을 예비할 것이요 또 너희의 구하는 바 주가 홀연히 그 전에 임하리니 곧 너희의 사모하는 바 언약의 사자가 임할 것이라.

　(사 49:11) 내가 나의 모든 산을 길로 삼고 나의 대로를 돋우리니

　(눅 3:5) 모든 골짜기가 메워지고 모든 산과 작은 산이 낮아지고 굽은 것이 곧아지고 험한 길이 평탄하여질 것이요

(신 32:10~12) [10]여호와께서 그를 황무지에서, 짐승의 부르짖는 광야에서 만나시고 호위하시며 보호하시며 자기 눈동자같이 지키셨도다. [11]마치 독수리가 그 보금자리를 어지럽게 하며 그 새끼 위에 너풀 거리며 그 날개를 펴서 새끼를 받으며 그 날개 위에 그것을 업는 것 같이 [12]여호와께서 홀로 그들을 인도하셨고 함께 한 다른 신이 없었도다

(왕하 1:8) 저희가 대답하되, 그는 털이 많은 사람인데 허리에 가죽띠를 띠었더이다 왕이 가로되 그는 디셉 사람 엘리야로다

(단 1:8) 다니엘은 뜻을 정하여 왕의 진미와 그의 마시는 포도주로 자기를 더럽히지 아니하리라 하고 자기를 더럽히지 않게 하기를 환관장에게 구하니

(막 9:13) 그러나 내가 너희에게 이르노니, 엘리야가 왔으되 기록된 바와 같이 사람들이 임의로 대우하였느니라 하시니라

(욜 2:28~29) [28]그 후에 내가 내 신(성령)을 만민에게 부어 주리니 너희 자녀들이 장래 일을 말할 것이며 너희 늙은이는 꿈을 꾸며 너희 젊은이는 이상을 볼 것이며 [29]그 때에 내가 또 내 신으로 남종과 여종에게 부어 줄 것이며

[마가복음 1:9~15 관련 성구]

(사 53:12) 이러므로 내가 그로 존귀한 자와 함께 분깃을 얻게 하며 강한 자와 함께 탈취한 것을 나누게 하리니 이는 그가 자기 영혼을 버려 사망에 이르게 하며 범죄자 중 하나로 헤아림을 입었음이라 그러나 실상은 그가 많은 사람의 죄를 지며 범죄자를 위하여 기도하였느니라 하시니라

(사 9:1~2) [1]전에 고통하던 자에게는 흑암이 없으리로다. 옛적에는 여호와께서 스불론 땅과 납달리 땅으로 멸시를 당케 하셨더니 후에는 해변

길과 요단 저편 이방의 갈릴리를 영화롭게 하셨느니라 ²흑암에 행하던
백성이 큰 빛을 보고 사망의 그늘진 땅에 거하던 자에게 빛이 비취도다
(사 64:1~3) ¹원컨대 주는 하늘을 가르고 강림하시고 주의 앞에서 산들
로 진동하기를 ²불이 섶을 사르며 불이 물을 끓임 같게 하사 주의 대적
으로 주의 이름을 알게 하시며 열방으로 주의 앞에서 떨게 하옵소서 ³주
께서 강림하사 우리의 생각밖에 두려운 일을 행하시던 그때에 산들이
주의 앞에서 진동하였사오니
(사 63:11) 백성이 옛적 모세의 날을 추억하여 가로되 백성과 양 무리의
목자를 바다에서 올라오게 하신 자가 이제 어디 계시뇨? 그들 중에 성
신을 두신 자가 이제 어디 계시뇨?
(시 2:7) 내가 영을 전하노라. 여호와께서 내게 이르시되 너는 내 아들이
라 오늘날 내가 너를 낳았도다
(사 42:1) 내가 붙드는 나의 종, 내 마음에 기뻐하는 나의 택한 사람을
보라. 내가 나의 신을 그에게 주었은즉 그가 이방에 공의를 베풀리라
(사 11:6~9) ⁶그 때에 이리가 어린양과 함께 거하며 표범이 어린 염소와
함께 누우며 송아지와 어린 사자와 살찐 짐승이 함께 있어 어린 아이에
게 끌리며 ⁷암소와 곰이 함께 먹으며 그것들의 새끼가 함께 엎드리며 사
자가 소처럼 풀을 먹을 것이며 ⁸젖먹는 아이가 독사의 구멍에서 장난하
며 젖뗀 어린 아이가 독사의 굴에 손을 넣을 것이라 ⁹나의 거룩한 산 모
든 곳에서 해됨도 없고 상함도 없을 것이니 이는 물이 바다를 덮음 같이
여호와를 아는 지식이 세상에 충만할 것임이니라
(사 65:25) 이리와 어린양이 함께 먹을 것이며 사자가 소처럼 짚을 먹을
것이며 뱀은 흙으로 식물을 삼을 것이니 나의 성산에서는 해함도 없겠
고 상함도 없으리라 여호와의 말이니라.

** [참고] 이 표(보충자료)에 정리되어 있는 바와 같이, 출애굽기 23장 20절과 말라기 3장 1절 말씀은 마가복음 1장 2절부터 4절까지의 말씀과 함께 보셔야 합니다. 마가복음 1장 2절부터 4절까지의 말씀을 보충하는 언약의 뿌리가 되는 말씀이 출애굽기 23장 20절과 말라기 3장 1절 말씀입니다. 이사야 49장 11절과 누가복음 3장 5절은 마가복음 1장 3절 말씀과 비교하면서 읽으실 필요가 있습니다. 신명기 32장 10절부터 12절까지는 마가복음 1장 3절부터 4절까지를 아울러 보셔야 합니다. 다음 열왕기하 1장 8절, 다니엘서 1장 8절, 마가복음 9장 13절, 이 세 구절의 말씀은 마가복음 1장 6절 말씀과 비교해서 보십시오. 요엘서 2장 28절 29절 말씀은 마가복음 1장 8절 말씀을 함께 보십시오. 이사야 9장 1~2절 말씀은 마가복음 1장 9절 말씀과 함께 보셔야 합니다. 이사야 64장 1절부터 3절 이사야 63장 11절 말씀은 마가복음 1장 8절과 10절과 비교해서 보셔야 합니다. 그리고 마가복음 1장 10절에 '하늘이 갈라짐' 이라는 말이 있는데, 이 말 헬라어 원문의 정확한 의미는 '하늘이 찢어짐' 입니다. 이런 표현이라는 것을 기억하면서 이 말씀을 함께 살피실 필요가 있습니다. 시편 2편 7절과 이사야 42장 1절, 그리고 이사야 53장 12절 말씀은 마가복음 1장 11절과 비교하시면서 보셔야 합니다. 그리고 이사야서 11장 6절부터 9절까지 있는 말씀, 그리고 이사야서 65장 25절 말씀은 마가복음 1장 13절 말씀과 함께 보실 필요가 있습니다. 이 말씀들을 시간 나시는 대로 꼼꼼히 살펴보도록 하십시오.

마가복음 1장 1~15절 말씀을 통해 마가는, 세례요한이 어떻게 이 땅에 육신을 입고 오실 구세주(메시아)의 길을 예비하는 선지자인가를 밝히고 있습니다. 구약의 선지자들이 예언했듯이 요한의 주요 직무는 '주님 오시는 길을 예비하는 일'이었습니다.

"너희는 광야에서 주의 길을 예비하라."(말 3:1 참조)

그렇게 예언된 대로 요한은 '광야'에서 주님의 오시는 길을 예비하는 사역을 감당했습니다. 주님의 길을 예비하는 요한, 그의 사역의 핵심적인 내용은 사람들에게 '회개를 촉구'하는 것이었습니다. 죄인들의 마음 골짜기를 평탄케 하고, 그래서 왕이 오실 대로(大路)를 예비하는 사람들의 심령에 대규모 토목공사를 일으키는 사람이 바로 세례요한이었다는 것입니다. 〈보조자료 1〉에 소개된 구약의 여러 구절들을 자세히 살펴보시면, 사역자로서의 세례 요한의 복장, 그리고 그의 사역지인 광야, 그가 설파한 메시지의 핵심인 회개, 그가 먹었던 음식 등등이 무슨 의미를 지니는지 확인할 수 있을 것입니다. 이 모든 것들을 종합해 볼 때, 세례요한이야말로, 구약의 수많은 선지자들이 내다보았던, '메시아(구세주)가 오는 길을 예비하는 자'로 약속되었던 바로 그 엘리야였다는 사실(마 11:14, 17:10~12, 막 9:11~13, 눅 1:17)을 분명히 알 수 있습니다. 그러니까 구약에 기록된 여러 언약의 말씀들이 세례 요한의 존재와 사역의 보증이 된다는 것입니다. 그는 죄인들에게 회개를 촉구한 사역자였습니다. 요단강에서 물로 세례를 베풀면서 요한은, 사람들에게 끊임없이 회개를 촉구했습니다. "장차 내 뒤에 오시는 능력 많으신 분이 분명히 오실 텐데, 그 분은 성령으로 세례를 주실 것이다. 그 분이 성령으로 세례를 주심으로 우리 안에 주실 새 생명을 분명히 받아 간직하기 위해서는 너희들의 중심에 회개가 있어야 된다"고 줄기차게 외쳤습니다. 그래서 요한은, 이 회개의 선결요건인 '죄의 자복'을 세례 받고자 하는 이들에게 끊임없이 요구했습니다.

(막 1:5) 온 유대 지방과 유대사람이 다 나아가 '자기 죄를 자복' 하고 요
단강에서 그에게 세례를 받더라.

이렇듯, 요한이 행하는 이 세례에 참여하기 위해서는 반드시 사람들
이 자기의 죄를 자복해야만 했습니다. 그런데 요한 보다 뒤에 오시는 능
력 많으신 분(예수님)은, 요한 스스로 그분의 신발 끈을 맬 자격조차 없
다고 인정할 만큼 위대한 능력을 지니신 분(하나님)이십니다. 그런데도
요한보다 나중에 오신 예수님이 세례요한으로부터 회개의 세례를 받습
니다(막 1:9~10). 여기서 우리가 눈여겨보아야 할 것은, 수많은 사람들이
요한에게 나아와서 세례를 받을 때, '자기 죄를 자복하고' 세례를 받았지
만(막 1:5), 예수님은 요한의 세례를 받는 과정에서 자기 죄를 자복한 사
실이 전혀 없다는 점입니다. 예수님은 죄가 없으신 하나님이시기 때문에
자기 죄를 자복할 필요가 전혀 없었기 때문입니다. 이 사실을 기억하는
것이 우리가 마가복음 전체를 이해하는 데 대단히 중요합니다. 자기 죄
를 자복한 사실이 없으신 분이 놀랍게도 죄인들이 받아야될 회개의 세례
를 친히 (대신) 받습니다. 이 회개의 세례를 받고 요단강에서 물으로 올
라오실 때, 예수님은 '하늘이 찢어짐'과 '성령이 비둘기 같이 자기에게
내려오심'을 보셨습니다. 그리고 성부 하나님의 음성을 듣습니다(막
1:11).

(막 1:11) 하늘로서 소리가 나기를, "너는 내 사랑하는 아들이라, 내가 너
를 기뻐하노라" 하시니라.

여기 마가복음 1장 11절에 기록된, 성자 예수님의 본질에 대한 성부 하나님의 증거 역시 대단히 중요합니다. 특별히 마가복음 1장 11절과 연관되는 시편 2편 7절 말씀(보조자료1 참조)은, 유다왕국의 왕들이 왕위에 등극하는 예식을 행할 때에 불렀던 '제왕시' 입니다.

"누가 이 땅을 다스리는가?"
"여호와 하나님이 다스리신다."

이런 신앙고백을 담고 있는 것이 바로 시편 1편과 2편입니다. 시편 2편은 이스라엘 임금들이 하나님으로부터 왕직을 받아 즉위식을 행할 때 낭송했던 시입니다. 그렇기 때문에 시편 2편 7절을 인용했다는 것은, 물에서 요한의 세례를 받고 올라오신 그 분의 본질이 바로 '왕' 이라는 것을 강조하려는 의도가 짙게 반영된 것입니다. 또한 마가복음 1장 11절에는, 이사야서 42장 1절 말씀이 동시에 인용되고 있습니다.

(사 42:1) 내가 붙드는 나의 종, 내 마음에 기뻐하는 나의 택한 사람을 보라. 내가 나의 신을 그에게 주었은즉 그가 이방에 공의를 베풀리라.

우리가 상식적으로 이미 알고 있듯이 이사야서 42장 이하의 말씀들은 '고난받는 종의 노래' 입니다. 그래서 시편 2편 7절과 이사야서 42장 1절 말씀을 결합해서, 하늘아버지(성부)께서 땅에 있는 아들 하나님(성자)에게 "너는 내 사랑하는 아들이라, 내가 너를 기뻐한다"고 선언하시는 것은, 인간의 육신을 입고 이 땅에 오신 예수님의 신분이 비록 왕이라 할지라도, 예수 그리스도의 이 땅에서의 사역은 (이사야의 예언처럼) 수난 받는 종으로서의 사역이 될 것이라는 것을 분명히 예고하는 것입니다. 다시 말하면 마가복음 1장 11절에 드러난 성부하나님의 이 선언 속에는, 예수님께서 걸으셔야될 십자가의 길이 구약의 언약체계 속에 이미 짙은 그림자로 드리워 있는 '언약사적 사실'이 암시되어 있는 것입니다. 그리고 오늘 본문에 인용은 되지 않았지만, 이사야서 42장 이후로 고난받는 종의 노래가 계속 이어지다가, 이사야서 53장 10~12절에 이르러서야 비로소, 이 수난 받는 종이 수난을 기쁨으로 감당함으로 마침내 왕의 자리에 등극한다는 내용의 감격적인 말씀을 대하게 됩니다.

> (사 53:10~12) [10]여호와께서 그로 상함을 받게 하시기를 원하사 질고를 당케 하셨은즉 그 영혼을 속건제물로 드리기에 이르면 그가 그 씨를 보게되며 그 날은 길 것이요 또 그의 손으로 여호와의 뜻을 성취하리로다. [11]가라사대 그가 자기 영혼의 수고한 것을 보고 만족히 여길 것이라 나의 의로운 종이 자기 지식으로 많은 사람을 의롭게 하며 또 그들의 죄악을 친히 담당하리라. [12]이러므로 내가 그로 존귀한 자와 함께 분깃을 얻게 하며 강한 자와 함께 탈취한 것을 나누게 하리니 이는 그가 자기 영혼을 버려 사망에 이르게 하며 범죄자 중 하나로 헤아림을 입었음이라. 그러나 실상은 그가 많은 사람의 죄를 지며 범죄자를 위하여 기도하였느니라 하시니라.

하늘의 왕이, 인간의 연약한 육체의 몸을 입고 이 땅에 오셔서, 왕으로서 영화로운 길을 걷는 것이 아니라 '처절한 수난의 길'을 걸으실 것입니다. 그러나 동일한 이사야 선지자가 이사야서 53장 12절에서 내다보았듯이 그 왕은 궁극적으로 십자가의 수난의 길을 통해서 그의 왕위에 올라가게 될 것입니다. 이처럼 놀라운 '메시아 비밀'이 마가복음 1장 11절에 함축되어 있는 것입니다. 그러므로 이 마가복음 1장 11절 말씀에서 우리는, 예수님께서 장차 걸으시게 될 그 길이 어떠한 길인지, 그 십자가 길의 본질을 미루어 짐작할 수 있습니다. 요한은, 요단강 물로 세례를 베풀어서 죄를 자복 하는 사람들의 마음속에 있는 죄의 짐을 벗겨주는 일을 했지만, 요한보다 뒤에 오시는 예수님은, 자신의 죄가 전혀 없으심에도 스스로 죄인들이 받는 세례를 친히 대신 받는 모습을 보여주심으로써 그 분 스스로 우리 죄인들을 위해서 수난의 길을 기쁨으로 걸으실 것이며, 그 분이 걸으시는 이 고난 찬 십자가의 길을 통해서 우리 안에 새 생명이 주입될 것을 분명히 가르쳐 주십니다.

(롬 6:4) 그러므로 우리가 그의 죽으심과 합하여 세례를 받음으로 그와 함께 장사되었나니 이는 아버지의 영광으로 말미암아 그리스도를 죽은 자 가운데서 살리심과 같이 우리로 또한 새 생명 가운데서 행하게 하려 함이니라.

로마서 5장 20 절에서 바울은 "죄가 넘친 곳에 은혜가 넘쳤다"고 고백합니다. 머리가 좀 좋은 분들은 이런 말을 듣게 되면 순식간에 엉뚱한 생각을 하곤 합니다.

'죄가 넘친 곳에 은혜가 넘쳤다? 아, 그러면 은혜 더 받기 위해서는 죄를 더 많이 져야 되겠구나.'

이처럼 엉뚱한 생각을 할 사람이 분명히 나타날 것을 예상하고 바울은 로마서 6장 1~2절에서 우리들의 예상을 완전히 뒤엎는 말을 합니다.

(롬 6:1~2) ¹그런즉 우리가 무슨 말 하리요? 은혜를 더하게 하려고 죄에

거하겠느뇨? ²그럴 수 없느니라. 죄에 대하여 죽은 우리가 어찌 그 가운데 더 살리요?

은혜를 더 받기 위해 죄에 계속 거할 수 없는 결정적인 이유로, 바울은 '우리가 그리스도와 합하여 세례 받았다'는 사실을 강조합니다. 우리가 그리스도와 합하여 세례 받았기 때문에 은혜를 더 받기 위해서 죄에 계속 거하는 삶을 더 이상은 살 수 없다고 말합니다. 로마서 6장 3절의 "세례 받는다"는 말은, 헬라어 성경 원문의 의미를 직역하면 다음과 같습니다.

① 우리가 세례를 받았으므로(과거 수동태)
② 그리스도 안으로 들어가게 된다

곧 하나님께서 능동적으로 베푸시는 세례를 우리가 수동적으로 받는 것이고, (은혜로) 세례 받은 결과, 구원의 방주 되신 그리스도 안으로 우리가 들어가게 된 것(그리스도와의 신비적 연합)이라는 것입니다. 하나님의 대홍수 심판을 피해서 방주 안에 노아의 가족들이 방주 안으로 들어간 것처럼 우리는 세례를 (수동적으로) 받게되고 세례 받음과 동시에 구원의 방주이신 그리스도 안으로 들어가 버리는 것(그리스도와의 신비적 연합)입니다.

그러므로 은혜를 좀 더 받겠다고 다시 죄악의 홍수가 넘실대는 방주 바깥으로 나갈 수 있겠는가?

"결코 그럴 수 없는 것임"을 밝히면서 바울은, 로마서 6장 4절에서 우리가 세례 받은 증거 곧 그리스도와 합하여 하나가된 증거(결과물)로서 우리 안에 '그리스도의 새 생명'이 주입되어 있다고 말합니다. 이것이 바로 요한이 말하는 성령으로 세례 받은 자의 특징입니다. 요한의 세례는 인간의 마음속에 있는 죄의식을 처리하는 일밖에 못하는 것이었지만, 요한보다 나중에 오셔서 성령으로 세례를 베푸시는 그 분의 세례를 받는 사람들은 성령을 통해서 그 가슴속에 '그리스도의 새 생명'이 주입되고, 그러기에 그 은총을 입은 사람들은 자신의 능력과 의지와 야망을 가지고 세상을 사는 것이 아니라, 성령님의 다스림과 인도하심(그리스도의 새생명) 가운데서 죄악의 권세와 싸우며 이 세상을 거룩하게 살 수 있다는 것입니다.

요한의 세례를 받으시고 광야에 가서 시험을 받으시고 이사야가 내다보았던 참된 평화의 세계를 구축하신 주님은, 광야에서 "들짐승과 함께"(막 1:13) 있었습니다. 이것은, 사자와 어린양이 함께 뛰놀고, 어린아이가 독사 굴에 손을 넣어도 물지 않는 완벽한 평화의 세계를 내다보았던 이사야의 소망(사 11:6~9, 65:25)이 예수님의 이 사역을 통해서 이루어지기 시작한다는 것을 상징적으로 보여주는 장면입니다. 광야의 시험에서 마침내 사단을 결박하시고 승리하신 주님은 메시아의 전령인 요한이 사로잡힌 뒤에야 비로소 그 분의 공생애 사역을 시작하셨습니다. 그 공생애 사역을 시작하시면서 주님이 외치시는 첫 번째 메시지는 이러했습니다.

(막 1:15) "때가 찼고 하나님 나라가 가까웠으니, 회개하고 복음을 믿으라!"

결국 세례 요한의 설교와 예수님의 설교에는 분명한 공통점이 있었습니다. 그것은, "회개하라"는 것이었습니다. 마가복음 1장 14~15절을 보시면, 하나님의 나라 곧 하나님의 거룩한 통치 아래 들어가는 일이 궁극적으로 우리 죄인들의 자발적인 '회개'와 그 분이 선포하시는 '복음에 대한 믿음'의 결과물인 것을 알 수 있습니다. 이 두 가지 곧 '회개와 믿음' 외에 하나님나라에 들어가는 다른 길은 없습니다. 그리고 마가복음 전체에서 물론 회개와 믿음으로 구원에 이르는 하늘의 은총이 계속 이야기되고 있지만, 이 일을 가장 극적으로 소개하고 있는 부분이 바로 마가복음 7장이라고 생각합니다.

'우리가 어떻게 해서 하나님나라의 거룩한 백성의 대열에 동참할 수 있겠는가?'

이 물음에 대한 생생한 예증이 마가복음 7장, 바리새인들과 예수님과의 정결 의식 논쟁에서 분명하게 드러나고 있는 것입니다. 그래서 저는 이 시간에 마가복음 7장에 있는 예수님과 바리새인들과의 논쟁을 집중적으로 다루면서 과연 우리들이 어떠한 측면에서 "나는 그리스도인"이라고 대답할 수 있는가를 또 다른 각도에서 점검해 보려고 합니다.
우리는 '경건'이란 말을 참 좋아하고 그것을 즐겨 사용합니다.

"저 분은 참 경건해."
"나는 경건한 삶을 원해."

우리는 이런 말을 자주 합니다. 그렇다면 '경건'이 도대체 무엇입니까? 누군가가 "경건한 삶을 원한다"는 말을 할 때, 그 '경건'이라는 것이 도대체 어떤 개념인지를 뚜렷이 알고 있어야 자신이 정말 경건하게 사는 것인지 그렇지 않은 지를 알 수 있을 것입니다. 유교적인 뿌리가 깊어서 그런지, 우리들은 '경건'이라는 말을 흔히 '점잖은 것'이라고 생각합니다. 그래서 교회당 안에서 젊은이들이 발걸음을 조금만 빨리 옮기면 교회 어르신들이 "경건치 못하게 몸가짐이 가볍다"고 책망하십니다. 그래서 '경건'이 '점잖은 것'이라고 쉽게 생각하는 이들은, 성경책을 한 번 들더라도, 오른손이 아닌 왼손으로 들어서 심장이 있는 왼쪽 가슴에 대고 조심조심 걸음을 걷습니다. '하나님의 말씀'은 언제나 심장 가까이에 있어야 하니까 왼손으로 정중하게 받쳐들어야 되고, 걸음걸이도 좀 느릿하게 움직이면서, 길거리에서 아는 사람을 만나면 목소리를 평소보다 3도나 낮추어서, "아아~그러십니까?" 이렇게 행동하는 것이 바로 경건한 것이라고 생각합니다. 때문에 요즘 젊은이들처럼 머리에 노랑 빨강 색으로 염색을 한다든지, 어쩌다 예배당에 티셔츠 바람으로 오는 경우에는 "경건치 못하다"고 무참하게 정죄해 버립니다. 제가 좀 과장해서 말씀드렸지만 사실이 그렇지 않습니까? 문제의 심각성은, 그렇게 그릇된 관념으로 사람들을 함부로 판단하고 정죄하는 사람들의 마음속에는 자기가 갖고 있는 그 개념이 진리라는 확신이 너무 짙게 깔려 있다는 데 있습니다.

얼마 전, 저희 집에 여호와의 증인이 두 사람이 찾아와 벨을 눌렀습니다. 누군가 해서 나가 보았더니 여호와의 증인들이었습니다.

"문에 전주열린문교회 교패가 붙어있는데, 진리에 대해서 더 많이 알기를 원하지 않으십니까?"

"예, 저는 진리에 대해서 많이 알기를 원합니다. 제 평생의 소원이지요."

이렇게 대답한 뒤에 제가 한마디를 덧붙였습니다.

"그러나 당신 같은 사람들한테서는 진리를 배우고 싶지 않습니다."

깊은 이야기를 해보지 않더라도 그들이 들고 있는 《파수대》라는 홍보 잡지가 그들이 누구인가를 분명히 말해주고 있었기 때문입니다. 문제는, 그 사람들은 지금, 자기네가 걷고 있는 그 길이 진리라고 확신하고 있다는 것입니다. 예수님을 향해서 달려나와서 "왜 당신의 제자들은 씻지 않은 손으로 음식을 먹습니까?"(막 7:5) 이렇게 당돌하게 따지고 드는 바리새인들의 마음속에는, '음식 먹기 전에 반드시 정결의식을 행하는 것이 진리를 행하는 것' 이라는 분명한 고정관념이 이미 형성돼 있었던 것입니다. 이것이 참으로 심각한 문제입니다. 이단에 속한 사람들이,

'아, 우리가 이단(유단자?)이구나. 우리 스승은 사단이고 그 절반인 우리는 이단'

이라는 생각을 하고 그 길을 걷는 것이 아닙니다. 자기들은 '이단' 이 아니며, 자기네야말로 진리의 길을 누구보다도 '온전하게 걷고 있다' 는, 무섭도록 분명한 확신을 갖고 활동하는 것입니다. '경건' 이 무엇인지에 대해서는 여러분 스스로 깊이 생각하고 정리하도록 하십시오.
어떤 부흥사가 다음과 같이 설교하는 것을 들은 적이 있습니다.

"여러분, 하나님께 너덜너덜하게 떨어진 돈을 바치다니, 하나님이 거지입니까? 매주 토요일에는 만사를 제치고 헌 돈에 풀을 먹여 다리미로 빳빳하게 다려서 헌금하도록 하시오!"

헌금할 돈을 은행에 가서 새 돈으로 바꿔 오든지, 그것이 안되면, 돈을 풀 먹여서 다리미로 빳빳하게 다림질해서 바치라고 집회에 모인 사람들에게 호통을 쳤습니다. 놀라운 것은 그 설교를 들은 후로 실제로 토요일마다 풀 먹여서 돈을 다리는 순진한(?) 교인들이 나타나기 시작했다는 것입니다. 물론 돈을 풀 먹여 다림질하는 그 신자들의 손길은 참으로 진지하기 그지없을 것입니다. 정말로 주님을 사랑하는 뜨거운 마음으로 다림질을 할 것입니다. 나라의 소중한 재산인 한국은행 발행의 종이돈을 풀 먹여 다림질함으로써 종이돈의 수명을 단축시키고 결국은 국가 재산을 축내는 그 우스운 일을 함부로 하면서 자신이 하나님을 위해 무언가를 열심히 하고 있다는 자부심으로 스스로 은혜 가운데 푸욱 잠겼을 것입니다.

예배 시작 시간에 강단 위의 종을 왜 칩니까? 초신자 시절에 저는 목사님께서 그 종을 칠 때마다 그 소리에 깜짝 깜짝 놀랄 때가 많았습니다. 이것도, 예배 시작 시간에 왜 종을 치는가에 대한 성경적인 근거가 분명히 있어서 하는 일인지를 이제 한 번쯤 생각해볼 필요가 있지 않겠습니까?

주일을 온전히 거룩히 지키는 일 또한 중요한 문제입니다. 그렇다면 주일을 어떻게 지내는 것이 주일을 거룩히 지키는 것입니까? 과연 어떻게 지내야 주일을 온전히 지키는 것입니까? 그야말로 일요일 자정부터 자정까지(크로노스)의 주어진 24시간 안에서 무슨 행위를 하거나 혹은 하지 않는 것이 주일을 온전하게 지키는 것입니까? 아니면 또 다른 어떤 길이 있습니까?

제가 직접 겪었던 예를 하나 들겠습니다. 어느 교회에서 제가 부교역자로 섬기던 때, 어느 날 교우들과 함께 어떤 집사님 댁에 심방을 갔습니다. 심방을 마치자 마침 식사 때가 되어 심방 받은 집에서 점심밥을 정성껏 차려 주셨습니다. 그런데 심방대원 중에 어떤 집사님 한 분이 밥을 안 먹습니다. 조심스레 몇 번을 권해도 한사코 식사를 안 하시겠다는 것입니다. 그쯤 되면 벌써 뻔한 것 아닙니까? '금식기도' 하고 있는 것이지요. 그래서 다른 집사 님들더러 눈짓으로 '그만 권하라'고 한 후에 우리끼리 맛있게 점심을 먹었습니다. 식사 후 잠시 차 한 잔을 마실 만큼 시간이 흐른 뒤에 아까 밥을 안 먹는다고 했던 그 집사 님이 벽에 걸린 시계를 흘끔 흘끔 몇 번 살피더니 느닷없이 주인 집사 님더러, "밥이 있느냐"고 물었습니다. 집 주인께서 좀 의아해 하면서 밥을 갖다주니까 후닥닥 두 그릇을 해치우는 겁니다. "아까 먹지, 왜 그러시냐"고 물었더니 대답이 가관입니다.

"사실은, 며칠 전 오후 1시 반부터 금식을 시작했는데요, 조금 전에 작정한 시간이 막 지나갔어요."

웃지만 마시고 잘 생각해 보십시오. 만일 그 집 시계가 표준시간보다 10분이 빨랐다면, 그 금식은 유효입니까 무효입니까? 정말 우스운 일이지만, 이처럼 차마 웃지 못할 한심한 일이 교회 안팎에 아주 흔합니다. 문제는, 이런 일을 이렇게 행하는 분들은, 자신이 진리 위에 있다는 확신을 분명히 갖고 진지하게 그 길을 걷고 있다는 것입니다. 이게 정말 심각한 문제입니다. '내가 하는 이 일에 문제가 있다', '이거, 이렇게 하는 게 아니다'고 생각하며 움직이는 것이 아니고, 그것이 옳든 그르든 자기의 생각과 행위에 대한 확신을 분명히 갖고 움직이고 있다는 것입니다. 그뿐 아닙니다. 그런 확신을 가지는 데 그치는 것이 아니라, 그 확신이, 자기와 다른 방식으로 신앙 생활하는 수많은 사람들을 함부로 판단하고 정죄하고, 재단하는 도구로 쓰이는 것입니다. '하나님의 말씀' 이 표준이 되는 것이 아니고, 자신의 생활양식(스타일)이 진리의 표준이 되어 버립니다. 진리의 말씀을 정말 바르게 해석하고, 그 올바른 해석에 입각한 올바른 적용점을 찾아서 내 삶의 스타일과 방식을 결정해 가는 것(변화시켜 가는 것)이 아니라, 〈내가 복음〉식으로, 자기 나름대로의 주먹구구식 해석과 고정관념을 가진 채 눈 딱 감고 살아가면서 나와 다른 방식으로 살아가는 사람들을 함부로 판단하고 정죄합니다. 마가복음 7장에 등장하는 바리새인들이 바로 이런 사람들이었습니다. 그런 점에서 마가복음 7장의 정결법 논쟁은 예수님 당시의 이야기가 아니고 바로 오늘 우리들의 이야기인 것입니다.

> (막 7:1~2) [1]바리새인들과 또 서기관 중 몇이 예루살렘에서 와서 예수께 모였다가, [2]그의 제자 중 몇 사람의 부정한 손 곧 씻지 아니한 손으로 떡 먹는 것을 보았더라.

마가복음 3장 6절 말씀을 통해, 헤롯당과 바리새파 사람들이 연합해서 예수님을 죽이려는 공작이 이미 시작되었음을 알 수 있습니다. 이런 흐름을 기억하면서 본문 7장 말씀을 살필 필요가 있습니다. 말하자면 바리새인들은, 예수님을 죽여 없애기로 이미 결정을 내린 다음 그 분을 죽일 결정적인 꼬투리를 잡기 위해 예수님이 사역하시는 현장에 와 있는 것입니다. 그것도 수도권인 예루살렘에서 진상조사단이 다시 파견돼 온 것입니다(막 7:1~2). 1차 진상조사단의 세밀한 조사(3장)가 이미 끝난 상태였습니다. 3장 22절 말씀을 보시면, 1차 진상조사단의 조사 결과, 예수님의 행하시는 모든 사역(특히 귀신을 쫓아내는 일)이 '바알세불(마귀)의 힘으로 하는 것'이라는 엉뚱한 결론이 내려진 것을 알 수 있습니다. 그럼에도 불구하고, 예수님은 그 사역을 계속하셨고, 예수님의 인기가 덩달아 계속 올라가는 상황을 더 이상 바라만 볼 수 없었던 수도권의 유대교 교권주의자들이 부득이 2차 진상조사단을 이렇듯 다시 내려보낸 것입니다. 부랴부랴 내려온 2차 진상조사단이 예수님과 그 제자들의 행실(사역)을 여전히 가시 돋친 눈길로 지켜보고 있는 상황이었습니다.

(막 7:3~4) (바리새인들과 모든 유대인들이 장로들의 유전을 지키어 손을 부지런히 씻지 않으면 먹지 아니하며, ⁴또 시장에서 돌아와서는 물을 뿌리지 않으면 먹지 아니하며 그 외에도 여러 가지를 지키어 오는 것이 있으니 잔과 주발과 놋그릇을 씻음이러라)

유대인들, 특히 바리새파 사람들에게는 모세 율법에 근거한 이 '정결 예식'이 대단히 중요했습니다. 그래서 바리새인들이 모세의 율법을 재해석해 놓은 자료를 모아 놓은 것이 있는데, 그 자료집을 〈미쉬나〉라고 부르고, 〈미쉬나〉를 요약해 놓은 것을 〈탈무드〉라고 부릅니다. 예수님 당시 바리새인들은 모세 율법과 그 해석자료들을 다 암송하고, 거기에 따라서 정결 의식을 행한 뒤에 반드시 밥을 먹었습니다. 예컨대, 조금 전에 손을 씻었는데도 식사시간이 되면, 손을 다시 씻는 대신 하늘을 향해서 두 손을 한 번 치켜올렸다가 내리는 몸짓이라도 했습니다. 그렇게 함으로써 '나는 정결 예식을 했다'는 것을 표시하는 것입니다.

그런데 진상조사단(바리새인들)의 가시 돋친 눈에, 예수님의 제자들이 그 중요한 정결 예식도 하지 않고 밥을 그냥 먹는 모습이 들어왔습니다. 제가 강해 도중 음료수를 마실 때 감사기도도 하지 않고 그냥 마시는 것을 보면, 여러분들 가운데 굉장히 충격 받는 사람들이 있을 것입니다.

'어어? 목사님이 기도도 않고 음료수를 마구 마시네?'

유대인들(바리새인들)은 자기들끼리 지키는 나름대로의 여러 가지 종교적 규칙이 있었습니다. 거기에 따라서 '정결 예식'을 열심히 행했습니다. 특별히 유대인들에게 있어서 정결 예식은 그들의 삶을 지탱하는 아주 중요한 기둥과 같은 것이었습니다.

유대인들이 갖고 있는 '선민(選民)의식'의 기둥이 되는 요소가 몇 가지 있습니다. 그 첫째가 할례(割禮), 그 다음이 안식일(安息日), 그 다음이 성전(聖殿)입니다. 할례는 몸과, 안식일은 시간과, 마지막으로 성전은 장소(공간)와 관련되어 있습니다. 이런 몇 가지 요소들의 밑바닥에 깔린 공통분모가 바로 '정결 예식'이었던 것입니다.

'시간'을 철저하게 구별합니다. 그래서 각종 절기가 있습니다. '날'을 구별합니다. 안식일이 있습니다. 모세 율법에 따라 날을 구별해서 일년에 하루 '속죄일'을 만들어 놓았습니다.

'장소'를 구별합니다. 예루살렘 도성이 있습니다. 그 안에 또다시 구별된 성전이 있습니다. 성전 안에 또 다시 구별된 성소가 있습니다. 성소 안에서도 특별히 또 구별된 지성소가 있습니다. 그러니까 성전이 없는 유대 지경 바깥 이방인들의 땅은 거룩하지 못한 땅입니다.

'사람'을 구별합니다. 이방인과 유대인을 철저히 구별합니다. 그래서 유대인들은 아브라함의 피가 흐르지 않는 이 이방인들은 항시 '개' 처럼 여겼습니다. 오늘 본문 7장 끝부분에 있는 수로보니게 여인의 이야기가 바로 이런 것들을 배경으로 하고 주어지는 것입니다. 유대인들끼리 모이면 자기들끼리 사람들을 또 구별합니다. 특별히 종교적으로 우월한 규칙을 가진 사람들은 '바리새인들'이었고, 그 다음에 '보통 사람들', 그 다음에 '부정한 자', 그 밑바닥에 사람취급을 전혀 받지 못하는 사람들이 바로 '병자'와 '장애인'과 '죄인들'입니다. 똑같이 하나님의 형상을 지닌 사람까지도 이렇듯 철저히 구별합니다. 오늘 우리나라 사람들이 아주 자연스럽게 경상도 사람, 전라도 사람, 서울 사람을 구별하고, 신앙공동체 안에서도 출신과 배경을 구별하고 이것저것 꼬치꼬치 따지고 구별하는 것과 마찬가지입니다.

'사람'을 구별할 뿐만 아니라 '사물'도 구별합니다. 그래서 모든 물건들, 특별히 음식을 먹을 때, 우리가 먹는 이 음식이 정결한 음식인지, 부정한 음식인지 이런 것들을 철저하게 따집니다. 제가 이쯤 설명하면, 유대인들의 삶에서 '정결 예식'이라는 것이 얼마나 중요한 것인가를 짐작하실 수 있을 것입니다. 바로 그런 각도에서, 예수님의 제자들이 씻지 않는 손으로 음식을 먹는 이 행위가 바리새인들의 관점에서는 얼마나 심각한 문제(범죄행위)인가를 짐작하실 수 있을 것입니다. 우리 식으로 표현하면 이건 '시국보안사범'이고 도저히 용서 못할 '빨갱이'입니다. 당장 국가정보원으로 잡아다가 혼쭐내줘야 될 형편없는 사람들로 보이는 것입니다. 그런데 예수님과 그의 제자들은 '진리 안의 참된 자유'(요 8:31~32)를 위해서 이 엄한 경계선을 그냥 무시하고 넘나들었습니다.

여러분, 하나님 나라에 들어가는 조건이 무엇입니까? 이 사람들은 그렇게 정결 예식을 행하고 모든 것을 철저하게 구분하고 분리하고 사는 이 방식이 진리에 입각한 삶이며 하나님나라에 들어가는 지름길이라는 나름대로의 확신을 갖고 있었습니다. 그래서 예수님께 이렇게 묻습니다.

(막 7:5) 이에 바리새인들과 서기관들이 예수께 묻되, "어찌하여 당신의 제자들은 장로들의 유전을 준행치 아니하고 부정한 손으로 떡을 먹나이까?"

예수님은 이렇게 대답하셨습니다.

(막 7:6~8) [6]가라사대, "이사야가 너희 외식하는 자에 대하여 잘 예언하였도다. 기록하였으되, '이 백성이 입술로는 나를 존경하되 마음은 내게서 멀도다. [7]사람의 계명으로 교훈을 삼아 가르치니 나를 헛되이 경배하는도다' 하였느니라. [8]너희가 하나님의 계명은 버리고 사람의 유전을 지키느니라."

요즘 신세대 힙합가수들 중에 립싱크(lip-think) 가수들이 있습니다. 세월 따라 문화가 바뀌면서 음악도 장르가 변하고 있습니다. 전통적으로 음악은 듣는 장르인데, 비디오 방송 장비가 발달하면서 요즘 음악은 보는 음악으로 장르가 차츰 바뀌어 가고 있는 듯합니다. 그래서 요즘 가수들은 가창능력 못지 않게 춤 솜씨도 아주 중요하게 여깁니다. 하지만 춤 솜씨는 있으나 가창 능력이 좀 떨어지는 비디오시대의 가수들은 생방송 무대에 나가면 별 힘을 못 씁니다. 신디사이저의 눈부신 반주로 계속 장단을 쳐주며 녹음해서 만든 디스크를 통해서 노래를 들을 때는 제법 괜찮게 부르는 것 같은데, 생방송 무대에만 가면 힘을 쓰지 못합니다. 그래서 아예 완벽하게 녹음된 디스크를 걸어놓고 무대 위에서는 노래하는 시늉을 하며 춤만 추는, 이른 바 립씽크 (lip-think)라는 걸 하여 청중들을 눈속임하는 것입니다. 예수님께서 바리새인들을 향해서 그들을 질타하시면서 하시는 말씀은 다른 것이 아닙니다. "너희들의 그 헌신은 그야말로 립싱크에 불과하다"는 것입니다.

"너희들은 지금, 번지르르한 '입술'만 바치지, 너희 '마음'을 하나님께 바치는 것은 아니다. 너희들이 하는 그 위선적인 행동이야말로 이사야 선지자가 예언했던 것이 성취되고 있다는 결정적인 증거다."

예수님의 이 답변의 핵심은 다른 것이 아니라, '바리새인들이 종교적인 공연(show)을 하고 있다'는 것입니다.

'너희들은 외식(外飾)하는 자들이다.'

여기 '외식하는 자'라는 말의 원래 의미는 '연극배우'입니다. 연극배우가 주로 하는 것은, 무대에서 공연(show)하는 것입니다. 예수님이 보시기에 바리새인들은, 식탁 앞에서 손을 올렸다 내리는 이 우스운 쇼(show)를 하면서 자기들의 영성(신앙)이 대단한 것처럼, 자기의 신앙이 아주 괜찮은 것처럼 괜스레 큰소리 치고 있었던 것입니다. 사실은 그게 아닌데…….

자기 부모가 돌아가셔서 몹시 슬픈데도 기쁘고 즐거운 역할을 맡았다면 무대에서 마냥 웃어야만 하는 "연극배우들처럼, 너희들은 지금 연극하고 있다"고 주님은 말씀하십니다.

(막 7:9~13) [9]또 가라사대, "너희가 너희 유전을 지키려고 하나님의 계명을 잘 저버리는도다. [10]모세는 '네 부모를 공경하라' 하고 또 '아비나 어미를 훼방하는 자는 반드시 죽으리라' 하였거늘, [11]너희는 가로되, '사람이 아비에게나 어미에게나 말하기를 내가 드려 유익하게 할 것이 고르반 곧 하나님께 드림이 되었다고 하기만 하면 그만이라' 하고 [12]제 아비나 어미에게 다시 아무 것이라도 하여 드리기를 허하지 아니하여, [13]너희의 전한 유전으로 하나님의 말씀을 폐하며 또 이 같은 일을 많이 행하느니라" 하시고

본문 13절에 기록된 예수님의 말씀은 다른 것이 아닙니다. "이런 예를

들기로 하면, 얼마든지 그렇게 할 수 있다, 하지만 내가 한가지만 예로 들었다"는 것입니다. 예수님이 어떤 예를 들었습니까? '고르반' 문제입니다. '고르반(코르반)'이란 말은 '하나님께 드린 제물/예물'이란 뜻을 담고 있습니다. 모세는 분명히 '부모를 공경하지 않고 훼방하는 자는 반드시 죽는다'(출 20:12, 레 19:3, 신 5:16, 21:18~21)고 했는데, 이 바리새인들은, 모세의 율법을 해석해 가는 과정에서 유대인 장로들이 오랜 세월에 걸쳐 내려준 전승을 핑계삼아, 부모님께 마땅히 드려야할 것을 들고 부모님 앞에 가서 "이거 고르반 됐습니다"라고 선언만 하면, 그것을 부모님께 안 드려도 괜찮다는 식으로 가르쳤던 것입니다. 그러니까 어떤 것이든 하나님께 드려진 이 사실만 확실하면 부모를 공경하는 자식의 의무로부터 얼마든지 자유로울 수 있다고 가르쳤던 것입니다. 왜 이렇게 가르쳤습니까? 예물이 하나님께 드려지면 그것이 결국 바리새인들한테 넘어오기 때문입니다. 아주 간단하게 모든 것(돈)이 자기들 소유가 될 수 있기 때문입니다. '헌금'을 짜내기(?) 위해서, 무엇이든지 '고르반'만 선언하면 부모를 공경하지 않아도 된다고 예수님 당시의 바리새인들이 모세 율법에 반하는 내용으로 사람들을 가르쳤다는 것입니다. 예수님이 보시기에는, 바리새인들이 나름대로 진리의 길을 걷는다고 이야기를 하고 있는 것 같지만, 궁극적으로는 하나님의 소중한 계명(의 본 정신)을 함부로 짓밟는 무서운 죄를 범하고 있다는 것입니다. 심각하지 않습니까?

(막 7:13) "너희의 전한 그 유전으로 하나님의 말씀을 폐하고 있다."

참으로 놀랍게도, 이런 예는 이것(고르반) 외에도 굉장히 많다는 것을 예수님이 강조하십니다. 그렇다면 뛰어난 종교인들로 자부하는 바리새인들이 정말 잘 하는 것들이 무엇입니까?

버리고(8절)/저버리고(9절)/폐하기(13절)

무엇을 버리고, 무엇을 저버리고, 무엇을 짓밟는 것입니까? 다른 것이 아니라 '하나님의 말씀' 을 버리고, 하나님의 말씀을 저버리고, 하나님의 말씀을 짓밟는(폐하는) 일입니다. 하나님을 슬프게 하는 일들을 열심히 잘 하고 있습니다. 그러면서도 교만하여져서 스스로 '진리의 길을 누구보다도 잘 걷는다' 고 멋대로 착각하는 것이 얼마나 우스우냐는 것입니다. 모세는 "네 부모를 공경하라"고 가르쳤다는 점을 예수님께서 바리새인들에게 분명히 상기시켜 주십니다.

"부모를 공경하라"는 말은 "부모를 순종하라"는 말과는 그 내용이 좀 다릅니다. 부모를 공경하지 않고도 순종은 할 수 있기 때문입니다. 여러분들이 목사님을 별로 공경하지 않으면서도 순종하는 몸짓을 할 수는 있는 것과 마찬가지입니다.

'두고보자, 지금은 내가 나이 어리니까, 우선은 학비와 생활비를 타 써야 되니까. 하지만 두고 보라. 내가 어른이 될 때 당신은 늙고 힘 빠지고 돈도 떨어질 테니까, 그때 한 번 두고 보자!'

이런 마음으로 쇼(show)하듯이 잠시 순종하는 몸짓을 할 수 있습니다. 그런데 '공경' 은 그런 순종을 훨씬 더 넘어서는 것입니다. 누군가를 공경하지 않으면서 그에게 순종할 수 있기 때문입니다. 그래서 모세는 '부모님' 이라는 말 앞에 수식어를 전혀 붙이지 않았습니다.

'너보다 많이 배운 부모, 너에게 학비 잘 대주는 부모, 너에게 잘 해 주는 부모, 너보다 유능한 부모를 공경하라.'

이렇게 말하면서 "그렇지 못한 부모에게는 함부로 대해도 된다"고 말하지 않았습니다. 물론 여기서 말하는 부모는 포괄적으로 '손윗사람'을 가리킵니다. 예수님은 "그런데 너희 바리새인들은, 하나님이 분명히 부모를 공경하라고 한 그 계명을 너희들 마음대로 정한 그 규율을 따라서 하나님의 절대법을 함부로 짓밟아 버리고 있다"고 바리새인들을 꾸짖으시는 것입니다. 예수님의 질책(11~12절)은, '고르반'을 핑계로 부모를 공양하는 신성한 의무를 그들이 사문화(死文化) 시키고 있다는 것입니다. 다시 말하면, "언제라도 '고르반'을 선언하기만 하면, 부모를 공양하지 않아도 된다"는 말은, '하나님과의 관계'만 똑바로 되면 '이웃과의 관계'는 아무렇게나 해도 괜찮다고 주장하는 것과 마찬가지라는 것입니다. 오늘날 우리 신앙의 심각한 문제점이 바로 여기에 있습니다. 많은 사람들이 극단적인 개인주의에 빠져서 이런 생각을 자주 합니다.

'하나님 앞에서 내 고백만 똑바로 하면 되지, 나 하나 경건 생활을 똑바로 하면 되지, 다른 골치 아픈 문제들에 뭐 그렇게 관심을 깊이 가질 것이 무엇인가?

하지만 이렇게 생각하는 이들은 아직 복음이 무엇인지를 잘 모르고 있는 것입니다. '구원'이 무엇인지를 아직 잘 모르고 있습니다. 그렇기 때문에 그 사람은 (좀 심하게 말하면) 아직 구원받지 못한 것입니다. 만일 하나님과의 관계만 똑바로 하면 우리의 구원이 다 끝난다고 한다면, 주님은 십계명이 아닌 사계명만을 주셨을 것입니다. 십계명의 후반부 여섯 계명이 '인간관계'에 관한 계명이기 때문입니다. 그리고 많은 경우에 예수님은, (나중에 우리가 자세히 다루겠지만), 부자 청년과의 대화(10장)에서도 십계명의 후반부를 주로 따져 물으십니다. 왜 그렇게 하셨겠습니까? 하나님을 향한 신앙고백[수직적 관계]의 진정성은 우리 이웃과의 관계[수평적 관계]에서 그 진정성이 분명히 확인되기 때문입니다.

　　머리 좋고 공부 잘하는 사람들에게 듣기 거북한 이야기를 좀 하겠습니다. 저도 공부를 잘했기 때문에 저 스스로를 책망하는 말이기도 합니다. 저는, 공부 잘하는 사람들 중에서 인간성 좋은 사람을 그다지 많이 보지 못했습니다. 저는, 목회자가 되기 전 고등학교에서 4년, 대학에서 6년, 모두 10년 간 교직에 있었습니다. 고등학교 4년 교직에 있을 때, 이상하게도 고3 담임을 계속했습니다. 그때 제가 담임했던 친구들이 벌써 전문의가 되었습니다. 고등학교 교사 시절, 졸업식이 끝나고, 교실에서 학생들과의 마지막 만남을 분주하게 마친 뒤 교무실에 들어가 앉아 있으면 왜 그토록 쓸쓸하고 허전한지 알 수가 없습니다. 정말 너무 너무 섭섭하고 쓸쓸합니다. 그렇게 쓸쓸하게 교무실에 앉아 있을 때, 돌이켜 보면 교무실에 들어와서 "선생님, 정말 감사합니다. 수고하셨습니다" 이렇게 따뜻한 인사 한 마디를 남기고 가는 친구들은 거의가 내신 10등급 이하에 든 학생들이었습니다. 의대에 들어오고, 간호학과에 들어온 사람들, 중 · 고교 시절 적어도 반에서 1, 2등 안에 들었던 사람들이라는 것 저도 잘 알고 있습니다. 하지만 그 좋은 머리 빛나는 성적이 사람의 인격이나 성품과 정비례하는 것은 아니라는 것을 항시 기억하실 필요가 있습니다. 신앙인 이전에 인간이 되어야 하기 때문입니다.

　　의사/간호사는 사람의 생명을 다루는 사람들입니다. 우리가 다뤄야될 대상이 사람이고, 우리가 섬겨야될 대상이 사람이고, 또한 여러 말 할 것 없이 우리가 바로 '사람' 입니다. 그렇기 때문에 전문직업인이기 이전에, 신앙인이기 이전에 먼저 '사람' 이 되어야만 합니다. 그가 진정한 그리스도인인가 아닌가 하는 것은, 어쩔 수 없이 이웃과 그 사람과의 관계를 지켜보는 과정에서 확인할 수밖에 없는 것이기 때문입니다. 어차피 믿지 않는 사람들은 인간성을 그리 중요하게 생각지 않고 마구잡이로 살아간 다 할지라도, 그래서 자기 아버지 할아버지 뻘 되는 사람들에게 대충 반 말하면서 의사 노릇을 한다 할지라도, 예수 믿는 의사들은 그렇게 하면 안 되는 것입니다.

"밥 먹었어? 약은 잘 먹어?"
"엄살 작작 부려! 자꾸 엄살부리면 더 아프라고 주사 바늘 꽂아서 빙빙 돌려줄 거야!"

(참으로 몰지각하고 몰상식한 몇몇 의사들은) 회진하면서 자기 아버지 할아버지뻘 되는 어른에게 이처럼 반 토막 말을 함부로 내뱉습니다. 하 나님과의 관계만 똑바로 하면 이처럼 이웃과의 관계는 대충해도 괜찮습 니까? 그런 법은 없습니다. 기독교인들의 신앙고백의 진정성은, 이 공동 체 안에서 내 곁에 있는 형제 · 자매들, 내 곁에 있는 '소자'들, 내 곁에 있는 수많은 믿음의 동역자들과 또 우리가 섬겨야 되는 믿지 않는 사람 들과의 끊임없는 관계 속에서만 확인될 수 있기 때문입니다.

그런데 놀랍게도 바리새인들은, 하나님과의 관계만 바르면, 사람(이 웃)과의 관계는 아무렇게나 해도 괜찮다고 사람들을 가르치고 있는 것입 니다. 여러분, 이웃과의 관계에서 특히 '부모-자식' 관계가 얼마나 중요 합니까? 그 중요한 관계를, 하나님과의 관계를 똑바로 하기 위해서라면 희생시켜도 괜찮다고 하는 이 궤변은, 하나님이 우리에게 주시는 거룩한 가르침이 결코 아닌 것입니다.

(요일 4:19~21) ¹⁹우리가 사랑함은 그가 먼저 우리를 사랑하셨음이라. ²⁰누구든지 하나님을 사랑하노라 하고 그 형제를 미워하면 이는 거짓말

하는 자니 보는 바 그 형제를 사랑치 아니하는 자가 보지 못하는 바 하나님을 사랑할 수가 없느니라. [21]우리가 이 계명을 주께 받았나니 하나님을 사랑하는 자는 또한 그 형제를 사랑할지니라.

그렇습니다. 우리가 하나님을 사랑한다는 그 고백은 결국 이웃 곧, 내 곁에 있는 형제 자매들을 사랑하는 그 삶을 통해서 검증될 수밖에 없는 것입니다. 눈에 보이는 형제들을 사랑하는 실제적인 삶의 열매가 없는 상태에서 '하나님을 사랑한다' 는 고백은 명백한 거짓말이기 때문입니다. 심각하지 않습니까? 그래서 주님은 마가복음 1장 14절에서 "다 내 말을 듣고 깨달으라"고 우리에게 간곡히 권면하신 것입니다. 그러면서 주님은, 실제로 우리 몸을 더럽히는 것은 입으로 들어가서 뱃속을 거쳐서 몸 뒤쪽 똥꼬로 빠지는 음식이 아니라 우리 내면의 썩은 마음속에서 나오는 것들이라고 말씀하십니다. 정말 더러운 것은, 씻지 않은 손을 통해 우리 입으로 들어가는 음식이 결코 아니고 죄로 썩은 우리 마음이라는 것입니다. 주님은, 하나님이 주신 모든 음식은 다 깨끗하다고 말씀합니다. 그러기에 모든 음식은 감사함으로 받으면, 버릴 것이 없습니다. 씻지 않은 손이나 음식보다 훨씬 더 더러운 것들이 있는데, 바로 그것이 우리의 마음속에 있는 온갖 추악하고 더러운 것들이라고 말씀하십니다. 예수님은, 그 추한 죄악의 목록을 우리에게 이렇게 보여 주십니다.

(막 7:21~22) 속에서 곧 사람의 마음에서 나오는 것은 악한 생각 곧 음란과 도적질과 살인과 [22]간음과 탐욕과 악독과 속임과 음탕과 흘기는 눈과 훼방[중상모략]과 교만과 광패[어리석음]니

본문에 사용된 몇 가지 낱말의 개념을 간단하게라도 정리하는 것이

본문을 이해하는 데 도움이 될 것입니다.

'음란' : 헬라어 원어로 '포르네이아이' 라는 말입니다. 영어의 '포르노'(pornography)라는 말이 여기서 나왔습니다. '음란' 은, '관음증' 과 '도색증' 을 아우르는 말입니다. 발가벗은 그림을 보기 좋아하는 것도 '음란' 한 죄입니다.

'도적질' : 직무태만과 불성실과 청지기직을 태만히 수행하는 죄를 포함합니다.

'살인' : 미움과 시기심을 포함하는 포괄적인 개념입니다.

'간음' : '음탕한 마음' 과 '혼외정사' 를 가리킵니다.

'속임' : '불신' 을 포함합니다.

'흘기는 눈' : '시기심' 을 가리킵니다. 모든 것을 자기가 해야만 한다고 생각하고 다른 사람이 하는 꼴을 보지 못하는 마음을 가리킵니다.

'훼방' : '무례함' 을 말합니다. 특히 오늘날 신세대들이 깊이 새겨들어야 할 말씀입니다. 자기주장이 강한 장점이 있는 대신에 위·아래가 없이 사는 약점이 많은 사람들이 신세대입니다. 저희들은 학교 다닐 때, 선생님의 그림자도 밟지 말라고, 길을 걸을 때도 선생님 코에 내 체취가 들어가지 않도록 바람결에 서지 말라고 배웠습니다. 봉건적인 냄새는 풀풀 나지만, 걸핏하면 학생과 학부모가 선생님을 욕보이는 요즘 풍토를 감안할 때, 그다지 나쁜 가르침은 아니었다고 생각합니다.

'교만과 광패' : '도덕적 어리석음' 을 말합니다. 일류대학을 나오고도 돈 앞에서 너무 허망하게 넘어져 버리는 사람들, 이게 광패한(어리석은) 모습입니다. 이런 사람들에게는 '윤리' 도 '도덕' 도 없습니다. 좀도둑이 훔친 몇 십만 원은 도둑질이고, 자기가 받은 4억, 5억의 검은 돈은 정치자금이라고 벅벅 우기는 교만하고 광패한 사람들도 많이 있습니다. 양심이 화인 맞아서 '윤리' 에 대해 감각 자체가 아예 없는 것입니다.

예수님의 이 말씀에 비추어보면, 이 모든 것들은 우리 각자의 회개하지 않은 마음속에서 쏟아져 나오는 추악한 증상이요 열매일 뿐입니다. 그러므로 우리가 하나님나라의 거룩한 백성이 되고, 그 분의 거룩한 통치를 받으면서, 그 분의 충만한 은혜와 긍휼을 누리기 위해서는, 가장 중요한 일이, 우리 마음의 이 더러움을 하나님 앞에 정직하게 토해내고, 우리 마음속의 모든 골짜기를 메우며, 구부러진 길을 바로잡으며, 왕이 오시는 고속도로를 우리 마음속에 건설하는 일(회개)이라는 것을, 요한이나 예수님이나 한 목소리로 강조하신 것입니다. "회개함으로, 예수님께서 성령을 통해서 우리에게 허락하시는 하늘의 거룩한 새 생명을 믿음으로 받아 누리지 않으면 결코 하나님나라의 거룩한 백성이 될 수 없다"고 하신 주님의 말씀을 깊이 새겨들어야만 합니다.

사랑하는 동역자 여러분! 여러분들이 지금 신경 쓰시는 것이 무엇입니까? 혹시 예수님을 공격한 바리새인들처럼 우리 몸에 무언가가 들어가고 나오는 입과 똥꼬에만 온갖 신경을 다 쓰지는 않으십니까? 무얼 먹을까, 뭘 입고 바를까, 어떻게 모양을 낼까만을 끊임없이 고민하고 있지는 않으십니까? 신앙의 겉모양 곧 Q.T, 기도, 찬양, 봉사, 헌신을 한다고 그럴싸하게 외치며 입술로는 주님을 섬기고 사랑한다고 잘도 고백하면서도, 그 마음은 하나님으로부터 멀어서, 하나님을 향한 입술의 고백이, 삶 속에서, 이웃과의 관계 속에서 공동체내에서의 수많은 유기적인 인간관계 속에서 그 진정성이 입증되지 못하는 뒤틀린 길을 연극배우가 공연하듯 걷고 있지는 않으십니까?

사람이 회개하고 복음을 믿음으로써 구원에 이른다는 분명한 사실을 입증하기 위해서 마가는 7장 24~30절에 수로보니게 여인의 이야기를 적어 놓았습니다. '수로보니게'는 '시리아에 속한 페니키아'란 뜻입니다. 예수님 당시 시리아에 속한 페니키아 지역은 이방인 지역이었습니다. 그러니까 자기의 딸을 고치기 위해 예수님께 달려나온 이 여자는 유대인의 율법교육이 전혀 안 돼 있는 사람이었습니다. 따라서, 모세를 통해 하나님이 주신 율법을 전혀 듣지도 알지도 못했으며, 바리새인들의 유전과 전통에 대해서는 더더군다나 아무 짐작도 못하는 사람입니다. 이런 사람이 예수님 앞에 나아왔습니다.

이 여인에게 더러운 귀신들린 어린 딸이 있었습니다. 딸을 살리기 위해서 노력을 무던히 많이 했을 것입니다만 아무 소용이 없었습니다. 그러다가 이 여인은 예수님의 소문을 들었습니다. 그 분이 귀신을 쫓아내고 병자를 고치신다는 '복된 소식'을 들었습니다. 이후로 이제나저제나 예수님을 만날 소망을 불태우며 기다리고 있었을 것입니다. 그러던 중에 마침내 예수님이 그 지경에 오셨습니다. 여인은 기다렸다는 듯이 서둘러 예수님을 찾아와서, 자기 딸을 위해 귀신을 쫓아 주시기를 간구했습니다 (26절). 본문 26절의 '간구했다'는 말은 헬라어 성경 원문에 미완료시제 (동작의 반복 진행 표시)로 되어있습니다. 예수님의 능력에 대한 절대적인 신뢰를 갖고 있었던 이름 없는 이방여인이 아주 진지하게 그리고 끈질기게 예수님께 매달렸음을 짐작할 수 있는 말입니다.

(막 7:27~28) [27]예수께서 이르시되 자녀로 먼저 배불리 먹게 할지니 자녀의 떡을 취하여 개들에게 던짐이 마땅치 아니하니라. [28]여자가 대답하여 가로되 주여 옳소이다마는 상아래 개들도 아이들의 먹던 부스러기를 먹나이다.

본문 27절에서 예수님이 말씀하신 말씀이 무슨 뜻입니까? "너는 개다. 자녀가 먹을 밥을 개한테 주는 어리석은 사람이 어디 있느냐?" 이렇게 심하게 말씀하신 것입니다. 그런데 여인의 즉각적인 대답(28절), 정말 장군멍군입니다. "주여 옳소이다마는 상아래 개들도 아이들의 먹던 부스러기를 먹나이다." 놀랍게도 마가복음 전체에서 "주여"라는 고백(호칭)이 여기 7장 28절에 딱 한번 나온다는 사실을 주목할 필요가 있습니다. 여인의 이 대답에는 이런 뜻이 담겨 있었을 것입니다.

"예, 저는 개입니다. 그러나 상식적으로 생각할 때, 넓은 의미에서 개도 그 집의 권속 아닙니까? 밥상에 올라가서 수저 들고 밥은 먹지 못한다 할지라도, 상아래 앉아서 떨어지는 밥풀은 주워먹을 수 있지 않습니까? 제가 원하는 것은 제게 수저를 주시고, 고기반찬을 나눠 달라는 게 아닙니다. 개 같은 이방인 여자인 저는 유대인들이 먹고 남은 부스러기 은총만으로도 족한 사람입니다. 그리고 그 부스러기 은총만으로도 내 딸이 충분히 회복될 수 있다는 사실을 저는 믿습니다. 내 딸을 살려주십시오. 부스러기 은총이면 어떻습니까? 오직 주님의 은총으로 불쌍하게 죽어가는 제 딸을 살려주십시오."

이방여인의 이 고백, 정말 놀랍지 않습니까? 결과가 어떻게 되었습니까?

"가라. 네 딸이 회복되었느니라."

참으로 놀랍게도 여인은, 주님의 이 말씀 한 마디를 그냥 그대로 믿고 병든 딸에게로 돌아갑니다. 이 또한 몹시 놀라운 믿음입니다. 웬만한 사람들은 이 여인처럼 행동하지 못했을 것입니다.

'아, 확실하게 된다는 무슨 보증서라도 한 장 써주셔야지, 보증서가 어렵다면 잘못될 경우 나중에 A/S 해 준다는 무슨 다짐이라도 분명히 해 주셔야지, 그러기 전에는 그냥은 못 갑니다.'

보통사람들 같으면 이런 식으로 행동하지 않았겠습니까? 그러나 이 이방여인은 예수님이 "가라"고 하시자 그 분을 믿고 왔던 대로 믿음으로 그냥 돌아갔습니다. 돌아가서 확인해 보았더니, 놀랍게도 주님 말씀대로 자기 딸이 온전히 회복되어 있었습니다. 할렐루야!

우리가 무엇으로 구원에 이릅니까? 무엇으로 우리가 하나님나라의 백성이 됩니까? 오직 '회개' 하고 '믿음' 으로 우리가 하나님나라의 백성이 되는 것입니다. 다른 길은 없습니다. 우리의 더러운 마음이 하나님 앞에서 회개하지 못하고, 예수 그리스도의 새 생명의 복음을 믿음으로 받아들이지 못한다면, 제 아무리 바리새인들처럼 성경지식이 뛰어나고, 성경뿐만 아니라 그들 나름대로 갖고 있는 종교적인 계율과 계율의 해석이 풍부해서 그것을 열심히 지키고 정결 예식을 잘 행한다 할지라도, 결단코 하늘 나라의 은총 아래 들어갈 수는 없습니다. 그러므로 마가복음 7장 끝에 있는 수로보니게 여인의 딸이 구원받은 사건은 '우리가 무엇으로 하나님 나라에 들어가게 되는가' 를 극적으로 증명해 보인 아주 귀한 예화입니다.

어떤 교회에서 담임목사님을 청빙하면서 청빙조건을 제시했습니다. 그 조건 중에 하나가 "신앙의 4대를 보아야 된다"는 것이었습니다. 말하자면 증조할아버지 때부터 믿은 집안인가를 확인해 본 후에 목사님을 청빙하겠다는 것이었습니다. 저처럼 4대는 고사하고 대학교 2학년 때부터 교회당 출입을 시작해서 그나마도 한 10년 가까이 헤매느라 시간을 보낸 사람은 아예 명함조차 내밀 수 없는 놀랍고도 수준 높은(?) 조건입니다. 정직하게 생각해 봅시다. "신앙의 4대를 보아야 된다"는 이 조건이 과연 성경적입니까? 만일 실제로 그렇다면 수로보니게 여인 같은 이방여인은 결코 구원의 은총을 체험하지 못했을 것입니다. 그런데 오늘날 교회 안 팎에서 얼마나 많은 우습지도 않은 인간적인 기준과 세속적인 생각들이, 그것이 마치 신앙이고 그것이 마치 경건의 절대표준인 것처럼 사람들에게 제시되고, 그 길을 쫓아가기 위해서 또 얼마나 많은 사람들이 부질없이 허덕이고 있는지 모릅니다. 그런 과정에서 우리는 주님이 복음 안에서 우리에게 주시는 새 생명의 구원의 은총을 거의 누리지 못하게 되는 것입니다. 참고삼아 아래 인용된 성경구절을 자세히 살펴보십시오.

> (막 1:4) 세례 요한이 이르러 광야에서 죄 사함을 받게 하는 회개의 세례를 전파하니
> (막 1:15) 가라사대 때가 찼고 하나님 나라가 가까왔으니 회개하고 복음을 믿으라 하시더라.
> (막 4:12) 이는 저희로 보기는 보아도 알지 못하며 듣기는 들어도 깨닫지 못하게 하여 돌이켜 죄 사함을 얻지 못하게 하려 함이니라 하시고

이 말씀들을 잘 살펴보면, '죄 용서함을 받는 것'이 '돌이켜 회개하는 것'과 관련되어 있음을 거듭 거듭 확인할 수 있습니다.

> (막 6:12) 제자들이 나가서 회개하라 전파하고

이렇듯, 세례 요한이 선포했던 메시지나, 예수님이 하신 말씀이나, 제자들이 나가서 전파한 메시지나 그 내용이 다 똑같지 않습니까? '회개'가 얼마나 중요한 문제인지를 말씀하시면서 주님은 이렇게 말씀하셨습니다(막 9:42~50).

"만일 너희 눈과 손과 발이 범죄 하거든 그것을 빼내 버리고 찍어내 버리라."

아울러, 마가복음의 앞부분에서 마가가 '믿음'의 중요성을 어떻게 강조하여 말하고 있는지 아래 인용하는 성경구절을 잘 살펴보십시오.

(막 1:15) 가라사대 "때가 찼고 하나님 나라가 가까웠으니 회개하고 복음을 믿으라"

(막 2:5) 예수께서 저희의 믿음을 보시고 중풍병자에게 이르시되 "소자야 네 죄 사함을 받았느니라."

(막 4:40) 이에 제자들에게 이르시되 "어찌하여 이렇게 무서워하느냐 너희가 어찌 믿음이 없느냐?"

(막 5:34) 예수께서 가라사대 "딸아, 네 믿음이 너를 구원하였으니 평안히 가라 네 병에서 놓여 건강할 찌어다"

(막 5:36) 예수께서 그 하는 말을 곁에서 들으시고 회당장에게 이르시되, "두려워 말고 믿기만 하라."

(막 6:6) 저희의 믿지 않음을 이상히 여기셨더라.

(막 9:19) "믿음이 없는 세대여, 내가 얼마나 너희와 함께 있으며 얼마나 너희를 참으리요? 그를 내게로 데려 오라"하시고

(막 9:23~24) "'할 수 있거든' 이 무슨 말이냐? 믿는 자에게는 능치 못함이 없느니라." 곧 그 아이의 아비가 소리를 질러 가로되, "내가 믿나이다 나의 믿음 없는 것을 도와주소서."

(막 9:42) "또 누구든지 나를 믿는 이 소자 중 하나를 실족케 하면 차라리 연자 맷돌을 그 목에 달리우고 바다에 던지움이 나으리라."

(막 10:52) 예수께서 이르시되, "가라, 네 믿음이 너를 구원하였느니라"

하시니 저가 곧 보게되어 예수를 길에서 좇으니라.

(막 11:22~24) [22]예수께서 대답하여 저희에게 이르시되, "하나님을 믿으라. [23]내가 진실로 너희에게 이르노니 누구든지 이 산더러 들리어 바다에 던지우라 하며 그 말하는 것이 이룰 줄 믿고 마음에 의심치 아니하면 그대로 되리라. [24]그러므로 내가 너희에게 말하노니 무엇이든지 기도하고 구하는 것은 받은 줄로 믿으라. 그리하면 너희에게 그대로 되리라."

마가복음에서 '믿음'의 중요성을 강조하는 구절이 몇 군데 더 있는데 지면관계로 생략합니다. 어떻습니까? 우리가 하나님나라에 들어가는 것, 하나님의 거룩한 은총에 동참하고 하나님의 풍성한 생명을 누리는 삶을 사는 것, 이 길에 우리의 고정관념을 뿌리뽑아야 될, 성경적인 근거가 전혀 없는 것들, 그것이 마치 하나님이 우리에게 구원의 조건으로서 무언가를 요구하는 것으로 착각하고, 그 일을 하는 데에 우리의 시간과 정열을 낭비하고, 그 일을 하면서 한껏 교만하고, 그런 일을 못하는 사람들을 함부로 판단하고 정죄하는 마음의 완악함과 우리 마음속의 추함을 주님 앞에 정직하게 토하는 과정이 없이는, 주님께서 새 생명을 담아 우리에게 주신 복음을 결코 믿을 수 없을 것이고, 우리의 중심 깊을 곳으로부터의 통회 자복(회개)과 복음에 대한 믿음이 없다면, 우리가 아무리 머리가 좋고, 아무리 열심히 봉사하고, 아무리 성경지식이 탁월하고, 아무리 하나님 앞에서 헌신하는 그럴 듯한 모양을 잘 갖춘다 할지라도, 거룩한 하늘백성의 길에 동참할 수 없다는 사실을 분명히 기억할 수 있기를 바랍니다. 이 말씀 앞에서 '내 안에 그릇된 고정관념은 혹시 없는지' 잘 살펴보시고, '내 마음속에 있는 더럽고 추한 것들을 주님 앞에 어떻게 내어놓고 무릎꿇을 수 있을 것인지'를 진지하게 생각할 수 있기를 바랍니다. 죽음의 길을 교묘히 회피하는 것, 신앙의 겉모양만 냈던 지난날의 삶, 내 중심을 주님 앞에 드리지 못하고 입술만 드린 것, 무엇보다도 내가 신앙인이라고 자부하면서도 하나님이 사랑하고 섬기라고 내 곁에 주신 수많은 사람들과의 그 소중한 관계 속에서, 주님을 향한 사랑과 신앙의 고백을 입증하지 못한 우리의 이 이중적인 신앙행태에 대해서 이 시간 주님 앞에 철저히 통회 자복할 수 있기를 바랍니다. 내 중심의 심각한 어둠을 살피지 못하고, 때로는 내가 이미 알고 있는 그 어둠을 슬그머니 방치하면서도, '내'가 기준이 되어서 내 곁에 있는 수많은 '소자'들을 함부로 판단하고 정죄하면서 교만한 자세로 하나님의 말씀을 짓밟는 삶을 아무 감각 없이 살아왔던 지난날 우리의 삶에 대해서 하나님 앞에서 깊이 회개하고, 그럼으로써 우리 마음속 죄악의 골짜기가 메워지고, 높은 교만의 산봉우리가 깎여지고, 왕 되신 우리 주님이 오실 왕의 큰 길(大路)이 우리의 각 사람의 심령과, 우리 공동체 속에 마련되지 않으면, 우리는 결단코 하늘 백성의 거룩한 길을 걸을 수 없다는 사실을 분명히 기억할 수 있기를 바랍니다. 회개하고 복음을 믿음으로 하늘의 은총을 내내 누리는 삶을 살되, 그런 하늘 은총을 풍성히 누리는 삶 속에서 우리가 마땅히 섬겨야될 우리 주변의 수많은 사람들을 이 복된 하늘나라의 거룩한 길로 이끄는 복의 통로(근원)가 되는 거룩한 삶의 모습이 우리의 남은 생애에 날마다 힘있게 드러날 수 있기를 바랍니다. 기도합시다.

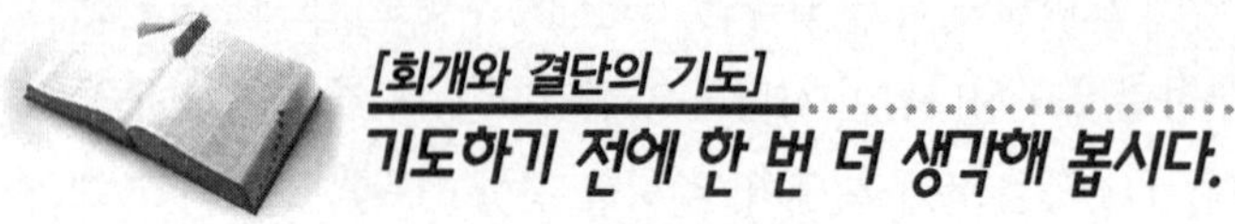

① 구세주 예수님이 피조물인 세례 요한에게 세례 받으신 이유는 무엇입니까? 요한의 세례를 받으시면서 예수님이 자신의 죄를 자복하지 않으신 이유는 또 무엇입니까? 우리 죄 값을 대신 갚아 주신 주 예수님의 은혜에 감사하는 마음이 있으십니까? (이사야 42:1 말씀과 이사야 53장을 천천히 음미하며 읽어보십시오.)

② 하나님나라에 들어가는 유일한 방법(하나님나라의 백성이 되는 길)은 무엇입니까?(막 1:14~15)

③ 참된 '경건'과 '형식주의'를 혼동하는 이들이 많습니다. 유대인들은 '할례'와 '안식일' 그리고 '성전'을 선민의식의 기둥으로 삼고 이것들을 통해 자신의 몸을 깨끗하게 할 수 있다고 생각했습니다. 그러나 진정한 경건은 단지 이런 외적인 형식으로 만들어지지 않습니다. 왜냐하면 경건은 외면에서 이루어지는 것이 아니라 인간의 내면에서 이루어지기 때문입니다(막 7:1~16). 예수님의 몸 자체가 정결한 생수가 되어서 진정한 경건을 추구하는 모든 자들을 깨끗케 합니다. 그렇다면 경건한 삶을 살기 위해 우리가 할 수 있는 일은 과연 무엇이겠습니까?

④ 수로보니게 출신 이방여인은 바리새인들과 달리 외적으로는 정결하지 못한 사람처럼 보였습니다. 하지만 예수님께서는 그 여인의 딸을 치유하여 주심으로써 이 여인은 어떤 유대인들보다 더 경건한 자임을 선포합니다. 진정한 경건(정결)에 이르는 방법은 사회 규범과 제도에 적합한 도덕적 윤리적 행동을 하기 이전에, 거룩한 예수님 앞에서 철

저히 낮아지는 것입니다. 예수님은 정결하다고 자부하는 교만한 바리새인들의 삶은 더럽다고 하시고, 누구보다 부정하다고 생각한 겸손한 여인은 깨끗하다고 선포하였습니다. 예수님 앞에서 과연 어떤 평가를 받을 수 있을 것 같습니까?

⑤ '죄 용서함을 받는 것'과 '돌이켜 회개하는 것'과는 밀접한 관련이 있습니다. 이것은 다시 '하나님나라에 들어가는 문제'와 밀접한 관련이 있습니다(막 1:14~15). 마가가 일관되게 말하는 것은, 하나님나라는 인간의 행위나 의지로 쟁취될 수 있는 것이 아니라 하나님이 은혜로 주시는 선물이라는 점입니다. 예수님은 이 선물을 가지고 이 땅에 내려오셔서, 자신의 백성들에게 '회개하고 복음을 믿으라'고 요구하신 참 하나님입니다. 예수님이 가지고 온 선물인 구원(하나님나라)을 받는 유일한 길은 오직 회개하는 믿음뿐입니다. 당신은 지금 예수님을 어떻게 생각하십니까?

제 3 강
열매 맺는 나무가 되라

(마가복음 4:1~20, 11:12~26, 13:1~2)

(마가복음 4:1~20) ¹예수께서 다시 바닷가에서 가르치시니 큰 무리가 모여 들거늘, 예수께서 배에 올라 바다에 떠 앉으시고 온 무리는 바다 곁 육지에 있더라. ²이에 예수께서 여러가지를 비유로 가르치시니 그 가르치시는 중에 저희에게 이르시되, ³"들으라. 씨를 뿌리는 자가 뿌리러 나가서 ⁴뿌릴쌔 더러는 길 가에 떨어지매 새들이 와서 먹어 버렸고 ⁵더러는 흙이 얇은 돌밭에 떨어지매 흙이 깊지 아니하므로 곧 싹이 나오나 ⁶해가 돋은 후에 타져서 뿌리가 없으므로 말랐고, ⁷더러는 가시떨기에 떨어지매 가시가 자라 기운을 막으므로 결실치 못하였고, ⁸더러는 좋은 땅에 떨어지매 자라 무성하여 결실하였으니 삼십배와 육십배와 백배가 되었느니라" 하시고 ⁹또 이르시되 "들을 귀 있는 자는 들으라" 하시니라. ¹⁰예수께서 홀로 계실 때에 함께 한 사람들이 열 두 제자로 더불어 그 비유들을 묻자오니, ¹¹이르시되 "하나님 나라의 비밀을 너희에게는 주었으나 외인에게는 모든 것을 비유로 하나니, ¹²이는 저희로 보기는 보아도 알지 못하며 듣기는 들어도 깨닫지 못하게 하여 돌이켜 죄 사함을 얻지 못하게 하려 함이니라" 하시고, ¹³또 가라사대 "너희가 이 비유를 알지 못할진대 어떻게 모든 비유를 알겠느뇨? ¹⁴뿌리는 자는 말씀을 뿌리는 것이라. ¹⁵말씀이 길 가에 뿌리웠다는 것은 이들이니 곧 말씀을 들었을 때에 사단이 즉시 와서 저희에게 뿌리운 말씀을 빼앗는 것이요, ¹⁶또 이와 같이 돌밭에 뿌리웠다는 것은 이들이니 곧 말씀을 들을 때에 즉시 기쁨으로 받으나, ¹⁷그 속에 뿌리가 없어 잠간 견디다가 말씀을 인하여 환난이나 핍박이 일어나는 때에는 곧 넘어지는 자요, ¹⁸또 어떤 이는 가시떨기에 뿌리우는 자니 이들은 말씀을 듣되, ¹⁹세상의 염려와 재리의 유혹과 기타 욕심이 들어와 말씀을 막아 결실치 못하게 되는 자요, ²⁰좋은 땅에 뿌리웠다는 것은 곧 말씀을 듣고 받아 삼십 배와 육십 배와 백 배의 결실을 하는 자니라."

(마가복음 11:12~26) ¹²이튿날 저희가 베다니에서 나왔을 때에 예수께서 시

장하신지라. ¹³멀리서 잎사귀 있는 한 무화과나무를 보시고 혹 그 나무에 무엇이 있을까 하여 가셨더니 가서 보신즉 잎사귀 외에 아무 것도 없더라. 이는 무화과의 때가 아님이라. ¹⁴예수께서 나무에게 일러 가라사대 "이제부터 영원토록 사람이 네게서 열매를 따 먹지 못하리라" 하시니 제자들이 이를 듣더라. ¹⁵저희가 예루살렘에 들어가니라. 예수께서 성전에 들어가사 성전 안에서 매매하는 자들을 내어쫓으시며 돈 바꾸는 자들의 상과 비둘기 파는 자들의 의자를 둘러 엎으시며, ¹⁶아무나 기구를 가지고 성전 안으로 지나다님을 허치 아니하시고, ¹⁷이에 가르쳐 이르시되 "기록된 바 '내 집은 만민의 기도하는 집이라 칭함을 받으리라'고 하지 아니하였느냐? 너희는 강도의 굴혈을 만들었도다" 하시매, ¹⁸대제사장들과 서기관들이 듣고 예수를 어떻게 멸할까 하고 꾀하니 이는 무리가 다 그의 교훈을 기이히 여기므로 그를 두려워함일러라. ¹⁹매양 저물매 저희가 성밖으로 나가더라. ²⁰저희가 아침에 지나갈 때에 무화과나무가 뿌리로부터 마른 것을 보고, ²¹베드로가 생각이 나서 여짜오되 "랍비여 보소서. 저주하신 무화과 나무가 말랐나이다." ²²예수께서 대답하여 저희에게 이르시되 "하나님을 믿으라. ²³내가 진실로 너희에게 이르노니 누구든지 이 산더러 들리어 바다에 던지우라 하며 그 말하는 것이 이룰 줄 믿고 마음에 의심치 아니하면 그대로 되리라. ²⁴그러므로 내가 너희에게 말하노니 무엇이든지 기도하고 구하는 것은 받은 줄로 믿으라 그리하면 너희에게 그대로 되리라. ²⁵서서 기도할 때에 아무에게나 혐의가 있거든 용서하라 그리하여야 하늘에 계신 너희 아버지도 너희 허물을 사하여 주시리라" 하셨더라. ²⁶(없음)

(마가복음 13:1~2) ¹예수께서 성전에서 나가실 때에 제자 중 하나가 가로되, "선생님이여 보소서 이 돌들이 어떠하며 이 건물들이 어떠하니이까?" ²예수께서 이르시되, "네가 이 큰 건물들을 보느냐? 돌 하나도 돌 위에 남지 않고

다 무너뜨려지리라"하시니라.

"그리스도인이십니까?"

무슨 이유로 "내가 그리스도인"이라고 대답하십니까? 예수그리스도와 그분의 복음을 위한 헌신의 삶을 사는 과정에서 내 삶의 고난과 핍박과 고통의 흔적이 있기 때문에 그렇게 대답할 수 있을 것입니다. 아울러 우리의 마음 속, 중심 깊은 곳에 회개하는 마음이 있고, 왕 되신 구세주가 오시는 길이 우리의 중심에 예비된 후, 주님 우리에게 주시는 생명의 복음을 믿는 믿음 안에서 "내가 그리스도인"이라고 대답할 수 있어야 합니다. 이것이 아니면 우리 입술의 신앙고백은 한낮 관념의 유희, 말장난에 지나지 않을지도 모릅니다. 오늘날 많은 그리스도인들이 바로 이와 같은 잘못된 바탕에서 자기 신앙고백의 토대를 마련하고 있기 때문에 우리 사회에 기독교인들이 이렇게 많은데도 불구하고 교회가 종이 호랑이로 전락해 버린 것입니다. 사도행전을 보면, 예수님의 제자들이 복음을 들고 이방지역에 나갔을 때, 그 이방지역 사람들은 복음을 전하러 그 지역에 들어온 그리스도인들을 보면서 몹시 긴장된 어조로 이렇게 말했습니다.

(행 17:6) "천하를 어지럽게 하던 자들이 여기에도 왔다."

쉽게 표현하면 아주 골치 아픈 '운동권 사람들'이 왔다면서 사람들이 긴장한 것입니다. 어쨌든 저는 이 땅의 진정한 운동권은 기독교인밖에 없다고 생각합니다. 그런데 이 운동권 사람들(기독교인들)이 거룩한 운동력을 상실해버린다면 그것은 매우 심각한 일입니다. 기독교인들의 거룩한 운동이 정당성을 확보하기 위해서는 지금까지 제가 말씀드린 대로 우리 신앙고백의 토대가 하나님의 말씀과 복음의 진리에 기초한 것이 되어야만 하고, 그 건실한 고백 위에서 운동성을 확보하게 될 때, 비로소 우리는 이 땅의 어두움을 몰아내고, 우리 삶의 지경 안에 하나님의 거룩한 빛을 이끌어 들일 수 있는 변혁의 주체로 설 수 있다고 생각합니다.

1980년대 초에 제가 대학원 박사과정(국어국문학과 한국고전시가 전공)에서 공부하고 있을 때, 《수용미학비판》이라는 제목의 문학이론서를 번역 출판한 적이 있습니다. 원서는, 미국 캘리포니아 대학의 로버트 홀럽 교수의 《Reception Theory》라는 책이었습니다. 이 《수용미학비판》에서 홀럽 교수는, 문학작품을 분석하고 비평하는 일에 있어서 아주 중요한 몫을 담당하고 있는 문학수용자 쪽의 여러 가지 상황을 이론적으로 잘 정리해 놓았습니다. 수용이론은 당시 한국문학 비평계에서 첨단을 걷는 이론이었습니다.

참고로 말씀드리자면, 문학작품을 대하는 비평사의 흐름은 크게 몇 가지로 요약됩니다. 과거에는 하나의 작품이 주어지면 그 작품 속에서 '작가의 의도'를 찾아내는 것에 문학비평의 초점이 모아지고 있었습니다.

'도대체 작가가 무슨 의도를 가지고 이 작품을 썼는가?'

그래서 비평가들이 열심히 작가의 원래 작품제작 의도를 추적하는 작업을 계속했습니다. 어찌 어찌 하다보면 나중에는, 작가는 원래 그걸 의도한 게 아닌데, 엉뚱하게도 비평가가 '작가가 이런 의도를 가지고 썼을 것'이라고 지레짐작하는 경우도 많이 나오게 되었습니다. 이런 것을 일컬어 '의도적 오류'(Intentional fallacy)라고 합니다. 그래서 이 의도적인 오류를 없애기 위해 등장한 것이 나중에 소위 신비평 계열의 '작품자체를 보아야 된다'는 주장이었습니다. 요즘 신학계에서도, 신비평과 같은 각도에서, 성경을 하나의 문학작품 곧 그 자체에 유기적인 구조를 가진 하나의 작품으로 보아야 된다는 이론을 제시하는 분들이 많이 있습니다. 그러나 이런 흐름은 서구 문학비평계에서는 이미 1950년, 60년대에, 그리고 우리나라에서는 80년대 초반에 이미 이야기가 많이 됐던 것들입니다. 그래서 신비평이 등장한 이후, 작품 자체의 구조를 따지고 작품자체가 가지고 있는 문학성을 추적하는 것이 비평의 중요한 업무가 되었습니다. 신비평에서 파생된 것이나 다름없는 구조주의에서도 문학작품을 보는 방식은 비슷합니다. 일단 한 사람의 작가에 의해서 작품이 나오게 되면, 그 작품은 이제 더 이상 작가와 유대관계를 가질 수 없는 것이고, 따라서 작품자체가 하나의 생명체로서 독자적으로 존재한다고 보는 것입니다. 그러기에 비평가들은 비평과정에서 그 작품의 내부구조를 열심히 추적합니다. 이런 비평방법 역시 약점이 있습니다. 그것은, 그 작품이 가지고 있는 역사적 상황이나, 문화 역사적 맥락(context)을 무시할 가능성이 높다는 것입니다. 그래서 신비평과 구조주의 이후에 등장한 비평의 한가지 중요한 흐름이, 똑같은 작품을 놓고도 어떤 사람은 전혀 다른 의미로 그 작품을 받아들이는 점에 착안하여, 결국 작품의 의미형성과정에서 작품이나 작품을 만들어낸 작가와 상관없이 그 작품을 수용하는 수용자(독자) 쪽에 문제가 있는 게 아닌가 하는 생각을 가지고 작품을 수용하는 독자를 연구해 들어간 것이 소위 수용이론(독자중심비평)입니다. 이렇게 말하니까 수용이론이라는 것이 굉장히 첨단 이론인 것처럼 느껴지지만, 사실 이 수용이론의 가장 고전적인 뿌리는 신약성경 마가복음 4장 예수님의 가르침 속에 드리워 있다고 할 수 있습니다. 정말 놀라운 사실입니다.

똑같은 예수님의 말씀을 똑같이 듣습니다. 그런데 같은 말씀을 같이 들었음에도, 어떤 사람이 어떤 마음의 자세로 그 말씀을 듣고, 그 말씀에 어떻게 반응하는가에 따라서 풍성한 열매가 나올 수도 있고, 그렇지 않을 수도 있다고 예수님은 말씀하십니다. 지금 6백 명이 넘는 의대생들이 이 자리에 함께 앉아서 저를 통해서 하나님이 주시는 말씀을 듣고 있지만, 지금 저를 통해서 선포되는 이 말씀이 결실하는 정도는 각기 다 다를 것입니다. 똑같은 미당 서정주 선생의 〈국화 옆에서〉라는 시를 읽으면서도, 그것을 '연애시'로 보는 사람도 있을 것이고, 어떤 사람은 그것을 순수생명을 다룬 작품으로 이해할 수도 있을 것이고, 또 어떤 사람은 무슨 이데올로기를 논하는 작품으로 볼 수도 있는 것입니다. 똑같은 작품을 대하는 데도 불구하고 해석해 놓은 의미는 전혀 다를 수 있습니다. 그런데 그렇게 다른 의미가 나오는 결정적인 요소는 그 작품을 받아들이는 수용자(독자/청중)의 마음가짐에 문제가 있다는 것입니다. 그러니까 예수님이 얼마나 앞서가셨는가를 이 시간에 우리가 생각하면서 정말 진지한 자세로 이 말씀을 대할 필요가 있습니다.

사랑하는 동역자 여러분, 이 땅의 4,500만 인구 중에 1,200만이 기독교인이고 이 땅에 교회들이 이토록 많고, 선교단체들이 이렇게 많고, 해외로 파송된 선교사가 아주 많기 때문에 주님께서 찾으시는 열매가 풍성하다고 단순하게 말하기는 참 어렵다고 봅니다. 이 땅의 교회, 이 땅의 선교단체, 이미 부자가 된 이 땅의 그리스도인들은 제가 보기에는 이파리만 무성한 무화과나무 같은 존재들이지, 주님이 기쁨으로 찾으실만한 열매를 풍성하게 맺은 나무는 아닌 것 같습니다. 제가 드리는 이 말씀을 너무 비관적으로만 받아들이지 마십시오. 이파리가 무성하다는 것은, 그만큼 많은 가능성을 안고 있는 존재라는 긍정적인 전제 위에서 지금 말씀을 드리고 있기 때문입니다.

한 그루의 나무가 심어졌습니다. 햇볕과 비를 받으며 굳건한 줄기가 섰습니다. 이파리도 무성하게 벌어 있습니다. 하지만 그 무성한 나무그늘을 향해서 찾아오신 주님께서 그 무성한 잎사귀를 들추고 보았을 때 주님이 찾으시는 열매가 있는지 정직하고 진지하게 생각해보면, 아무래도 현재 우리의 상태가 주님을 마냥 기쁘게만 하는 상태는 아니라는 생각이 더 많이 드는 것을 어쩌지 못합니다. 이런 현실적인 전제 위에서 좀 더 긴장된 자세로 이 시간 이 말씀을 받았으면 합니다. 우선, 아래 인용하는 말씀들을 잘 살펴보십시오.

> (막 4:11) 이르시되, "하나님 나라의 비밀을 너희에게는 주었으나 외인에게는 모든 것을 비유로 하나니"
> (막 4:26) 또 가라사대 "하나님의 나라는 사람이 씨를 땅에 뿌림과 같으니"
> (막 4:30) 또 가라사대 "우리가 하나님의 나라를 어떻게 비하며 또 무슨 비유로 나타낼꼬?"

잘 아시다시피, 앞서 살펴보았던 마가복음 1장 14~15절에서 주님이 하셨던 말씀의 주제는 '하나님나라' 였습니다.

> (막 1:14~15) "…… 때가 찼고 하나님나라가 가까웠으니 회개하고 복음을 믿으라"

이 말씀을 강론하면서 저는, 이 하나님나라에 들어가는 아주 그릇된 속성코스를 지금껏 '기독교 승리주의' 라는 이름으로 여러분들에게 소개했습니다. '기독교 승리주의' 는, 수많은 사람들이 찾는 넓은 길이고, 많은 사람들이 찾기를 좋아하는 넓은 문입니다. 그것은, 주님이 제시하시는 '좁은 문'과 '좁은 길'은 결코 아닙니다. 하나님나라에 들어가는 길은 오직 '회개'와 '믿음'이라는 좁은 문을 통해서만 열려 있습니다. 그 길은 "길이 좁고 협착해서" 찾는 이가 적을 것이라고 주님께서 말씀합니다. 여러분, 이곳 저곳에 교회당과 선교단체들이 많이 있기 때문에 하나님의 백성이 많다고 생각하지는 마십시오. 이 땅에 살고 있는 전체 인구에 비추어 기독교인들이 전체인구의 몇 퍼센트나 되는가 한번 생각해 본다면 "하나님의 백성이 많다"는 말은 쉽게 할 수 없을 것입니다. 이것 하나만으로도 하나님나라에 들어가는 문이 얼마나 좁은가를 금새 실감할 수 있습니다. 그나마도 지금 교회당과 선교단체를 출입하는 사람들 중에도, 얼치기 신자가 적지 않은 점을 솔직히 인정한다면 그 문은 더더욱 좁게만 느껴집니다. 어쨌든, 주님을 만족시키는 성숙한 신앙인의 비율은 아직 그리 높지 않다고 생각합니다. 방금 우리가 선택해서 읽은 마가복음 4장의 몇 구절에서도 주님의 관심사는 오직 '하나님나라'에 집중되고 있습니다. 오늘 우리가 살필 '씨 뿌리는 비유'도 사실은 '하나님나라'를 좀 더 쉽고 분명하게 설명하시기 위해서 주신 것입니다.

(막 4:1~2) ¹예수께서 다시 바닷가에서 가르치시니 큰 무리가 모여들거늘 예수께서 배에 올라 바다에 떠 앉으시고 온 무리는 바다 곁 육지에 있더라. ²이에 예수께서 여러 가지를 비유로 가르치시니 그 가르치시는 중에 저희에게 이르시되

이 기록은, 주님께서 이 비유를 주시는 상황을 확인시켜 주는 '상황지문'입니다. 예수님의 말씀의 권위와 영향력이 얼마나 컸는가를 단적으로 드러내 보여주는 말씀이기도 합니다. 정말 그렇습니다. 하나님나라의 진

리는 엄청난 매력과 흡인력과 파괴력을 갖고 있습니다. 그렇지 않습니까? 저는 제가 선포하는 하나님의 말씀이 엄청난 파괴력을 갖고 있다고 생각합니다. 그런 확신이 없다면 이 강단에 도무지 서지 못할 것입니다. 어떻게 말씀을 선포하면 그렇게 될까요? 하나님이 '아' 하면, 저도 '아' 하고, 하나님이 '어' 하면, 저도 '어' 하면 된다고 생각합니다. 하나님이 말씀하시면 그대로 됩니다(창세기 1장). 하나님의 말씀자체에 이처럼 엄청난 권능이 있기 때문에, 그 말씀을 바르게 선포하기만 하면 그 말씀이 사람들의 심령에 엄청난 파괴력을 발휘할 수 있다고 믿고 있습니다. 그런 점에서, 설교자의 말씀에 힘이 사라지는 아주 간단하고 결정적인 방법은, 하나님의 말씀과 상관없이 자기 이야기를 열심히 하는 것입니다. 만일 그렇게 되면, 아무리 눈부신 말솜씨와 정교한 논리로 무장하고 강단에 올라선다 할지라도, 그 설교는 우리 안에 있는 죄 문제를 해결하지 못하고, 새 생명의 역사를 결코 이룩하지 못할 것입니다. 신앙공동체 안에서 지도자 위치에 있는 사람들이 많이 있기 때문에 노파심에서 드리는 말씀입니다.

예수님의 사역이 알려지면서, 예수님을 찾는 군중이 차츰 증가했습니다. 엄청나게 혼잡해졌습니다. 당시에는 요즘 우리들이 사용하는 것 같은 성능 좋은 확성기가 전혀 없었습니다. 주님께서는 무슨 무협지에 등장하는 무술의 고수처럼 '전음입밀법(傳音入密法)'으로 말씀하시지 않았습니다. 그래서 무리의 혼잡을 피하여 배를 타시고 무리로부터 약간 떨어진 배 위에서 설교를 하기 시작하시고, 무리들은 바닷가 해변에 늘어앉아 말씀을 듣고 배움으로써 썩 그럴 듯한 '해변 부흥회'가 시작되었습니다. 거기서 주님은, 하나님나라의 진리가 담긴 주옥같은 말씀을 여러 가지 비유를 통해서 가르쳐 주셨습니다. 그리고 오늘 우리가 다루는 씨뿌리는 자의 비유는 그렇게 주님이 주신 수많은 비유 가운데 하나입니다. 무엇보다도, 본문 마가복음 4장 12절에 있는 말씀은 이사야서 6장 9~10절 말씀을 인용한 것임을 기억하면서 이 비유를 살펴보아야 합니다.

(사 6:9~10) [9]여호와께서 가라사대, 가서 이 백성에게 이르기를, "너희가 듣기는 들어도 깨닫지 못할 것이요, 보기는 보아도 알지 못하리라" 하여 [10]이 백성의 마음으로 둔하게 하며 그 귀가 막히고 눈이 감기게 하라. 염려컨대 그들이 눈으로 보고 귀로 듣고 마음으로 깨닫고 다시 돌아와서 고침을 받을까 하노라.

이 말씀에서 볼 수 있듯이, 하늘백성의 마음이 완악해져 있기 때문에 하나님의 말씀을 올바로 들을 수 없습니다. 여기서 '들을 수 없다'는 이 말은, 고막을 통해 물리적인 소리의 파장을 받아들이지 못한다는 뜻이 아니라 들어서 알고 있는 말씀에 '복종하지 못한다'는 뜻입니다. 말씀을 듣기는 듣는데, 삶 속에서 그 말씀 앞에 복종하는 삶의 열매가 전혀 나오지 않는 안타까운 상황을 가리키는 것입니다. 그런 까닭에 어떤 사람들은 하나님의 말씀을 들으면 들을수록 그 마음이 더 완악해 집니다. 반면, 마음이 옥토처럼 되어있는 사람들은 하나님의 말씀을 들으면 들을수록 그들 안에 생명의 깊이가 더해가게 됩니다. 바로 이와 같은 분리작업을 하기 위해, 우리 주님께서도 하나님나라에 대해서 비유로 말씀을 하시는 것(12절)입니다.

(막 4:3~4) [3]"들으라. 씨를 뿌리는 자가 뿌리러 나가서 [4]뿌릴새 더러는 길가에 떨어지매 새들이 와서 먹어 버렸고"
본문 3절이 "들으라!"로 시작되고 있습니다. 제가 히브리어로 노래를 하나 부를 테니 잘 들으시고 한 번 따라 해 보십시오.

"스마(혹은 '쉐마') 이스라엘, 아도나이(예흐와) 엘로헤누 아도나이(예
흐와) 에핫"

이 노랫말은 신명기 6장 4절 말씀(쉐마)의 히브리어입니다. 우리말 번
역문은 이렇습니다.

(신 6:4) "이스라엘아 들으라! 우리 하나님 여호와는 오직 하나인 여호
와시니"

이 신명기 6장 4절의 첫 부분은, 우리 말 개역성경에는 "이스라엘아
들으라"로 번역되어 있지만, 히브리어 원어의 어순을 따라서 직역하면,
"들으라, 이스라엘아!"입니다. 아까 얘기했던 노랫말 맨 앞 부분 "스마
(쉐마)"라는 말이 "들으라"는 뜻의 히브리어입니다. 그러니까 "스마 이스
라엘"은 "들으라! 이스라엘아!"가 되는 것입니다. 이 신명기 6장 4절 이
하에 있는 말씀들을 보통 우리가 "쉐마"라고 하는 이유는 신명기 6장 4
절 맨 앞에 등장하는 히브리어 첫 단어가 "쉐마"이기 때문입니다. 모음을
어떻게 붙이느냐에 따라서 "쉐마"라고 읽을 수도 있고, "스마"라고 읽을
수도 있지만, 제가 보기에는 제 1음절에서는 모음이 자주 약화되는 히브
리어의 관습을 따라 "스마"라고 읽는 것이 원음에 좀 더 가깝다고 생각합
니다. 아무튼 많은 기독교인들에게 이 부분이 "쉐마"로 알려져 있기는 합
니다. 따라서 주님이 "들으라"는 말로 말씀을 시작했을 때 이 "쉐마"를
잘 알고 익히 암송하고 있던 예수님 당시의 청중들은 아주 자연스럽게
신명기 6장 4절의 "쉐마"로 시작되는 말씀을 떠올렸을 것입니다. 그런

각도에서, 주님이 선포하시는 이 말씀이 바로 '새로운 하나님나라의 새로운 쉐마' 라는 것을 주님이 이런 어법을 통해 은근히 강조하고 계시는 것으로 볼 수도 있을 것입니다.

(막 4:3~9) ³"들으라. 씨를 뿌리는 자가 뿌리러 나가서 ⁴뿌릴 새 더러는 길가에 떨어지매 새들이 와서 먹어 버렸고, ⁵더러는 흙이 얇은 돌밭에 떨어지매 흙이 깊지 아니하므로 곧 싹이 나오나 ⁶해가 돋은 후에 타져서 뿌리가 없으므로 말랐고, ⁷더러는 가시떨기에 떨어지매 가시가 자라 기운을 막으므로 결실치 못하였고, ⁸더러는 좋은 땅에 떨어지매 자라 무성하여 결실하였으니 삼십 배와 육십 배와 백 배가 되었느니라" 하시고 ⁹또 이르시되 "들을 귀 있는 자는 들으라" 하시니라.

여기서 잠깐 정리하고 가야할 중요한 내용이 하나 있습니다. 우선 참고삼아 아래 인용되는 성경구절들을 잘 살펴보십시오.

(막 4:3) "들으라. 씨를 뿌리는 자가 뿌리러 나가서"
(막 4:9) "또 이르시되 들을 귀 있는 자는 들으라"
(막 4:12) "이는 저희로 보기는 보아도 알지 못하며 듣기는 들어도 깨닫지 못하게 하여"
(막 4:15) "말씀이 길가에 뿌리웠다는 것은 이들이니 곧 말씀을 들었을 때에"
(막 4:16) "또 이와 같이 돌밭에 뿌리웠다는 것은 이들이니 곧 말씀을 들을 때에"
(막 4:18) "또 어떤 이는 가시떨기에 뿌리우는 자니 이들은 말씀을 듣되"

(막 4:24) "또 가라사대 너희가 무엇을 듣는가 스스로 삼가라"
(막 4:33) "예수께서 이러한 많은 비유로 저희가 알아들을 수 있는 대로 말씀을 가르치시더라."

이 인용구절에서, 이 마가복음 4장의 씨뿌리는 비유에서 말씀을 "듣는" 작업이 얼마나 중요한 일인가를 거듭거듭 확인할 수 있을 것입니다. 사도 바울은 바로 이런 각도에서 "그러므로 믿음은 들음에서 나며, 들음은 그리스도의 말씀으로 말미암았느니라"(롬 10:17)고 말합니다. 예수님의 말씀을 "들음으로" 우리가 진리를 깨닫게 됩니다. 말씀을 "들을 때"에 내가 죄인인 것을 깨닫게 되고, 들려오는 그 말씀 속에서 하나님의 은총을 깨닫게 될 때, 우리 마음속의 어두움을 내놓고 회개할 수 있고, 회개함으로 우리 죄를 용서받을 수 있습니다. 죄를 용서받음으로 성령 세례를 받을 수 있고, 성령 세례를 통해서 우리 안에 그리스도의 새 생명이 주입되게 됩니다. 성령 안에서 거듭난 뒤, 비록 환란과 핍박 가운데 있을지라도 그 새 생명의 역동적인 힘으로 고난 중에도 기쁨과 감격 속에서 그 구원의 길을 꾸준히 걷게 되는 것입니다. 그런 의미에서 이 구원의 역사에서 말씀을 '듣는' 일을 '구원 작업의 출발점'이라고 할 수 있을 것입니다. 아무튼 주님은, 이 '씨뿌리는 자' 비유를 통해서 하나님나라의 '새로운 쉐마'를 선포하고 있는 것입니다.

(막 4:10~12) [10]예수께서 홀로 계실 때에 함께 한 사람들이 열 두 제자로 더불어 그 비유들을 묻자오니, [11]이르시되 "하나님 나라의 비밀을 너희에게는 주었으나 외인에게는 모든 것을 비유로 하나니, [12]이는 저희로 보기는 보아도 알지 못하며 듣기는 들어도 깨닫지 못하게 하여 돌이켜 죄 사함을 얻지 못하게 하려 함이니라" 하시고

마가복음 4장 10~12절 말씀은 두 번째 '상황지문' 입니다. 예수님의 제자들 외에 예수님 옆에 함께 한 사람들이 또 있었다고 마가가 증언합니다. 이것은 하나님나라 복음의 개방성을 은근히 말하려는 것입니다. 제자그룹 안에 이미 들어와 있는 사람들(insider)만 이 말씀을 들을 것이 아니고, 이 말씀을 듣기를 원하고, 들어서 그 심령에 변화를 받아서 하나님의 거룩한 백성으로 새로 태어날 가능성이 있는 외부 사람들(outsider)도 주님의 이 비유에 대한 해석을 들었다는 것입니다. 물론 이 비유의 핵심은 본문 11절에서 이야기하듯이, '하나님나라' 입니다. 주님은 하나님나라의 이 진리가 '비밀' (헬라어 뮈스테리온)이라고 말합니다. '뮈스테리온' 이라는 헬라어가 영어로 넘어가서 '신비' 라는 뜻의 낱말 'mystery' 가 됩니다. 그렇습니다. 하나님나라의 진리는 어떤 이들에게는 분명히 '비밀' 입니다. 그런데 이 비밀이란 말의 헬라어 '뮈스테리온' 은 원래 '전달받는다' 는 말과 '폐쇄시킨다' 는 말이 결합된 말입니다. 그러기에 전달하는 작업과 폐쇄시키는 작업이 겸해진 것이 하나님나라의 비밀(진리)인 것입니다. 요즘 우리 식으로 쉽게 말하면 이것은 반-공개 소프트웨어(software)라는 것입니다.

이미 말씀드렸듯이 본문 12절 말씀은 이사야서 6장 9~10절 말씀을 인용한 것입니다. 오늘 우리들에게 아주 심각한 문제가 하나 있습니다. 그것은 하나님나라의 이 비밀의 말씀을 듣기는 들어도 그것을 쉽게 깨닫지 못한다는 것입니다. 진리에 대해 듣긴 듣습니다. 그런데 늘 듣는 것으로 끝나고 맙니다. 하나님의 말씀이 우리 귓전을 바람처럼 스쳐 지나가 버립니다. 거의 언제나 설교를 듣고 즐기는 수준에서 그쳐버립니다. 그러기에 그 말씀이 우리의 삶에서 주님이 만족하실 만한 열매로 나타나지 못한다는 데 오늘 우리의 실존적인 고민이 있습니다. 열심히 듣긴 듣는데 깨닫지 못합니다. 그 결과, 회개하지 못하고, 회개 못하기 때문에 죄를 용서받지 못하고, 죄를 용서받지 못하기 때문에 구원의 길을 걷지 못하게 되는 것입니다.

(막 4:13) 또 가라사대 "너희가 이 비유를 알지 못할진대 어떻게 모든 비유를 알겠느뇨?"

생각해 볼수록 정말 충격적인 말씀입니다. 오늘 이 마가복음 4장에 있는 이 '씨뿌리는 자 비유'를 모르면 예수님의 나머지 가르침(비유)을 도무지 알 수가 없다는 것입니다. 그래서 신학자들은, 이 씨뿌리는 자의 비유를 '비유중의 비유', '대(大)비유'라고 말합니다. 이 비유는 복음의 본질과 핵심을 밝히는 비유, 마가복음의 핵심을 '기독론'과 '제자도'로 우리가 요약한다고 할 때, 예수님이 어떤 분이었는가, 그 예수님을 따르는 제자들이 어떤 길을 걸어야 하는가에 대한 가장 결정적인 핵심 요지를 이 비유가 함축하고 있다는 것입니다. 사실 이 비유의 문구는, 이미 여러 번 우리가 읽어보았지만, 그다지 어렵지 않습니다. 솔직히 말해서 예수님의 설교는 언제나 유치부 수준입니다. 때문에 저는, 설교할 때마다 '아, 이거 쉬운 주님의 말씀을 오히려 너무 어렵게 말하는 것이 아닌가' 하는 생각으로 조바심이 날 때가 많습니다. 아무튼 예수님처럼, 할 수 있는 대로 설교를 쉽게 하려고 애쓰는 편이지만 제가 하는 설교가 어떻게 받아들여지는지는 잘 모르겠습니다. 그래서 설교 후에 가끔 우리 꼬맹이들한테 물어봅니다. 언젠가 초등학교에 다니는(당시) 둘째 딸아이에게, "오늘 아빠가 설교시간에 뭐라고 했는지 알아듣겠던?" 물었더니, 그만 눈치코치 없이 "한 30% 쯤"이라고 간단히 대답하는 것입니다. 철없는 어린 아이의 말이었지만 속마음으로 얼마나 충격을 많이 받았는지 모릅니다. 여하튼 예수님의 말씀은 늘 유치부 수준으로 보일 정도로 쉽습니다.

"씨를 뿌렸다. 어떤 씨는 뿌리자마자 새가 와서 먹어버렸고, 어떤 씨는 흙이 얇은 돌밭에 떨어졌는데 뿌리가 나지 못해서 해가 뜨면서 말라 버리고, 어떤 씨는 뿌리는 났는데……"

어렵습니까? 유치원 학생들도 알아들을 수 있을 만큼 전혀 어렵지 않습니다. 그러기에 어떤 신학자는 이런 고민을 말한 적이 있습니다.

"내가 성경을 대하면서 곤혹스러워 하는 것은 정말 이해하기 어려운 말씀 때문이 아니다. 내가 정말 성경을 읽으면서 힘들어하고 어려워하는 것은 너무 쉽고 또렷하게 다가오는 말씀 때문이다."

왜 그렇습니까? 너무 쉬운 말씀일수록, 우리에게 더욱 분명한 실천(복종)을 요구하기 때문입니다. 말씀이 어렵지 않고 쉽다는 것은, 그 말씀을 들은 우리가 무엇을 어떻게 해야 될 지를 충분히 알 수 있게 해 주었다는 뜻입니다. 그러므로 그 말씀을 통해서 내가 무엇을 어떻게 해야 될지 명백히 배워 알기는 하는데, 분명한 순종과 실천을 요구하는 그 말씀 앞에 자신의 삶을 온전히 드리는 것이 얼마나 힘든지, 거기에 대한 실존적인 고민을 정직하게 고백한 것입니다. 이처럼 솔직하고 정직한 고백, 얼마나 귀합니까?

본문 4장 14~15절 말씀에, 씨뿌리는 자 비유의 세 가지 중요한 요소가 등장합니다. 14절에는 이 비유의 두 가지 중요한 요소, 곧 '씨뿌리는 자'와 '뿌려지는 씨앗'이 등장합니다. 그리고 15절 이하에서는 이 비유의 또 한 가지 중요한 요소인 '씨앗이 떨어지는 밭'이 등장합니다. 다시 말하자면, 하나님 나라의 비밀, 하나님 나라의 이 진리를 우리가 듣게 될 때, 우리의 마음과 삶 속에서 이 말씀이 열매를 맺느냐, 그렇지 못하느냐를 결정하는 데 영향을 끼치는 세 가지 요소가 분명 있다는 것입니다. ‘씨앗’이 문제가 될 수 있고, 그리고 이 씨앗을 뿌리는 ‘농부의 성실성’이 문제가 될 수도 있고, 마지막으로 그 씨앗을 받아들인 ‘토양’이 문제가 될 수도 있다는 것입니다. 오늘 주님은 이 세 가지 요소 중에서 마지막 씨앗이 떨어지는 ‘토양의 수용성’에 대해 말씀하심으로써 말씀을 받는 우리에게 준엄한 경고를 하고 있습니다.

이 비유 안에, 언뜻 보아 네 종류의 밭이 등장합니다.

(막 4:14~15) [14]뿌리는 자는 말씀을 뿌리는 것이라. [15]말씀이 길 가에 뿌리웠다는 것은 이들이니 곧 말씀을 들었을 때에 사단이 즉시 와서 저희에게 뿌리운 말씀을 빼앗는 것이요.

맨 먼저 ‘길가에 떨어진 씨앗’이 등장합니다. 여기 본문 15절에서 우리가 눈 여겨 봐야할 말이 하나 있습니다. 그것은 ‘이들’이라는 말입니다.

“말씀이 길가에 뿌리웠다는 것은 〈이들〉이니”

이 밭이, 문자 그대로의 밭이 아니라 어떤 ‘인간형’을 가리킨다는 것을 강하게 암시하는 표현입니다. 곧 이 비유가 어떠 어떠한 유형의 ‘사람’에 대해 말하고 있다는 것입니다. 말씀에 반응을 보이는 것과 관련하여 ‘이러이러한 사람’이 있다는 말씀을 주님께서 하고 싶으신 것입니다. 곧 말씀에 대한 수용성과 관련한 ‘신앙인의 다양한 유형(스타일)’에 대해 말씀하시려는 것입니다. 그러므로 우리가 이 비유를 대할 때 늘 깊이 생각해야 될 것이 복음서 안에서 바로 이와 같은 유형의 사람들, 특별히 마가복음 안에서 이와 같은 유형의 사람들이 어떠 어떠한 사람들인가를 잘 생각해야만 합니다. 또한 내 삶의 주변에서 이와 같은 식의 신앙생활을 하는 사람이 어떠한 사람들인가를 잘 살펴볼 필요가 있다는 것입니다. 아무튼 참 재미있는 표현입니다. 저는 개인적으로 세상에서 아주 재미있는 일 가운데 하나가 '사람 구경'이라고 생각합니다. 그래서 공부(일)하다 지치면 괜히 전주 시내 제일 복잡한 데 나가서, 길가에 있는 아무 건물이나 그 건물의 계단에 앉아 한두 시간씩 앉아서 오가는 사람들을 바라보다 돌아오곤 하는데, 퍽 재미가 있습니다. 사람을 구경하는 게 얼마나 재미있는지 모릅니다. 하지만 '길가'의 번잡함 속에서 삶의 아기자기한 맛을 더러 느낄 수는 있을지언정 '평화'와 '안정'의 차분한 분위기를 찾을 수 없는 것만은 분명합니다.

'길가'와 같은 사람, 말씀을 듣자마자 그것을 차분히 되새길 여유도 없이 그만 사단의 역 설교에 넘어가 버리는 사람이 있다는 것을 주님께서 말씀하십니다. 이것 참 심각한 문제입니다. 여러분, 지금 이 강론집을 통해서 이광우 목사만 설교하고 있다고 생각하면 곤란합니다. 사단도 나름대로 이 전도사역을 방해하는 작업을 열심히 하고 있을 것입니다. 여러분들의 심령에 좋지 못한 생각을 끊임없이 주입시키면서, 제가 강론할 때에 계속해서 여러분들의 마음속에 이렇게 이상한 교란 전파를 쉴새없이 쏘아댈 것입니다.

"속지마, 다 거짓말이야."
"당신이나 잘해. 어휴, 말은 정말 잘하네."

이런 식으로 여러분들 마음 속에 악한 영이 '역 설교'를 할 것입니다. 요컨대 지금 여러분들의 마음 속에 서로 다른 두 가지 전파가 계속해서 가고 있는 것입니다. 하나님께서 여러분의 마음 밭에 심기를 원하는 거룩한 말씀이 가고 있고, 또 다른 한 편에서는 보이지 않게 여러분들 마음속에서 어둡게 활동하고 있는 악한 영의 추한 메시지가 여러분들의 중심을 향해 가고 있습니다. 어느 것을 듣느냐는 각자의 선택에 달린 것입니다.

하나님의 말씀이 정말 중요합니다. 아울러 말씀을 듣는 사람의 자세도 중요합니다. 하지만 참으로 중요한 생명의 말씀이 선포되자마자 그것을 주워먹어 버리는 세력이 항시 있다는 것, 말씀을 받자마자 그것을 즉시 빼앗겨 버리는 사람들이 분명히 있다는 것입니다. 그 때문에 말씀을 마음에 간직할 틈도 없이 그것은 순식간에 어디론가 사라져 버립니다. 우리 어르신들 가운데 어떤 분들은 이렇게 말씀하시기도 합니다.

"아, 난 하나님 앞에서 크게 은혜를 받은 게 있어."
"그게 뭔데요?"
"말씀망각 은혜."
"그래서 한 달 전에 우리 목사님이 했던 설교를 고대로 다시 해도 늘 은혜가 새롭거든!"

글쎄올시다. 제가 볼 때 이런 것은 은혜가 될 수 없고, 아주 심각한 질병(?)입니다. 말씀망각 은혜(?)를 너무 많이 받은 '길가와 같은 사람'은 선포된 말씀이 아예 싹트지도 못합니다. 이런 스타일을 '말씀망각형'이라고 말할 수 있을 것입니다. 젊은이들 가운데에도 이렇게 지내는 이들이 있을 수 있습니다.

'묵상(Q.T.) 따로, 생활 따로'

아침에 분명히 말씀을 묵상(Q.T.)했습니다. 그런데 하루종일 생활하면서, 그 말씀을 아예 까맣게 잊고 살거나, 때로는 하루 종일 '오늘 본문 말씀이 뭐였더라?' 이렇게 되뇌면서 사는 이들이 있습니다. 아침에 말씀이 분명히 우리 마음 밭에 떨어졌는데, 그 말씀이 어디로 갔는지, 오늘 아침의 본문이 어디였는지도 전혀 생각이 안 난다고 안타까워하는 이들이 많습니다. 이 강론을 다 읽자마자, '조금 전에 이광우 목사가 어느 본문을 강론했지? 마가복음이었던가, 계시록이었던가?' 이렇게 안절부절하는 분들은 부디 없기를 바랍니다.

'말씀 따로 생활 따로, 묵상(Q.T.) 따로 생활 따로'

말씀을 묵상하는 일과 우리의 신앙의 발걸음이 하나로 정말 자연스럽게 녹아들지를 못하는 것입니다. 그런 이들에게 하나님의 말씀은 늘 '일회용 말씀' 일 뿐입니다,

'설교 제법 들을만 해, 와우 꽤 잘 하는데? 음 괜찮아, 지난주보단 좀 낫군, 다음 주에 한 번 더 와볼까?'

그래서 설교를 듣는 이들은 늘 배심원이고 설교자는 늘 강단에서 '피고인 진술' 을 하고 있는 셈입니다. 그런 사람들에게는 말씀은 늘 '즉석식품' (fast food)이나 다를 바 없습니다. 마가복음에도 이런 유형의 사람들이 많이 등장하고 있습니다. 바리새인과 서기관들을 비롯한 유대교 교권주의자들, 헤롯당 사람들, 성전의 주인노릇을 하던 대제사장들, 막판에 예수님을 십자가에 못 박았던 대다수의 군중들이 바로 이 길가와 같은 사람들입니다. 듣기는 듣는데 그저 듣는 것으로 끝납니다. '들은 말씀' 과

'행동'이 늘 따로 놉니다.

두 번째, '돌밭에 떨어진 씨앗과 같은 사람'이 등장합니다.

> (막 4:5, 16~17) [5]더러는 흙이 얇은 돌밭에 떨어지매 흙이 깊지 아니하
> 므로 곧 싹이 나오나 …… [16]또 이와 같이 돌밭에 뿌리웠다는 것은 이들
> 이니 곧 말씀을 들을 때에 즉시 기쁨으로 받으나, [17]그 속에 뿌리가 없어
> 잠깐 견디다가 말씀을 인하여 환난이나 핍박이 일어나는 때에는 곧 넘
> 어지는 자요

'돌밭' 같은 사람, 그렁저렁 싹은 텄습니다. '길가'와 같은 사람보다는 훨씬 나아 보입니다. 싹은 텄지만 안타깝게도 뿌리는 내리지 못합니다. 왜냐하면 흙이 얇게 깔려 있는 돌짝밭에 씨앗이 떨어졌기 때문입니다. 얄팍한 흙 밑에 바로 두꺼운 바위 층이 있어서, 거기에 떨어진 씨앗들이 일단 싹은 트는데 그 싹이 깊은 데 뿌리를 내리고 들어가지 못하기 때문입니다. 돌짝밭에 떨어진 씨앗은 '해'가 뜨기 전에는 별 문제가 없습니다. 그런데 팔레스타인 지방에 뙤약볕이 쏟아지기 시작하면서 이 싹은 문제가 생기기 시작합니다. 그 뿌리가 깊지 못하기 때문에 햇볕을 견디지 못하고 마침내 말라 비틀어져 죽어버립니다. 아이러니입니다. 식물의 생장에 꼭 필요한 햇빛 때문에 오히려 식물이 죽는 상황, 정말 아이러니입니다. '돌밭' 같은 사람, 말씀을 어떻게 받습니까? 말씀을 '즉시' 기쁨으로 받습니다(16절). 받은 말씀을 가지고 '잠깐' 견딥니다(17절). 그러나 환란과 핍박(햇빛)이 올 때는 '곧' 넘어져 버립니다. 말씀(의 원칙) 때문에 환란이 올 때 '곧' 넘어져 버립니다. 다시 말씀드리지만, 식물이 생육하는 데 있어서 햇볕의 역할이 대단히 중요한데, '좋은 땅'에 떨어진 씨앗에게는 결정적으로 중요한 그 햇볕이 '돌밭'에 돋아난 그 싹을 오히려

죽이는 역설적인 결과를 나타내게 됩니다. 이렇듯 하나님의 은혜로운 말씀이 어떤 사람들에게는 그를 질식시키는 기능을 할 수도 있고, 또 어떤 사람에게는 더 풍성한 결실의 길로 이끌어 가는 은총의 통로가 될 수도 있는 것입니다. 식물이 자라는 데 물이 절대 필요한데, 살아있는 화초에 물을 주면 참 잘 자라지만 이미 죽어버린 나무에 물을 부어주면 그만 푹 썩어 버리는 것과 마찬가지 이치입니다. 내 마음에 드는 말씀만을 적극적으로 수용하는 귀가 간지러운 사람들(딤후 4:3 참조)이 있습니다. 이런 사람들은 말씀을 들을 때에 즉시 기쁨으로 받습니다. 어느 정도는 말씀을 듣는 재미를 아는 사람들입니다. 말씀을 사모하는 열정이 있습니다. 말씀을 들을 때에 제법 은혜롭게 듣습니다. 그 말씀을 받은 기쁨으로 '잠깐' 동안은 견딥니다. 하지만 말씀으로 인해서 환란과 핍박이 오면 '곧' 넘어져 버립니다.

(딤후 4:3~4) ³때가 이르리니, 사람이 바른 교훈을 받지 아니하며, 귀가 가려워서 자기의 사욕을 좇을 스승을 많이 두고, ⁴또 그 길을 진리에서 돌이켜 허탄한 이야기를 좇으리라.

정말 말도 되지 않는 이단 사이비성 설교를 하는 곳에 사람들이 왜 그렇게 많이 모이는가 이상하게 생각되지 않습니까? 하지만 그리 이상하게 생각할 것 없습니다. 그런 이야기를 좋아하는 스타일의 사람들은 그런 데로 모여들게 된다는 바울 사도의 예언(딤후 4:3~4)이 성취되는 과정일 뿐이기 때문입니다. '돌밭' 과 같은 사람들이 이 땅에 퍽 많이 있기 때문입니다.

(막 4:17) 잠깐 견디다가 말씀을 인하여 환난이나 핍박이 일어나는 때에

는 곧 넘어지는 자요

　본문 17절 끝에 있는 '넘어진다'는 말의 헬라어는 '스칸달리조마이'입니다. 영어의 '스캔들'(추문)이란 말이 여기에서 비롯된 것입니다. 신앙인에게 가장 심각한 스캔들(추문)은, 하나님의 말씀으로 인하여 환란과 핍박이 올 때 십자가를 등지고 떠나버리는 것입니다. 마지막 심판대 앞에 서는 날 이것이 우리 생애에 가장 심각한 스캔들이 될 것입니다. 무슨 뇌물을 받아먹고 발각되어서 수갑을 차고 감옥에 들어가고, 이러저러한 부정한 보상금(rebate)을 받아먹은 것이 들통나서 형무소에 잡혀 들어가고…… 사실 이런 것들은 스캔들 축에 들지도 못합니다. 우리 그리스도인들에게 진짜 심각한 스캔들이 있습니다. 그것은 우리가 우리 몫의 십자가를 팽개치고 주님을 등지고 떠나가는 것입니다.

　말씀이 주어질 때 그것을 기쁨으로 받기도 하고, 그리고 그 말씀이 주는 기쁨 때문에 환란과 핍박을 '잠깐' 견디기는 견디지만, 그 고난을 끝까지 견디지 못하고, 말씀이 주는 부담을 끝까지 감당하지 못하고 돌아서 버리는 사람들, 그래서 결국은 결실하지 못하는 사람들이 바로 '돌밭에 떨어진 씨앗'과 같은 사람들입니다. 마가복음에 등장하는 예수님의 제자들 가운데, 베드로를 비롯한 수많은 제자들, 예수 공동체 안에 일찌감치 들어와 있던 사람들이 바로 이 '돌밭' 그룹에 속한 사람들입니다.

　세 번째로, '가시떨기밭에 떨어진 씨앗' 같은 사람들이 등장합니다.

(막 4:7, 18~19) [7]더러는 가시떨기에 떨어지매 가시가 자라 기운을 막으므로 결실치 못하였고…… [18]또 어떤 이는 가시떨기에 뿌리우는 자니 이들은 말씀을 듣되, [19]세상의 염려와 재리의 유혹과 기타 욕심이 들어와 말씀을 막아 결실치 못하게 되는 자요

‘가시떨기’에 떨어진 이 씨앗은, 싹도 트고 어느 정도 뿌리도 내리고 줄기도 많이 자랐습니다. 이파리도 물론 무성하게 피었을 것입니다. 하지만 마지막 결실하는 단계에서 문제가 생겼습니다. 이 식물이 자라긴 자랐는데 열매를 맺지 못하게 하는 장애요소가 본문 19절에 세 가지로 요약되어 있습니다.

세상의 염려/재리의 유혹/기타 욕심

‘세상의 염려’는 먹고사는 문제를 가리킵니다. 사실, 먹고사는 문제 때문에 하나님 앞에 나오지 못하는 사람들 주변에 많이 있지 않습니까? 대학을 졸업하고 일단 사회생활을 시작하면, 먹고사는 문제, 돈·권력과 섹스가 신앙인으로서 결실하는 데 결정적인 장애물이 될 수 있습니다.

“주님은 의과대학 안 다녀보셨으니까 잘 모르시죠? 한 번 다녀보십시오. 얼마나 정신 없이 바쁜가……”
“예수님도 직장생활(인턴·레지던트 생활) 제발 한 번 해 보시라고요.”

이렇듯 우스운 논리로 자신을 합리화하는 어리석은 사람들은 더 이상 나오지 않기를 바랍니다.
‘재리의 유혹’이라는 것은 돈 욕심, 특별히 ‘돈을 쌓아두고자 하는 열망’을 말합니다.
‘기타 욕심’은 ‘정욕’입니다. 가장 쉽게 말하면 ‘불건전한 성욕’입니다. 성도덕 문제, 요즘 우리사회에 정말 심각한 문제 아닙니까? 이 세 가지, 곧 ‘돈’과 ‘권력’과 ‘섹스’가 결실하는 데 결정적인 장애물이 된다고 주님께서 경고하십니다. 그런데 이 본문에서 ‘세상의 염려’와 ‘재리의 유혹'과 '기타 욕심'이라고 주님이 말씀하고 있는데, 이것을 자세히 들여다보면 인간 내면에 있는 욕망의 계층을 차근차근 말씀하는 것임을 알 수 있습니다. 살아가면서 가장 급한 것이 우선 먹고사는 문제입니다. 일단 '생존'해야 '생활'이 가능하기 때문입니다. 일단 생존한 다음에는 무언가를 쌓아두고 싶어하게 되고, 소원대로 무언가를 많이 쌓아두고 나면, 이것을 즐기고(enjoy) 싶은 마음이 나는 것입니다. 이 심각한 문제가 사실은 우리가 매우 당연하게 여기는 '먹고사는 문제'에서 시작된다는 것입니다. 이 '가시떨기밭'과 같은 사람들의 문제는 다른 데 있는 것이 아닙니다. 정말 심각한 문제는, 이 식물이 '길가'나 '돌밭' 등에 떨어진 다른 씨앗들에 비해서 훨씬 그럴 듯 해 보인다는 데 있습니다. 상대적으로 비교해 보면 '가시떨기밭'에 떨어진 식물이 셋 중에서는 그래도 가장 나아 보이기 때문입니다. 대학시험에 떨어지고 나면 흔히 이렇게 말하는 분들이 있습니다.

"떨어진 사람들 중에선 내가 1등 했다."

합격한 사람들도 대개 이렇게 말합니다.

"내가 차석 했다."

이렇듯 우리 안에 바리새인 기질이 정말 많습니다. 사람들이 '자기 기만' 행위에 얼마나 능숙해져 있는지, 때로는 자기 자신도 감쪽같이 속아 넘어갈 때가 많습니다.

'이 정도 줄기와 이파리가 돋았으면, 주님도 기뻐하시겠지.'

이렇게 상대적으로 자기보다 열악한 처지에 있는 사람과 비교하는 사이, 자기 스스로에게 자기 자신이 감쪽같이 속고 맙니다. 얼마나 뛰어나게 자기를 기만하는지, 옆에 있는 사람들도 덩달아 속아넘어가 슬그머니 이런 생각을 합니다.

'저 정도 무성한 이파리가 있으니, 들춰보면 제법 그럴 듯한 열매가 있을 것이다.'

하지만 이런 사람들은, '말씀'에 의해 규정되는 삶이 아니라, 말씀을 오히려 개인의 욕망을 위해 '이용'합니다. 무성한 줄기와 이파리가 보기에 제법 그럴 듯 해 보이지만, 사실은 기대가 가장 컸던 만큼 하나님과 이웃사람들에게 더욱 큰 실망을 안겨주는 것이 바로 이 '가시떨기밭'에 떨어진 씨앗입니다. 우리들의 신앙공동체가 바로 이런 모습이 아니기를 정말 간절히 바랍니다. 눈부신 줄기가 있고 가지도 많이 벌어 있는 만큼 하나님과 이웃을 기쁘게 하는 공동체가 되기를 바랍니다. 간단히 말해서 '덩치 값'을 하는 공동체가 되었으면 합니다.

신앙 생활하는 과정에서 드러나는 심각한 '이중성', 이것이 가시떨기밭에 떨어진 씨앗 같은 사람들의 결정적인 특징이자 약점입니다. 겉모양은 몹시 화려합니다. 사람들이 엄청나게 많이 모여있고, 여러 가지 그럴 듯한 프로그램들도 많이 있는데, 실제로 주님의 시장기를 채울 만한 작은 '풋 열매' 조차 별로 없는 것, 이것이 바로 가시떨기밭에 떨어진 씨앗 같은 사람들의 모습입니다. 화려하기 그지없던 예루살렘성전, 나중에 우리가 다시 다루겠지만, 예수님 앞에 나와 영생의 길을 물었던 부자 청년(마가복음 10장)이 바로 이런 사람입니다. 예수님을 파는 일을 주도적으로 하고 있는 가룟 유다(마가복음 14장)도 바로 이런 사람입니다. 빌라도 총독(마가복음 15장)이 이런 사람이고, 십자가가 두려워서 예수님을 버리고 도망쳐버린 예수님의 제자들이 바로 이런 사람들입니다.

마지막 네 번째, '좋은 땅에 심겨진 씨앗 같은 사람' 이 있습니다.

(막 4:8, 20) [8]더러는 좋은 땅에 떨어지매 자라 무성하여 결실하였으니 삼십 배와 육십 배와 백 배가 되었느니라 하시고…… [20]좋은 땅에 뿌리웠다는 것은 곧 말씀을 듣고 받아 삼십 배와 육십 배와 백 배의 결실을 하는 자니라.

본문 20절의 '듣고 받아' 라는 말에 주목하십시오. 여기 이 두 개의 동사는 헬라어 성경에서 미완료시제로 되어 있습니다. 말하자면, 말씀을 '계속' 듣고, '계속' 받는 것입니다. 생명의 말씀을 계속 듣습니다. 신령한 말씀을 계속해서 받습니다. 그래서 풍성한 열매를 계속 맺어 간다는 것을 나타내는 것입니다. 말씀을 잘 듣고, 들은 말씀을 사단에게 빼앗기지 않고, 그 말씀을 깊이 받아들여서 뿌리를 깊이 내리고, 그리고 이 말씀을 절대적인 삶의 원리로 삼아서 수많은 유혹(돈 욕심, 권력으로부터의 유혹, 여러 가지 부도덕한 삶의 이상한 재미들의 유혹)을 다 이겨내고, 마지막에 결실하는 씨앗이 분명히 있다는 것입니다. 이렇듯 끝까지 결실하는 씨앗의 숫자가 그리 많지는 않다고 주님은 말씀하십니다. 정말 많지 않습니다. 한국교회에 그토록 많은 신자들이 있지만, 주님의 몸된 신앙공동체 안에서 하나님께서 주신 거룩한 비전을 성취시켜 나가는 일에 목숨 바쳐 끝까지 헌신할 사람들은, (저는 많기를 바라지만,) 어쩌면 그리 많지 않을 수도 있습니다. 마가복음 안에서, 세례요한(1장), 데가볼리 지역의 선교사가 되었던 거라사의 미치광이(5장), 혈루증 여인(5장), 회당장 야이로(5장), 수로보니게 여인(7장), 소경 거지 바디매오(10장),

성전에 두 렙돈을 헌금했던 가난한 과부(12장), 예수님의 장례를 준비하면서 그 분의 발에 옥합을 깨서 향유를 부어서 그분의 몸에 기름을 발랐던 이름 없는 여인(14장), 이런 사람들이 다 '좋은 땅에 뿌려진 씨앗' 과 같은 사람들입니다. 그러나 이 사람들은 한결같이 예수님 당시에 주연이 아니라 '조연' 이고, 그 사회 그늘진 곳의 초라한 '단역 배우들(엑스트라)' 이었습니다. 요즘 드라마 중에 주연보다 더 튀는 조연들이 많이 있는데, 이와 비슷하게 마가복음에서는 철저하게 조연, 단역배우들이 '좋은 땅' 으로 묘사되고 있습니다. 그래서 그런지 예수님은, '제자도' 에 대하여 말씀하실 때마다 "누구든지, 아무든지"라는 표현을 자주 쓰십니다. 그분의 말씀대로, 하나님나라는 나중된 자들이 먼저 되는 매우 충격적인 흐름 속에서 이 땅에 뿌리를 내리기 시작한 것입니다.

사랑하는 동역자 여러분, 복음은 그 자체에 엄청난 생명력과 파괴력을 가지고 있습니다. 그러나 신앙의 열매는 항시 그 밭의 수용성과 깊은 상관관계에 있음을 잊지 말아야 합니다. 똑같이 예수님의 말씀을 듣고, 똑같이 설교를 듣고, 똑같이 이적을 체험했다 할지라도, 그 마지막 결과는 현저하게 다를 수 있습니다. 참으로 예상 밖의 결과가 나오는 것을 마가복음 전체에서 분명히 확인할 수 있습니다. 바리새인과 서기관 같은 유대교 교권주의자들, 구약성경에 그토록 밝았던 자들이 모두 다 하나님나라의 바깥쪽으로 밀려나 버립니다.

나중에 천국에 가면 세 번 놀랄 것이라고 합니다. "저 사람도 왔어?" 하며 한 번 놀라고, "아, 그 사람 안 왔어?" 하며 또 한 번 놀라고, 마지막 세 번째는 "어? 나도 왔네!" 하며 세 번째 놀란다고 합니다. 누군가가 우스개 소리로 지어낸 것이겠지만, 잘 귀담아 들어둠직한 이야기라고 생각합니다.

우리 마음밭에 떨어진 모든 말씀이 다 결실하는 것은 아닙니다. 오늘

날 신앙공동체 안에서 지도자로 힘겹게 일하는 사람들이 깊이 새겨들으며 크게 위로를 받아야 될 내용이 바로 이것입니다. 우리가 뿌리는 모든 씨앗이 다 결실하는 것은 아니라고 주님께서 이미 말씀하셨기 때문입니다(그렇다고 처음부터, 뿌려지는 씨앗에 대한 기대와 소망이 아예 없는 채로 일해도 좋다는 말은 결코 아닙니다).

오늘 본문에서 예수님이 네 종류의 밭을 말하고 있다고 우리가 생각하기 쉬운데 결코 그렇지 않습니다. 주님은 이 씨 뿌리는 자의 비유에서 분명히 두 종류의 밭에 대해서 말합니다. 밭은 오직 두 종류밖에 없습니다. 열매를 맺는 밭과 그렇지 못한 밭, 이 두 종류밖에 없습니다. 물론 열매 맺지 못하는 세 종류의 밭을 상대적으로 비교하면, 그 가운데 좀 나아 보이는 밭은 분명히 있습니다.

"원, 녀석, 싹도 못 트다니 쯧쯧쯧, 재 좀 봐 뿌리도 못 내리고, 줄기와 이파리도 시원찮잖아?"

이렇듯 서로를 비교하며 우쭐댈 수도 있습니다. 우리끼리 상대적으로 비교해보면, 좀 잘난 밭과 그렇지 못한 밭이 항시 있기 마련입니다. 그러나 주님의 '절대적인 표준'으로 볼 때는 오직 두 종류의 밭밖에 없습니다.

열매를 맺는 밭/그렇지 못한 밭

미스코리아 선발대회 시상식에서 마음이 가장 아픈 사람이 미스코리아 선(善)이라는 이야기를 들은 것 같습니다. 남들이 보기에는 그 자리도 굉장한 자리인데, '내가 미스코리아 진이 될 수도 있었다'는 큰 아쉬움 때문에 미스코리아 선에 뽑힌 사람은 너무 슬프고 마음이 아플 거라는 것입니다. 어쩌면 어느 한 순간 '아버님 어머님, 왜 날 낳으셨나요?' 이런 말도 안 되는 생각까지 했을지도 모르는 일입니다. 마찬가지로 가시떨기와 같은 밭, 마치 미스코리아 선에 뽑힌 것 마냥 솔직히 얼마나 굉장합니까? 그러나 주님의 절대적인 표준에서 볼 때는, 그것은 나머지 열매 맺지 못한 두 종류의 밭과 별 차이가 없고, 기대가 컸던 만큼 실망이 더 크기 때문에 오히려 더 슬픔을 가중시키는 가슴 아픈 밭이 될 수 있다는 것입니다. 우리는 흔히, 말씀을 열심히 잘 듣는 사람을, '신앙이 좋다' 고 생각하는데 과연 정말 그런가 생각해 봐야 합니다. 또한 말씀을 큰 기쁨으로 받는 사람들도 많이 있습니다. 하지만 그게 다는 아닐 것입니다. 말씀 안에서 일정 기간 어느 정도는 성장하는 사람들도 있습니다. 그러나 그 또한 다는 아닙니다. 오늘 이 비유에서 주님은, 말씀을 기쁨으로 듣는 것, 말씀을 즐거워하는 것, 말씀 안에서 나름대로 성장해 가는 것이 주님을 기쁘시게 하는 것이 아니라고 분명히 말씀합니다. 주님이 정말 원하시는 것은, 뿌리를 내리고 줄기와 이파리가 다 자란 뒤에, 그 무성한 이파리에 걸 맞는 풍성한 열매를 맺는 것이라는 것입니다. 이미 살펴보았듯이 이 씨앗이 결실하기까지 엄청난 핍박과 환란이 분명히 있습니다. 때로는 뙤약볕도 있을 수 있고, 가뭄도 있을 수 있고, 폭풍우도 있을 수 있습니다. 이 모든 것을 다 이겨내야 마지막에 열매맺을 수 있는 것입니다. 그런 점에서 이 '씨 뿌리는 자' 비유는, 주님이 가신 십자가 고난의 길을 암시하는 것이기도 합니다. 씨 뿌리는 자의 수고가 헛된 일처럼 되는 경우가 많을 것이라는 것, 동시에 뿌려진 씨앗이 결실하는 데에 어려움이 몹시 많을 거라는 것, 그래서 그 분의 제자들이 걷는 이 길이 결코 그렇게 순탄하고 만만하고 평안한 길만은 아니라는 것을 우리에게 분명히 밝혀 주고 있는 것입니다. 결국 이 비유 역시, '십자가 복음' 이 '기독교 승리주의'와는 거리가 멀다는 것을 분명히 가르쳐 주고 있는 것입니다.

그러면 열매를 찾으시는 주님께서 이파리만 무성하고 열매를 맺지 못한 나무를 어떻게 다루시는가를 마가복음 11장과 13장의 몇몇 구절을 통해서 직접 확인해 보겠습니다. 그러기 위해 11장 12~26절 말씀을 좀 자세히 살펴볼 필요가 있는데, 이 말씀의 구조는 대략 다음과 같습니다.

12~14절 : 주님이 열매 없는 [무화과나무]를 저주하심
15~19절 : 예루살렘 성전에 들어가셔서 [성전]을 정결케 하심
20~26절 : 뿌리까지 말라버린 [무화과나무]에 대한 주님의 말씀. 믿음의 기도와 용서에 관한 교훈

다시 요약하면, 11장 12~26절 말씀의 흐름은,

무화과나무 – 성전 – 무화과나무

순으로 짜여 있는 것입니다. 다시 말해서 이 말씀은, '성전'을 중심으로, 위 아래에 각기 '무화과나무'라는 주제를 배치시킨 전형적인 액자구조(혹은 봉투기법)로 되어 있습니다. 곧 위 아래쪽의 '무화과나무'라는 주제가 '성전청결기사'를 액자처럼 받쳐줌으로써, 마가복음 11장의 무화과나무 저주 사건과 관련해서 주님이 우리에게 궁극적으로 말씀하시고 싶어하는 것은 액자 한 가운데 박혀 있는 '성전 청결' 문제라는 것을 분명히 강조하고 있는 것입니다. 일종의 수미상관기법(首尾相關技法)인 것입니다. 그래서 이야기의 머리와 끝부분이 똑같습니다. '무화과나무'로 된 액자 속에 '예루살렘 성전 청결'이라는 의미 있는 그림을 마가가 넣어둔

것입니다. 이런 문학적 구조를 채택함으로써 마가는, 지금 자기가 전달하고 있는 이 이야기, 즉 예수님이 무화과나무를 저주하시는 이 이야기는 단순히 하룻밤 사이에 말라 죽어버린 무화과나무에 관한, 단순히 호기심이나 약간 자극하는 옛날 이야기가 아니고 그 안에 그림처럼 박혀있는 '성전 청결'에 관한 것이라는 것임을 누누이 강조하고 있는 것입니다. 편지가 배달되어 오기까지는 봉투가 필요하지만 일단 배달된 후에는 그 봉투가 중요한 것은 아닙니다. 문제는 그 봉투 속에 무슨 내용이 담겨있는가 입니다. 그래서 이렇게 멋진 문학적 기법을 동원하면서 마가는 '성전 청결' 사건의 중요성을 말함과 동시에 예루살렘 성전을 이파리만 무성한 나무로 제시함으로써, 열매 맺는 삶을 살지 못하는 언약백성들에게 엄중히 경고하고 있는 것입니다. 아무튼 열매 없는 이 무화과나무를 저주하는 기록을 통해서, 이파리는 무성하게 돋아있는 예루살렘 성전 주변의 종교적인 분위기에 대해서 예수님이 어떤 태도를 가지고 어떻게 심판해 가시는가를 생생하게 보여주고자 하는 것입니다.

예수님께서 성전을 청결케 하신 이 기록은, 오늘 예수 믿는 우리들 역시 '성전'(고전 3:16)이기 때문에 이 말씀은 오늘 우리에게도 아주 심각하게 다가옵니다. 예수님의 몸이 성전이고, 신앙고백을 통해서 그 분의 몸에 신비롭게 연합된 그리스도인인 우리들이 바로 성전입니다. 교회당 건물은 성전이 결코 아닙니다. 그저 교회(성도들의 모임)가 모이는 건물에 지나지 않는 것입니다. 어떤 건물이 '성전'이 되려면, 그 안에 지성소가 있어야 만 합니다. 이 지성소가 도대체 어디입니까? 어떤 사람들은 예배당의 상강단이 지성소라고 막연히 생각하는 것 같습니다. 그래서 그곳에 여성들이나 젊은이나 평신도(사실 저는, 이런 용어조차도 별로 쓰고 싶지 않지만)들은 절대 못 올라가게 합니다.

이 11장 12절 이하의 말씀을 잘 이해하기 위해서 호세아서 9장 10절 말씀을 참조할 필요가 있습니다.

(호 9:10) 옛적에 내가 이스라엘 만나기를, 광야에서 포도를 만남 같이 하였으며, 너희 열조 보기를 무화과나무에서 처음 맺힌 첫 열매를 봄같이 하였거늘, 저희가 바알브올에 가서 부끄러운 우상에게 몸을 드림으로 저희의 사랑하는 우상 같이 가증하여졌도다.

예수님께서 무화과나무를 저주한 이 사건은, 아주 자연스럽게 예수님 당시 유대인들에게 호세아서 9장 말씀을 연상시켰을 것입니다. 호세아서 9장 10절에서 '무화과나무'는 분명히 '이스라엘'을 상징하고 있습니다.

(막 11:12) 이튿날 저희가 베다니에서 나왔을 때에 예수께서 시장하신지라.

예수님이 십자가에 못 박히는 공생애 마지막 주간에 주님께서 예루살렘에 올라가신 것입니다. 참으로 어이없게도 그 분의 도성 예루살렘에, 그 분이 인간의 몸을 입고 처음 이 땅에 오시던 날처럼, 그 분이 묵으실 곳이 없었습니다. 그래서 예루살렘에서 좀 떨어진 베다니, 마리아와 나사로가 살고 있는 그 베다니까지 매일 아침 출퇴근(?)하셔야 했습니다.

(막 11:12) 이튿날 저희가 베다니에서 나왔을 때에 예수께서 시장하신지라.

수난주간 월요일 새벽 상황입니다. 여기서 우리는 예수님의 인간적인 모습을 읽을 수 있습니다. 하나님이시지만 인간의 육체를 입고 계셨기 때문에 주님은 배가 고팠습니다(가난하게 사는 마리아와 나사로의 집에 부담을 주고 싶지 않아서, 잠만 주무시고 아침 일찍 그 집을 나섰을 것입니다). 아침 일찍 예루살렘으로 올라가시는 길에, 시장기를 느끼신 주님은 길가에 서있는 잎이 무성한 무화과나무 하나를 보셨습니다.

(막 11:13) 멀리서 잎사귀 있는 한 무화과나무를 보시고 혹 그 나무에 무엇이 있을까 하여 가셨더니 가서 보신 즉 잎사귀 외에 아무 것도 없더라 이는 무화과의 때가 아님이라.

본문 13절에 '잎사귀' 란 말이 두 번 나옵니다. '잎사귀' 를 두 번이나 언급함으로써 마가는 이 나무가 잎사귀가 상당히 푸르렀다는 것을 우리에게 암시합니다. 그러면서 마가는 13절 끝부분에서 "무화과의 때가 아직 아니었다"는 한 가지 의미 있는 말을 덧붙이고 있습니다. 다시 말하면 무화과열매를 수확하기에는 좀 이른 시기라는 것입니다. 이스라엘의 유월절 무렵은, 우리 달력으로 대략 4월달 쯤 될 것이므로, 이때는 무화과가 열매가 익어 수확하는 계절이 아닙니다. 그런 계절임을 잘 아시면서도 예수님이 그 무성한 잎사귀를 보고 그 나무에게 접근해 가셨다면, 예수님은 그 푸르게 우거진 잎사귀 아래에서 분명히 '풋 열매' 를 찾고 계셨을 것입니다. 다 익은 열매를 찾으신 게 아니었습니다. 아직 무화과를 수확하는 때가 아니기 때문에 주님은 그 잎사귀 아래 있는 풋 열매를 찾으셨습니다. 그런데 잎사귀는 무성한데 수확의 계절을 기약할 풋 열매가 단 한 개도 맺혀 있지 않았습니다. 아무튼 이 나무가 주님 앞에 우거진 이파리를 보이는 데는 성공했습니다. 그러나 그분에게 작은 만족을 드리지는 못했습니다. 오늘 우리들의 신앙공동체가 주님 앞에, "우리 여기 있습니다" 이렇게 보이는 데는 성공하지만 그분에게 만족을 드리는 데는 실패하는 부끄러운 모임이 되지 않기를 바랍니다. 유월절 절기라서 아직 무화과를 수확하는 계절이 아닙니다. 그런데 기대했던 작은 풋 열매조차 없었습니다. 마가는 본문 13절에서 아직 무화과의 때(카이로스)가 아니라는 것을 말함으로써 예수님의 기대가 그다지 크지는 않았다는 것을 분명히 강조하고 있는 것입니다.

(막 11:14) 예수께서 나무에게 일러 가라사대, "이제부터 영원토록 사람이 네게서 열매를 따먹지 못하리라" 하시니 제자들이 이를 듣더라.

마가가 여기에 슬그머니 붙여놓은 말이 또 하나 있습니다. "제자들이 이 말을 (분명히) 들었다"는 것입니다. 예수님의 이 저주를 제자들이 다 들었습니다. "영원토록 네가 열매를 맺지 못할 것"이라는 이 경고는 예수 제자들도 분명하게 듣고 마음 판에 새겨야만 하는 말씀이라는 것입니다.

(막 11:15) 저희가 예루살렘에 들어가니라. 예수께서 성전에 들어가사 성전 안에서 매매하는 자들을 내어쫓으시며 돈 바꾸는 자들의 상과 비둘기파는 자들의 의자를 둘러엎으시며

주님께서 성전 안에 들어가셨습니다. 들어가자마자 성전을 청결케 하기 시작했습니다. 당시 예루살렘은 유월절 절기를 지키고자 하는 유대인 순례객들(디아스포라)로 초만원을 이루고 있었습니다. 역사가 요세푸스의 증언에 의하면 (좀 과장된 듯한 느낌이 없지 않지만) 유월절 무렵에 예루살렘을 방문한 사람의 숫자는 연인원이 3백 만 명 정도였다고 합니다. 예수님 당시 예루살렘 주민은 약 4만 명 정도였다고 합니다. 4만 명 정도가 사는 조그마한 도성에 연인원 3백 만 명 정도가 왔다갔다면 이게

얼마나 어마어마한 규모인지, 절기 때의 예루살렘이 얼마나 북적대는 분위기였겠는지 대략 짐작하실 수 있을 것입니다. 앗수르와 바벨론에 의해 나라가 망하고, 그러면서 이국 땅에 포로로 잡혀가서 돌아오지 못하고 세계 여러 나라에 흩어져 살고있던 유대인들(디아스포라)이 평생 품고 사는 소원이 하나 있었는데, 그게 바로 일평생 단 한 번이라도 예루살렘에 가서 성전제사에 참여하는 것이었습니다. 그런데 어떤 사람들은 돈이 없어서, 어떤 사람들은 그저 먹고 살기 바빠서 그 소원을 잘 이루지 못한 채 삶을 마감하는 이들도 많았을 것입니다. 평생에 한두 번만이라도 예루살렘 성전 제사에 참여하는 것이 당시 유대인들의 오롯한 소원이었습니다. 오늘날 천주교인들의 평생 소원이 바티칸 시티 성 베드로 성당에서 교황 성하(?)께서 집전하시는 미사에 한 번 참여해 보는 것이듯이, 예수님 당시 유대인들은, 평생소원인 성지순례를 위해 기회만 닿으면 절기에 맞춰 예루살렘으로 예루살렘으로 꾸역꾸역 몰려들었습니다.

성전을 순례하기 위해서 모세 율법에 규정한 여러 가지 희생제물들을 끌고 와야 되는데, 교통수단이 별로 발달하지 못했던 시절이라 그렇게 머나먼 길을 그것들을 다 준비해서 끌고 올 수는 없었을 것입니다. 그러기에 많은 사람들이 그냥 빈 몸으로 올 수밖에 없다는 것을 기억하면서 이 말씀을 살펴야 합니다. 본문 15절은, 이렇듯 참으로 엄청난 순례객들이 예루살렘에 몰려들고 있는 상황을 전제로 기록된 것입니다. 나무에 빗대어 말하면 이것은 엄청나게 푸르른 이파리가 붙어 있는 상황이라고 말할 수 있습니다.

아침, 저녁으로 끊임없이 드려지는 성전 제사가 있습니다. 성전 안 이방인의 뜰에서는 장사꾼들이 판매코너를 하나씩 분양 받아서 제수용품 장사를 하고 있습니다. 마가는, 제수용품을 파는 사람들, 특별히 '비둘기' 파는 자들이 있었다고 증언합니다. 모세 율법에 의하면 비둘기는 아주 가난한 사람들이 바치도록 되어있는 제물입니다(레 5:7, 11 ; 12:8 ; 14:22). 평생의 소원을 따라 먼길을 걸어 예루살렘 성전에 온 사람들이 거기까지 와서 어찌 그냥 갈 수 있습니까? 반드시 작고 값싼 희생제물 하나라도 하나님께 바치고 가려 하지 않겠습니까? 여러분, 평화통일이 되어서 백두산에 올라갔다고 생각해 봅시다. 감격 속에 모처럼 찾은 백두산 정상에 작은 찻집이 하나 있고, 그곳 찻집에서 차 한잔에 가령 2만 원씩 한다면, 아무리 비싸도 대부분의 사람들이 그 차 한 잔 사 마시지 않겠습니까? 아무리 비싸도, '백두산 천지에 가서 차 한 잔 마시고 온 추억' 하나쯤 누구나 간직하고 싶지 않겠습니까? 마찬가지로, 예루살렘 순례객들은 그 제수용 비둘기 값이 아무리 비싸도 그것을 사서 하나님께 바치고 싶었을 것입니다. 이 순례객들을 돕기(?) 위해 당시 제사장들에게 거액의 상납금을 주는 조건으로 성전 뜰 한 쪽에서 제수용품 판매 허락을 받아 제수용품을 파는 사람들이 많이 있었습니다. 역사가들의 증언에 의하면, 심지어는 실제 가격의 80배까지 비둘기 값을 받기도 했다고 합니다. 곱절 장사만 해도 엄청난 것인데 80배 장사라니…… 예루살렘 성전에 와서 성전세를 바칠 경우에도, 황제숭배를 조장하는 로마 황제의 화상이 새겨진 동전으로는 바치지 못하게 했습니다. 아예 성전용 화폐를 따로 주조해서 그것으로 바꿔서 하나님 앞에 바치도록 해 놓았습니다. 성전세를 내자면 가지고 온 돈을 성전화폐로 바꿔야 되는데 그 환전과정에서 돈을 바꿔주는 사람들이 엄청난 환 차익을 누리고 있었습니다. 가령 만 원을 내면 4천 원짜리 성전화폐를 내주는 식입니다. 그리되면 6천 원은 환전상의 호주머니로 들어가고 그 가운데 상당부분은 제사장들에게 상납하는 식이기 때문에, 성전 안에서 비둘기 파는 자리, 돈 바꾸는 자리 한 코너를 분양 받기만 하면 그야말로 '황금알을 낳는 거위'를 품에 안는 것이나 다름없었습니다. 아무리 많은 상납금을 낸다 할지라도 그

코너를 분양 받기만 하면, 그것 자체가 거부가 되는 지름길이었던 것입니다. 제사장들은 그 가게자리를 분양해주는 과정에서 엄청난 부수입을 챙기고, 꾸역꾸역 몰려드는 순례객들로부터 나오는 수익의 상당부분을 또 상납금으로 챙기고…… 그러니, 바리새인들과 예루살렘 성전의 제사장들과 장사꾼들이, 이 눈부신 기득권을 무너뜨리는 예수를 죽여 없애려 한 것은 어찌 보면 아주 당연한 것이었습니다.

이런 상황에서 예수님이 성전에 올라가서 그 죽이고 싶도록 얄미운(?) 일을 마구 하신 것입니다. 상을 둘러 엎어버렸습니다. 엄청난 수입이 보장되는 이 일을, 나사렛 달동네 출신의 한낱 목수 따위가 수도권에 들어와서 함부로 방해하는 것입니다. 대제사장들의 허락으로 그 자리에서 장사하는, 엄청난 종교 유착이 이루어지고 있는 이 서글픈 상황에서 예수님은 시대의 어두운 흐름에 온몸으로 도전했습니다.

이 세상에서 예수 믿는 하늘백성들이 몰아내야만 할 '황금알을 낳는 거위들' 이 우리 가까이에 분명히 있습니다. 예수 믿는 우리가 이 일을 해야합니다. 예언가는 아니지만 제가 예언을 하나 하겠습니다. "이런 일을 시작하는 사람, 반드시 죽을 것입니다." 오늘 우리 시대의 문제는, 복음을 위해 예수님처럼 죽는 사람이 잘 나오지 않는다는 데 있습니다. 본문 17절에서 주님은 이사야서 56:6~7 말씀을 인용하시면서, 성전이 세워진 목적이 '만민이 기도하도록 돕기 위해서' 임을 분명히 밝힙니다.

(사 56:6~7) [6]또 나 여호와에게 연합하여 섬기며, 나 여호와의 이름을 사랑하며, 나의 종이 되며, 안식일을 지켜 더럽히지 아니하며, 나의 언약을 굳게 지키는 이방인마다 [7]내가 그를 나의 성산으로 인도하여, 기도하는 내 집에서 그들을 기쁘게 할 것이며, 그들의 번제와 희생은 나의 단에서 기꺼이 받게 되리니, 이는 내 집은 '만민의 기도하는 집' 이라 일

컬음이 될 것임이라.

요컨대, 예루살렘 성전의 결정적인 기능은, 모든 민족들이 들어와서 거기서 하나님 앞에 기도하는 데 기여하는 것임을 재확인해 주신 것입니다. 다시 말해서, 이 성전을 통해서 하나님과의 꼬인 관계를 회복하는 것입니다. 그것이 바로 성전이 세워진 목적입니다. 그런데 이 성전이, 형편없이 오용되고 있는 슬픈 현실이 예수님 앞에 펼쳐지고 있는 것입니다. 예수님은 "만민이 기도하는 내 집이 강도의 굴혈[금고]이 되었다"라고 탄식하십니다(막 11:17).

> (렘 7:11) "내 이름으로 일컬음을 받는 이 집이 너희 눈에는 도적의 굴혈로 보이느냐? 보라, 나 곧 내가 그것을 보았노라. 여호와의 말이니라."

여기 '도적의 굴혈'이란 말은 '도적의 금고'라는 뜻입니다. 그렇다면 이 예루살렘 성전의 금고를 관리하고 있는 대제사장들이 바로 강도(도적)라는 것입니다. 여러분, 여러분들 주변에, 비리를 함부로 저지르는 동료들과 직장 상사를 향해서 "당신, 강도"라고 말할 수 있습니까? 예수님처럼 그렇게 담대하게 말할 수 있습니까? 우리가 믿는 예수님은 그 일을 했습니다. 그것도 혼자 그렇게 했습니다. 예수님은 대제사장의 초대형 마트가 되어버린 성전에 대해서 깊이 애통하고 있는 것입니다. 이파리는 엄청나게 푸른데, 주님이 찾으시는 거룩한 열매는 그 가능성조차 아예 없는 것입니다. 오늘날도 마찬가지입니다. 예수님은 '신앙장사꾼'을 거절하십니다. 이 땅의 신앙공동체들이 혹시 복음을 파는 난장판 시장마당이 되어있지 않습니까? 저는 그게 늘 염려스럽습니다. "주가 쓰시겠다 하라"는 번듯한 표어를 내걸고 종교 장사를 열심히 잘합니다. 기독교 서점에 가보아도, 그 책이 이단에 속한 것인지 무엇인지 분간을 잘 못하고, 좀 잘 팔린다 싶으면 출입구 가장 잘 보이는 곳에 수북히 쌓아놓고 마구잡이로 팔아먹습니다. 어떤 경우에는 우리네 신앙을 교묘히 좀먹는 책일수록 '베스트 셀러' 딱지를 더 잘 달고 어엿이 나타나기도 합니다. 참으로 두렵고 슬픈 일입니다.

(슥 14:20~21) [20]그 날에는 말방울에까지 여호와께 성결이라 기록될 것이라. 여호와의 전에 모든 솥이 제단 앞 주발과 다름이 없을 것이니 [21]예루살렘과 유다의 모든 솥이 만군의 여호와의 성물이 될 것인즉 제사 드리는 자가 와서 이 솥을 취하여 그 가운데 고기를 삶으리라. 그 날에는 만군의 여호와의 전에 가나안 사람이 다시 있지 아니하리라.

주님의 나라(메시아 왕국)가 완성되는 그 날에는, 그 나라 안에 '가나안 사람'이 다시는 없다고 말씀합니다. 다시 말하면 완성된 하늘공동체 안에 얼치기들이 전혀 발을 붙이지 못할 것이라는 것입니다. 그리고 그 날에는 말방울에까지 '여호와께 성결'이라는 문구가 써질 것이라고 합니다. 우리 식으로 말을 해 봅시다. 만일 천국에도 자동차라는 게 있다면, 자동차 경적을 울릴 때마다 "여호와께 성결"이라는 소리가 난다는 것입니다. 경적을 울릴 때마다 나오는 "여호와께 성결"소리…… 앞차가 경적을 울리면 "여호와께!", 뒷 차 경적이 이것을 받아 "성결!"이런 소리가 난다는 것입니다. 그런데 지금 예수님이 지켜보시는 성전 안에 '성결'은 커녕 온갖 지저분하고 잡다한 쓰레기들이 다 들어와 있는 것입니다.

한국 기독교를 우리가 염려하는 이유 중의 하나가 바로 이런 것입니다. 극히 초보적인 수준의 '마케팅 전략'이, 신앙(교회)성장의 거의 절대적인 원리로 소개되고 있습니다. 그나마도 대단히 수준 높은 이론이 아니고, 상과대학 경영학과 1학년 과정 정도에서 배우는 초보적인 이론을 가져 와서 요란하게 떠들어댑니다. 어떤 목회자들은 속없이 그걸 또 열심히 받아 적습니다. 목사, 전도사들이 우르르 모여 앉아서 그런 조잡한 것들을 열심히 받아 적습니다. 자기 교회에 가서 그것을 잘 적용하여 어찌하든지 교회를 성장(?)시키기 위해서입니다. 그러나 이론처럼 모든 것이 잘 되지 않습니다. '복음'이 빠져 있는데, 정작 중요한 복음의 정신이 사라져 버렸는데 잘 될 리가 없습니다. 복음이 사라졌는데 죄의 권세가 사라지고 새 생명이 살아날 리가 없습니다. 그런 식으로 해서 어쩌다 교세가 좀 커졌다 하더라도 결국은 눈에 그럴 듯해 보이는 '이파리'만을 키우고 있는 것에 지나지 않습니다. 그저 사람들 앞에 멋들어지게 보이기 위한 줄기와 이파리를 세우기 위해 온갖 힘을 다 쏟아 붓습니다. 주님을 기쁘시게 할 거룩한 '열매'야 있든 없든 그다지 신경 쓰지 않습니다.

(막 11:18) [18]대제사장들과 서기관들이 듣고 예수를 어떻게 멸할까 하고 꾀하니 이는 무리가 다 그의 교훈을 기이히 여기므로 그를 두려워함일러라.

제사장들과 서기관들이, 예수님이 성전에서 부린 행패(?)에 대한 소식을 들었습니다. 예수님의 이 놀라운 행위설교, 이것을 분명히 들은 것입니다. 듣긴 들었는데, 들은 후 그들이 꾀한 것이 무엇입니까? 예수님을 죽이는 음모였습니다. 예수님을 살해할 정치공작을 한 것입니다. "듣긴 들었는데" 거룩한 행실이 전혀 나오지 않는 것입니다. '닭의 목을 비틀면, 오는 새벽을 막을 수 있다'는 당돌한 생각을 감히 한 것입니다. 요즘 사람들 같으면 닭의 성대제거 수술을 해서라도 오는 새벽을 막아 보겠다고 할 것입니다. 거울에 비친 자기 모습이 추해 보인다고 거울을 깨버리는 어리석은 사람들처럼, 예수님 당시의 종교지도자들이, 예수님의 이 거룩한 행위설교를 들은 후에 꾀했던 한가지 일은 오직 그를 죽여 없애는 것 그것밖에 없었습니다. 정말 아이러니 중에 아이러니입니다. 그토록 눈부신(?) 종교인들이 모여 앉아 애매한 사람 죽여 없애는 일이나 공작했다는 게 정말 무서운 역설 아닙니까?

사도 바울은, 성전을 더럽히는 자는 하나님께서 멸망시키신다고 경고합니다.

(고전 3:16~17) ¹⁶너희가 하나님의 성전인 것과 하나님의 성령이 너희 안에 거하시는 것을 알지 못하느뇨? ¹⁷누구든지 하나님의 성전을 더럽히면 하나님이 그 사람을 멸하시리라. 하나님의 성전은 거룩하니 너희도 그러하니라.

더 나아가서 주님은 우리에게, 믿음의 기도와 용서에 대해 가르쳐 주십니다(막 11:20~26).

(막 11:20~21) ²⁰저희가 아침에 지나갈 때에 무화과나무가 뿌리로부터 마른 것을 보고 ²¹베드로가 생각이 나서 여짜오되 "랍비여 보소서 저주하신 무화과나무가 말랐나이다."

본문 11장 20절은 수난주간 화요일 아침 상황입니다. 전 날, 예수님이 잎만 무성한 무화과나무를 저주하시는 소리를 제자들이 이미 들었습니다. 그 말씀을 분명히 들었기 때문에, 순식간에 말라비틀어진 무화과나무를 보면서 무척 충격이 컸을 것입니다. 무화과나무가 단 하루만에 뿌리 채 말랐다는 것은, 이파리만 무성하고 주님이 찾으시는 열매가 없는 생명력 없는 종교 체계는 재생이 불가능하다는 것을 암시하는 것입니다. 본문 21절에서, 여전히 깨달음이 없는 베드로의 모습을 볼 수 있습니다. 오직 그가 신기하게 생각하는 것은, 오직 단 하루만에 무화과나무가 고목이 되어버린 신기한(?) 사실 한 가지뿐이었습니다.

"주님, 나무가 말라 비틀어졌습니다. 어떻게 이렇게 신통한 일이 일어날 수 있습니까?"

오직 이것 하나 외에 다른 건 전혀 생각을 못합니다.

(막 11:22) 예수께서 대답하여 저희에게 이르시되, "하나님을 믿으라."

본문 22절 말씀은 이스라엘의 실패원인을 지적하는 중요한 내용을 담고 있습니다. 이파리는 무성한데 그 안에 '믿음의 열매'가 전혀 없다는 것입니다. "하나님을 믿으라"는 이 말을 맨 먼저 하신 것은, 이게 믿음의 문제라는 것, 이 믿음의 열매를 주님이 찾았지만, 그것을 찾을 수 없었다는 것을 말하는 것입니다. 예수님의 재림에 대해서 가르치실 때에도, 실컷 말씀하신 뒤에 예수님은, "내가 다시 올 그 때에 이 세상에서 믿음을 보겠느냐?"고 반문하셨습니다. 예수님 재림하실 때, 믿음이 없이 불신앙의 길을 걷는 사람들이 심판을 받게 된다는 것을 강조하신 것입니다.

(막 11:23) "내가 진실로 네게 이르노니 누구든지 이 산더러 들리어 바다에 던지우라 하며 그 말하는 것이 이룰 줄 믿고 마음에 의심치 아니하면 그대로 되리라."

이 말씀에 기대어 시험삼아 저기 보이는 앞산을 향해 바다에 빠지라고 명령하여 우리에게 과연 믿음이 있는가 한 번 시험해 보면 재미있을 것 같습니다. 여하튼 본문의 '누구든지' 라는 말은 '하나님 나라의 개방성'을 가리키는 것입니다. 예수님의 이 말씀은 직설법이 아니라 과장법임을 기억하면서 이 말씀을 살펴야 합니다. 분명히 과장법입니다. 믿음의 중요성(능력)을 강조하시기 위해서 주님께서 과장법을 채택하신 것입니다. 그런데 이 과장법을 문자 그대로(직설법인 듯이) 해석해 버리면 정말 곤란합니다. 그러므로 우리가 성경을 제대로 읽으려면 '문학적 기법'에 대해서도 깊이 연구할 필요가 있습니다. 그러기에, 대학입학 수학능력시험 보기 전에 열심히 국어 공부했던 것들, 시험 끝나자마자 다 잊어버리면 안 됩니다. 성경공부에 크게 도움이 되는 것들이기 때문입니다. 본문 23절의 '그 말하는 것을 이룰 줄 믿고' 라는 말은 헬라어 원문에 과거시제로 되어 있습니다. 이 과거시제는, 한번 나타난 동작의 결과를 끝까지 유지시켜 가는 것을 말합니다. 곧 한번 믿었으면 끝까지 한결같은 자세로 간다는 것을 말하는 것입니다. 한번 공동체 비전 앞에 내가 헌신하기로 결단하고 다짐했으면 끝까지 가는 것, 그것이 믿음입니다. 한번 검은머리가 파뿌리 될 때까지 살기로 다짐하고 서약했으면, 건강할 때나 약할 때나 부유할 때나 가난할 때나 끝까지 가는 것입니다. 하나님과 여러 증인들 앞에서 서약했으면 그 약속을 끝까지 지켜야 되는 것입니다. 그런데도 참으로 신의 없는 세상이 되어버린 요즘은 심지어 신혼여행 갔다 돌아오는 길에 헤어져 버리는 사람들도 있습니다. 너무 쉽게 만나고 너무 쉽게 헤어집니다. 신앙도 마찬가지입니다. 그래서 신앙고백을 통해 거듭난 사람을 '혼인언약' 개념을 빗대어 '그리스도의 신부' 라고 말하는 것입니다. 우리가 하나님 앞에 했던 크고 작은 약속과 다짐들이 얼마나 많습니까? 그런데 참으로 슬프게도 그것이 끝까지 가지 못하는 경우가 너무 많습니다.

(막 11:24~25) [24]그러므로 내가 너희에게 말하노니 무엇이든지 기도하고 구하는 것은 받은 줄로 믿으라. 그리하면 너희에게 그대로 되리라. [25]서서 기도할 때에 아무에게나 혐의가 있거든 용서하라. 그리하여야 하늘에 계신 너희 아버지도 너희 허물을 사하여 주시리라 하셨더라.

믿음(23절)-기도(24절)-용서(25절)

이 세 가지 내용이 본문 안에서 유기적으로 연결되어 가고 있습니다. 기도는 믿음의 상징입니다. 믿음 없는 사람이 기도할 리 없습니다. 만일, 믿음 없는 사람이 기도한다면, 그것은 염불이지 기도가 아닙니다. 기도는 하나님과의 인격적인 교제이므로 믿음 없는 사람은 할 수 없는 거룩한 행위입니다. 그렇기 때문에 기도하는 몸짓 자체가 곧 믿음의 표현입니다. 그리고 믿음이 있어서 기도한다는 것은 곧 그 사람이 궁극적으로 하나님과의 관계가 바르게 설정되었다는 것을 말하는 것입니다. 하나님 앞에 고백이 바른 사람은 이웃과의 관계 속에서 그 믿음의 진정성이 증명되어야 된다고 이미 말씀드렸습니다. 마찬가지입니다. 하나님 앞에 무릎꿇고 기도할 수 있는 사람은, 그리스도 안에서 하나님께서 우리에게 주신 하나님의 용서를 깊이 체험한 사람들입니다. 그 무한한 용서를 체험한 감격이 있는 사람이라면, 나를 슬프게 하고 나에게 잘못한 형제를 용서할 수 있어야 그 믿음의 진정성이 인정될 수 있는 것입니다. 이런 이유로 본문에서 예수님이 '믿음'과 '기도'와 '용서'를 연결시키고 있는 것입니다. 우리가 진정 예수 '믿는' 사람들이라면 우리의 삶 속에 형제, 자매들간에 서로 용서하고 사랑을 회복하는 역사가 있어야 된다는 것입니다(요 13:34~35).

성전의 본체이신 예수님은 우리 모두에게 참된 화해의 장소(성전)가 되십니다. 예수님 안에서는 이방인이나 유대인이나 구별이 없습니다. 남·여의 구별도 없습니다. 어느 지역 출신인가를 문제삼을 수도 없습니다. 어느 대학 무슨 학과에 다니는가가 그렇게 중요하지도 않습니다. 믿음으로, 만민이 와서 기도하고, 하나님의 사랑과 용서를 체험하고, 그 체험한 용서와 사랑을 가지고 형제 자매를 용서하고 서로의 약점과 아픔을 품고 사랑하는 아름다운 하늘 공동체를 이루는 그 중심에, 그래서 성전이신 예수님이 있어야 되는 것입니다. 그러나 오늘날 신앙공동체의 중심에 예수님이 과연 있습니까? 엄청나게 굵은 줄기와 푸른 잎사귀는 자랑하지만, 주님이 찾으시는 거룩한 열매(의 가능성만이라도)가 과연 있습니까?

이제 마가복음 13장 1~2절을 살펴보십시오.

(막 13:1~2) [1]예수께서 성전에서 나가실 때에 제자 중 하나가 가로되, "선생님이여 보소서! 이 돌들이 어떠하며 이 건물들이 어떠하니이까?" [2] 예수께서 이르시되 "네가 이 큰 건물들을 보느냐? 돌 하나도 돌 위에 남지 않고 다 무너뜨려지리라" 하시니라.

주님은, 예루살렘 성전파괴에 대해 예언하고 있습니다. 예수님 당시의 이 성전은 역사적으로 세 번째 지어진 성전입니다. 첫 번째 것은 솔로몬이 지었던 것입니다. 바벨론에게 포로로 잡혀가고 그 과정에서 맨 처음 지어졌던 솔로몬 성전이 파괴되었습니다. 포로에서 귀환한 사람들이, 스룹바벨을 중심으로 지은 두 번째 성전이 있습니다. 그것도 나중에 이스라엘 나라가 계속해서 헬라를 비롯한 수많은 나라의 식민지 아래 통치 아래 들어가게 되면서 다시 무너지게 됩니다. 예수님 당시에 세워진 세 번째 성전은 헤롯 대왕이 유대인들의 환심을 사기 위해 지어준 것입니다. 헤롯 성전은 주전 19년부터 주후 64년까지 약 80년 동안에 걸쳐서 지어졌습니다. 인류 역사상 가장 많은 건축비가 들어간 초호화판 건물이었습니다.

이 세 번째 성전을 지어준 헤롯 대왕은 이두메 출신입니다. '이두메'는 '에돔족'을 가리킵니다. 헤롯대왕은 야곱의 쌍둥이 형 에서 계열입니다. 비록 형제 나라지만, 야곱 족속과 에돔 족속사이에는 역사적으로 오랫동안 사이가 아주 좋지 않았습니다. 자기네 '조상 에서의 장자권을 빼앗아간 야곱의 자손들'에 대한 악감정 때문에 이스라엘 남부 세일 산악지방에 살면서 에돔 족속이 이스라엘을 역사적으로 얼마나 많이 괴롭혔는지 모릅니다. 그런 에돔족 출신 헤롯이, 유대나라를 식민 통치하는 로마제국 정권을 등에 업고 꼭두각시 정권의 하수인이 되어서 지금 유대의 왕으로 자리잡고 있는 것입니다. 유난히 강한 선민의식 때문에 저항의식 또한 몹시 강한 유대나라를 무난하게 통치하는 것이 에돔족 출신 헤롯대왕에게 무엇보다 중요한 정치적 과제였습니다. '유대인들에게 환심을 살 수 있는 가장 좋은 일이 과연 무엇일까?'를 깊이 고민한 끝에 내놓은 카드가 바로 유대인들에게 예루살렘 성전을 지어주는 것이었던 것입니다.

'이 성전을 화려하고 웅장하게 지어주면 나를 나쁘게 보지 않고 내가 하는 이 통치에 순순히 따라 줄 것이다.'

헤롯은 이렇게 치밀한 정치적 이해타산을 한 끝에 성전을 지어주기로 한 것입니다. 정치적으로 머리를 잘 쓰는 사람들은 어떤 문제를 대하든지 손익계산이 무척 빠릅니다. 아주 잽싸게 손익계산서를 만들어 내는 뛰어난 재주가 있습니다. 과연 어느 쪽 줄에 서는 것이 자기에게 유리한지 거의 감각적으로 잘 압니다. 어쨌거나 헤롯 대왕의 정치적 이해타산으로 시작된 예루살렘 성전은 예수님 당시 벌써 46년째 계속 공사 중이었습니다. 헤롯 성전은 A.D. 64년에 이르러서야 완공됩니다. A.D. 70년 그러니까 예루살렘 성전이 완공된 지 5~6년 있다가 그 성전이 로마군에 의해 완전히 파괴되고 맙니다. 약 80년 동안에 걸쳐 헤롯 대왕이 엄청난 공사비를 투입한 예루살렘 성전이 완공된 지 채 10년도 지나지 않아서 로마군에 의해 철저히 무너져 버린 것입니다.

역사적 기록에 의하면 예루살렘 시가지 전체 면적의 약 1/6을 헤롯 성전이 차지하고 있었다고 합니다. 역사가 요세푸스의 증언에 의하면, 당시 헤롯 성전의 밑바닥을 받치고 있던 주춧돌 하나가 길이 12m, 폭 4m, 높이 6m였다고 합니다. 이런 엄청난 주춧돌이 성전 기둥들을 떠받치고 있었습니다. 그리고 이 건물의 앞면은 전면 흰색 대리석으로 장식되었고, 번쩍이는 대리석 기둥이 늘어서 있고, 그 앞에 황금으로 포도나무 순을 만들어 붙여 놓은 이 세기적인 건축물에 자기 이름을 내고 싶은 주변의 수많은 통치자들이 헌금(기부금)을 무더기로 보내와서, 그들의 이름이 새겨진 황금 포도나무 가지를 계속 붙이고 붙이고 하는 작업 때문에 끊임없이 포도송이와 포도나무 가지가 늘어났고, 이 때문에 공사기간이 더 길어졌다고 역사가들은 증언하고 있습니다. 성전 지붕은 황금으로 도금되었습니다. 그래서 성전 건물에 햇빛이 비치거나 석양의 노을이 성전 지붕에 얼비치기 시작하면, 그야말로 이 성전의 찬란한 빛 때문에 예루살렘에 하나님의 거룩한 빛이 문자 그대로 임하는 것 같은 착각이 들 정도의 장관을 연출하고 있었다고 합니다. 바로 이렇게 웅장하고 아름다운 성전, 계속 건축 공사중인 예루살렘 성전을 보면서 예수님의 제자들이 감탄하고 있는 것입니다.

(막 13:1~2) [1]예수께서 성전에서 나가실 때에 제자 중 하나가 가로되, "선생님이여 보소서! 이 돌들이 어떠하며 이 건물들이 어떠하니이까?" [2] 예수께서 이르시되 "네가 이 큰 건물들을 보느냐? 돌 하나도 돌 위에 남지 않고 다 무너뜨려지리라" 하시니라.

시골사람인 저는 서울에 가면 굉장히 놀랄 때가 많습니다. 어떤 때는 지하철 차표 자동판매기 앞에서 표를 어떻게 끊는 줄을 몰라 허둥대기도 하고, 또 어떤 때는 느닷없이 잠겨버린 개찰대 앞에서 '이거 뛰어 넘어가야 되나, 기어들어 가야 되나' 고민을 하는 때도 있습니다. 요즘엔 저도 상당히 세련(?)되어서 참 여유 있게 지하철을 잘 이용하지만, 서울에 가서 난생 처음 지하철을 타던 날, 정말 많이 허둥댔습니다. 마찬가지로 갈릴리 북부 산악지대 시골 출신 이 전직 어부들이 와서 그토록 휘황찬란한 예루살렘 성전을 볼 때 그냥 입이 벌어져 버린 것은 당연합니다. 난생 처음 보는 수도권의 장관 앞에서 잔뜩 흥분하여 어쩔 줄 모르는 제자들에게, 예수님이 전혀 뜻밖의 말씀을 하십니다.

(막 13:2) 예수께서 이르시되 "네가 이 큰 건물들을 보느냐? 돌 하나도 돌 위에 남지 않고 다 무너뜨려지리라."

주님의 말씀은 다른 것이 아닙니다. "왜 이따위 건물에 마음을" 뺏기느냐는 것입니다. 그리고 매우 강한 부정어를 사용하심으로써 주님은 주님의 이 성전파괴 예언이 확실히 성취될 것임을 강조합니다.

"(이 거대한 성전 건축물이) 돌 위에 돌 하나도 남지 않고 다 무너뜨려질 것이다."

건물이 완공되고 6년쯤 지난, A.D. 70년 로마의 디도 장군이 쳐들어왔을 때, 당시 예루살렘에 쳐들어와 성전을 파괴한 로마 군인들 사이에 "성전 주춧돌 아래에 황금덩이가 묻혀 있다"는 소문이 돌면서 그 황금을 캐내 가기 위해 성전 터를 모조리 헤집고 뒤지는 바람에, 예수님의 이 예언대로 벽돌 두 장이 겹치는 일이 없을 만큼 철저하게 파괴되고 말았습니다. 주님의 말씀이 놀랍게도 정확하게 역사적으로 성취되어 버린 것입니다. 그야말로 예루살렘 성전이라는 거대한 나무가 뿌리 채 말라버린 것입니다.

주후 70년 로마군에 의해 파괴된 이 후로 예루살렘 성전은 오늘까지 재건되지 못했습니다. 지금은 성전 터까지 회교도들에게 뺏겨서 그 자리에 회교사원이 서 있습니다. 그래서 예루살렘을 찾아가는 사람들은, 그 옛날 헤롯 성전을 떠받치고 있던 그 엄청난 주춧돌의 일부가 밑에 박혀 있는 '통곡의 벽' 앞에까지만 가서 거기서 울고 옵니다. 마가복음 14장 58절을 보면, 예수님을 십자가에 매달아 죽인 사람들이 이런 말을 하는 것을 확인할 수 있습니다.

(막 14:58) "우리가 그의 말을 들으니, '손으로 지은 이 성전을 내가 헐고 손으로 짓지 아니한 다른 성전을 사흘에 지으리라' 하더라"

(요 2:19~22) [19]예수께서 대답하여 가라사대, "너희가 이 성전을 헐라. 내가 사흘 동안에 일으키리라." [20]유대인들이 가로되, "이 성전은 사십육 년 동안에 지었거늘 네가 삼 일 동안에 일으키겠느뇨?" 하더라. [21]그러나 예수는 성전된 자기 육체를 가리켜 말씀하신 것이라. [22]죽은 자 가운데서 살아나신 후에야 제자들이 이 말씀하신 것을 기억하고 성경과 및 예수의 하신 말씀을 믿었더라.

사람의 손으로 짓지 아니한 다른 성전은 바로 예수님 자신의 몸입니다(요 2:21).

"너희가 성전의 실체로 온 나를 죽여라. 그러면 내가 사흘만에 부활할 것이다."

"너희가 이 성전을 헐라. 내가 사흘동안에 일으키리라"는 예수님의 말씀에는 바로 이렇게 깊은 뜻이 담겨 있었던 것입니다. 그래서 예수님의 몸이 성전이요, 신앙고백을 통해서 그 분의 몸에 연합된 오늘 그리스도인들이 성전인 것입니다(고전 3:16).

그러므로 이 땅의 모든 교회와 선교단체는, 주님 주시는 말씀의 씨앗을 믿음으로 받아 주님이 애타게 찾으시는 '거룩'과 '사랑'과 '용서'의 열매를 풍성히 맺는 나무가 되어야 됩니다. 우선은 믿음의 기도를 통해서 하나님의 용서를 받고, 그러기 위해서 이웃을 용서하는 열매가 풍성히 나타나야 합니다. 많은 씨앗들이 열매 맺지 못한 채 사라져 갈 것이지만, 일단 씨앗 하나가 열매를 맺으면, 30배, 60배, 100배의 풍성한 소출이 있기 때문에(막 4:8), 주님처럼 우리도 낙심하지 않고 큰 소망 가운데 묵묵히 말씀의 씨앗을 뿌리고 가꾸는 수고를 기쁨으로 감당해야만 하는 것입니다.

사랑하는 동역자 여러분! 지금 내 모습, 지금 우리들의 모습이 혹시 잎만 무성한 나무가 아닙니까? 내가 세례교인이 되고, 지도자가 되고, 성찬식에 참여하고, 주일을 지키고, 성경공부하고, 묵상(Q.T.)하고, 일대일 모임을 하고, 수련회에 참석하고, 각종 기도회에 참여하고 여러 가지 선교 교육 프로그램에 참여하는 이 일…… 이만하면 가지와 잎이 무던히 푸르지 않습니까? 혹시 우리는 그것으로 우리 할 일이 다 끝났다고 생각하지는 않습니까? 이 정도면 우리 주님도 만족할 것이라고 쉽게 생각하고 있지는 않습니까?

순간순간 들려오는 하나님의 말씀을 어떻게 듣습니까? 말씀이 우리네 삶에 어떤 영향력을 발휘하고 있습니까? 주님의 말씀이 고난을 요구할 때 그것을 어떻게 감당하고 있습니까? 여러분 자신은 물론 여러분들이 섬기는 영적 자녀들에 대한 크고 거룩한 비전이 있습니까? 한 톨의 씨앗이 결실하면 30배, 60배, 100배로 소출이 나오는 것처럼, 여러분이 섬기는 한 사람에 대한 꿈과 비전이 여러분들의 가슴속에 분명히 있습니까? 혹시 우리들이 이 모든 일을 하는 중에, 사람 눈에 보기 좋은, 그야말로 모양(폼) 나는 이파리만 무성하게 만들어 가고 있지는 않습니까? 만일 우리가 그렇게 가고 있다고 한다면 주님은 우리를 향해서 '강도짓'을 제발 그만 하라고 하실 것입니다. 우리가 그 '강도짓'을 우리 스스로 멈추지 못한다면, 그 분의 강권적인 능력으로 우리의 뿌리를 마르게 하실 날이 분명히 있을 것입니다.

말씀을 듣는 것만으로 끝나지 않습니다. 말씀을 기쁨으로 받는 그것 역시 전부가 아닙니다. 말씀 안에서 성장하는 것, 그게 다가 아닙니다. 주님이 찾으시는 말씀의 '열매'를 반드시 맺는 삶이 되어야 하는 것입니다. 그러기 위해서 우리는 말씀 안에서 우리에게 주어지는 엄청난 시련과 고난을 인내하며 이겨낼 필요가 있습니다. 그래서 주님은 이 비유를 말씀하실 때, "들을 귀 있는 자는 들으라"고 말씀하신 것입니다. 여러분 행여라도 예수님 주변에 모인 사람들이 전부 비정상적인 사람들이어서 모태에서 나올 때 귀가 없이 태어났다고 어리석게 생각해서는 안됩니다. 거기에 예수님 주변에 있던 사람들 모두, 우리들처럼 양쪽에 구멍이 두 개씩 다 정상적으로 뚫린 사람들이었습니다. 그들을 향해서 주님은 "들을 귀 있는 자들은 들으라"고 말씀하셨습니다. 이것은 단순한 '청취행위' (hearing)가 아니라 우리의 삶 속에 주님이 주시는 말씀에 대한 철저한 '복종' (obedience)이 있어야 된다는 말씀입니다.

그러면 주님은 우리 앞에 어떤 열매를 찾고 계실까요? 창세기 26장 1~5절에서 우리는 그 단서를 찾을 수가 있습니다.

(창 26:1~5) ¹아브라함 때에 첫 흉년이 들었더니 그 땅에 또 흉년이 들매, 이삭이 그랄로 가서 블레셋 왕 아비멜렉에게 이르렀더니, ²여호와께서 이삭에게 나타나 가라사대, "애굽으로 내려가지 말고, 내가 네게 지시하는 땅에 거하라. ³이 땅에 유하면, 내가 너와 함께 있어 네게 복을 주고, 내가 이 모든 땅을 너와 네 자손에게 주리라. 내가 네 아비 아브라함에게 맹세한 것을 이루어 ⁴네 자손을 하늘의 별과 같이 번성케 하며 이 모든 땅을 네 자손에게 주리니, 네 자손을 인하여 천하 만민이 복을 받으리라. ⁵이는 아브라함이 내 말을 순종하고 내 명령과 내 계명과 내 율례와 내 법도를 지켰음이니라" 하시니라.

하나님께서 언약백성 이삭에게 복을 주시겠다고 약속하십니다. 이삭 역시 그의 아비 아브라함처럼 복의 근원이 될 것이라고 약속을 하시는데 그 약속의 근거가 무엇입니까? 그의 아버지인 아브라함이, 하나님이 주신 말씀 앞에 순종했고, 하나님께 복종했기 때문이라는 것입니다. 이 말씀을 읽으면서 한 가지 생각해 볼 것이 있습니다.

'아브라함이 정말 하나님의 명령과 계명과 율례와 법도를 완벽하게 지켰는가?'

정말 그렇습니까? 물론 아브라함은 하나님이 주신 비전을 따라서 그가 살던 갈대아 우르 지방을 갈 바를 알지 못하면서도 '믿음으로' 떠났습니다. 믿음으로 언약백성의 삶을 시작했습니다. 하지만 그 이후 아브라함의 믿음의 발걸음이 정말 온전했습니까? 그렇지 않습니다. 창세기 26장에 이르기까지 드러난 아브라함의 행적에 몇 가지 낯뜨거운 대목들이 있습니다. 가나안에 기근이 있을 때에 하나님의 지시 없이 약속의 땅을 떠나 함부로 애굽으로 내려가 아내를 빼앗길 뻔 했습니다. 물론 하나님의 보호와 인도로 나중에 무사히 돌아오기는 했습니다. 하나님의 언약을 끝까지 기다리지 못하고 첩을 얻어서 씨받이 하갈을 통해서 이스마엘을 얻었습니다. 무엇보다도, 제 한 목숨 죽지 않으려고 아내를 한 번도 아닌 두 번씩이나 팔아먹었습니다. 그런 반면, 창세기 22장에서는, 백 살에 낳아서 17년 넘게 기른 독자 이삭을 하나님의 명령을 좇아서 번제로 잡아 바치려고 하는 절대 순종의 모습을 보여주기도 합니다. 요컨대, 아브라함의 삶이, 하나님 편에서 볼 때 그 분의 절대적인 표준에 비추어서 흠이 전혀 없어서 '그 종 아브라함이 하나님의 명령과 계명과 율례와 법도를 지켰다'고 말하는 것은 아니라는 것을 알 수 있습니다. 오늘 본문에서도 이미 확인했듯이, 이파리가 무성한 무화과나무에 다가가서 예수님이 찾으셨던 것은 완숙한 열매가 아니었습니다. 다만 그 분이 찾으셨던 것은 '풋 열매' 몇 개였습니다. 유월절 기간인 지금 4월 달, 이 무렵에 풋 열매가 달려있지 않으면 이 무화과나무는 금년에는 아무런 소출을 낼 수 없는 것입니다. 하나님은 언약백성 아브라함의 '가능성'을 보셨고, 그의 믿음의 잠재력을 인정하셨습니다. 우리 주님 역시 오늘 우리에게도 우리 개인과 공동체의 가능성을 타진하고 계십니다. 분명한 것은 우리 신앙공동체의 나무가 그동안 잘 성장해서 이만큼의 줄기와 이파리가 푸르렀다고 한다면, 주님 앞에 지금 보여야 될 최소한도의 '풋 열매들'은 우리의 삶의 주변에 분명히 달려있어야만 된다는 것입니다. 그것이 나타나지 않는다면 그 엄청나게 화려한 예루살렘 성전이 한 순간에 초토화되었듯이, 이 땅에 서 있는 우리 신앙공동체의 나무도, 우리 각 사람의 신앙의 나무도 뿌리 채 말라버리는 비극적인 종말을 언제든 맞이할 수 있다는 사실을 기억할 수 있기를 바랍니다. 우리 신앙에서 열매를 맺느냐 그렇지 못하느냐 하는 문제는 그런 점에서 그저 그렇고 그런 하찮은 문제가 아니라 〈죽고 사는 문제〉이기 때문입니다.

"들을 귀 있는 자는 성령이 이 땅 신앙공동체에게 하시는 말씀을 들을지 어다!"

이 말씀 앞에서 다 함께 기도합시다.

기도하기 전에 한 번 더 생각해 봅시다.

① 신명기 6장과 마가복음 4장은 깊은 유사점이 있습니다. 신명기 6장이 미래에 임할 하나님 나라에 대한 비전과 백성들이 그 나라에서 살아가야 할 율법에 대해서 말하는 것이라면 마가복음 4장은 그 예언된 하나님 나라가 이미 임하였으며 하나님의 백성들이 어떻게 새 생명을 얻을 수 있는가를 보여주는 말씀입니다. 우리는 '이미 임한 하나님 나라'와 '아직 완성되지 않은 하나님 나라' 사이에 끼여 사는 사람들입니다. 이 시대에 선포되는 "들으라! 이스라엘아!"라는 예수님의 새로운 '쉐마'를 어떻게 받고 있습니까? 감격으로 진지하게 받습니까, 아니면 종교적 타성에 젖어 별 감동이 없이 그저 그렇게 받습니까?

② 씨뿌리는 자 비유에서 씨앗은 말씀(예수님)입니다. 그리고 네 가지 밭(길가, 돌밭, 가시떨기밭, 좋은 밭)은 말씀(예수님)을 받아들이는 다양한 유형을 상징합니다. 그래서 이 비유에서 네 가지 밭이 나오지만 궁극적으로는 열매 맺는 밭과 그러지 못한 밭 두 가지 뿐입니다. 열매를 맺는 좋은 밭은 온갖 핍박과 환란 속에서도 예수 믿는 일을 포기하지 않으며 견디고 이겨낸 이들을 상징합니다. 즉 주님이 가신 십자가 고난의 길을 묵묵히 따르는 이가 진정 좋은 밭이라 말할 수 있습니다. 좋은 밭이 되어 말씀(주님)을 선한 마음으로 받으며 순종합니까?

③ 예루살렘 성전은 이파리만 무성한 열매 없는 무화과나무와 같았습니다. 그래서 예수님은 열매 없는 무화과나무를 저주하심으로써 열매 없는 예루살렘 성전의 미래가 어떠할 것인지를 미리 보이셨습니다. 예수님의 말씀대로 무화과나무가 그 뿌리부터 마른 것처럼 A.D. 70

년에 로마의 디도 장군에 의해 예루살렘 성전은 돌 하나 돌 위에 남지 않고 완전히 파괴됩니다. 예수님의 예언이 성취된 것입니다. 열매 맺지 못하는 나무(성전)를 저주하시는 예수님이 오늘 우리들의 삶을 바라보며 어떤 평가를 내리실 것 같습니까?

④ 예수님은 당시 유대 기득권 세력 앞에서 성전 청결 시위를 하심으로써 시대의 어두운 흐름에 정면으로 도전하셨습니다. 그리고 예수님은 열매 없는 형식주의 신앙에 종말을 선포합니다. 예수님은 하나님 나라의 새로운 소망은 건물에 있지 않고 참 성전이신 예수님 자신에게 있음을 보이셨습니다(요 2:19~21). 우리는 소망 없는 죽은 형식에 치중합니까? 아니면 예수 그리스도의 말씀 앞에 무릎을 꿇습니까?

⑤ 예수님께서 성전 청결 시위를 벌이자 대제사장들과 서기관들은 예수님을 제거하려는 의지를 더 확고히 했습니다. 이들은 예수님의 놀라운 행위 설교를 듣기는 했지만 도무지 열매 맺지 못하는 밭(씨뿌리는 비유), 말라죽을 무화과나무, 성전의 율법적 형식주의자들입니다. 그러나 예수님은 이들의 도전에 개의치 않으시고, 도리어 제자들에게 관심을 돌리시면서 제자들이 너무 이적에만 집중하지 말고 믿음으로 세상을 바라볼 것을 권고하십니다. 예수님이 원하는 믿음은 기도와 용서로 균형 잡힌 신앙입니다. 참된 믿음은 하나님께 의지된 삶(수직) 즉 기도 자체이며, 이 수직적 은혜를 수평적 사랑으로 나누는 용서 즉 공동체 속에서 보이는 적극적 신앙고백 행위입니다. 하나님의 말씀에 순종하여, 기도(수직)와 용서(수평)로 우리의 믿음을 하나님과 세상 앞에 담대히 드러내기 위하여 우리가 해야할 일이 무엇 무엇입니까?

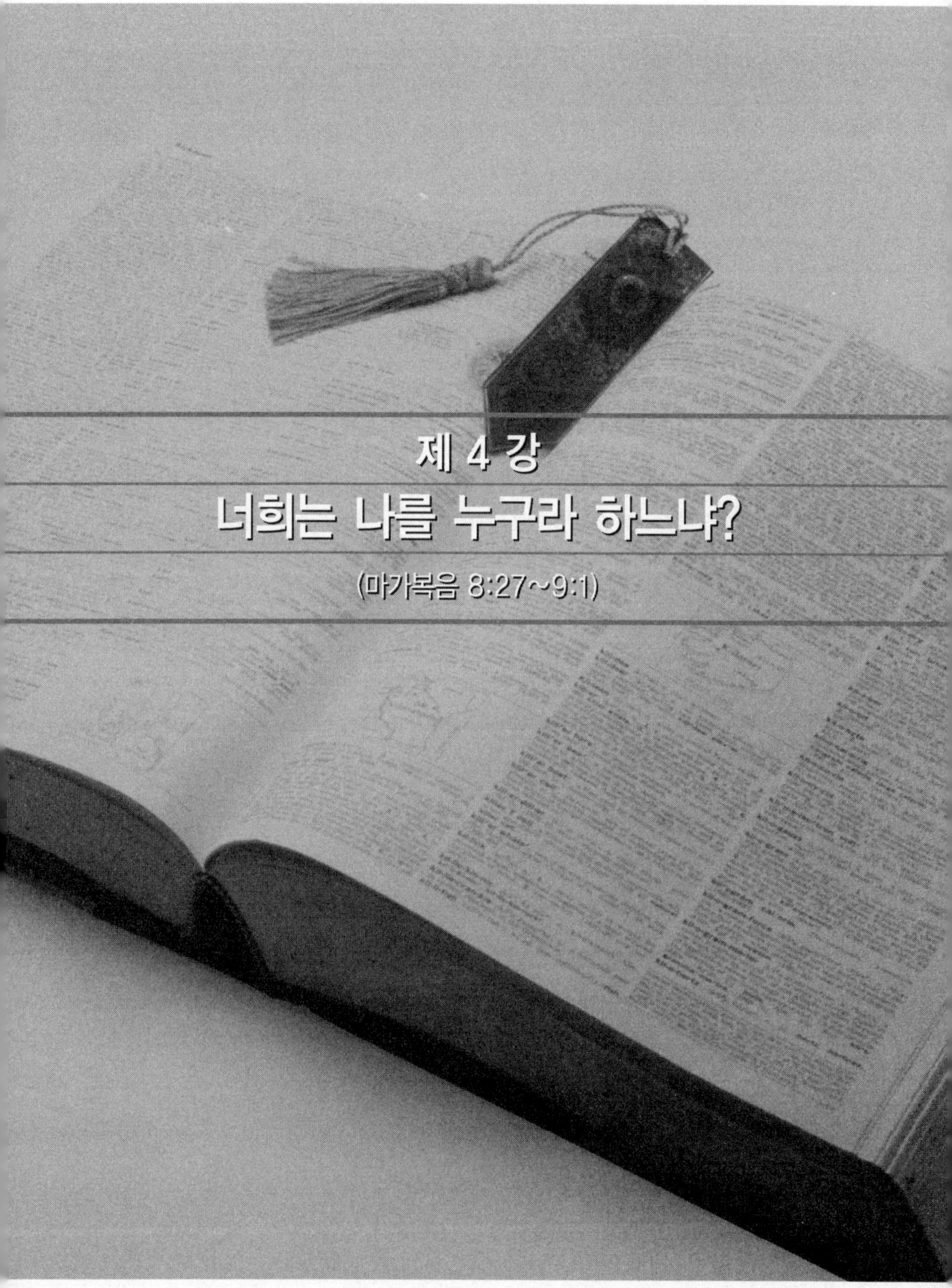

제 4 강
너희는 나를 누구라 하느냐?
(마가복음 8:27~9:1)

(마가복음 8:27~9:1) [27]예수와 제자들이 가이사랴 빌립보 여러 마을로 나가실새, 노중에서 제자들에게 물어 가라사대, "사람들이 나를 누구라고 하느냐?" [28]여짜와 가로되, "세례 요한이라 하고 더러는 엘리야, 더러는 선지자 중의 하나라 하나이다." [29]또 물으시되, "너희는 나를 누구라 하느냐?" 베드로가 대답하여 가로되, "주는 그리스도시니이다" 하매, [30]이에 자기의 일을 "아무에게도 말하지 말라" 경계하시고, [31]인자가 많은 고난을 받고 장로들과 대제사장들과 서기관들에게 버린바 되어 죽임을 당하고 사흘만에 살아나야 할 것을 비로소 저희에게 가르치시되, [32]드러내놓고 이 말씀을 하시니 베드로가 예수를 붙들고 간하매, [33]예수께서 돌이키사 제자들을 보시며 베드로를 꾸짖어 가라사대, "사단아 내 뒤로 물러가라. 네가 하나님의 일을 생각지 아니하고 도리어 사람의 일을 생각하는도다" 하시고, [34]무리와 제자들을 불러 이르시되, "아무든지 나를 따라 오려거든 자기를 부인하고 자기 십자가를 지고 나를 좇을 것이니라. [35]누구든지 제 목숨을 구원코자 하면 잃을 것이요, 누구든지 나와 복음을 위하여 제 목숨을 잃으면 구원하리라. [36]사람이 만일 온 천하를 얻고도 제 목숨을 잃으면 무엇이 유익하리요? [37]사람이 무엇을 주고 제 목숨을 바꾸겠느냐? [38]누구든지 이 음란하고 죄 많은 세대에서 나와 내 말을 부끄러워하면 인자도 아버지의 영광으로 거룩한 천사들과 함께 올 때에 그 사람을 부끄러워하리라." [9:1]또 저희에게 이르시되, "내가 진실로 너희에게 이르노니 여기 섰는 사람 중에 죽기 전에 하나님의 나라가 권능으로 임하는 것을 볼 자들도 있느니라" 하시니라.

"그리스도인입니까?"

어떤 이유에서 "나는 그리스도인"이라고 대답하십니까? 예수그리스도와 그분의 복음을 위해서 헌신하는 삶을 사는 가운데 내 삶 속에 나타난 고난과 상처와 수고의 흔적 때문에 "내가 그리스도인"이라고 대답할 수 있어야 합니다. 내 마음 속에 있는 깊은 죄악의 짐을 주님 앞에 내어 놓고, 우리의 중심에 왕 되신 그리스도가 오실 길이 예비 되고 그래서 그 분이 선포하시는 하나님 나라의 복음을 내가 믿기 때문에 "내가 그리스도인"이라고 대답할 수 있어야 합니다. 비록 지금은 초라하고 보잘 것 없지만, 그러나 내 안에 주님께서 찾으시는 거룩한 열매를 맺을 '가능성'이 있기 때문에 "내가 그리스도인"이라고 주님 앞에 담대히 고백하는 예수 제자들이 되어야만 합니다.

오늘, "너희는 나를 누구라 하느냐?"하는 주님의 이 말씀 앞에서, 기독교의 가장 중요한 요소 가운데 하나인 '기독교 제자도'의 본질을 추적하려 합니다. 다시 말하면, 주님의 말씀 안에서, 예수님의 제자는 과연 어떤 사람이며, 또 예수님의 제자는 어떻게 사는 사람인가를 살피고자 하는 것입니다.

우리들 안에 좋지 못한 고정관념들이 많이 있습니다. 신앙공동체 안에서 이른 바 '1급 신자'(엄밀히 말하면 이런 용어 자체가 사실은 부당하고 무의미한 것이지만, 우리가 흔히 쓰는 말이기 때문에 편의상 그냥 사용하겠습니다)라는 사람들의 표준(?)이 있는 것 같습니다. 이미 잘 아시는 바와 같이, 공식예배에 빠짐없이 잘 참석하고, 헌금을 꼬박꼬박 잘 하고, 새벽기도회에 열심히 나오고, 금요 철야기도에 산상기도까지 간간이 하면 금상첨화, 교회공동체 안에서 이런 정도의 조건을 갖추면, 설령 새벽 두시에 모여서 직분자 선출 투표를 하더라도 그 사람은 순식간에 장로, 안수집사가 되고 권사가 될 수 있습니다. 오해하지 마십시오. 공식예배에 잘 참석하고, 헌금을 잘 드리고, 새벽기도에 나오고, 또 금요 철야기도에 나오고, 신앙공동체의 각종 모임에 빠짐없이 참가하는 것이 의미가 없다거나 필요 없다는 것이 결코 아닙니다. 이런 것들은 기독교인의 삶에서 대단히 중요한 것들입니다. 그러나 그것이 신앙생활의 전부는 결코 아니라는 것을 말씀드리려는 것입니다. 그것이 끝이 아니고 그런 것들은 단지 우리의 신앙생활에 시작단계에 불과하다는 것을 강조하고자 하는 것입니다. 적어도 이런 것들만을 표준으로, 그 사람의 신앙이 얼마나 성숙했는지, 또 그 사람이 얼마나 제대로 된 그리스도의 제자들인지를 함부로 말해서는 안 되기 때문입니다.

연말연시 입시철과 취업 시즌만 되면 교회당 안에서 차마 웃지 못할 여러 가지 우스운 일들이 벌어집니다. 각 대학마다 그 대학에 입학하는 학생들의 자격조건을 여러 모양으로 제한하듯이, 예수그리스도의 제자들이 걷는 길에도 주님께서 제시하신 거룩한 제한 요소들이 있게 마련입니다. 이미 말씀드렸듯이, 하나님 나라의 복음 사역은 인간의 〈삶과 죽음을 결정하는 결정적인 사역〉입니다. 다시 말하면, 오늘 우리가 하는 이 복음사역, 오늘 우리들이 일하고 있는 이 사람 낚는 어부의 사역은 그야말로 〈치명적인 사역〉인 것입니다. 다시 말씀드리거니와, 우리에게 낚이는 사람은 살 것이고, 우리에게 낚이지 않는 사람들은 죽을 것입니다. 그러니까 여기 앉아있는 우리들이 교회당 밖 우리네 삶의 자리에서 만나는 수많은 사람들, 선배들, 후배들, 친지와 가족들의 삶과 죽음을 결정할 열쇠를 오늘 우리가 쥐고 있다는 것입니다. 정말 심각하지 않습니까? 그런데 우리는 이 문제가 그렇게 심각한 문제라고 생각하지 않습니다(롬 9:1~5 참조). 주님께서, 우리더러 섬기고 그들 안에 복음의 씨앗을 뿌리라고 우리 곁에 날마다 때마다 보내주시는, 천하보다 소중한 사람(생명)들을 많은 경우에 그저 무심히 스쳐보냅니다. '내일 주님이 재림하셔도 내 영생(구원문제)은 끝났으니까' 이런 안이한 생각으로 이 문제를 너무 가볍게 생각합니다.

한국교회 안에 정말 심각한 문제들이 몇 가지 있습니다. 본문의 이해를 돕기 위해 몇 가지만 짚어 보겠습니다. 우선, 많은 사람들이 '믿음과 행위와의 관계'를 혼동합니다. 이신칭의(以信稱義), 곧 '믿음으로 의롭다 일컬음을 받는다'는 이 교리를 오해한(지나치게 믿는) 나머지, 우리의 신앙고백과 거기에 따르는 우리 신앙의 행위를 전혀 별개의 것으로 함부로 생각합니다. 다시 말하면, 하나님 앞에 똑바로 서있는 신자는 많이 있는 것 같은데, 사람 앞에서 신앙인 답게 사는 사람은 그다지 많지 않아 보입니다. 교인들끼리 농담처럼 흔히 나누는 이야기이지만, 새벽기도회 끝나고 나가는 길에 옆집 텃밭에서 풋고추 따다 먹고, 그리고 그 다음날 새벽에 교회당에 와서 그 풋고추 도적질에 대해 하나님께 회개 기도하고, 그 새벽기도회 끝나고 가는 길에 또 옆집의 애호박 따다 먹고……

어느 시골교회에 나이 많이 드신 권사님이 한 분 계시는데 그 권사님 때문에 그 마을 구멍가게 주인이 늘 마음 고생을 한다고 합니다. 왜냐하면, 이 권사님, 시도 때도 없이 가게에 찾아 와서 물건을 그냥 마구 집어가는 것입니다. 물론 물건값은 낼 생각조차 하지 않습니다. 물건값을 내라고 하면, 되려 이렇게 따진답니다.

"이거 다 우리 아버지 것인데, 딸이 아버지 것 갖다 먹는데 무슨 돈을 낼 필요가 있느냐?"

이렇듯 막무가내로 가게에 진열된 물건을 가져가신다는 것입니다. 좀 과장된 이야기 같지만 이것이 바로 오늘 우리네 신앙의 보편적인 현주소가 아닌가 생각합니다.

'축복' 개념에 엄청난 혼란이 일고 있습니다. 이 왜곡된 '축복' 개념의 뿌리를 이루고 있는 것이 바로 '기독교 승리주의'입니다. 예수 잘 믿어서 부자가 되고, 그래서 짧은 시간 안에 예루살렘 성전 뺨칠 정도로 엄청난 규모의 건물을 지어서 사람들 앞에 그걸 과시하려고 하고…… 이 땅에 건축 붐을 일으키는 데 상당부분 기여한 것이 바로 한국교회라는 사실을 솔직히 인정할 필요가 있습니다. 지금 이 순간에도 전국 곳곳의 교회공동체에서 ‘건물 짓기 시합’이 경쟁적으로 이루어지고 있습니다. 그러면서 교회당 건물을 기어이 ‘성전’이라고 벅벅 우겨댑니다. 분명히 말씀드리건대 교회당 건물은 ‘성전’이 결코 아닙니다. 오늘 우리가 이 자리를 떠나간 뒤, 누군가가 이 자리에 술집을 세우면 이곳은 그냥 술집이 됩니다. 이 자리에 우리가 앉아 있는 이 순간 이곳은 교회당이 되는 것이지만, ‘성전’인 ‘교회공동체’가 떠나가고 누군가가 여기에 당구장을 열면 여기는 그야말로 당구장이 되고 맙니다. 신앙생활을 하면서 어쩌다 부자가 되고, 몸이 건강하고, 하는 일이 잘 되고, 모든 일이 순조롭게 잘 풀려 나가면, 그것이 주님 앞에 복을 받은 증거라고 매우 단순하게 생각해 버립니다. 그와 반대로, 우리의 삶에 물량적인 면에서 다소간 문제가 생기면, 하나님 앞에 내가 뭔가 매를 맞고 있다(심지어는 저주를 받고 있다)는 생각을 너무 쉽게 해버립니다. 명백한 흑백 ‘이원론’입니다. 교회당 안에서의 삶과 교회당 밖에서의 삶, 수련회장 안에서의 삶과 이 수련회를 끝나고 내려간 뒤 우리의 삶에 너무나도 뚜렷한 격차가 있습니다. 신앙공동체 모임에 나와서 기도할 때와, 교회당 밖, 우리 삶의 현장에서 우리가 믿지 않는 사람들과 함께 생활하는 그 순간의 우리 모습 사이에 엄청난 격차가 있습니다.

‘성령론’에 문제가 많습니다. 우리나라 사람들은 '성령론'을 말하면 순간적으로 무슨 생각을 많이 합니까? ‘성령론’ 하면 으레 은사, 말씀, 방언, 방언통역, 예언 등등을 떠올립니다. 소위 성령집회 광고문구들 속에는 “오는 즉시 받을 수 있음(선착순)”이라는 웃지 못할 내용도 자주 들어가는 것을 봅니다. 자기 기도원에서 열리는 그 집회에 오면 “선착순으로 성령의 은사를 얼마든 받을 수 있다"고 무책임한 거짓말을 합니다. 마치 성령하나님이 그 기도원 원장 손안에서 놀아나는 무슨 놀이개나 되는 듯 이 말을 함부로 하고, 그런 말에 현혹되어 비틀걸음을 걷는 이들도 많습니다. 여러분, 행여 그런 내용의 현수막 붙은 데는 아예 가지 마십시오. 안 가봐도 무슨 짓 하는 곳인지 훤히 알 수 있기 때문입니다. 우리나라 사람들은 '성령' 이야기만 나오면 멀쩡하던 사람이 갑자기 이상해지는 것으로 생각합니다. 거품을 물고 쓰러지고, 바들바들 떨고, 기도를 해도 치마가 벗겨지는지 바지가 벗겨지는지 모르게 나뒹굴면서 해야 그게 진짜 기도라고 생각하는 사람들이 많습니다.

'성령론'에 관한 올바른 관점은 다른 것이 아닙니다. 여러분 복음서 전체를 훑어보십시오. 예수님께서 가시는 곳마다 악한 영에 시달리며 비정상적인 삶을 살던 사람들이 정상적으로 바뀌는 거룩한 역사가 나타납니다. 그게 성령의 역사입니다. 그렇지 않습니까? 거라사 지방의 그 미치광이가 예수님을 만나 거룩하게 변화되어 데가볼리 지역의 선교사로 파송됩니다(막 5장). 이 미치광이를 그 누구도 제어하지 못했습니다. 누구도 건드릴 수가 없었습니다. 아무리 굵은 쇠사슬로 그를 옭아매도 그것을 불탄 삼줄 끊듯이 손쉽게 끊어버릴 정도의 괴력을 지니고 있었기 때문입니다. 도무지 그를 제어할 수가 없었습니다. 무덤 사이 시체들 틈에서 끊임없이 자해하며 추하게 살고 있던 사람입니다. 그런 그가 예수님을 만나면서 온전해졌습니다. 다시 옷을 주워 입고, 예수님 곁에 이 도령 앞의 춘향이처럼 앉아 있었습니다. 성령이 임하면 이처럼, 이상했던 사람이 하나님의 거룩한 능력을 힘입어 온전해지는 것입니다. 성령이 임하면, 정상적인 사람이 이상하게 되는 것이 아닙니다. 성령이 임하면, 곧 하나님의 거룩한 신격이 그 사람의 심령(인격)에 권세를 행사하기 시작하면, 이상해졌던 사람들이 온전한 모습으로 돌아오게 되는 것입니다.

그것이 성령의 건전한 역사입니다.

'종말론'에 문제가 있습니다. 분당두레교회의 박철수 목사님이 《종말이 오고있다》라는 제목의 좋은 책을 썼는데 그 책의 제목이 시사하는 바가 아주 많습니다. 그 책의 제목 자체가 성경적인 종말론을 이해하는 데 큰 도움이 됩니다. '종말'은 지금 우리에게 진행형으로 계속 다가오고 있으며, 그 종말은 확실히 올 것이며, 그러나 종말이 분명히 오고 있다는 사실만을 우리가 알 뿐 그 시기가 언제일지는 그 누구도 모른다는 것입니다. '종말론'은 무엇보다도 고난 당하는 우리 성도들에게 '두려움'이 아닌 '소망'을 불러일으키는 교리입니다. 하나님께서 요한계시록과 다니엘서를 통해 하나님의 백성들에게 종말에 대한 계시의 말씀을 주실 때, 당시 언약백성들의 삶이 너무 큰 수난과 고통 가운데 있었습니다. 종말에 대한 계시의 말씀을 받은 요한만 해도 엄청난 핍박과 수난을 받는 중에 밧모섬에 귀향 가 있었습니다. 그런 상황에 있는 하나님의 백성들을 위로하기 위해서 하나님께서 주신 것이 계시록과 다니엘서(구약시대 핍박과 포로생활의 아픔 가운데 있던 언약백성을 위로하기 위해 주신 책)와 같은 종말론적 묵시 기록들입니다. 그러니까 요한계시록과 같은 이 성경의 본질적인 성격은 그 백성을 위로하는 것이지 겁주는 게 아니라는 것입니다. 그런데도 많은 사람들이 이 종말론 묵시를 강론하면서 성도들을 끊임없이 위협(?)합니다. 또한 다니엘서와 요한계시록 같은 말씀들은, 종말의 상태 곧 예수님 재림 당시의 역사적 '상황'을 설명하는 책이지 종말의 '시점'을 우리에게 제시하는 책이 아닙니다. 말세의 상황에 대해서 소개한 책을 가지고, 재림의 시점을 계산하려고 달려들면 제 아무리 정교한 논리로 무장하고 나온다 하더라도 그것은 전제 자체가 틀렸기 때문에 아무 의미가 없는 것입니다. 종말의 시점(때)은 그 누구도 모릅니다. 그러나 제 짐작에, 지구촌 복음화의 속도를 감안해 볼 때, 예수님의 재림은 앞으로도 상당한 시간이 흘러야 할 것 같습니다. 이번 주만 지나면 (1999년 7월 당시, 1999년 7월말에 지구 종말이 온다는 노스트라다무스의 예언이 많은 사람들의 관심을 끌고 있었음), 1992년 10월 28일의 다미선교회(이장림)의 재림 예언과 마찬가지로 노스트라다무스의 종말 예언도 분명히 거짓말로 판명되고 말 것입니다.

또 한 가지 문제가 있습니다. 미국판 복음주의의 영향으로 극단적인 개인주의와 개교회주의가 한국교회 안에 심각하게 뿌리를 내리고 있다는 사실입니다. 그래서 개인적으로는 제법 똑똑하고 유능한 기독교인이 많은데도, 이 땅의 어두운 역사, 우리네 삶의 추한 모습은 거의 변화가 없습니다. 이 땅에 일류대학 나온 사람들이 엄청나게 많이 있는데도 우리의 지저분한 역사는 별로 바뀌지 않듯이, 각 일터마다 각 지 교회에서 내로라 하는 신자들이 많이 파송되어 나가 있는데 이상하게도 그 일터는 그다지 거룩하게 변하지 않습니다. 지역마다 번듯한 교회들이 서 있습니다. 그런데 그 지역사회의 역사와 문화는 그리 긍정적인 방향으로 바뀌지 않습니다. 왜 그렇습니까? 개인주의, 나아가서 이 개인주의가 좀더 확대된 개교회주의가 기독교 신앙을 갉아먹고 있기 때문입니다.

"우리는 개인적으로 부름을 받지만, 우리의 구원은 공동체적으로 완성됩니다."

그동안 교회공동체 안팎에서 열심히 주님을 섬겨온 동역자들에게 제가 끊임없이 강조해온 이야기입니다. 그러니 개인주의와 개교회주의에 휘말린 사람, 이런 사람들은, 아무리 그 사람이 묵상(Q.T.)의 대가가 되고, 그래서 묵상에 관한 책을 수십 권씩 써낸다 할지라도, 그 사람은 아직 복음의 초보를 제대로 깨우치지 못한 것입니다. 사람이 이 땅에 태어날 때, 태어나는 그 순간부터 수많은 관계의 망(network) 속에 들어갑니다. 태어나는 그 순간부터, 아버지가 있고, 형이 있고, 누나가 있고, 동생이 있고, 선배가 있고, 후배가 있습니다. 밖에 나가면 친구가 있고……얼마나 많은 거미줄 같은 관계의 그물이 우리를 감싸고 있는지 모릅니다. 이 사회에서 누군가가 "저 사람 아주 비인간적이다"는 평을 들을 때는, 그 사람이 '오직 자기만을 위해서 사는 사람'이라는 것을 미루어 짐작할 수 있습니다. "저 사람 비인간적이다"는 말은, 대개의 경우 '오직 자기밖에 모르는 사람'이라는 뜻을 함축하고 있는 것입니다. 돈을 열심히 벌어서 오직 자기만을 위해서 사는 사람, 그래서 부모도 형제도 그 누구도 돌아보지 않으며, 친구들과의 관계도 함부로 하고, 무슨 단체 회원으로서의 기본적인 의무도 감당하지 않고, 이렇듯 자기만 혼자 잘 살려고 하는 사람을 누구도 이 사회의 건실한 시민으로 인정하지 않습니다. 사람이 어느 정도 성장하면 자기 앞가림을 함과 동시에 주변 사람들 앞에 주어진 관계 속에서 감당해야될 소위 공생애적인 삶의 부담을 기꺼이 짊어져야만 하는 것입니다. 사실 오늘 우리의 어두운 현실을 바라볼 때, 우리가 개인 경건의 능력으로 싸워야될 문제보다는, 오직 공동체의 결집된 힘으로 대항하지 않으면 안 되는 보다 더 복합적이고 구조적인 문제들이 훨씬 많은 것을 알 수 있습니다. 어찌 보면 우리가 싸워야 될 상대는 골리앗이고, 우리는 소년 다윗과 같은 연약한 존재들입니다. 그럼에도 우리들이, 보다 거대한 구조적인 문제를 해결하고자 하는 이 힘겨운 싸움을 효율적으로 해내기 위해서는, 신앙공동체 나름대로의 구조적인 틀을 반드시 갖춰야만 하는 것입니다. 바로 그런 이유에서 이 세상 안에 기독교 신앙공동체가 필요한 것입니다. 예수 안 믿는 사람들도 모이기를 힘씁니다. 함께 모여서 노동조합을 만듭니다. 저는 이 세상 안에서 진정한 노동조합(운동권)은 오직 기독교신앙공동체 밖에 없다고 생각하고 있습니다. 우리가 이렇게 힘써 모여야될 이유가 바로 복음의 본질 속에 무르녹아 있는 것입니다. 자기가 속한 지(branch) 교회 울타리만을 높게 쌓는 것, 그것으로 할 일 다했다고 생각하는 이가 있다면 그는 기독교 복음의 본질을 크게 오해한 것입니다. 저는 이 땅의 그리스도인들이 나중에 주님 앞에 섰을 때 혹시 다음과 같은 문답을 하게 되지나 않을까 은근히 걱정될 때가 있습니다.

"그대, 교회 몇 년이나 다녔지?"
"한 40년 다녔습니다."
"그래 그 동안 주로 뭐했나?"
"예, 건물 때려부수고 새로 짓다 왔습니다."

솔직히 이것 외에는 우리가 할 말이 없을 것 같습니다.

이 밖에도 한국교회가 안고 있는 문제는 많습니다만 지면관계상 몇 가지만 지적했습니다. 이처럼 심각한 문제들을 한국교회가 안고 있기 때문에, 이 땅에서 교회와 세속단체는 별로 크게 다를 바가 없습니다. 교회 공동체와 일반 사람들이 모여서 활동하는 세속적인 모임이 그 본질상 별로 다른 게 없어 보인다는 것입니다. 성경은 하나님의 백성들이 다른 백성들과, 다른 사람들과는 달라야 된다고 합니다. 마태복음 5~7장에 기록된 〈산상수훈〉의 결론은 한마디로 "달라야 한다"는 것입니다. 하나님의 백성들은 모든 면에서 믿지 않는 사람들과 달라야 합니다. 생각이 다르고, 말이 다르고, 행실이 다르고, 세상을 바라보는 관점이 달라야 합니다. 역사를 보는 눈, 사람을 보는 눈, 시대의 흐름을 읽는 눈, 돈을 바라보는 눈, 이 모든 것이 달라야 하는 것입니다. 그러나 오늘날 기독교인들은, 예수 믿는 우리 스스로가 생각하기에도, 세상 사람들과 별로 다르지 않습니다.

이와 같은 몇 가지 문제들은, 결국 '교회론'과 '제자도'의 문제로 압축됩니다. 예수 제자의 삶이 어떠한 것인지, 그 제자들이 모인 교회 공동체라는 것이 도대체 무엇이며 어떤 본질을 가져야 되고, 어떻게 살아가야 되는가에 대한 성경적인 답변을 아직 우리가 분명히 갖고 있지 못하기 때문입니다. 그래서 오늘 다루게될 이 본문은 대단히 중요합니다. 본문을 다루기 전에 본문의 전후 문맥을 먼저 살펴보겠습니다.

주님께서는, 5천 명을 먹이신 이적(6장)에 이어 4천 명을 먹이는 이적(막 8:1~10)을 또 행하셨습니다. 이 일 후에 바리새인들이 '하늘에서 오는 표적'을 구하자 그들과 논쟁(막 8:11~13)하셨습니다. 그 뒤에 벳새다 지방에서 소경 하나를 치료(막 8:21~26)해 주셨습니다. 그런데 벳새다에서 소경을 치료하시는 방식이 아주 독특합니다. 참으로 이상하게도 다른 때와 달리 2단계에 걸쳐서 이 소경을 치료하십니다.

우리는 마가복음 8장까지 오는 동안 주님이 어떠한 능력의 소유자인가를 숱하게 보아왔습니다. 그 분은, 말씀 한 마디로 풍랑도 잠재울 수 있고, 죽은 자도 살릴 수 있다는 것을 이미 알게 됐습니다. 사람의 중심에 있는 믿음을 보시고 그 믿음을 따라서 오직 그 분의 말씀 한 마디로 모든 것을 고치고 회복하실 수 있는 분이 주님이라는 사실을 우리는 이미 알고 있습니다. 그런 정보를 우리가 머릿속에 두고 있기 때문에 벳새다에서 소경 한사람을 주님이 2단계에 걸쳐서 고치신 이 사건은 상당히 심각한 사건으로 다가옵니다.

'아, 주님의 능력이 이제 바닥이 났는가?'
'그 동안에는 말씀 한마디로 모든 일을 잘 처리했는데 이번에는 능력이
좀 부족해서 두 번에 걸쳐서 그 소경을 고치시는 것인가?'

이런 생각이 들 수도 있을 것입니다. 정말 그런 것입니까?

(사 20:1~5) ¹앗수르 왕 사르곤이 군대장관을 아스돗으로 보내매, 그가 와서 아스돗을 쳐서 취하던 해, ²곧 그 때에 여호와께서 아모스의 아들 이사야에게 일러 가라사대, "갈지어다. 네 허리에서 베를 끄르고 네 발에서 신을 벗을지니라" 하시매 그가 그대로 하여 벗은 몸과 벗은 발로 행하니라. ³여호와께서 가라사대, "나의 종 이사야가 삼 년 동안 벗은 몸과 벗은 발로 행하여 애굽과 구스에 대하여 예표와 기적이 되게 되었느니라. ⁴이와 같이 애굽의 포로와 구스의 사로잡힌 자가 앗수르 왕에게 끌려 갈 때에 젊은 자나 늙은 자가 다 벗은 몸, 벗은 발로 볼기까지 드러내어 애굽의 수치를 뵈이리니, ⁵그들이 그 바라던 구스와 자랑하던 애굽을 인하여 놀라고 부끄러워할 것이라."

(렘 19:1, 10~11) ¹여호와께서 이같이 말씀하시되, "가서 토기장이의 오지병을 사고 백성의 어른들과 제사장의 어른 몇 사람을 데리고…… ¹⁰너는 함께 가는 자의 목전에서 그 오지병을 깨뜨리고, ¹¹그들에게 이르기를, '만군의 여호와께서 이같이 말씀하시되 사람이 토기장이의 그릇을 한번 깨뜨리면 다시 완전하게 할 수 없나니 이와 같이 내가 이 백성과 이 성을 파하리니 그들을 매장할 자리가 없도록 도벳에 장사하리라.'"

(겔 4:1~5:17) : 지면관계로 생략

(겔 12:1~7) ¹여호와의 말씀이 또 내게 임하여 가라사대, ²"인자야, 네가 패역한 족속 중에 거하도다. 그들은 볼 눈이 있어도 보지 아니하고 들을 귀가 있어도 듣지 아니하나니 그들은 패역한 족속임이니라. ³인자야, 너

는 행구를 준비하고 낮에 그들의 목전에서 이사하라. 네가 네 처소를 다른 곳으로 옮기는 것을 그들이 보면 비록 패역한 족속이라도 혹 생각이 있으리라. ⁴너는 낮에 그 목전에서 네 행구를 밖으로 내기를 이사하는 행구같이 하고 저물 때에 너는 그 목전에서 밖으로 나가기를 포로되어 가는 자 같이 하라. ⁵너는 그 목전에서 성벽을 뚫고 그리로 좇아 옮기되, ⁶캄캄할 때에 그 목전에서 어깨에 메고 나가며 얼굴을 가리우고 땅을 보지 말지어다. 이는 내가 너를 세워 이스라엘 족속에게 징조가 되게 함이니라.” 하시기로, ⁷내가 그 명대로 행하여 낮에 나의 행구를 이사하는 행구 같이 내어놓고 저물 때에 내 손으로 성벽을 뚫고 캄캄할 때에 행구를 내어다가 그 목전에서 어깨에 메고 나가니라.

인용한 성경구절에 나타난 선지자들의 행동, 이런 것을 일컬어서 신학적으로 ‘행동비유’라고 합니다. 선지사역을 하되, 말로 하는 것이 아니라 선지자 자신의 행위를 통해서 하나님의 뜻을 전달하는 방식이 바로 행동비유입니다. 바로 이런 각도에서, 주님이 벳새다에서 소경 하나를 2단계에 걸쳐서 치유하신 이 이적이 예수님의 행동비유라는 사실을 잡아내지 못할 경우 우리는 이 사건의 의미를 크게 오해하게 됩니다. 소경을 데리고 밖으로 나가서 한번 손을 대신 후에 예수님이 물으십니다.

“뭐가 보이느냐?”
“예, 뭐, 나무토막 같은 것이 발 달려 가지고 걸어다닙니다.”

한번 더 손을 대고 어떤가를 다시 물으십니다.
“이제는 밝히 보입니다.”

그런데 이 벳새다에서 소경을 치료한 이 말씀 바로 앞과 뒤에 주님께서 제자들을 가르치고자 원하시는 내용이 분명하게 드러나 있습니다. 그렇다면 이 장면은, 예수 제자도에 대한 상징의 하나로 해석될 수 있을 것입니다. 그러므로, 본문에서 베드로가 "너희는 나를 누구라 하느냐"고 주님이 물으실 때, "주는 그리스도시요, 살아 계신 하나님의 아들"이라고 대답한 것이, 그의 영적인 눈이 완전히 떠져서 하는 대답이 아니라는 것입니다. 이 소경이 마치, 자기 눈앞에서 걸어다니는 사람들을 '나무토막이 발 달려서 다니는 것' 처럼 인식한 것과 마찬가지로, 베드로의 대답이 바로 그런 수준의 답이라는 것을 마가가 암시하고자 하는 것입니다.

그러면 도대체 우리들에게 있어서 '제자도'(영성)의 진정한 표준은 무엇 무엇인가?

무엇보다도 먼저, 예수그리스도와 우리와의 개인적인 관계를 점검할 필요가 있습니다. 다시 말하면 우리의 영적인 눈이 먼저 분명히 확인되어야만 합니다. '내가 예수님을 어떤 분으로 보느냐' 가 제자도의 진정성을 확인하는 결정적인 표준이 되기 때문입니다. 오늘 본문 마가복음 8장 부분은 예수님의 3년 공생애 사역의 종착점에서 이루어진 사건이라는 것을 기억하며 이 본문을 살필 필요가 있습니다. 예수님께서 3년 간 열심히 유대 지역을 돌아다니면서 사역하셨습니다. 수많은 이적과 기사를 행하심으로 그 분이 어떤 분인가를 밝혔습니다. 그리고 나서 본문 마가복음 8장 27절이 주어진 것입니다.

(막 8:27) 예수와 제자들이 가이사랴 빌립보 여러 마을로 나가실 새 노중에서 제자들에게 물어 가라사대 "사람들이 나를 누구라고 하느냐?"

예루살렘으로 가는 길(노중)에서 제자들에게 물으신 것입니다. '예루살렘'은 예수님이 죽임 당하실 곳입니다. 오늘 본문에서 처음으로 예수님은 자신이 예루살렘에 가서 죽어야 된다는 이야기를 했습니다. 그러니까 예루살렘으로 가고 있는 이 길은, 단순히 유월절 절기만을 지키러 가는 걸음이 아니었습니다. 그것은, 주님이 그 분의 십자가를 향해서 걷고 있는, 구원사적으로 대단히 중요한 길이었습니다. 이 길 위에서 주님이 제자들에게 물었습니다.

"이 정도 사역을 했으면, 이 유대나라, 나의 이 수 많은 이적을 체험하고
내 이적을 통해서 은혜를 체험한 사람들의 여론은 어떻더냐?"

특별히 이 질문을 하신 장소가 8장 27절에 가이사랴 빌립보로 나와 있습니다. '가이사랴'라는 이 지명은 로마 황제 호칭(케사르)과 깊숙이 연관되어 있습니다. 가이사랴는, 황제를 신으로 섬기도록 황제숭배를 조장하는 로마관료들의 신전이 있었던 곳입니다. 그러므로 가이사랴 빌립보에서 예수님이 이런 질문을 던지신 것은, 우리 식으로 말하면 '절간 앞마당'에서 기독교인들이 수련회를 하는 것과 마찬가지고, 서너 살 박이 어린아이들 앞에 과자를 산더미처럼 쌓아놓고 그 앞에 엄마가 앉아서, "너, 이 과자를 가질래? 엄마를 가질래?"라고 묻는 거나 마찬가지입니다. 그러기에 이것은 굉장히 어려운 질문입니다. 참으로 어려운 자리에서 몹시 어려운 질문을 예수님이 제자들에게 하신 것입니다.

(막 8:28) 여짜와 가로되 "'세례 요한이라 하고 더러는 엘리야, 더러는
선지자 중의 하나'라 합니다."

제자들은 나름대로 여론을 잘 수렴하여 대답했습니다. 물론 우리는, 마가복음 3장 근처에서 예수님의 이 모든 행위를 귀신의 활동으로 규정한 유대교 근본주의자들의 조사보고서가 이미 나와있었다는 사실을 잘 알고 있습니다. 그러니까 당시 예수님에 대한 여론이 꼭이 좋은 쪽으로만 흐르고 있었던 것은 아닙니다. 그 분을 '귀신 들린 자'로 간주한 사람들도 많이 있었기 때문입니다. 그런데도 제자들은, 예수님을 위해서 그 분이 듣기 좋을 만한 말만 골라다가 그것을 잘 요약해서 대답했습니다.

"예, 어떤 사람은 죽은 세례요한이 살아났다고도 하고, 또 어떤 사람은 엘리야가 나타났다고도 합니다. 또 어떤 사람들은 엘리얀지 예레미얀지 는 잘 몰라도 좌우지간 선지자인 것은 분명하다고 합니다."

제자들의 답변에는 대략 이런 뜻이 담겨 있었을 것입니다. 우리 는…… 이런 답을 일컬어서 '사이비'라고 말합니다. 성경적인 용어로 표현하자면, '가라지 답변'인 것입니다. '알곡'과 '가라지'는, 앞선 강론에서 말씀드렸듯이 딱 하나만 다르기 때문입니다. 곧, 이삭만 다르지 나머지는 거의 같기 때문입니다.

'사이비(似而非)'……

비슷한 것 같으나, 사실은 완전히 틀린 대답입니다. 오늘날 우리 사회 안에도 예수님에 대한 이런 사이비 견해가 얼마나 많은지 모릅니다. 엘리야는, 하늘에서 불을 내려서 아하시야가 보낸 군병 51명을 두 번씩이나 불태워 죽인 사람입니다(열왕기하 1장). 세례요한이 당시 사회에서 얼마나 존경을 받는 인물이었는지 우리가 잘 알고 있습니다.

“사람들이 여기 있는 이광우 목사에 대해 뭐라고 합니까?”

“세례 요한이라고……”

“오호 그으래요? 그런데 혹시 다른 의견은 또 없던가요?”

“엘리야같다고도……”

“저저저 정말이예요? 히야!!! 그그그 그분들 지금 어디 계세요? 당장 좀
만날 수 없을까요?”

요즘 우리들 같으면 이랬을 것 같은데, 그러나 예수님은, 그 말을 듣
고 전혀 만족하지 못하신 것을 본문에서 알 수 있습니다. 왜냐하면 이 대
답들은 아주 그럴 듯 하지만, 사실은 완전히 틀린 답이기 때문입니다(가
령, 4지 선택형 객관식 문제의 정답이 3번이라고 할 경우, 3번 바로 옆
번호인 2번이나 4번을 정답으로 선택한 사람들에게 점수를 전혀 주지 않
는 이치와 똑같습니다). 오늘날도 예수님을 그렇게 보는 사람들이 많이
있습니다. 어떤 분은 예수님을 ‘예언가’ 로 보고, 어떤 이는 그저 ‘착한
일을 한 사람’ 으로, 어떤 사람들은 예수님을 ‘가난한 이들의 친구’ 로, 어
떤 사람은 ‘민중의 지도자’ 로, 어떤 사람은 ‘뛰어난 윤리교사’ 로, ‘도덕
주의자’ 로…… 생각합니다. 참으로 감사하게도, 대다수 일반사람들은 예
수님을 ‘세계 4대 성인(聖人) 가운데 한 사람’ 으로 치켜 세워주고 있습니
다. ‘세계 10대 성인’ 중에 안 넣어놓고 ‘4대 성인’ 중에 넣어 놨으니까
참 고맙고 다행스럽지 않습니까? 그래서 예수님을, 소크라테스와 공자와
같은 등급에 올려놓고 있습니다. 지루함을 달래기 위해 잠깐 한 번 생각
해 봅시다. 여러분, 소크라테스의 마지막 유언이 뭐였습니까? 잘 아시다
시피 제자들에게, “통닭 두 마리 외상값 남아 있으니까 나 죽은 후에 그
것 좀 해결해 달라”는 것이었습니다. 하지만 우리 주 예수님은 돌아가실
때 십자가에서 이렇게 말씀하셨습니다.

"다 이루었다."(요한복음 19:30)

그 분이 무엇을 다 이루셨는지는 이 자리에서 굳이 따지지 맙시다. 좌우간 통닭 두 마리 외상값을 해결하지 못하고 간 사람과, 뭔지는 모르지만 "다 이루었다"고 하시는 이 말씀과의 격조의 차이만큼은 우리가 상식적으로 인정하지 않으면 안 된다고 생각합니다. 그런데 어떻게 예수님을 '소크라테스'하고 같은 등급에 놓고 이야기할 수 있습니까? 그래서, 저의 전도용 칼럼집 《신약성경 호박국》(예영, 1997)에도 피조물인 소크라테스와 구세주 예수님의 근본적인 차이를 밝히는 글(제목 : '소크라테스와 예수님')을 써 놓았던 것입니다. 구세주 예수님은 세례 요한의 주님이시고, 엘리야의 하나님이시고, 구약시대의 수많은 선지자들이 그토록 보기를 원했던 우리의 구세주 하나님이십니다. 할렐루야! 그러기 때문에, 우리 생각에 이런 대답들이 아무리 그럴듯해 보인다 할지라도, 결코 정답이 될 수 없는 것입니다. 그래서 주님은 제자들에게 다시 묻습니다.

(막 8:29) 또 물으시되 "너희는 나를 누구라 하느냐?"

다른 사람들은 그렇게 말을 한다 하더라도, 그러면 3년 동안 나와 함께 한솥밥을 먹고 나와 함께 지내며, 낮에는 진리의 말씀을 듣고, 밤에는 성경 말씀에 대해서 특별 가르침을 받으며 나와 함께 생활한 "너희들은 그러면 나를 누구라고 하는가?" 물으시자, 베드로가 얼른 나서서 "주는 그리스도"시라고 대답합니다. 본문의 병행구절인 마태복음 16장 16절에 보면, "주는 그리스도시요, 살아 계신 하나님의 아들"이라고 베드로가 대답한 것을 알 수 있습니다. 여하튼, "그러면 〈너희는〉 나를 누구라 하느냐?"는 이 물음은 대단히 중요합니다. 특히 예수님의 제자로서 사람 낚는 어부의 길을 걷기 위해 나선 오늘 우리들에게는 더더욱 중요한 물음입니다. 참고로, 마가가 매우 열정적으로 예수님을 어떻게 소개하고 있는지, 아래 인용된 마가복음 구절들을 꼼꼼이 잘 살펴보십시오.

(막 1:7~8) [7]그가 전파하여 가로되, "나보다 능력 많으신 이가 내 뒤에 오시나니, 나는 굽혀 그의 신들메를 풀기도 감당치 못하겠노라. [8]나는 너희에게 물로 세례를 주었거니와 그는 성령으로 너희에게 세례를 주시리라."

(막 1:11) 하늘로서 소리가 나기를, "너는 내 사랑하는 아들이라. 내가 너를 기뻐하노라" 하시니라.

(막 1:24) "나사렛 예수여, 우리가 당신과 무슨 상관이 있나이까? 우리를 멸하러 왔나이까? 나는 당신이 누구인 줄 아노니 하나님의 거룩한 자니이다."

(막 2:10) 그러나 인자가 땅에서 죄를 사하는 권세가 있는 줄을 너희로 알게 하려 하노라 하시고 중풍병자에게 말씀하시되

(막 2:17) 예수께서 들으시고 저희에게 이르시되, "건강한 자에게는 의원이 쓸 데 없고 병든 자에게라야 쓸 데 있느니라. 내가 의인을 부르러 온 것이 아니요 죄인을 부르러 왔노라" 하시니라.

(막 2:28) "이러므로 인자는 안식일에도 주인이니라."

(막 3:11) 더러운 귀신들도 어느 때든지 예수를 보면 그 앞에 엎드려 부르짖어 가로되, "당신은 하나님의 아들이니이다"하니

(막 4:41) 저희가 심히 두려워하여 서로 말하되, "저가 뉘기에 바람과 바다라도 순종하는고?" 하였더라.

(막 5:7) 큰 소리로 부르짖어 가로되, "지극히 높으신 하나님의 아들 예수여, 나와 당신과 무슨 상관이 있나이까? 원컨대 하나님 앞에 맹세하

고 나를 괴롭게 마옵소서” 하니

(막 6:56) 아무 데나 예수께서 들어가시는 마을이나 도시나 촌에서 병자를 시장에 두고 예수의 옷 가에라도 손을 대게 하시기를 간구하니 손을 대는 자는 다 성함을 얻으니라.

(막 7:28) 여자가 대답하여 가로되 “주여, 옳소이다마는 상 아래 개들도 아이들의 먹던 부스러기를 먹나이다.”

(막 7:37) 사람들이 심히 놀라 가로되, “그가 다 잘 하였도다. 귀머거리도 듣게 하고 벙어리도 말하게 한다” 하니라.

(막 8:27~31) 27예수와 제자들이 가이사랴 빌립보 여러 마을로 나가실새 노중에서 제자들에게 물어 가라사대, “사람들이 나를 누구라고 하느냐?” 28여짜와 가로되, “세례 요한이라 하고 더러는 엘리야, 더러는 선지자 중의 하나라 하나이다.” 29또 물으시되 “너희는 나를 누구라 하느냐?” 베드로가 대답하여 가로되 “주는 그리스도시니이다” 하매, 30이에 자기의 일을 “아무에게도 말하지 말라” 경계하시고 31인자가 많은 고난을 받고 장로들과 대제사장들과 서기관들에게 버린바 되어 죽임을 당하고 사흘만에 살아나야 할 것을 비로소 저희에게 가르치시되

(막 8:38) 누구든지 이 음란하고 죄 많은 세대에서 나와 내 말을 부끄러워하면 인자도 아버지의 영광으로 거룩한 천사들과 함께 올 때에 그 사람을 부끄러워하리라.

(막 9:2~3) 2엿새 후에 예수께서 베드로와 야고보와 요한을 데리시고 따로 높은 산에 올라가셨더니 저희 앞에서 변형되사 3그 옷이 광채가 나며 세상에서 빨래하는 자가 그렇게 희게 할 수 없을 만큼 심히 희어졌더라

(막 9:7) 마침 구름이 와서 저희를 덮으며 구름 속에서 소리가 나되 “이는 내 사랑하는 아들이니 너희는 저의 말을 들으라” 하는지라.

(막 10:45~47) [45]인자의 온 것은, 섬김을 받으려 함이 아니라, 도리어 섬기려 하고 자기 목숨을 많은 사람의 대속물로 주려 함이니라. [46]저희가 여리고에 이르렀더니 예수께서 제자들과 허다한 무리와 함께 여리고에서 나가실 때에 디매오의 아들인 소경 거지 바디매오가 길가에 앉았다가 [47]나사렛 예수시란 말을 듣고 소리질러 가로되 다윗의 자손 예수여 나를 불쌍히 여기소서 하거늘

(막 11:16~17) [16]아무나 기구를 가지고 성전 안으로 지나다님을 허치 아니하시고, [17]이에 가르쳐 이르시되 "기록된 바 '내 집은 만민의 기도하는 집이라 칭함을 받으리라' 고 하지 아니하였느냐? 너희는 강도의 굴혈을 만들었도다" 하시매

(막 12:10) 너희가 성경에 건축자들의 버린 돌이 모퉁이의 머릿돌이 되었나니

(막 14:22~25) [22]저희가 먹을 때에 예수께서 떡을 가지사 축복하시고 떼어 제자들에게 주시며 가라사대 "받으라. 이것이 내 몸이니라" 하시고 [23]또 잔을 가지사 사례하시고 저희에게 주시니 다 이를 마시매 [24]가라사대 "이것은 많은 사람을 위하여 흘리는 바 나의 피 곧 언약의 피니라. [25]진실로 너희에게 이르노니 내가 포도나무에서 난 것을 하나님 나라에서 새것으로 마시는 날까지 다시 마시지 아니하리라" 하시니라.

(막 14:61~62) [61]잠잠하고 아무 대답도 아니하시거늘 대제사장이 다시 물어 가로되 "네가 찬송 받을 자의 아들 그리스도냐?" [62]예수께서 이르시되, "내가 그니라. 인자가 권능자의 우편에 앉은 것과 하늘 구름을 타고 오는 것을 너희가 보리라" 하시니

(막 15:2) 빌라도가 묻되 네가 유대인의 왕이냐 예수께서 대답하여 가라사대 네 말이 옳도다 하시매

(막 15:12~13) [12]빌라도가 또 대답하여 가로되, "그러면 너희가 유대인

의 왕이라 하는 이는 내가 어떻게 하랴?" [13]저희가 다시 소리지르되 "저를 십자가에 못박게 하소서"

(막 15:18) 예하여 가로되 "유대인의 왕이여 평안할지어다" 하고

(막 15:26) 그 위에 있는 죄 패에 '유대인의 왕'이라 썼고

(막 15:31~32) [31]그와 같이 대제사장들도 서기관들과 함께 희롱하며 서로 말하되 "저가 남은 구원하였으되 자기는 구원할 수 없도다. [32]이스라엘의 왕 그리스도가 지금 십자가에서 내려와 우리로 보고 믿게 할지어다" 하며 함께 십자가에 못 박힌 자들도 예수를 욕하더라.

(막 15:39) 예수를 향하여 섰던 백부장이 그렇게 운명하심을 보고 가로되 "이 사람은 진실로 하나님의 아들이었도다" 하더라.

(막 16:7~8) [7]가서 그의 제자들과 베드로에게 이르기를 "예수께서 너희보다 먼저 갈릴리로 가시나니 전에 너희에게 말씀하신 대로 너희가 거기서 뵈오리라 하라" 하는지라. [8]여자들이 심히 놀라 떨며 나와 무덤에서 도망하고 무서워하여 아무에게 아무 말도 하지 못하더라.

(막 16:19) 주 예수께서 말씀을 마치신 후에 하늘로 올리우사 하나님 우편에 앉으시니라.

이쯤 되면, 마가복음 전체에서 마가가 우리에게 말하고 싶어하는 가장 중요한 것 가운데 하나가 무엇인지를 충분히 알 수 있을 것입니다. 그것은 바로, '예수님이 어떤 분이신가' 하는 것입니다. 마가복음의 '주인공'인 예수님도 마찬가지 생각이었을 것입니다. 그래서 주님은, 3년간의 공생애 사역을 마치면서 "사람들이 나를 누구라 하느냐?"고 물으셨고, 만족스러운 대답이 나오지 않자 자신의 제자들을 향해서 "그러면 너희들은 나를 누구라고 하느냐?"고 물으신 것입니다. 예수의 제자로서 얼마나 '올바른 기독관'을 갖고 있는지를 직접 점검하신 것입니다. 그러자

베드로가 "주님은 그리스도시라"고, "나 같은 죄인의 구세주이시며 내 생명의 주인이시라"고 신앙을 고백한 것입니다. "당신은 나의 왕, 나의 주인"이시라고 고백합니다. 병행구절인 마태복음 16장 17~19절을 보면, 바로 이와 같은 고백이 있은 뒤에, 이 땅에 '예수님 자신의 에클레시아', 곧 '교회'를 세우겠다고 선언하시는 말씀이 나옵니다.

> (마 16:1:17~19) 예수께서 대답하여 가라사대 "바요나 시몬아, 네가 복이 있도다. 이를 네게 알게 한 이는 혈육이 아니요 하늘에 계신 내 아버지시니라. [18]또 내가 네게 이르노니 '너는 베드로라' 내가 이 반석 위에 내 교회를 세우리니 음부의 권세가 이기지 못하리라. [19]내가 천국 열쇠를 네게 주리니 네가 땅에서 무엇이든지 매면 하늘에서도 매일 것이요 네가 땅에서 무엇이든지 풀면 하늘에서도 풀리리라" 하시고

> "이 땅에 나의 에클레시아(교회)를 세우는데, 나의 이 에클레시아를 사단의 권세가 이기지 못할 것이다."

교회의 궁극적 승리를 예고하시는 참으로 감격스러운 선언입니다. 요한계시록의 결정적인 메시지도, '이김의 신학' 아닙니까? 곧, 마침내 예수그리스도가 이기고, 그의 몸된 교회 곧 그리스도의 신부인 교회가 이길 것이라는 것을 요한계시록을 통해 말씀하신 것입니다. 그러면서 베드로에게 "내가 천국열쇠를 네게 준다"는 참으로 감격스러운 약속을 해 주십니다. 오늘날 많은 교회가 이 말씀을 오해한 나머지 이것을 흉내내어 교회당(성전?) 봉헌식을 할 때 황금 열쇠를 만들어서 담임(당회장)목사님께 드리는 행위는 신학적으로 아주 잘못된 일입니다. 사실, 그런 열쇠를 주려면(꼭 그렇게 해야만 한다면) 그것을 담임 목사님에게 줄 것이 아니

라 교회당 관리 집사님에게 주어야 맞습니다. 실제로 예수님께서 베드로에게 "천국열쇠를 너에게 준다"고 말씀하실 때, 쇠붙이로 만든 진짜 열쇠를 베드로에게 주었다고 생각해서는 안됩니다. "내가 천국열쇠를 너에게 준다"고 말씀했을 때, 이 말을 들은 당시 유대나라 사람들은 "열쇠"라는 말에서 순간적으로 떠오르는 게 있었을 것입니다. 바로 예루살렘 성전 주변에서 활동하는 '서기관들' 입니다. 캠벨 몰간 목사님의 연구에 의하면 예수님 당시 서기관들은 호주머니에 열쇠를 차고 다녔다고 합니다. 곧, '열쇠' 가 바로 서기관의 상징이었던 것입니다. 그러므로 예수님이 베드로에게 하신, "내가 천국 열쇠를 너에게 준다"는 말씀은, "나의 이 교회(에클레시아)를 섬기면서 너는 새로운 시대의 새로운 서기관직을 감당해야만 한다"는 뜻을 담고 있었던 것입니다. 주님의 이 분부를 따라서 베드로는 (회심하고 오순절 성령의 권능을 체험한 후에) 예루살렘 성전 주변에서 담대히 복음을 선포함으로 이 새로운 서기관의 직임을 능히 감당했습니다. 예수님을 십자가에 못 박아 죽인 반역의 땅 예루살렘에서 베드로는 최초의 '복음 설교' 를 했고, 그의 설교를 통해서 죄인들이 3천명, 5천명씩 회개하고 주님께 돌아오는 놀라운 역사가 있었습니다. 복음의 진리를 반역의 땅에 증거하는 '새로운 서기관의 사역' 을 그가 능히 감당했던 것입니다. 이미 말씀드렸듯이 주님이 베드로의 이 고백을 받고 하신 첫 번째 일이 바로 이 땅에 주님의 교회공동체를 세운다는 것을 선포하는 것이었습니다. 그런 점에서 오늘날 이 땅의 모든 신앙공동체의 존재기반은 바로 '예수님을 도대체 어떤 분으로 고백하느냐' 하는 것입니다. 적어도 기독교 승리주의자들처럼 예수님을, 자기네 '머슴' 으로, '웨이터' 로, '심부름꾼' 으로, '해결사' 로 생각하는 뒤틀린 관점에서는 이 땅의 교회는 온전히 존재할 수도, 힘 찬 사역을 할 수도 없는 것입니다.

(막 8:30) 이에 자기의 일을 "아무에게도 말하지 말라" 경계하시고

　베드로가 예수님께 신앙을 고백했을 때, 주님이 이것에 대해서 베드로를 노골적으로 반박하신 사실이 전혀 없습니다. 베드로가 정답을 말했기 때문입니다. 베드로의 답변을 정당한 것으로 인정하심으로써 "그래, 네 말대로 나는 구세주"라는 말씀을 예수님께서 은근히 하신 셈입니다. 그런데 놀랍게도 예수님은, 이 고백을 들으신 후 '입 조심 할 것'을 다시 한 번 더 제자들에게 명령하셨습니다. '기독교 승리주의자들'이 주님을 향해 오해하고 달려들 가능성을 원천적으로 봉쇄하기 위해서였습니다. 여러분 왜 신앙생활을 하며, 왜 교회에 나다니며, 왜 선교단체에 출입하며, 왜 수련회를 하는지, 우리 중심의 동기에 대한 정직하고 분명한 답이 이 시간 우리 입술에 있기를 바랍니다. 얼마나 우스운 동기로 교회당에 나오는 사람들이 많은지, 제가 평신도 시절에 저의 모(母) 교회 청년부 후배들을 섬기고 있을 때, 그들 앞에 글을 하나 써줬습니다. 주제는, '우리가 어떤 동기에 의해서 교회에 나와야 되는가?'였습니다. 이 글이 1990년도에 쿰란출판사를 통해《당신은 왜 교회에 나오십니까?》라는 제목의 소책자로 출판됐습니다. 그 책에서 저는 사람들이 교회에 나오는 부적절한 동기를 몇 가지로 유형화해서 분석한 다음, 마지막 결론으로, 그러면 우리는 진정 어떤 동기에서 교회에 나와야 될 것이며, 어떤 동기에서 신앙생활을 할 것인가에 대해서 결론을 내렸습니다(그 결론을, 제 7강 마지막 부분에서 다시 자세히 말씀드리겠습니다).

　오늘 우리들의 삶에서 예수님은 과연 무엇(누구)입니까? 혹시 그 분은 우리 신앙의 겉모양을 치장하는 종교적 장신구(악세사리)가 아닙니까? 바꾸어 말하면, 지금 나의 삶에서 예수님을 빼버린다면 도대체 무엇이 어떻게 되며, 내 삶의 무엇이 남겠는가를 생각해 봐야만 하는 것입니다.

슬프게도, 예수님이 빠져 버려도 얼마든지 잘 움직이는 교회들이 많이 있는 것 같습니다. 아주 멋진 프로그램들이 있고, 잘 짜여진 조직이 있고, 수많은 사람들로 형성된 강력한 교세와 잘 갖추어진 시설과 장비가 있습니다. 예수님이 빠져도 큰 문제없이 잘 움직이는 교회, 예수님이 빠져버려도 크게 문제될 것이 없는 그리스도인들의 위험한 삶이 굉장히 많아 보입니다. 하지만 고린도전서 4장 15절에서 바울은 이렇게 말했습니다.

"그리스도안에서 일만 스승이 있으되 아비는 많지 아니하니 그리스도 안에서 복음으로써 내가 너희를 낳았음이라."

바울이 어설프기 그지없는 우스운 사람이라고 생각하는 분은 아마 없을 것입니다. 바울은, 오늘 우리 식으로 말하면 박사학위를 대여섯 개쯤 가진 매우 유능하고 똑똑한 사람입니다. 바울 사도의 영성과 이 사람의 신앙적인 성숙도가 얼마나 대단한지 모릅니다. 그러기에 어떤 신학자들이 "기독교는 예수교가 아니라 바울교"라고까지 말할 정도로 바울이 기독교 신학과 신앙에 끼친 영향은 막대합니다. 그런 바울이 고린도전서 4:15에서, "내가 고린도교회를 섬길 때에 〈오직 복음으로만〉 일했다"고 담대히 고백합니다. 저와 동역하는 이들 중에 종종 "우리 신앙공동체에 그럴 듯한 프로그램이 있는가? 좀 더 체계적인 양육프로그램을 제시하라"고 말씀하시는 분들이 있습니다. 저는 그런 분들에게 감히 "'프로그램 그리스도'를 믿지 말라"고 대답합니다. 우리 신앙공동체에 남에게 번듯하게 내 보일 만한 프로그램이 없습니까? 예, 그것은 없어도 상관없습니다. 우리 신앙공동체에 "그리스도의 복음이 없다"고 한다면, 아무리 심한 비난을 해도 그 충고를 기꺼이 받아 사역방향을 바꿀 마음이 있습니다. 그러나 우리 공동체에 '복음'이 엄연히 있다면 그렇게 함부로 말해서는 안됩니다. '프로그램'이 신앙과 신앙공동체를 끌고 가는 것이 아닙니다. 그런 것이 필요 없다는 것이 아니라, 그것이 복음사역에 결정적인 요소가 아니라는 것을 말씀드리는 것입니다. 바울 같은 위대하고 유능한 사역자가 새 생명을 탄생시키는 능력을 가진 것은 〈오직 복음 뿐〉이라고 잘라 말하고 있기 때문입니다. '복음'에 대한 기본적인 이해도 아직 제대로 안된 이들이 프로그램 타령을 그토록 많이 하는 것은 정말 심각한 문제입니다.

(막 8:37~38) [37]사람이 무엇을 주고 제 목숨을 바꾸겠느냐? [38]누구든지 이 음란하고 죄 많은 세대에서 나와 내 말을 부끄러워하면 인자도 아버지의 영광으로 거룩한 천사들과 함께 올 때에 그 사람을 부끄러워하리라.

지금 우리가 추구하는 것, 우리 신앙공동체가 추구하는 것이 무엇입니까? 혹시 본문 37절에서 말하는 것처럼 "천하를 얻는 것" 아닙니까? 자신의 '소유'와 '업적'과 '지위'와 '쾌락'과 '자격증'을 얻기 위해서 뛰고 있지는 않습니까? 이 패역한 세대에서 화려한 명함을 만들어 가는 것, 이 악하고 음란한 세대에서 세속적인 힘을 갖추고 그 힘을 혼자서 누리는 것은 우리의 삶의 본질인 영생과 아무 상관이 없다는 것을 부디 기억하십시오. 예수 그리스도의 나라에는 이 세상의 힘(뇌물)이 통하지 않기 때문입니다(인생 종합 전문의이신 예수님 앞에서 의사들의 전문의 자격증을 자랑할 수는 없을 것입니다). 본문 38절에서 주님은 분명하게 말씀하십니다. 이 땅에서의 우리의 삶, 이것이 장차 주님 앞에서 우리가 받을 심판의 내용을 규정한다는 것입니다. 본문 38절의 "부끄러워한다"는 말은 윤리적인 개념이 아니라 '신앙 고백적인 용어' 임을 기억하셔야 합니다. 곧, 이 땅에서 우리가 육체 안에 살고 있을 때 그리스도와 그 복음에 대한 신앙고백을 똑바로 하지 못하면, 최후의 심판대 앞에서 주님도 그 사람을 받아주지 않으실 것이라는 것입니다. 그런 점에서 우리는, 〈현재〉 하나님 나라 안(하나님의 통치 영역 안)에 발을 디디고 살고 있는 것입니다.

(마 5:3) 심령이 가난한 자는 복이 있나니 천국이 저희 것임이요

우리가 잘 알고 있는 산상수훈의 첫 부분입니다. 마태복음 5:3의 "천국이 저희 것임이요"라는 말은, 헬라어 시제를 정확히 살려 번역할 경우, "천국이 〈지금〉 저희 것"이라는 뜻을 담고 있습니다. 하나님 나라는, 장차 죽어서 가는 어떤 나라(저 세상)가 아니고, 하늘 백성들이 현재 발을 디디고 있는 영역임을 강조함으로써, 〈현재적인 하나님 나라〉, 〈하나님의 현재적 통치〉를 말씀하시고 있는 것입니다. 그렇기 때문에, 현재 이 자리에서 우리의 진실한 삶의 고백을 통해서 하나님 나라안에 발을 디디지 못하는 사람들은 장차(육체의 죽음 이후에)도 아무런 희망이 없는 것입니다. 그런 점에서 지금 이 땅에서, 예수님을, 왕으로, 주인으로 모시는 삶을 살아야만 합니다. 그 분의 말씀을 듣고, 그 분의 지시대로 움직이고, 그래서 말씀을 꾸준히 연구하고, 말씀에 녹아서 말씀의 지배를 받는 삶을 살아야 합니다. 다시 말하면 예수 그리스도와 그 분의 〈복음〉을 절대화하고, 〈천하〉를 상대화 할 수 있는 진실한 고백이 우리 안에 있어야 하는 것입니다. 하지만 우리는 두렵게도 그 반대의 길을 더 잘 걷습니다. 그것도 배워서 잘하는 게 아니라 거의 본능적으로 그리합니다. 천하를 절대화하고, 예수그리스도와 그 분의 복음을 상대화시키는 일을 너무

잘하면서도, 별 두려움도 아픔도 없이 그럭저럭 잘 살아가고 있습니다. 정말 치명적인 질병에 이미 걸린 것입니다.

다음으로, 고난에 대한 태도를 분명히 할 필요가 있습니다. 우리의 '고백'과 '행동'이 일치되는가를 확인해야 합니다. 다시 말하면 우리의 인생의 관점, 특별히 내 눈으로 내 삶을 들여다보는 눈이 올바르게 형성되어 있어야만 하는 것입니다.

(막 8:31~32) [31]"인자가 많은 고난을 받고 장로들과 대제사장들과 서기관들에게 버린바 되어 죽임을 당하고 사흘만에 살아나야 할 것을 비로소 저희에게 가르치시되 [32]드러내놓고 이 말씀을 하시니, 베드로가 예수를 붙들고 간하매"

예수님은, 제자들에게 입 단속을 시키신 뒤에 제자들에게 십자가 고난의 필연성에 대해 예고를 하셨습니다. 그랬더니 베드로가 '결코 그럴 수 없다'며 '예수님의 멱살을 틀어쥐고 흔들기 시작' 했습니다.

"당신, 누구 맘대로 죽어? 누구 마음대로? 내 모든 것을 다 버리고 3년 간 당신을 따랐는데, 당신 죽어버리면……그럼 난 도대체 뭐가 되는 거야?"

베드로의 언행을 제가 약간 각색했지만 실제 원문의 분위기와 말투가 대략 이와 같습니다. 예수님의 멱살을 붙들고,

"누구 맘대로 죽어요? 당신이 죽으면 안되지. 아, 닭 쫓던 개는 다른 개 하고 놀러 가면 되지만, 3년 간 당신을 죽자 사자 따른 나는 이제 무엇

하라는 말입니까? 그 동안에 그물질을 안 해서 근육도 다 풀렸고, 뱃사람으로 다시 몸 만들기를 하려면 시간도 많이 필요할 텐데…… 난 뭐가 됩니까? 그러니 당신은, 〈나를 위해서〉 절대로 죽으면 안됩니다.”

베드로의 고백과 행위가 전혀 맞지 않는 것을 알 수 있습니다. 그는 주님의 영광에는 밝았지만, 그 분이 걸으셔야만 하고, 그 뒤를 따라서 베드로 자신이 걸어야 될 고난에 대해서는 너무 어두웠습니다(어쩌면 그것을 아예 보지 않으려 했는지도 모릅니다). 말하자면, 눈이 반쯤 떠진 소경처럼 그의 영적인 눈이 겨우 반쯤 떠진 것입니다. 그런 까닭에 그는 끊임없이 ‘고난 없는 영광’ 만을 추구하고 있었습니다.

베드로가 그 마음 속에서 꼭 풀고싶은 숙제(?)가 하나 있었습니다.

“왜 하나님의 아들이, 그토록 치욕스런 십자가를 져야 하나?”

오늘 우리 가슴에도 마찬가지 의문이 똬리 튼 뱀처럼 도사리고 있습니다.

‘(하나님이 우주의 왕이시므로) 내가 왕자고, 공주인데 왜 이렇게 우리는 거지 왕자고, 거지 공주인가?’

영원한 난제, 참으로 신비로운 난제입니다. 여하튼 베드로는 지금, ‘복음의 통전성’ 을 망각하고 있습니다. ‘복음의 통전성’ 이라는 것은, 고난과 영광을 동시에 보는, 보다 더 포괄적이고 거시적인 시야를 확보한 상태를 말합니다. 주님은 ‘십자가 고난’ 에 대하여 말씀하시면서 그 끝 부분에서 분명히 “내가 죽임을 당하고 살아나야 된다”고 말씀하셨습니다.

그러나 베드로는 너무 충격적인 예수님의 말씀에 넋이 빠진 나머지 그 말씀을 끝까지 들을 마음의 여유가 없었던 것으로 보입니다. 그렇지 않습니까? 너무 충격적인 이야기를 듣고 나면, 일단 충격을 받은 후로는 상대가 무슨 이야기를 하는지 그 뒷 이야기는 전혀 못 알아듣는 경우가 많기 때문입니다. 베드로가 바로 그랬습니다. 십자가를 통해서 죄인인 나의 패배를 보아야 되고, 부활을 통해서 하나님의 승리를 봄으로써 복음의 통전성을 확보하는 것인데, 베드로는 한 쪽에 시선을 빼앗긴 나머지, (눈이 반쯤 떠진 소경처럼) 다른 한 쪽은 전혀 보지 못하고 있는 것입니다. 이런 모습의 베드로는 '기독교 승리주의자'에 훨씬 더 가깝습니다. 베드로처럼 십자가의 고난만 보고 부활의 영광을 보지 못하면, 결정적인 순간에 배도(배신)할 가능성이 높습니다. 반대로 부활만 보고 십자가를 거부하면 극단적인 신비주의에 빠질 위험성이 있습니다. 본문 32절의 "말씀하시니"라는 말은 헬라어 원문에서 미완료 시제로 되어 있습니다. 그러니까, 이 사실을 예수님이 한번만 말씀하신 것이 아니라 이 말을 계속 되풀이했다는 것입니다. 예수님이 죽어야 된다는 말, 결코 농담이 아니라는 얘기인 것입니다. 3년간 예수님을 아주 가까이에서 겪어본 바, 그 입술에서 나오는 예수님의 말씀은 반드시 그대로 된다는 것을 다 알고 있는 제자들이었습니다. 물론 그들도 처음에는, '주님이 그냥 농담을 좀 하시는가보다'고 생각했을 지도 모릅니다. 그런데 그 뒤에 또 똑같은 얘기를 자꾸만 되풀이하는 것입니다. 두 번 세 번 얘기를 하시자, '어? 장난이 아니네? 그러면 진짜로 죽으신다는 것인가? 그러면 나는 뭐가 되나?' 이렇게 생각한 것입니다. 그래서 베드로가 앞장서서 주님의 예루살렘 행을 극구 반대했습니다.

성실한 베드로, 열심 있는 베드로…… 열심도 있고 매우 성실하지만, 그러나 영적이지 못한 베드로…… 그는 사뭇 예수님의 멱살이라도 붙들고 막아설 자세였습니다. 마가는 본문 33절에서, 본문의 베드로와 같은 사람들은 언제라도 사단의 도구로 쓰일 수 있음을 경고합니다. 예수님은, 베드로의 순진한 열정과 이기적 욕망을 교묘히 악용하고 있는 사단을 향해서 "사단아, 내 뒤로 물러나라"고 단호하게 말씀하셨습니다. 무슨 뜻입니까? 베드로가 예수님을 훨씬 앞질러 가버렸다는 것입니다. 우리들도 이처럼 예수님을 앞질러 갈 때가 많습니다. 주님이 하라고 하시지 않은 것을 멋대로 만들어서 마구잡이로 덤비면서 주님을 앞질러 갑니다. 그러면 주님이 뒷수습하러 열심히 뒤따라 다니는 식의, 우습지도 않은 신앙생활을 하는 경우가 얼마나 많습니까? 주님은 바로 그런 사람들을 향해서 "내 뒤로 오라"고, "내 뒤로 와서 나를 따라야지, 내가 너희의 뒤를 따르면 안 된다"고 말씀하십니다. 그러기에, 무조건 열정적이기보다는, 오직 영적인 사람, 영성이 탁월한 사람만이 고난 앞에 올바로 반응할 수 있고, 오직 그런 사람만이 하나님만의 거룩성을 이 땅에 힘있게 증거할 수 있는 것입니다. 그렇다면 과연 어떤 사람이 영적인 사람입니까? 금식기도 열심히 하는 사람입니까? 제 친구 중에 어떤 사람처럼, 일년에 180일 이상을 금식하며 기도하는 사람이 정말 영적인 사람입니까?

"어이! 이리 와서 이 책상 좀 함께 나르자구!"
"아이구, 나 못해"
"왜?"
"아, 나 금식 많이 해서 힘이 없어!"

금식 많이 하는 제 친구와의 대화 한 토막입니다만, 지나친 금식으로 몸이 늘 북어처럼 말라 있는 그 친구와의 대화는 늘 이렇듯 안타깝습니다.

(막 8:33) 예수께서 돌이키사 제자들을 보시며 베드로를 꾸짖어 가라사
대 "사단아, 내 뒤로 물러가라. 네가 하나님의 일을 생각지 아니하고 도
리어 사람의 일을 생각하는도다" 하시고

베드로는, 주님의 영광은 보았지만, 그 영광에 이르는 길에 짙게 드리
운 고난의 의미는 보지 못했습니다. 그래서, 눈이 반쯤 뜬 소경이 사람을
나무토막처럼 보는 것처럼(막 8:24) 역사적 상황을 아주 흐릿하게 보는
것입니다. 본문 33절 하반 절에서 주님이 베드로에게 하신 말씀은 이런
뜻을 담고 있었습니다.

"너는 모든 일을 하나님의 관점에서 생각하지 않고 사람의 관점에서만
생각하고 있다. 너의 그 우스운 관점을 포기하고 하나님의 마음과 하나
님의 눈으로, 이 땅을, 우리가 가는 이 길을 다시 바라 볼 필요가 있다."

진짜로 성숙한 그리스도인들은 〈하나님의 관점〉에서 조명된 수난을
받아들일 줄 알아야 된다는 것을 분명히 말씀하신 것입니다. 여러분, 바
울처럼 되고 싶지 않습니까? 우리 형제 자매들 가운데 바울처럼 되고싶
어하는 이들이 참 많이 있습니다. '사도 바울' 이라는 '빛나는 이름의 영
광' 을 보고 그런 생각을 많이 하시는 것입니다. 참고로, '바울의 진짜 영
광' 이 무엇인지 잠깐 확인해 보겠습니다.

(고린도후서 11:23~31) [23]저희가 그리스도의 일군이냐? 정신 없는 말을
하거니와 나도 더욱 그러하도다. 내가 수고를 넘치도록 하고 옥에 갇히
기도 더 많이 하고 매도 수없이 맞고 여러 번 죽을 뻔하였으니, [24]유대인
들에게 사십에 하나 감한 매를 다섯 번 맞았으며, [25]세 번 태장으로 맞

고, 한 번 돌로 맞고, 세 번 파선하는 데 일주야를 깊음에서 지냈으며, [26]
여러 번 여행에, 강의 위험과, 강도의 위험과, 동족의 위험과, 이방인의
위험과, 시내의 위험과, 광야의 위험과, 바다의 위험과, 거짓 형제 중의
위험을 당하고, [27]또 수고하며 애쓰고 여러 번 자지 못하고 주리며 목마
르고 여러 번 굶고 춥고 헐벗었노라. [28]이 외의 일은 고사하고 오히려 날
마다 내 속에 눌리는 일이 있으니 곧 모든 교회를 위하여 염려하는 것이
라. [29]누가 약하면 내가 약하지 아니하며, 누가 실족하게 되면 내가 애타
하지 않더냐? [30]내가 부득불 자랑할진대, 나의 약한 것을 자랑하리라. [31]
주 예수의 아버지, 영원히 찬송할 하나님이 나의 거짓말 아니하는 줄을
아시느니라.

고린도후서 11장 31절 말씀에서 바울은 "지금까지 나를 지긋지긋하게
고생시킨 하나님을 내가 찬양한다"고 고백하고 있습니다. 여러분 바울의
이 고백을 이해할 수 있겠습니까? 이 고백을 이해할 수 있는 사람은 마가
를 통해서 우리에게 주시는 기독교 복음의 본질을 어느 정도 이해한 사
람이고, 적어도 그 사람은 '기독교 승리주의자' 는 아닙니다. 바울에게 닥
쳤던 고난은 무슨 아름다운 선율도 그럴 듯한 박자도 없었던 듯합니다.
이런 비유가 적절할지 모르겠습니다.

옛날 산에서 나무를 해다 땔감으로 쓰던 시절, 어느 나무꾼이 재 너머로
나무하러 갔다가 해질 녘에 나뭇짐을 지고 다시 산을 넘어 집으로 가는
데, 참으로 곤란한 상황이 생겼습니다. 힘겨운 나무 짐 몽땅 짊어지고,
한 손에 작대기 짚고 또 한 손에 소 고삐를 잡고 허위허위 산을 넘는데,
갑자기 지게 위의 나뭇단이 무너집니다. 정신 없이 허둥대는 바람에 고
삐가 풀리자 느닷없이 소가 도망칩니다. 해는 뉘엿뉘엿 넘어가 이미 땅

거미가 지기 시작합니다. 일이 안 되느라고 갑자기 배아 아파 오면서 뒤가 마렵습니다. 그런데 아무리 해도 잠방이의 허리띠가 안 풀어집니다…….

바울의 삶에서 보듯, 우리에게 몰아닥치는 환란의 바람이 때로는 이렇게 박자도 선율도 없이 전혀 뜻밖의 상황에서 정신 못 차리게 몰아칠 때가 있습니다.

'그 고난과 환란의 소용돌이 속에서 우리가 과연 주님을 찬양 할 수 있겠는가?'

이런 물음에 대해 마가와 바울의 대답은 똑같습니다. 진정한 제자라면, 기독교 복음의 본질을 정말 제대로 깨우친 사람이라면, 바로 그런 처지에서 주님을 찬양할 수 있어야 된다는 것입니다. 그래서 바울은, 감옥에 갇혀 언제 처형당할지 모르는 상황에 처해 있으면서도 감옥 밖의 동역자들을 향하여, "내가 다시 말하노니 기뻐하라"고 말합니다(빌 4:4). 좀 이상하지 않습니까? 아무리 봐도 이건 정말 상식적으로 이해하기 어려운 이야기입니다. 감옥 밖에 있는 사람들이 감옥 안에 있는 바울을 향해서,

"어쨌든 기뻐하십시오. 바울 선생님 힘내십시오. 우리가 기도해 드리겠습니다. 열심히 기도해 드릴 테니까 부디 힘내십시오. 어떻게든지 조금만 더 버텨보십시오. 바울 선생님, 누가 뭐래도 당신은 우리의 유일한 소망입니다."

　이래야 정상인데, 감옥 안에 있는 사형수(?)가 밖에 있는 사람들을 향해서 "여러분 기뻐하십시오. 내가 다시(분명히) 말하노니 기뻐하십시오"라고 말하는 것은 쉽게 받아들이기 어려운 이야기이기 때문입니다.

　아무튼 바울은, 하나님의 관점에서 고난을 조명할 줄 아는 사람이었습니다. 그래서 그는 자기를 '지긋지긋하게 고생시키는(?) 그 하나님'을 찬양할 수 있었던 것입니다. 본문 33절에서 우리는, 주님을 앞질러 가는 사람의 위험성을 볼 수 있어야 합니다. 주님을 앞질러 가는 사람들은, 너무 허망하게 사단의 도구가 될 가능성이 많습니다. 예수님은 우리의 주인이고 왕이십니다. 그렇다면 우리에게 닥치는 고난 역시 예수님의 눈으로 볼 필요가 있습니다. 고난을 피하지 말고, 우리의 전 생애 전 인격으로 그것을 받아들여야 됩니다. 그 고난 속에 담긴 하나님의 거룩한 뜻을 헤아려야 합니다. 그래야만 우리 입술의 고백과 우리의 행위가 일치될 수 있는 것입니다. 그랬을 때 주님은, "너는 너의 입술이 아닌 너의 마음을 바쳤다"고 말씀하실 것입니다. 고난은, 하나님의 은총을 담은 그릇이기 때문입니다. 고난은 하나님의 은총을 담은 그릇이기 때문에, 그 고난을 거부하면 그 안에 담긴 하나님의 영광과 하나님의 은총을 체험하지 못할 가능성이 높습니다. 그러기에 하나님 앞에 우리 입술만 바치지 말고 우리의 마음과 몸을 바쳐야 합니다.

　'기독관'을 점검하고 '인간관'을 점검했다면, 마지막으로 우리의 '신앙관'을 점검할 필요가 있습니다. 곧, 복음을 위한 실제적인 헌신이 있는가를 점검해야 합니다. 다시 말하면 이것은 우리의 삶의 방향성이 어떠한 쪽인가를 점검하는 것입니다. 많은 그리스도인들이 주님 앞에 '헌신의 어음'을 발행합니다. 주님을 향한 헌신과 봉사를 끊임없이 뒤(미래)로 미룹니다.

'저는 지금은 몹시 바쁩니다. 학교 졸업하고 나면 하겠습니다. 이번 프로젝트 끝나면 하겠습니다. 결혼한 후에 하겠습니다. 사업 성공한 후에 하겠습니다. 애들 학교교육 끝내고 나면 하겠습니다. 주님, 두고보십시오. 그 때는 지금 하지 못한 것까지 곱절로 몽땅 헌신하겠습니다……'

이렇듯 끝없이 하나님께 어음을 발행하며 살다가 어느 날 갑자기 몽땅 부도내고 떠나버리는 사람들도 제법 많습니다. 처음부터 끝까지 '어음'으로 헌신하지 주님 앞에 단 한번도 '현금'으로 하지 않습니다. 여러분, 헌신에 무슨 정해진 때가 있는 것이 아닙니다. 〈바로 지금〉 〈이 자리에서〉 〈아주 작은 일부터〉 헌신하셔야 합니다. 예컨대 헌금도, 돈 못 버는 어린 학생이라고 해서 헌금 안 해도 된다는 법이 없습니다. 학생 때 용돈을 쪼개서 헌금할 줄 아는 사람이 나중에 직장인이 되고 사회인이 되었을 때 헌금할 줄 압니다. 학생시절 없는 시간 쪼개서 〈지금〉 예배하고 기도할 줄 아는 사람이 장차 어른이 되어서도 하나님 앞에서 바른 신앙의 모습을 유지할 수 있는 것입니다. 저는 그동안 수년간의 복음사역을 통해서 그것을 분명하게 확인했습니다. 학생 때 작은 일에 충성하고 학생 때 신실했던 사람들이 사회인이 되어서도 여전히 신실한 모습을 유지하는 모습을 자주 보았기 때문입니다. 하나님 앞에 책임지지도 못할 어음 함부로 날리지 말고 언제나 현찰(?)로 우리의 생명을 드립시다. 우리의 시간, 나중에 많이 드리겠다고 하지말고 작은 시간이라도 '지금' 주님 앞에 드리도록 합시다. 돈, 작은 액수라도 '지금' 주님 앞에 내놓읍시다. 여러분의 생명, 나중에 늙어서 백발이 성성한 뒤에 내놓으려고 말고, 싱싱한 젊음의 꽃을 '지금' 드리도록 합시다. 이것을 지금 결단하지 못하는 사람들은 단 한 순간도 바르게 헌신할 수 없습니다. 예수님의 제자가 될 수는 더더욱 없습니다. 아무튼 "나중에 하겠다"는 말씀은 이제부터 아예 하지 마십시오. 그것은 거짓말이거나 한낱 말장난에 지나지 않는 것입니다. 우리에게는 '내일'이 없기 때문입니다(고전 15:31 참조). 우리 중에 그 누구도 내일을 마음놓고 기약할 수 없기 때문입니다. 그렇다면 과연 누가 예수님의 제자가 될 수 있겠습니까?

> (막 8:34~35) [34]무리와 제자들을 불러 이르시되, "아무든지 나를 따라 오려거든 자기를 부인하고 자기 십자가를 지고 나를 좇을 것이니라. [35] 누구든지 제 목숨을 구원코자 하면 잃을 것이요 누구든지 나와 복음을 위하여 제 목숨을 잃으면 구원하리라."

"아무든지, 누구든지"라는 말이 세 번 되풀이되고 있습니다. 아무든지, 누구든지, 예수님의 제자가 되는 길은 무한대로 열려 있습니다. 다만 한 가지 조건이 있습니다.

"나를 따라 오려거든"

곧 '자발성'입니다. 신앙고백의 기초는 '자발성'입니다. 그러기에 그 누구도 신앙을 강요할 수 없습니다. 각자 마음에 달려 있습니다. 믿고싶으면 믿고, 믿기 싫으면 믿지 않는 것입니다. 헌신하고 싶으면 하고, 하기 싫으면 마는 것입니다. 예수 제자가 되는 데에 다른 자격요건이 없습니다. 꼭 대학을 다니고 대학을 졸업해야만 되는 것도 아닙니다. 좋은 대학을 다녀야 하는 것은 더더욱 아니고, 무슨 그럴듯한 자격증이 있어야만 되는 것도 아닙니다. 어떤 사람이든지, 자기 중심에, 자발적으로 이 길이 고난의 길인 것을 알면서도 이 길 끝에 부활의 영광이 있음을 알고, 주님의 뒤를 따라 자기 몫의 십자가를 지고 가기를 원하는 사람들은 주님이 결코 막지 않으시겠다는 것입니다. 다만, 그 길을 자원해서 오는 사람들이 감당해야 될 짐이 있습니다. 다른 것이 아니라, 자기 목숨까지 상대화시켜야 한다는 것입니다. 조금 전에 여러분들에게, 복음의 영광을 위해 〈당장〉 돈 내놓고 시간 내놓으라고 했습니다. '돈'과 '시간' 중에 무엇이 더 중요합니까? 흔히 돈이 더 중요하다고 생각하시겠지만, 사실은 시간이 더 소중한 것입니다. 사실 '돈'은 가장 흔한 것입니다. 그저 '돈'은 우리의 머슴이고 종에 지나지 않는 것입니다. 그러기에 돈의 노예가 되지 말고 그것을 노예로 잘 부려야 합니다. 주님 앞에 '돈'을 못내 놓는 사람이 그보다 더 중한 '시간'을 내놓을 수는 없을 것입니다. '시간'을 못 내놓는 사람이 주님 앞에 하나뿐인 '목숨' 내놓을 수는 더더욱 없을 것입니다. 정말 그렇습니다. 주님은 우리에게 돈이나 시간을 내놓으라고 말씀하지 않습니다. 주님은 우리에게 단도직입적으로 "나를 따라오려거든, 너의 목숨을 내 놓으라"고 하십니다. 내가 너를 죽이면 죽고, 내가 살리면 살 각오를 하고, 너의 하나뿐인 목숨을 예수님 당신께 믿음으로 맡기고 오라는 것입니다. 그러므로 예수 제자가 되려는 이, 삶의 중심이 혁명적으로 바뀌어야 됩니다. '자기 중심'에서 '예수 중심'으로 삶의 중심이 바뀐 사람만이 예수 제자의 자격이 있다고 말씀하는 것입니다. 그리고 이 자기 몫의 십자가를 지고 주님의 뒤를 따를 때, 그것을 '잠시' 짊어지다가 어느 한 순간 힘겹게 되면 그만 내팽개치는 것이 아니라, 주님 앞에 가는 그 날까지 그 길을 끝까지 걸을 각오가 돼 있어야만 한다는 것입니다. 그런 점에서 신앙생활은 마라톤이지 단거리 경주가 아닙니다. 하루 이틀 하다 그만둘 것이 아니기 때문에, 잠시 지나가는 육체적 생명에 대한 포기, 이 결단의 자세가 우리의 영원한 생명을 좌우할 것이라고 주님께서 친히 약속해 주십니다. 이것은, 단순한 '포기'나 '체념'이 결코 아닙니다. 본문의 병행구절인 누가복음 9장 23절은 이렇게 기록되어 있습니다.

"〈날마다〉 자기 십자가를 지고 날마다 나를 좇을 것이니라"

"날마다······"

일평생, 일관성을 가지고 주님의 뒤를 좇아야 한다는 것입니다. 신앙
인들을 평가할 때 가장 중요하게 생각하는 것이 바로 이 '일관성' 이라고
생각합니다. 오 년 전이나 십 년 전이나 이십 년 전이나, 오 년 뒤나 십
년 뒤나, 언제나 그 고백 그대로, 그 자리에, 묵묵히 그렇게 있는 사람들
(창 5:24 참조)······ 바로 이 사람들이 우리의 동역자이고 하나님나라의
거룩한 일군인 것입니다. 그래서 사도 바울은 부활의 역사적 사실성을
치밀하게 변증하는 고린도전서 15장 31절에서 이렇게 고백합니다.

"나는 날마다 죽노라."

부활의 확실성을 다양한 각도에서 증언하면서 바울이 느닷없이 이런
고백을 한 것입니다. "날마다 죽는다"는 말이 도대체 무슨 말입니까? '날
마다 자살을 시도한다' 는 뜻은 아닐 것입니다. 이 말은, "나는 나에게 내
일이 없다고 생각한다"는 말입니다. 날마다······ 주어진 '그 날 죽는다'
는 긴장된 자세로 살아왔다는 것입니다. '나에게는 내일이 있다', '오늘
은 내일 또 온다' 고 생각하지 않고 '오늘 하루가 내 삶의 마지막' 이라는
생각으로 여지껏 살아왔다는 것입니다. 오늘 하루, 이 하루의 삶 속에서
내가 주님 앞에 충성하지 못하면 주님을 섬길 기회가 전혀 없을지도 모
른다는 절박한 마음가짐으로 평생을 살았다는, 참으로 두렵고도 부러운

고백입니다. 우리에게 '내일'이 있습니까? 솔직히 '내일'은 없습니다. 다만 확실하게 주어진 '오늘'이 있을 뿐입니다.

지난 3월 26일(1999년), 한국누가회(CMF) 학생전국수련회 주강사 사역을 준비하던 제가 심방 가던 길에 음주운전차량에 받혀 양쪽 차가 모두 다 폐차되는 끔찍한 교통사고를 당하면서 이 생각을 보다 분명히 하게 되었습니다. 퇴원하여 다시 강단에 서서 주일예배를 인도하던 날 전주열린문교회 교우들에게 "우리에게 내일은 없다"는 것을 이렇게 고백했습니다.

"사고가 나던 날, 0.1초나 0.2초 차이로 제가 이 자리에 못 올 뻔했습니다. 제 차가 30㎝만 더 들어가서 얻어맞았으면 그냥 그 자리에서 육체의 삶을 마감했을 것입니다."

우리에게 내일이 있습니까? 다시 말씀드리거니와 '내일'은 없습니다. 그러므로 우리는, 하루 하루를 '종말 의식'을 가지고 살아야 합니다. 우리 믿음의 위대한 선배 바울 선생님이 그렇게 살았습니다. 사도 바울은, 주어진 하루 하루를 최선을 다해서 살며, 그 속에서 '내가 어떻게 주님을 섬기고 헌신할 것인가'만을 생각하며 살았습니다. 아직 할 일이 많은 분들 앞에서 쓸데없이 너무 불길한 얘기를 하고 있는 제 말이 좀 불쾌하게 들릴지도 모르지만, 여하튼 우리에게 내일이 없다는 것은 분명한 사실입니다. 부활의 확실성을 변증하다말고 "나는 날마다 죽는다"고 바울이 이렇게 고백할 수 있었던 것은 그의 중심에 '부활에 대한 소망'이 확고하게 자리잡고 있었기 때문입니다. 우리가 이렇게 살아갈 때, 하루 하루의 삶을 주님을 위해서 헌신할 때, 우리가 목표로 삼아야 될 분명한 방향이 이미 제시되어 있습니다.

(막 8:35)누구든지 제 목숨을 구원코자 하면 잃을 것이요, 누구든지 〈나와 복음을 위하여〉 제 목숨을 잃으면 구원하리라.

"주님과 그의 복음을 위하여……"

누구(무엇)를 위하여 제 목숨을 내놓아야 한다는 것입니까? "주님과 그의 복음을 위하여" 그렇게 해야만 한다는 것입니다. 저는 지금까지 여러 형제 자매 님들 중에 〈자기를 위하여〉 열심히 뛰는 사람을 참 많이 보았습니다. 그런 사람, 정말 많이 보았습니다. '자기 이름'과 '자기 영광'을 위해서 모양(폼) 좋게 뛰는 데는 뛰어난 능력을 발휘하는 이들 정말 많이 보았습니다. 그러면서도 〈주님과 그 복음을 위해서〉 뛰는 일에는 거의 생각이 없는 듯이 혼자만 뛰는 이들이 많이 있었습니다. 그래서 이른 바 '유능한 개인'은 아주 많은데 '공동체'는 별 힘이 없는 안타까운 모습을 자주 봅니다. 솔직히 '자기를 위하여 열심히 뛰는 이들'은, '복음의 초보'도 아직 제대로 깨우치지 못하고 있는 것입니다.

"주님과 그의 복음을 위하여"라는 구호야말로 하늘백성들의 영원한 가훈이 될 수 있는 것입니다. 우리가 이 땅에서 '주님과 그의 복음을 위하여' 헌신하면서 당하는 고난, 이것은 괜한 고생, 부질없는 희생이 아니라 하나님 나라와 그의 복음을 위하여 이 땅에 새 생명을 살리는 귀한 사역이 된다는 것입니다. 복음의 영광이 나타나는 삶을 살 때, 자연스럽게 왕을 받들어 섬기는 나귀도 영광을 받게 되는 것입니다. 예수님께서 나귀 타고 예루살렘에 입성하실 때 사람들이 종려나무 가지를 흔들며 "호산나!"를 외쳤습니다. 예수님을 향해 환호하는 것이지만 어수룩한 나귀 입장에서 생각해 보면 마치 자기더러 박수를 치는 것 같지 않았겠습니까? 이렇듯 주님을 모신 '나귀의 영광'도 있는 것입니다. 그렇게 생각하면 기분이 퍽 좋아집니다. 사랑하는 우리 동역자 여러분! 우리들의 시간과 돈과 젊음과 재능…… 이 모든 것을 〈복음을 위해서〉, 〈그분의 나라와 그 영광을 위해서〉 지금 이 자리에서 내놓을 수 있기를 바랍니다. "주님 재가 저기 있사오니 재를 보내소서"라고 말하지 말고 "주님, 제가 여기 있사오니 저를 보내주소서"라고 고백해야 할 것입니다.

(고후 4:16) "그러므로 우리가 낙심하지 아니하노니 겉 사람은 후패하나 우리의 속은 날로 새롭도다."

바울의 고백입니다만, 이렇게 주님을 위한 고난의 길을 걷다보면, 우리의 겉 사람은 세월이 가면서 점차 낡아질 것입니다. 세월 따라 차츰 근육도 탄력이 떨어지고, 시력도 약해지겠지만, 그럼에도 우리의 '속 사람'은 고난의 세월 속에서도 점차 더 강건해져 갈 것입니다. 그런데 어떤 이들은 조금만 나이를 먹으면 속 사람도 덩달아 낡아빠져 가지고 주님을 섬기는 현장에서 자동으로 다 은퇴해 버립니다.

"이 나이에 내가 그런 걸 해야 하나? 자네들이 좀 하소."

참으로 서글픈 현상입니다. 어느 정도 나이가 좀 지긋이 들면 주일학교 교사 직에서부터 다 빠져버립니다. 일정한 나이가 되면 찬양대에서 자동으로 다 빠져나가 버립니다. 주님께서 은퇴시키지 않는데도 스스로 다 알아서 물러나 버립니다. 가끔 서양영화 속에서 시골 교회당에서 머리가 허연 할머니 할아버지들이 콧등에 묵직한 돋보기 걸쳐 쓴 채 찬송을 열심히 부르는 장면을 보면서 참 부러울 때가 많습니다. 우리가 설령 나이 70, 80이 되었다 해도, 영원의 주인이신 주님 앞에서 그 70, 80살이 과연 나이라고 할 수나 있겠습니까? 나이 70, 80의 노인이 되어서도 찬양대원으로 봉사하고, 어쩌다 주일예배 시간에 찬양대에서 주님을 찬양하는 그 순간에 주님 앞에 불려갈 수만 있다면 그 얼마나 큰 은혜요 복이 되겠습니까?

본문 38절에서 주님은, 오늘 이 땅에서의 삶, 이 땅에서의 신앙 고백이 바로 장차 하나님 앞에서의 신앙 고백이 될 것이라고 우리에게 약속하고 경고하십니다. 인생 최대(최악)의 부끄러움이 무엇입니까? 그것은 최후의 심판대 앞에서 주님 앞에 버림받고 영원한 부끄러움을 당하는 것입니다. 곧 최후의 심판대 앞에서 주님이 우리의 주님 되시기를 "부끄러워하는 것"입니다. 주님께서, 나 저런 사람 모르겠다고 아버지 하나님 앞에 말씀하는 것입니다.

'아무리 그래도, 나중에 어떻게 되겠지. 얼치기들이 이토록 많은데 설마 다 죽이겠는가?'

이렇게 함부로 생각하지 마십시오. '설마가 사람 잡는다' 는 속담도 있지 않습니까? 그러므로 주님의 이 경고, 가볍게 흘려 듣지 말고, 신앙의 적당주의, 타협주의(세속주의), 자기중심주의를 경계할 필요가 있습니다. 앞서 말씀드렸듯이 어떤 이들은 정말 열심히 뛰는데, 결국은 〈자기를 위해서〉 뛰는 것을 보게 됩니다. 제발 그러지 않았으면 좋겠습니다. 지금 내가 서 있는 자리가 아무리 고난과 아픔이 많다 하더라도, 주님께서 특별히 다른 곳으로 이끄시지 않는 한, 〈주님과 그 복음의 영광을 위하여〉 이 자리에서 일하다가 죽겠다는 고백과 다짐이 이 시간 우리 모두에게 있어야 할 것으로 생각합니다. 고난의 그림자가 짙은 곳에서 자신의 목숨을 기꺼이 바치고자 다짐하는 이들이 많아지기를 바랍니다.

내가 정말 진정한 그리스도의 제자인지를 진단하는 영적인 시약이 몇 가지 있습니다.

① 예수님이 누구이며, 내 삶에서 예수님은 도대체 무엇인가?
② 고난에 대한 나의 태도는 나의 관점은 어떠한가?
③ 내 삶에서 주를 향한 고백과 내 삶의 행실은 일치되고 있는가?
④ 주님과 그의 복음의 영광을 위해서 내가 지금 이 자리에서 실제적으로 헌신하고 있는 작은 열매들이 있는가?

이 네 가지 질문에 대하여 주님을 향한 우리의 고백이 진실하다면, 아무리 작은 헌신도 결코 헛되지 않을 것을 저는 믿습니다. 다시 말씀드리거니와, 우리가 그리스도의 제자로 바르게 서기 위해서는, 바른 메시야관, 바른 고난관, 바른 신앙관을 갖고 있어야 합니다. 이것이 뒷받침이 될 때 비로소 바른 제자도를 터득했다고 이야기 할 수 있습니다. 날마다, 지금 이 자리에서, 예수 그리스도와 그분의 복음을 위해서 헌신해야만 합니다. 그렇게 살지 않는 사람들에게 '내일' 은 없고 '영원' 은 더더욱 없습니다. 그런 이들에게 설사 내일이란 시간이 주어진다 할지라도 그 사람은 그 시간 역시 오늘처럼 부질없는 일에 허비하게 될 것입니다.

사랑하는 우리 동역자 여러분, 주님과 그 복음의 영광을 위해서, 우리 함께 날마다 죽읍시다. 그리고 그렇게 헌신하는 과정에서 우리의 겉 사람은 비록 낡아갈지라도 우리의 속 사람만은 나날이 새로워질 수 있기를 바랍니다.

(막 8:34) 무리와 제자들을 불러 이르시되, "아무든지 나를 따라오려거

든 자기를 부인하고 자기 십자가를 지고 나를 좇을 것이니라.”

주님은 이렇듯 ‘제자의 길은 십자가를 지고 죽는 길’이라고 말씀합니
다.

(막 8:35) “누구든지 제 목숨을 구원코자 하면 잃을 것이요 누구든지 나
와 복음을 위하여 제 목숨을 잃으면 구원하리라.”

그럼에도 불구하고, ‘제자의 길은 사는 길’이라고 말씀하십니다. 이렇
듯 주님은 참으로 역설적인 길을 제시하심으로써, 궁극적으로 주님이 우
리를 죽이려고 이 십자가의 길로 우리를 부르시는 것은 아니라는 사실을
분명히 밝히셨습니다. 예수 제자된 우리가 이 말씀을 마음 속 깊이 기억
할 필요가 있습니다. 그러므로 분명히 선택하십시오. 오늘 잠깐 살고 영
원히 죽을 것인지, 아니면 주님과 그 복음을 위해 오늘 죽어서 영원한 삶
을 누릴 것인지……

“그리스도인이십니까?”

분명히 대답하십시오. 다시 한 번 더 묻습니다.

“그리스도인이십니까?”

그렇다면, 마땅히 ‘좁은 길’을 택하십시오. 여러 갈래 길이 있을 때,
과연 어느 길이 주님의 뜻이 머무는 길인지 판단하기 어려울 때 가장 안
전한 방법은 그 중에 가장 좁은 길을 택하는 것입니다. 부끄럽지만 제 경

힘을 한 가지 말씀드리겠습니다(행여 자랑하는 것으로 오해하시지는 마십시오).

　제가 현재 섬기는 전주열린문교회로부터 청빙 받을 때의 일입니다. 이상스럽게 그때 세 군데 교회에서 동시에 청빙이 들어왔습니다. 나머지 두 교회는 이미 기성교회로서 틀이 아주 잘 갖춰져 있었습니다. 당시 전주열린문교회는 모두 8명이 모여 있는 아주 작은 교회였습니다. 함께 일하기를 원하는 장로님 가정과 우리 가정을 포함해서 모두 8명…… 하지만 저는 가장 작은 이 교회를 택했습니다. 왜냐하면 나머지 두 교회는, 제가 아니더라도 다른 사람들이 얼마든지 갈 수 있다고 생각했기 때문입니다. 이 작고 초라한 교회는 저 같은 사람에게 더 잘 어울린다고 생각했기 때문입니다. 또한 신학을 하기 전, 주님 앞에서 "제게 필요한 곳을 찾아 다니지 않고, 저를 필요로 하는 곳에 가겠습니다"고 서원한 바 그 약속을 지켜야 한다고 생각했기 때문입니다. 그렇게 시작한 전주열린문교회 사역이 주님의 은혜로 오늘까지 이어져 왔습니다. 저의 고백을 따라, 주님께서 섬기라고 제 곁에 보내주시는 동역자들에게 그동안 끊임없이 "좁은 길, 좁은 문을 택하라"고 가르쳐 왔습니다.

　얼마 전에 의대생 시절에 저에게 양육을 받은 한 자매(레지던트 과정 준비중인 인턴과정 의사)가 교통사고로 입원해 있는 저를 문병할 겸 저에게 와서 꽤 긴 시간 동안 상담을 했습니다. 인턴 과정에 있는 사람이었습니다.

"전주예수병원 소아과에서 오라고 하는데, 가족의 반대가 심합니다. 목사님 어떻게 할까요?"

"제가 의대 다닐 때 받은 목사님의 가르침에 의하면, 그 길이 '좁은 길'이기 때문에 마땅히 가야만 한다는 것을 이미 잘 알고 있으면서도, 목사님 말씀을 한번 더 듣고 결정하고 싶어서 찾아 왔습니다.”

자매의 말에 저는 조금도 지체하지 않고 “이하동문”이라고 대답했습니다. 자매의 고민을 들으며 저는 제가 그동안 그래도 잘 가르쳤다는 확신을 갖게 되었습니다. 자매에게 한 번 더 이렇게 다짐을 두었습니다.

“자매님, 지금 인턴, 레지던트 때 잠깐이나마 고생해 보지 않으면, 그 고생 언제 할 수 있겠습니까? 예수병원에서 부르면 머뭇거리지 말고 그곳으로 가는 게 좋겠습니다.”

마침내 그 자매는 예수병원으로 갔고 지금 열심히 환자들을 잘 돌보고 있습니다. 많은 의대 졸업생들이 수련의과과정을 밟을 때, 너나없이 큰 병원만 찾습니다. 하지만, 가장 좋은 병원에 가서 첨단 의료기 아무리 열심히 만지며 훈련한다한들, 개인병원에 그 비싼 기계 못 들여놓으면 아무 소용없는 것입니다. 또한 그 정도 비싼 의료장비의 도움을 받을 수 있는 사람들은, 극소수의 아주 부유한 사람들밖에 없을 것이고, 의사들의 헌신과 수고와 땀과 사랑을 정말 간절히 원하는 진짜 불쌍한 사람들은 그처럼 값비싼 의료의 도움을 전혀 받을 수 없을 것입니다. 그래도 예수 믿는 의료인들이 그 넓은 문 넓은 길로만 찾아가야겠습니까? 물론 좋은 설비가 갖춰져 있는 큰 병원에 가서 수련하시는 분들도 있어야 합니다. 그러나 모든 사람들이 다 그런 쪽으로만 가서는 안 된다는 것을 말씀드리고자 하는 것뿐입니다. 우리 앞에 여러 갈래 길이 있을 때, 주님처럼 기꺼이 좁은 길을 택하는, 그래서 고난의 길을 기쁨으로 택하는 사랑하는 동역자들이 정말 많이 나올 수 있기를 간절히 바랍니다.

여러분은 예수님을 섬길 수 있는 좋은 재능과 은사를 가지고 있습니다. 평범한 의사는 정말 많습니다. 인류 역사상 의사들은 정말 엄청나게 많았습니다. 앞으로 나타날 의사까지 포함하면 아마 그 숫자가 수억이 넘을지도 모릅니다. 그러나 주님이 주신 이 신성한 '의료 은사'를 가지고 주님의 사랑과 섬김이 필요한 사람들에게 달려가는 진실한 하나님의 의사들은 그렇게 많지 않습니다. '좁은 문' 뚫고 들어가는데는 여러분은 나름대로 실력(?)이 있지 않습니까? 이후의 삶에서 정말 '좁은 길'을 먼저 택하실 수 있기를 바랍니다.

(막 8:29) 또 물으시되 "너희는 나를 누구라 하느냐?" 베드로가 대답하여 가로되 "주는 그리스도시니이다."

여러분은 지금 이 시간 예수님을 누구라고 고백하시겠습니까? 구세주 예수님 앞에서, 예수님과 그 분의 복음을 위해 과연 어떤 삶을 살아가고 싶으십니까? 함께 기도합시다.

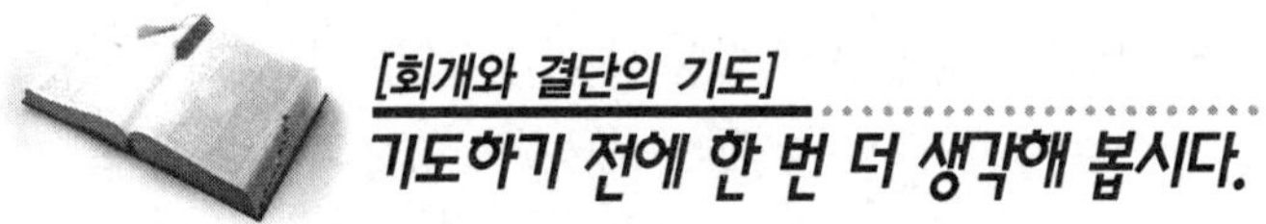

[회개와 결단의 기도]
기도하기 전에 한 번 더 생각해 봅시다.

① 벳새다 소경이 눈을 뜬 사건은 영적인 소경(약시)인 베드로가 예수님께 신앙고백을 한 사건과 밀접하게 연결됩니다. 예수님은 제자들에게 "너희는 나를 누구라고 하느냐?"라는 질문을 던졌습니다. 그러자 베드로는 "주는 그리스도시요, 살아 계신 하나님의 아들이십니다"라고

표면적으로는 매우 정확한 대답을 합니다. 그렇다고 해서 이 대답이 베드로가 예수님을 완전하게 이해하고 한 것이라고 생각해서는 안됩니다. 왜냐하면 베드로는 신앙을 고백하는 그 순간에도 예수님을 여전히 정치적 메시아로 이해하고 있었기 때문입니다(베드로는 예수님이 수난예언을 하자마자 화를 냄). 그래서 예수님은 베드로의 이런 영적 시각 장애를 치료하기 위해서 수난을 예언하고 나아가서는 베드로를 강하게 꾸짖습니다. 물론 당시에 베드로는 이 과정에서 말씀을 잘 받지 못합니다. 그러나 예수님은 결국 십자가에 죽으심으로 베드로를 무릎 꿇리고 그의 영적인 시각장애를 바로 잡습니다. 이런 차원에서 예수님의 전 생애를 한 마디로 요약하면 '영적인 소경들인 제자(인류)들의 시각장애를 치료하기 위해 십자가상에서 자신의 몸을 드린 사랑의 삶'이라고 말할 수 있을 것입니다. 우리는 예수님을 바른 시각으로 바라보고 있습니까? 혹시 예수님의 십자가를 나의 편의대로 왜곡 해석해서 받지는 않습니까? 십자가는 있는 그대로 받아야만 은혜가 됩니다.

② 예수님 없이도 잘 움직이는 성도(교회)들은, 주님을 위한다는 명분 아래 자신의 이익을 추구하려 합니다. 그리고 자신의 소유와 업적, 사회적 지위와 개인적인 쾌락과 화려한 명함을 만들기 위해 세속적인 힘을 갖추려 합니다. 그러나 이런 이들에게 진정한 삶의 본질인 영생은 아무런 상관이 없습니다. 진정 성숙한 신앙인이라면 고난을 하나님의 관점에서 받아들일 줄 알며, 잠깐의 고난을 감수하고서라도 영생을 추구하려 할 것입니다. 그러나 가짜 신앙인은 현세에서 잘 살기 위해 생명의 근원 되신 예수님을 포기합니다. 바울은 참 그리스도인으로서 하나님의 영광을 체험하기 위해 자신의 약함을 있는 그대로 받아들였습니다. 우리는 어떻습니까?

③ 예수님은 막 8:34~35에서 '아무든지', '누구든지' 라는 말을 세 번이나 반복하면서, 누구라도 예수님의 제자가 될 수 있고 그 길은 무한대로 열려있다고 합니다. 그렇지만 단 한 가지 조건이 있다고 덧붙입니다. 그것은 예수를 좇기 위해 자신을 부인하고, 자기 십자가를 지고, 자발적으로, 기쁨으로 예수님을 좇는 것입니다. 혹시 우리들은 예수의 제자가 되고는 싶지만 생활 속에서 십자가 지는 것은 싫어하지 않습니까? 신앙 생활을 정말 기쁨으로 자발적으로 하지 못하고 억지로 하는 것들이 있다면 이 시간 회개합시다.

④ 내가 정말 제자(그리스도인)인지 아닌지에 대한 영적인 시약 네 가지가 있습니다.

1) 예수님이 누구이며, 내 삶에서 예수님은 도대체 무엇인가?

2) 고난에 대한 나의 관점과 태도는 어떠한가?

3) 내 삶에서 주를 향한 고백과 행실은 일치되고 있는가?

4) 주님과 그의 복음의 영광을 위해서 내가 지금 이 자리에서 실제적으로 헌신하고 있는 작은 열매들이 있는가?

　여기에 대한 진실한 고백이 있다면 제자(그리스도인)의 길을 제대로 걷고 있는 것입니다. 이 길은 몹시 좁습니다. 그러나 참으로 복된 길입니다.

⑤ 우리 모두 "일어나서 우리 주님과 함께 이 길을 걸어갑시다."

제 5 강
너희는 저의 말을 들으라
(막 9:1~13, 30~50)

(마가복음 9:1~13, 30~50) [1]또 저희에게 이르시되, "내가 진실로 너희에게 이르노니, 여기 섰는 사람 중에 죽기 전에 하나님의 나라가 권능으로 임하는 것을 볼 자들도 있느니라" 하시니라. [2]엿새 후에 예수께서 베드로와 야고보와 요한을 데리시고 따로 높은 산에 올라가셨더니, 저희 앞에서 변형되사 [3]그 옷이 광채가 나며 세상에서 빨래하는 자가 그렇게 희게 할 수 없을 만큼 심히 희어졌더라. [4]이에 엘리야가 모세와 함께 저희에게 나타나 예수로 더불어 말씀하거늘, [5]베드로가 예수께 고하되, "랍비여, 우리가 여기 있는 것이 좋사오니, 우리가 초막 셋을 짓되, 하나는 주를 위하여, 하나는 모세를 위하여, 하나는 엘리야를 위하여 하사이다" 하니 [6]이는 저희가 심히 무서워하므로 저가 무슨 말을 할는지 알지 못함이더라. [7]마침 구름이 와서 저희를 덮으며 구름 속에서 소리가 나되, "이는 내 사랑하는 아들이니, 너희는 저의 말을 들으라" 하는지라. [8]문득 둘러보니 아무도 보이지 아니하고 오직 예수와 자기들뿐이었더라. [9]저희가 산에서 내려 올 때에 예수께서 경계하시되, "인자가 죽은 자 가운데서 살아날 때까지는 본 것을 아무에게도 이르지 말라" 하시니, [10]저희가 이 말씀을 마음에 두며 서로 문의하되 "죽은 자 가운데서 살아나는 것이 무엇일까?" 하고 [11]이에 예수께 묻자와 가로되, "어찌하여 서기관들이 엘리야가 먼저 와야 하리라 하나이까?" [12]가라사대, "엘리야가 과연 먼저 와서 모든 것을 회복하거니와 어찌 인자에 대하여 기록하기를 많은 고난을 받고 멸시를 당하리라 하였느냐? [13]그러나 내가 너희에게 이르노니, 엘리야가 왔으되 기록된 바와 같이 사람들이 임의로 대우하였느니라" 하시니라…… [30]그곳을 떠나 갈릴리 가운데로 지날새, 예수께서 아무에게도 알리고자 아니하시니 [31]이는 제자들을 가르치시며 또 '인자가 사람들의 손에 넘기워 죽임을 당하고 죽은 지 삼 일만에 살아나리라는 것'을 말씀하시는 연고더라. [32]그러나 제자들은 이 말씀을 깨닫지 못하고 묻기도 무서워하더라. [33]가버나움에 이르러 집에 계실새, 제자들에게 물으시되, "너희가 노중에서 서로

토론한 것이 무엇이냐?" 하시되 [34]저희가 잠잠하니 이는 노중에서 서로 "누가 크냐?"하고 쟁론하였음이라. [35]예수께서 앉으사 열 두 제자를 불러서 이르시되, "아무든지, 첫째가 되고자 하면 뭇 사람의 끝이 되며, 뭇 사람을 섬기는 자가 되어야 하리라" 하시고 [36]어린 아이 하나를 데려다가 그들 가운데 세우시고 안으시며 제자들에게 이르시되, [37]"누구든지 내 이름으로 이런 어린 아이 하나를 영접하면 곧 나를 영접함이요, 누구든지, 나를 영접하면 나를 영접함이 아니요 나를 보내신 이를 영접함이니라." [38]요한이 예수께 여짜오되, "선생님 우리를 따르지 않는 어떤 자가 주의 이름으로 귀신을 내어쫓는 것을 우리가 보고 우리를 따르지 아니하므로 금하였나이다." [39]예수께서 가라사대, "금하지 말라. 내 이름을 의탁하여 능한 일을 행하고 즉시로 나를 비방할 자가 없느니라. [40]우리를 반대하지 않는 자는 우리를 위하는 자니라. [41]누구든지 너희를 그리스도에게 속한 자라 하여 물 한 그릇을 주면 내가 진실로 너희에게 이르노니 저가 결단코 상을 잃지 않으리라. [42]또 누구든지 나를 믿는 이 소자 중 하나를 실족케 하면 차라리 연자맷돌을 그 목에 달리우고 바다에 던지움이 나으리라. [43]만일 네 손이 너를 범죄케 하거든 찍어 버리라. 불구자로 영생에 들어가는 것이 두 손을 가지고 지옥 꺼지지 않는 불에 들어가는 것보다 나으니라. [44](없음) [45]만일 네 발이 너를 범죄케 하거든 찍어 버리라. 절뚝발이로 영생에 들어가는 것이 두 발을 가지고 지옥에 던지우는 것보다 나으니라. [46](없음) [47]만일 네 눈이 너를 범죄케 하거든 빼어 버리라. 한 눈으로 하나님의 나라에 들어가는 것이 두 눈을 가지고 지옥에 던지우는 것보다 나으니라. [48]거기는 구더기도 죽지 않고 불도 꺼지지 아니하느니라. [49]사람마다 불로서 소금 치듯 함을 받으리라. [50]소금은 좋은 것이로되 만일 소금이 그 맛을 잃으면 무엇으로 이를 짜게 하리요? 너희 속에 소금을 두고 서로 화목하라" 하시니라.

"그리스도인입니까?"

지금 여러분이 담대하게 "나는 그리스도인"이라고 큰 소리로 대답하는 이유가 무엇입니까? 내 삶에 수난과 희생의 흔적이 있기 때문에 "나는 그리스도인"이라고 대답해야 합니다. 내 삶 속에 세속적인 성공의 흔적이 많아서가 아니라, 주님의 나라와 복음을 위해서 헌신하고 수고하는 중에, 내 삶 속에 고난의 흔적이 많기 때문에 "나는 그리스도인"이라고 말해야 합니다. 내 중심 깊은 곳에서, 참으로 주님 앞에 내 마음 깊은 곳의 어두움을 내어놓고 회개한 추억이 있기 때문에 "나는 그리스도인"이라고 말할 수 있어야 하고, 예수 십자가의 복음을 내가 절대적으로 믿기 때문에, 그 믿음 때문에 "나는 그리스도인"이라고 대답해야만 합니다. 그리고 내 삶 속에, 비록 그것이 완숙한 열매가 아니라 할지라도, 주님께서 찾으시고 주님께서 기대를 걸으셔도 될만한 작은 열매들이 있기 때문에, "나는 그리스도인"이라고 대답할 수 있어야 합니다. 나를 부인하고 내 몫의 십자가를 지고, 주님의 뒤를 기꺼이 따를 각오가 되어 있기 때문에 "나는 그리스도인"이라고 대답해야 합니다. 내가 걷는 이 구원의 길을, 내 힘으로는 걸을 수 없지만, 그러나 하나님의 은혜가 임하면 하나님께서 나의 구원을 온전히 이루어 가실 것이라는 믿음이 있기 때문에 "나는 그리스도인"이라고 대답할 수 있는 것입니다. 이와 같은 몇 가지 이유 때문에, 어디에 가서든지 "내가 그리스도인"이라고 담대히 이야기할 수 있어야 합니다.

우리나라처럼 유행을 많이 타는 사회가 드문 것 같습니다. 언젠가 올림픽에서 어느 유도 선수가 금메달을 따자, 성질 급한 엄마들이 자기 아이들을 줄줄이 유도 도복 입혀서 유도 도장에 내보냈습니다. 선동렬, 이종범 선수가 한창 잘 하고 있을 때, 또 미국 메이저리그에서 활약하는 박찬호 선수를 보면서, 수많은 부모들이 아이들 손에 방망이와 글러브 들려서 운동장으로 내보냈습니다. 최근에는 박세리 선수를 비롯한 몇몇 자매들이 나아가서 미국 골프계에서 이름을 날리니까 많은 부모들이 너나없이 골프채를 들려서, 돈이 없는 집은 아이들 손에 주걱을 들려서(?) 밖으로 내보냅니다. 유행을 잘 타는 사회, 무엇을 진지하게 생각하고, 평생 동안 자신의 청춘과 재능과 목숨을 바칠 어떤 일을 향해서 진지하게 그리고 일관되게 달려나가는 모습(이른 바 장인정신)이 오늘 우리 사회에는 별로 없는 듯합니다. 가까운 나라인 일본만 해도 3대, 4대째 대를 이어 우동만 만들어 파는 집이 있다는 얘기를 들은 적이 있습니다만, 우리에게는 그런 것이 별로 없는 것 같습니다. 이런 사회적 풍토 때문인지, 한국 교회만큼 유행을 많이 타는 교회도 드문 것 같습니다.

1970년대에 불어닥친 '성령 운동'의 드센 바람이 좀 잠잠해지자 뒤를 이어 '제자훈련' 열풍이 한 바탕 휩쓸고 지나갔습니다. 수년 전 '빈 야드 열풍'이 한 번 불자, 너나없이 교회당 옆에 당장 포도밭이라도 만들 듯한 분위기 속에 춤을 추었습니다. 미국 교회의 영향으로 누군가가 '경배와 찬양'이라는 것을 시작하자 그것이 순식간에 전국적으로 유행이 되더니, 이후 각종 '치유사역', '열린 예배'의 뒤를 이어 요즘은 평신도 소그룹운동으로 대규모 교회성장을 도모하고자 하는 '셀 목회'라는 것이 또 한창 유행입니다. 오해하지 마십시오. 이런 프로그램(운동)들이 전혀 필요 없다거나 꼭이 나쁘다고 말하려는 것은 결코 아닙니다. 여러 일꾼들이 나서서 다양한 영역에서 다양한 방식으로 복음의 풍요로움을 효과적으로 증거할 수 있는 것, 참으로 바람직한 일임은 분명합니다. 다만, 개인 혹은 공동체적인 부르심(소명)과 은사에 상관치 않고 너나없이 다 똑같이 똑 같은 모양으로 움직이려 하는 조급한 마음 탓에(고전 12:27~29 참조), 그 운동(프로그램) 속에 담겨 있는 더러 유익한 요소들이 '평생에 걸쳐 일관되게' 유지되지 못하고, 최단 기간의 '실용적인 효과' 유무에 따라 아침 안개처럼 그저 잠깐 나타났다 사라져 버리는 것, 그리고 많은 경우에 이런 프로그램을 운용하는 과정에서 마치 그 프로그램(운동)이 복음(사역)의 전부인 것처럼 일방적으로 몰아가는 '환원주의' 의 오류에 자기도 모르게 빠져드는 일이 너무 많다는 데 더 큰 문제가 있다는 것을 지적하고자 하는 것입니다(앞서 제 1 강에서 말씀드렸듯이, '환원주의' 의 기독교 세계관적인 오류와 위험성에 대해서는, 리차드 미들톤 · 브라이언 왈쉬 공저[황영철 역],《그리스도인의 비전》IVP, pp. 220~227을 반드시 읽어보시기 바랍니다). 오늘날 많은 교회성장 주의자들의 교회성장 세미나에서 끊임없이 나오는 목소리는 다른 것이 아닙니다. "회중들의 비위를 거스르지 않고 분위기를 좋게 가꾸는 것", 이것이 바로 교회성장의 첫 번째 비결이자 마지막 비결이라고 줄기차게 가르칩니다.

"사람들의 비위를 거스르지 말라."
"예배당 분위기를 좋게 가꾸라."
"설교는 20분을 넘으면 안 된다. 그러면 조급증이 나서 사람들이 교회에 올 마음이 없어진다."

제가 알기로는, 성경 어디에도, 하나님이 죄인의 비위를 맞추면서 그들을 거룩한 길로 끌고 가는 법은 나와 있지 않습니다. 하나님은, 인간의 죄를 다루실 때, 독생하신 아들(예수님)의 목숨 값까지라도 받아서 그 죄값을 처리하시는 공의로우신 분입니다. 우리가 "십자가의 복음을 믿는다"고 고백할 때는, 바로 그런 하나님의 거룩한 품성과 정의로운 품성을 전제로 그 고백을 드리는 것입니다.

"사람들의 비위를 상하게 하지 마라."

그래서 오직 모여 앉아 교회성장을 위해 고민하는 일들이 기껏해야 '어떻게 하면 예배당 주변의 분위기를 좋게 만들까' 하는 것 정도에 지나지 않습니다.

"왜 이 교회를 다니세요?"
"그냥 느낌이 좋아서요."
"교회 분위기가 제 취향에 꼭 맞아서요."

이렇듯, 하루에도 수백 번씩 변화무쌍하게 바뀌는 자신의 느낌을 따라 신앙생활을 하는 이들이 너무 많습니다. 그러나, 그 느낌을 따라가다가는, 하루에도 수백 번씩 십자가를 등질 수 있는 것을 왜 모르는지 모르겠습니다. 솔직히, '내 마음 나도 모를 때'가 많지 않습니까? 내 마음이 하루에도 몇 번씩 천국과 지옥을 왔다 갔다 하는지 우리가 아주 잘 알지 않습니까? 그런데 그 종잡을 수 없는 '느낌'을 따라서 신앙의 발걸음을 옮기는 사람들이 너무 많습니다. 여기에 대해서 오늘 본문 7절에서 성부 하나님께서 예수님의 제자들에게 이렇게 잘라 말씀하십니다.

(막 9:7) "너희는 저[예수]의 말을 들으라."

다시 말하면 우리 신앙의 길에 절대적인 표준, 절대적인 잣대가 있는데 그것이 바로 '예수님의 말씀'이라는 것입니다. 예수님은, "천지는 없어질지라도 내 말은 일점 일획이라도 변함이 없을 것"이라고 분명히 약속하셨습니다(마 5:18, 24:35, 막 13:31, 눅 16:17, 21:33 참조). 변화무쌍한 우리의 마음은 하루에 수백 수천 번씩 천국과 지옥을 왔다 갔다 할지라도, 우리 삶을 이끌고 가는 변치 않는 절대적인 진리의 잣대가 있는데 그것이 바로 예수님의 말씀이라는 것을 예수님이 친히 밝히신 것입니다. 그래서 우리가 예수 제자의 길을 온전히 걷기 위해서는 예수님의 말씀에 항시 귀를 기울여야 되는 것이고, 들은 그 말씀이 우리의 마음의 옥토에 뿌리내리도록 믿음으로 받아 간직해야 하는 것이며, 그 말씀 속에서 잘 성장하고, 어떤 어려움과 환란과 핍박이 있다 할지라도 끝까지 인내해서 그 말씀이, 내 삶 전체 속, 내가 처한 역사적 현실 속에서 30배, 60배, 100배로 결실하기까지 말씀 앞에 적극적으로 복종하는 삶을 살아야 된다는 것입니다. 그래서 성부 하나님은, 예수님의 제자들로 하여금 그 아들 하나님의 눈부신 영광을 직접 목격하는 은혜를 친히 베푸시는 가운데 "너희들은 저[예수]의 말을 들어야 된다"고 엄히 명령하신 것입니다.

그러므로, 교회가 시도 때도 없이 변하는 '유행'을 좇아간다는 것은, 교회가 절대적 표준인 주님의 말씀을 따라가는 것이 아니라, 인간의 필요와 인간의 현실적(실용적) 욕구와 인간의 그 어떤 것을 축으로 해서 움직이고 있다는 사실(상황윤리에 종노릇하고 있다는 것)을 단적으로 드러내는 것입니다. 그러니 어떤 경우에도 함부로 유행에 춤추지 말아야 합니다. 그 한 예로, 그동안 아무 생각 없이 빈 야드 열풍에 휘말렸던 교회들, 지금 어떻게 하고 있습니까? 여러분, 어떤 새로운 것들(유행)이 나올 때, 이것이 과연 그러한가를 반드시 진리의 말씀 위에서 판단하고, 검토하고 또 검토해서, 그것이 진리에 부합되는 것이라면 신중하게 수용해야 하지만, 그렇지 않을 경우 그것을 함부로 좇아가서는 안 되는 것입니다.

기독교계 신문을 보면 신문 하단에 가끔씩 연합회 광고가 나옵니다. 대개 전5단 광고로 크게 나옵니다. 그런데 이 전5단 광고는 지면이 큰 만큼 광고료가 대단히 비쌉니다. 그런데도 그 비싼 지면을 사서 무슨 무슨 행사를 알리는 큼지막한 제목을 걸고 그럴 듯한 행사를 널리 알립니다. 그 밑에는 으레 그 대회 조직표가 나옵니다. 그런 광고 혹시 보신 기억이 있습니까? 거기 조직표에 실려있는 그 광고문구의 글씨가 대개 몇 호짜리 글씨이던가요? 지금 여러분이 읽고 계신 이 책의 글씨 크기가 대략 10~10.5포인트 정도 됩니다. 이 정도가 우리가 가장 편하게 볼 수 있는 글자 크기이기 때문입니다. 그런데 거기 행사 신문광고에 관련된 사람들 이름을 줄줄이 엮어 발표하는데, 들어갈 사람이 얼마나 많은지 광고문안의 글씨가 대개 6포인트 정도입니다. 전5단이면 광고 지면이 상당히 넓은 편인데도, 거기 6포인트 글씨로 이름이 들어간다는 것은 그만큼 들어가야 할 이름이 많다는 것을 뜻하는 것입니다.

고문: 20명, 대회장: 30명, 총무: 100명, 실행위원: 300명……

그렇게 개미떼처럼 많은 이름을 깨알같은 글씨로 적어 놓습니다. 그리고 거기에 언제나 괄호 속에, '수록된 이름의 순서는 없다'는 참으로 자상한 설명이 붙어 있습니다. 왜 그렇습니까? 기독교인들 사이에서 "누가 크냐?"는 저질 자리다툼이 그치지 않기 때문입니다.

"누가 크냐?"

작은 지면에 이름을 실어야될 목사·장로들의 수는 많고, 그 누구도 다른 사람 뒤에 설 마음은 없고, 그러다 보니 어쩔 수 없이 대회장 30명, 총무가 100명…… 이런 식이 될 수밖에 없는 것입니다. 솔직히 그런 대회는, 시작도 하기 전에 그 결과가 어찌될 것인지 대충 짐작할 수 있습니다. 사공이 많으면 배가 산으로 가는 법이기 때문입니다.

어떤 사람은 또 자기가 얼마나 유능하고 대단한 사람이라고, 큼지막한 자신의 칼라판 사진과 함께 자신이 인도하는 부흥회의 연간 목록(심할 경우 2년치 일정표)을 만들어서 신문에 대문짝만하게 싣곤 합니다. 몇 년 몇 월 첫째 주에는 어디 기도원, 둘째 주에는 아무개 목사가 시무하는 어디 교회, 셋째 주에는……, 좀 자세히 살펴보면 1년 52주 가운데 단 한 주도 빠짐없이 외부 출장(?) 부흥회를 하고 다닙니다. 그런데도 직함을 보면, 분명히 '○○ 교회 당회장'으로 되어 있습니다. 교회 담임 목사를 하지 말든지, 아니면 외부 출강을 좀 자제하든지, 둘 중에 하나여야 될 것 같은데, 얼마나 유능하고 똑똑한 사람들인지 그토록 눈부시게(?) 전국(심지어 해외까지)을 누비고 다닙니다. 뭇 돈 들여 그토록 요란한 광고를 내는 이유야 뻔합니다.

"나, 적어도 이 정도로 유명한 사람이고, 이 정도로 바쁘고 귀하신 몸이니까, 나를 모셔가려면 적어도 1년 반전부터는 예약해야 된다네!"

이런 말을 하고 싶은 것입니다. 여러분, 제가 지금 하는 이 이야기를 들으며, 제가 현실을 너무 어둡게만 보고 있다고 생각하시면 곤란합니다. 부정하려야 도무지 부정할 수 없는 엄연한 우리네 현실이기 때문입니다. 정도의 차이가 좀 있을 뿐, 이런 흐름은 우리들의 신앙공동체 안에서도 마찬가지입니다. 우리 안에 분명히 이런 흐름들이 있습니다. 만일 없다고 한다면, 오늘 제가 이 자리에서 이 강론을 굳이 할 이유가 없을 것입니다.

예수님께서 가시는 길, 십자가 죽음의 길입니다. 예수 제자의 길, 예수님이 주시는 자기 몫의 작은 십자가를 지고(목숨 걸고) 주님의 뒤를 계속 따르는 벅찬 길입니다. 그러나 그 고난의 길은 마침내 부활의 영광에 맞닿아 있습니다. 여러분 이 사실을 분명히 믿으십니까? 그래서 우리는 그 길을, 고난 중에도 인내하면서 가야만 하는 것입니다. 오늘 본문 마가복음 8:29~9:1 말씀에서 주님은, 이 십자가 죽음의 길을 걷는 예수님 자신이 바로 "영광 중에 다시 오실" 우주의 왕이시라는 사실을 분명하게 밝히십니다.

(막 9:1) "여기 섰는 사람 중에 죽기 전에 하나님의 나라가 권능으로 임하는 것을 볼 자들도 있느니라."

첫 번째 강론에서, '기독교 승리주의'의 유혹에 넘어가지 말아야 된다는 말씀을 드렸습니다. 이 말씀을 자칫 오해하면, 우리가 부질없는 패배주의에 빠질 가능성이 있습니다. 우리가 이 부질없는 패배주의에 함부로 빠져들지 않기 위해서라도 우리는 "주님의 영광의 본체"를 분명히 볼 필요가 있습니다. 주님은, 기독교 승리주의에 사로잡힌 나머지, 무엇이 어찌 돌아가는지도 모른 채, 잔뜩 들뜬 가슴으로 주님의 뒤를 따르고 있는 제자들에게, 변화산에서 그 분의 영광의 본체를 분명히 보여주고 있는 것입니다. 주님의 영광을 분명히 보아야만, 제자들이 십자가 고난의 길을 꿋꿋하게 걸을 수 있기 때문입니다.

(막 9:2) 엿새 후에, 예수께서 베드로와 야고보와 요한을 데리시고 따로 높은 산에 올라가셨더니, 저희 앞에서 변형되사"

본문 2절의 "변형되었다"는 말은, 그 분의 '본질'이 바뀌었다는 뜻을 담고 있습니다. 예수님의 본질이 어떻게 바뀌었습니까? 말구유에 오신 주님, 마치 마른 땅에 돋아난 풀처럼 초라하기 그지없었던 그 분의 몸(사 53:2) 자체가 찬란한 영광의 빛으로 바뀐 것입니다. 이 신비로운 빛을 우리는 '영광' 이라고 말합니다. 예수님이 비록 초라한 인간의 옷을 입고, 나사렛 달동네 출신으로 이 땅에 오셨지만, 그 분의 본질은 분명히 '하늘의 영광' 이라는 것입니다. 이 영광의 위엄이 얼마나 대단한 것인지, 살기 등등해서 다메섹으로 달려가던 사울(바울)은 그 영광을 본 순간, 그 앞에 허망히 거꾸러져 (일시적으로) 실명해버리고 말았습니다(사도행전 9, 22, 26장 참조). 이 영광이 얼마나 매력적인 것인지 베드로도 그 영광을 보자마자 제 정신을 잃고 이렇게 외칩니다.

(막 9:5) "랍비여, 우리가 여기 있는 것이 좋사오니, 우리가 초막 셋을 짓되 하나는 주를 위하여, 하나는 모세를 위하여, 하나는 엘리야를 위하여 하사이다."

베드로가 아무리 정신나간 소리를 한다 할지라도, 오늘 우리는 주님의 영광을 똑바로 보아야 합니다. 본문 2절에서 우리가 주목해야 될 것 두 가지가 있습니다. 하나는 "엿새 후"라는 말, 또 다른 하나는 "베드로와 야고보와 요한 세 사람을 데리고 올라갔다"는 사실입니다.

(출 24:1) 또 모세에게 이르시되, "너는 아론과 나답과 아비후와 이스라엘 장로 70인과 함께 여호와에게로 올라와 멀리서 경배하고"
(출24:16) 여호와의 영광이 시내산 위에 머무르고, 구름이 육일 동안 산을 가리더니 제 칠일에 여호와께서 구름 가운데서 모세를 부르시니라.

마가가 본문 마가복음 9장 2절을 기록하면서 "엿새 후"라는 표현을 쓰는 것, 그리고 예수님이 베드로와 야고보와 요한 세 사람만을 데리고 변화산에 올라가신 사실은, 이스라엘이 출애굽한 이후 시내산에서, 하나님께서 모세에게 율법을 내려주시던 그 상황과 대비시키기 위한 의도가 짙게 반영된 것으로 보입니다. 시내산에서, 제 칠 일째에 하나님이 임재하셨습니다. 오늘 마가복음 본문에서도 "엿새 후"에 변화산의 영광이 나타났다고 말합니다. 모세도 아론과 나답과 아비후 세 사람을 데리고 갔고, 예수님도 베드로와 야고보와 요한, 세 사람만을 데리고 높은 산에 올라가셨습니다.

또 하나, 본문 마가복음 9장 14~29절에는, 산 아래에서 간질병 걸린 이 아이를 고치지 못해서 제자들이 창피 당하고 있는 내용이 기록되어 있습니다. 이것은, 모세가 하나님의 율법을 받으러 시내산에 올라가 있던 기간에, 산 아래에서 아론이, 여론에 밀려 금송아지 우상을 만들어 섬기면서 백성들과 함께 배신의 춤을 추고 있던 상황과 분명한 대비를 이루는 것입니다. 요컨대 마가복음의 이 기록은, 〈예수님을 통해서 바야흐로 새로운 출애굽이 이루어지고 있다〉는 사실, 참된 새 생명, 구원의 역사가 예수님을 통해서 현재 이루어지고 있다는 사실을 독자들에게 분명히 보여주고자 하는 것입니다. 그러기에, 우리가 신약성경을 제대로 이해하기 위해서는 반드시 구약의 뿌리를 확고히 갖고 있어야만 합니다. 그렇지 않으면, 이 변화산 사건이 도대체 무엇을, 어떻게 말하고자 하는지를 도무지 알지 못하게 되기 때문입니다. 그러므로 구약을 열심히 읽고 공부하는 일, 복음을 바르게 이해하는 데에 무엇보다도 중요한 것입니다.

(막 9:3) 그 옷이 광채가 나며 세상에서 **빨래하는** 자가 그렇게 희게 할 수 없을 만큼 심히 희어졌더라.

그런데, 시내산 사건과 변화산 사건을 마가가 대비시키면서 마가가 은근히 말하고자 하는 것이 또 하나 있습니다. 모세가 시내산에서 하나님의 율법을 받아서 내려올 때, 하나님의 영광이 그의 얼굴에 어렸습니다. 곧, 하나님의 영광이 모세의 얼굴에 반영된(reflect) 것입니다. 그렇지만, 예수님은 모세처럼 하나님의 영광을 반영하는 존재가 아니라, 그분 자신이 영광의 본체라는 것, 그러므로 예수님이 모세보다 더 위대한 존재라는 것을 마가가 보여주고자 한 것입니다. 앞서 세례 요한이 분명히 증언했듯이, 요한은 물로 세례를 주지만, 그 뒤에 오시는 구세주 예수님은 성령으로 세례를 주고, 그럼으로써 그 백성들의 가슴속에 그리스도의 새 생명을 주입시켜서, 이 땅에서 죄악과 싸우면서 죄악을 이길 수 있는 힘을 주시는 하나님이심을 이 기록을 통해서 우리에게 재확인시켜 주고자 했던 것입니다.

주님의 몸(육체)이 영광의 광채로 바뀌면서 그 뒤에 놀랍게도 엘리야와 모세가 나타났습니다.

(막 9:4) 이에 엘리야가 모세와 함께 저희에게 나타나 예수로 더불어 말씀하거늘

예수님과 모세 그리고 엘리야 사이에 오간 대화의 내용은 누가복음 9장 31절에 잘 밝혀져 있습니다.

(눅 9:31) 영광 중에 나타나서, 장차 예수께서 예루살렘에서 별세하실 것을 말씀할 새

예수님이 예루살렘에서 별세하실 일, 곧 십자가의 죽음을 당하실 일

이 심각하게 논의되었다는 것입니다. "별세"라는 말의 헬라어는 '엑소돈'인데, 이 말은 '엑소도스'(흔히 '죽음' 혹은 '탈출'로 번역)와 똑같은 어근을 갖는 말입니다. 곧 그 분의 '출애굽'(exodus), 장차 예수님이 예루살렘에서 '새로운 출애굽'을 이루실 것을 이야기했다는 것입니다. 예수님의 이 새로운 출애굽 사건을 통해서 예루살렘에서부터 새로운 구원의 역사가 일어날 것(행 1:8 참조)입니다. 죄악의 애굽 땅에서 헤매던 하나님의 잃어버린 양들을 건져서, 새로운 하나님 나라로 들어가도록 하는 '새로운 구원의 역사'가, 예루살렘에서 별세하시는 예수님의 십자가 사역을 통해 일어나게 될 것을, 영광 가운데 나타난 모세와 엘리야가 '영광의 예수님'과 더불어 진지하게 이야기하고 있었던 것입니다.

(눅 22:15) 이르시되, "내가 고난을 받기 전에 너희와 함께 이 유월절 먹기를 원하고 원하였노라."

예수님께서 십자가를 지시기 전에, 여러 절기 중에서 유독, 이 유월절을 제자들과 함께 지키기를 굉장히 원했다고 말씀하십니다. 그 이유는, 예수님이 바로 유월절 어린양(의 실체)이기 때문입니다. 바로 이런 이유로, 예수님의 신적인 본질을 꿰뚫어 알고 있었던 세례요한은 유대 광야를 거니시는 예수님을 일찍이 "세상 죄를 지고 가는 하나님의 어린양"이라고 말했던 것입니다(요 1:29).

동남아시아에 파송된 어떤 선교사님으로부터 들은 이야기입니다. 선교사님이 그곳 원주민을 상대로 사역하고 있었는데, 그 원주민 부족이 기르는 짐승 가운데 양이 없었고, 그래서 '양'이라는 낱말도 없었답니다. 요한복음 1:29 말씀을 번역해서 어떻게든 설명을 해줘야겠는데 무슨 뾰족한 방법이 없어 고민하던 차, 그 부족의 생활을 자세히 살펴보니, 명절 때마다 수탉을 마을 밖으로 쫓아내는 의식을 행하면서 자기들 나름의 '액막이' 의식을 행하더랍니다. 이것을 본 선교사님은 마침 잘 됐다 싶어서 이 말씀 안에 있는 '어린 양'을 '수탉'으로 바꿔서 이렇게 번역했다고 합니다.

"보라, 세상 죄를 지고 가는 하나님의 어린 수탉이로다!"

그렇게 설명해 주자 비로소 그 원주민들이 예수님의 '대속 죽음'에 대해 그럭저럭 이해했다는 것입니다. 여하튼, 예수님은, 우리에게 선물로 주어진 '유월절 어린양'이십니다. 출애굽 당시를 회상해 보십시오. 어린 양이 죽고, 그 어린양의 피가 이스라엘 백성들의 문설주와 인방에 발라지면서, 죽음의 사자가 그 피를 보고 그 집에 들어가지 않음으로써, 이스라엘의 장자들이 구원을 얻었습니다. 죽음의 사자가 애굽 전역을 돌며 애굽의 모든 장자를 죽일 때, 이스라엘 백성들은 그 집에서 나오지 않고, 그 양의 고기를 먹습니다. 이 놀라운 구원의 은총을 기념하는 것이 바로 유월절인데, 바로 그 유월절 제사의 제물(어린 양)이 예수님 자신이라는 것을, 마가 다락방에서의 최후의 만찬(최초의 성찬예식)을 통해서 보여 주신 것입니다. 그런 이유로 예수님은, "내가 십자가를 지고 죽기 전에 너희들과 더불어 이 유월절을 지킬 수 있기를 얼마나 원하고 원했는지 모른다"고 분명히 밝혀 말씀하고 있는 것입니다. 이렇게 영광의 모습으로 변화된 예수님을 보면서 베드로는 이렇게 말합니다.

(막 9:5) "랍비여, 우리가 여기 있는 것이 좋사오니, 우리가 초막 셋을 짓되, 하나는 주를 위하여, 하나는 모세를 위하여, 하나는 엘리야를 위하여 하사이다."

이런 모습의 베드로를 좀 쉽게 '극단적인 경건주의자' 라고 말할 수 있을 것입니다. 지저분한 세상과 담을 쌓고 오직 하나님의 영광에만 취해 사는 이 삶이 얼마나 좋은지…… 현대판으로 각색해서 말하자면, 텔레비전도 없고, 라디오도 없고, 신문도 없고, 또 누가 지저분한 짓을 하다 들통나서 수갑차고 구치소에 들어갔는지, 그 골치 아프고 어지러운 뉴스도 들려오지 않고, 일어나면 기도하고, 식사 끝나자마자 또 찬송하고, 성도 간에 교제하고, 설교(강론) 듣고, 밥 먹고, 식사준비도 다 해주시는 분들이 있고, 설거지까지도 해 주시니…… 이 수련회 장소(교회당 안), 얼마나 좋습니까?

"주여, 여기가 좋사오니, 학교고 직장이고 가정이고 다 집어치우고 그냥 여기가 좋사오니, 날이면 날마다 그냥 수련회(예배)나 계속합시다!"

오늘 우리들의 입에서도 이런 식으로, 베드로가 했던 말과 비슷한 말은 쉽게 나올 수 있다고 생각합니다. 하지만 이런 생각, 예수님을 가장 가까이 모시고 있던 세 제자들의 참으로 뼈아픈 실수입니다.

"우리가 여기 있는 것이 좋사오니……"

베드로는 그만 주님의 영광에 취해 버린 나머지 자기도 모르게 헛소리를 하고 있습니다. 베드로는, 산아래 고난의 현장, 산아래 주님의 손길이 정말 필요한 어두운 역사의 현장으로 돌아가는 것을 별로 원하지 않았습니다. 베드로가 이렇게 말하는 데는 한 가지 분명한 이유가 있었습니다. 예수님이 "예루살렘에서 고난을 당하고 죽어야 한다"는 이야기를 이미 들었고, 그 과정에서 예수님의 예루살렘 행을 막다가 단단히 책망을 들었기 때문입니다(막 8장). 주님의 태도로 볼 때, 틀림없이 예루살렘에 올라가실 것이고, 예수님께서 평소에 하신 말씀이 늘 진실했던 것을 감안한다면, 주님이 거듭 거듭 말씀하신 대로 그 분이 예루살렘에서 반드시 죽을 거라는 생각이 있었기 때문일 것입니다(혹 모세와 엘리야 그리고 예수님과의 대화를 베드로가 엿들었는지도 모르는 일입니다). 이런 맥락에서 본다면 "여기가 좋사오니"라는 말은 결국은 "예루살렘으로 가지 마시라"는 말과 같은 말이 되는 것입니다.

학생들 중에도, 공부하기 싫으면 교회당에 와서 노는 경우가 많이 있습니다. 공부하기 싫고 따분해지면 기분 전환할 겸 성경을 꺼내 읽는 사람들도 많은 것 같습니다. 그런데 속 모르는 어른들이 그런 학생들을 볼 때마다 이렇게 감탄하곤 합니다.

"어 참, 저 학생, 무슨 은혜로 어린 나이부터 저렇게 신앙이 좋담?"

이런 모습을 꼬집어서 전문 용어로, '게토 맨탈리티(ghetto mentality)에 사로잡혔다'고 합니다. 한 마디로 '방안 통소'라는 말입니다. '게토'(ghetto)는 '참호'라는 뜻입니다. 곧 '교회'라는 참호 속에 꼭꼭 숨어 지내면서, 그 속에서 자기들끼리만 은혜롭게 잘 지내며 역사의 어두운 현장으로는 도무지 흩어질 줄을 모르는 교회, 이렇게 두 동강난 정신 자세(이원론)를 일컬어서 '게토 맨탈리티'라고 더러 비아냥거리는 것입니다. 예배와 각종 집회 속에서 은혜를 많이 얻지만, 오직 그 은혜와 감격 속에서만 살려고 하지, 그 받은 은혜의 힘을 가지고 역사의 어두운 현장에 나가서 '흩어진 교회'가 되어 십자가의 능력으로 싸우려는 생각은 전혀 하지 않는 아주 못된 '게토 맨탈리티'가 변화산의 베드로에게도 분명히 있었던 것입니다.

(막 9:6) 이는 저희가 심히 무서워하므로 저가 무슨 말을 할는지 알지 못함이더라.

이 안타까운 상황에 대한 마가의 평입니다. '하나님의 임재 앞에서 너무 두려운 나머지 베드로가 헛소리했다'는 것입니다. 요컨대, 주님의 말씀은 잘 새겨들어야 하지만, 베드로의 이 헛소리는 결코 들어서는 안 되는 것입니다. "어두운 역사적 현실과 부담스런 상황, 그까짓 것 가서 부딪혀 봤자 되는 일은 별로 없을 것이고 괜히 은혜만 떨어지니까 우리 여기서 그냥 경건회나 합시다"하는 식의 '헛소리'는 절대 함부로 들으면 안 된다는 것입니다.

(막 9:7) 마침 구름이 와서 저희를 덮으며 구름 속에서 소리가 나되, "이는 내 사랑하는 아들이니 너희는 저의 말을 들으라" 하는지라.

우리가 예수님의 말씀을 듣고 순종해야만 할 분명한 이유가 있습니다. 예수님은, 하나님 아버지께서 사랑하시는 아들, 우주의 왕이시기 때문입니다. 시편 2편 7절에서 시편기자는, 이스라엘(유다)의 왕으로 즉위식을 행하는 이를 일컬어 '하나님의 아들'이라고 합니다. 그런데, 이미 우리가 살펴본 바와 같이, 그 왕은, 그 백성(우리)을 위해 친히 고난을 받으시는 분이십니다. 우리 '대신 죽어주시는 왕'이십니다. 바로 그 이유로 우리가 생명의 은인이신 그 분의 말을 듣고 복종해야만 하는 것입니다. 주님의 이 말씀 외에 다른 말을 들어서는 안 되는 것입니다. 그런데, 이 말씀을 전후해서, 주님께서 집중적으로 하시는 말씀이 있습니다. 다른 것이 아니라, 예수님 자신이 당할 '십자가의 수난'입니다. 그런 의미에서, "너희는 저의 말을 들으라"는 이 말씀은, 예수님의 제자들을 향해,

'수난에 관한 말씀도 귀담아 들을 것'을 촉구하는 내용도 포함되어 있는 것입니다. 내게 은혜가 되는 말씀, 나를 기분 좋게 하는 말씀, 나를 위로하고 격려하는 말씀…… 이렇듯 달콤한 말씀만 들으려고 하지말고, 때론 우리를 고통스럽게 하고, 우리에게 부담을 주고, 우리를 힘들게 하고, 우리 마음속에 일시적으로 엄청난 아픔과 고통을 부여하는 말씀이라 할지라도, 그 말씀 또한 잘 듣고 복종해야만 한다는 것입니다. 베드로가 그토록 간절하게 "이 산에서 내려가지 말자"고 요청했지만, 예수님은 그 말을 묵살하고 세 제자들을 데리고 변화산에서 내려옵니다. 그러면서 단호히 경계하십니다.

(막 9:9) "내가 죽은 자 가운데서 살아날 때까지는, (오늘) 본 것을 아무에게도 이르지 말라."

제자들이 '본 것'이 무엇이었습니까? '예수님의 영광'이었습니다. 그 '눈부신 영광'을 "예수님이 죽었다가 살아날 때까지 아무에게도 하지 말라"는 이 말씀에서 우리는, 예수님의 '영광'과 그 분의 '죽으심'이 하나로 연결되어 있다는 것을 분명히 확인할 수 있습니다. "나의 영광과 나의 고난은, 동전의 양면처럼 둘이 아니라 하나"라고 말씀하시는 것입니다. 그러므로 우리는, 주님의 영광만을 보려는 사람들은 구원의 길을 제대로 걸을 수 없다는 사실을 분명히 알아야만 합니다.

(막 9:10) 저희가 이 말씀을 마음에 두며 서로 문의하되 "죽은 자 가운데서 살아나는 것이 무엇일까?"

주님의 영광에 취하여 몹시 들떠있던 제자들은 주님의 이 말씀을 도무지 이해할 수가 없었습니다. '기독교 승리주의'에 젖어 주님의 뒤를 따르고 있었기 때문입니다. 제자들의 뒤틀린 관점에서는, "영광의 주님이 십자가에서 죽는다"는 이 말이 도대체 앞뒤가 맞지 않는 듯이 여겨졌기 때문입니다. 여러분, 어렵디 어려운 고등수학을 정말 잘하시는 대학의 수학과 교수님이 구구단을 못 외운다고 생각해 보십시오. 수학과 교수님께서 "나, 구구단 못 외운다"고 하면 그 말을 이해할 수 있겠습니까? 주님의 말씀이 바로 그런 것입니다. "하늘 영광의 하나님이 친히 치욕의 십자가를 지고 죽어야 한다"고 말씀합니다. 도무지 이해가 되지 않습니다. 어쩌면 제자들은, 그런 말 아예 듣고 싶지도 않았을 것입니다. 그러기에 변화산을 내려오면서 계속 자기들끼리 수군대는 것입니다.

"자네는 그 말 이해하겠는가?"
"글쎄…… 전혀 모르겠네…… 그럼, 자네는?"
"나도……"

도대체 영광의 광채이신 주님의 고난이 어떻게 그 분의 고난과 조화될 수 있다는 것인지……

'영광이면 그냥 영광이지, 고난은 또 뭐란 말인가?'
'예수 믿으면 만사형통 하는 것이지, 십자가는 또 무슨 십자가인가?'
'하나님 아버지께서 우주의 왕이시고, 하나님의 자녀인 내가 왕자이고 공주라면, 그런 내가 신실하게 살아보려고 노력하면 내 삶이 평탄해야지, 무슨 풍랑이 이리도 많은가? 하나님이 안 계시는가? 만일 계신다면 그 분이 무능한 것 아닌가? 혹 휴가라도 가셨는가? 아니면, 그 분이 나를 사랑하지 않는 것인가? 아니면 내가 하나님 앞에 저주를 받은 것인가?

신앙생활 하다가 좀 힘겨운 고난이 닥치면, 이따위 부질없는 생각을 함부로 하는 경우가 너무 많은 우리 현실이 참 두렵습니다.

(막 9:11) 이에 예수께 묻자와 가로되, "어찌하여 서기관들이 엘리야가 먼저 와야 하리라 하나이까?"

자기들끼리 한 참 고민한 끝에 제자들이 예수님께 질문을 던집니다.

"그렇습니까? 여하튼 주님의 말씀이 일단 옳다고 합시다. 그렇다면, 지금 성경말씀의 전문가인 서기관들이, 말라기 3장 1절과 말라기 4장 5절, 6절에 근거해서 '메시아가 오기 전에 먼저 엘리야가 와야만 한다'고 주장합니다. 그러면 아까 변화산에서 엘리야가 나타난 것을 언뜻 본 것 같은데, 그렇다면, 그 엘리야보다 예수님이 먼저 왔기 때문에 말라기의 예언과는 앞뒤가 안 맞는 것 아닙니까?"

제자들의 질문에는 대략 이런 뜻이 담겨 있었을 것입니다. 구약성경(말 3:1, 4:5~6)에서 분명히 약속하기를, "메시아가 오기 전에 반드시 엘리야가 먼저 와서 사람들의 마음을 돌이키는 사역을 해야만 한다"고 서기관들은 주장하고 있는데, 이렇게 되면 예수님이 혹시 진짜 구세주(메시아)가 아닐 수도 있다는 의심이 생기기 시작한 것입니다. 오늘 우리 주변에서도 흔히 일어날 수 있는 상황입니다. 하나님 나라의 일을 방해하는 사람들, 아무런 논리가 없는 것이 결코 아닙니다. 그 사람들, 매우 분명하고 정교한 논리를 갖고 있습니다. 나름대로는 매우 '성경적인(?)' 논리까지도 아주 탄탄하게 갖추고 있습니다. 왜 그런가 물으면 주저하지 않고 이곳 저곳의 성경말씀을 줄줄이 들이댑니다. 참으로 두렵고 놀라운 일입니다.

예수님께서 제자들에게 되묻습니다.

(막 9:12) "엘리야가 과연 먼저 와서 모든 것을 회복하거니와 어찌 인자에 대하여 기록하기를, '많은 고난을 받고 멸시를 당하리라' 하였느냐?"

주님의 이 반문에는 아래와 같은 대화 내용이 함축되어 있다고 할 수 있을 것입니다.

"그래. 엘리야가 먼저 와서 모든 것을 회복한다고 했지?"
"그렇습니다."
"그러면, 모든 것이 회복되었다면 그 뒤에 온 메시아가 할 일이 없지 않느냐? 메시아가 할 일이 없다면 그가 고난받을 일도 없지 않은가? 그런데 어째서 모든 것을 회복한 엘리야보다 나중에 온 구세주(메시아)가 고난을 당한다고 성경에 기록되어 있는 것인가? 그것에 대해서는 그대들은 어떻게 생각하나?"

어떻게 설명을 해도 앞뒤가 꼬이는 상황이 되고 말았습니다. 주님은 서기관들의 주장을 일단 인정했습니다. 그들의 주장이 맞다는 것, 곧 말라기의 예언이 틀림없다는 것을 인정하신 것입니다. 그러나 예수님은, 그 말라기 말씀을 해석하고 적용하는 방식이, 서기관과, 그리고 서기관들의 그런 말을 무작정 믿고 따라가는 제자들과는 전혀 달랐습니다. 그들은 성경말씀을 문자적으로 해석 · 적용했지만, 예수님은 이 말씀을 구원역사의 포괄적인 흐름 안에서 통전적으로 해석 · 적용하고 있는 것입니다. 이렇듯, 자칫 말씀을 문자적으로 해석하고 적용하면 참으로 어려운 일이 많이 생기게 됩니다. 성경해석(적용)의 중요성과 관련하여 여러분의 이해를 돕기 위해 예를 하나 들겠습니다.

(막 16:17~18) [17]믿는 자들에게는 이런 표적이 따르리니, 곧 저희가 내 이름으로 귀신을 쫓아내며, 새 방언을 말하며 [18]뱀을 집으며, 무슨 독을 마실지라도 해를 받지 아니하며, 병든 사람에게 손을 얹은즉 나으리라 하시더라.

"믿는 자들에게는 이런 표적이 따르리니…… 무슨 독을 마실지라도 해를 받지 아니하며……."

'문자적으로' 받아들이려고 할 경우, 보면 볼수록 현실적으로 받아들이기 어려운 말씀입니다. 우리에게 과연 '믿음'이 있는지, '독약'을 좀 갖다 놓고 이 자리에서 직접 한 번 시험해 보면 어떨지 모르겠습니다. 믿는 자들은, 무슨 독을 마실지라도 해를 받지 않는 놀라운 표적이 따른다고 하셨으니까 말입니다. 1960년대에 우리나라에서 일어난 일로 기억하는데, 어느 시골에서 예수 믿는다고 하던 한 가족이 농약을 나눠 먹고 몰사한 사건이 있었습니다. 놀랍게도 그 사람들이 함께 농약을 마실 용기(?)를 준 말씀이 바로 마가복음 16:17~18이었습니다. '하나님의 분명한 말씀'에 기대어 자기들에게 믿음이 있다는 것을 보여 주겠다는 것이었습니다. 자기들의 믿음을 확인(?)하기 위해 대단한 믿음으로(?) 일가족이 농약을 마시고…… 마침내 다 죽고 말았습니다. 그러므로, 성경해석, 정말 신중하게 잘해야만 합니다. 성경해석, 잘 못하면, 우리를 살리기 위해서 은혜로 주신 하나님의 말씀 앞에서 우리가 허망하게 죽을 수도 있는 것이기 때문입니다. 이단 사이비에 속한 사람들이 성경을 안 믿는 것이 아닙니다. 그들 역시 성경을 굳게 믿는다고 생각합니다. 오히려 자기들만큼 성경을 문자 그대로 믿는 사람들도 없다고 늘 자부하고 살아갑니다. 그렇지만 그들은 '제멋대로 해석된 성경'을 믿고 있는 것입니다. 제멋대로 해석하고, 제멋대로 적용하며 자기들의 빗나간 행동을 끊임없이 정당화합니다.

예수님은, 서기관들의 말을 일단 옳다고 인정했습니다. 그러나 구세주(메시아)보다 먼저 와서 하는 엘리야의 그 회복 사역, 그것이 끝이 아니라는 것을 분명히 하셨습니다. 오직 메시아만이 처리하실 수 있는, 인간의 본질적인 죄(와 죄책 그리고 죄의 권세) 문제가 있기 때문입니다. 그러기에, 엘리야보다 나중에 온 메시아가 고난의 십자가를 지고 인류의 죄짐을 친히 감당해야 한다고 말씀하시는 것입니다.

(막 9:13) "그러나 내가 너희에게 이르노니, 엘리야가 왔으되, 기록된 바와 같이 사람들이 임의로 대우하였느니라" 하시니라.

놀랍게도 예수님은, 말라기 선지자의 예언대로 엘리야가 벌써 와서 사역했다는 주장을 하십니다. 세례요한이 바로 구세주보다 앞서 와서 사역한 엘리야였다는 것입니다. 마가복음 6장에서 우리는 헤롯에게 목이 잘려 죽는 세례요한의 마지막 모습을 보았습니다. 그 요한이 바로 엘리야라는 것입니다. 세례요한이 바로 엘리야의 심정으로 주님이 오시는 광야의 큰길을 예비하는 사람이었다는 것입니다. 이렇듯 '엘리야'가 이미 와서 열심히 사역했는데, 사람들이 그를 함부로 대우해서 결국은 목 잘라 죽이고 말았다는 것입니다. 여기서 우리가 한 가지 꼭 확인하고 넘어가야 할 것이 있습니다.

(막 1:14) 요한이 잡힌(헬, 파라도떼나이) 후 예수께서 갈릴리에 오셔서 하나님의 복음을 전파하여

여기 "잡힌"이라는 말은 헬라어로 '파라도떼나이' 인데, 이 말은 '파라디도미' 라는 말에서 나왔습니다. '파라디도미' 라는 말은, "넘겨진다"는 뜻을 갖고 있습니다. 그러므로 막 1:14 말씀은, "요한이 넘겨진 후 예수님이 갈릴리에 오셔서 하나님의 복음을 전파했다"는 구원사적인 흐름을 우리에게 가르쳐 주고 있는 것입니다. 참고로, 아래 인용되는 마가복음의 몇몇 구절을 잘 살펴보십시오.

(막 9:31) 이는 제자들을 가르치시며 또 인자가 사람들의 손에 넘기워(헬, 파라디도타이 〈 파라디도미) 죽임을 당하고 죽은 지 삼 일만에 살아나리라는 것을 말씀하시는 연고더라.
(막 10:33) 보라! 우리가 예루살렘에 올라가노니, 인자가 대제사장들과 서기관들에게 넘기우매(헬, 파라도떼세타이 〈 파라디도미) 저희가 죽이기로 결안하고 이방인들에게 넘겨주겠고(헬, 파라도수신 〈 파라디도미)
(막 13:9) 너희는 스스로 조심하라. 사람들이 너희를 공회에 넘겨주겠고(헬, 파라도수신 〈 파라디도미), 너희를 회당에서 매질하겠으며, 나를 인하여 너희가 관장들과 임금들 앞에 서리니 이는 저희에게 증거 되려 함이라.
(막 13:11) 사람들이 너희를 끌어다가 넘겨 줄(헬, 파라디돈테스 〈 파라디도미) 때에, 무슨 말을 할까 미리 염려치 말고, 무엇이든지 그 시에 너

희에게 주시는 그 말을 하라. 말하는 이는 너희가 아니요 성령이시니라.

말하자면 마가는 지금, '넘겨지다'(헬, 파라디도미)는 뜻의 낱말(동사) 하나로, 세례요한과, 예수님과, 그를 따르는 제자들을 하나의 '공동운명체'로 묶어내고 있는 것입니다. 곧, 엘리야의 심정으로 사역한 세례요한을 이 사람들이 함부로 대우해서 그의 목을 쳐죽였다면 그 뒤에 오는 구세주(메시아)도 함부로 대하면서 그의 목을 칠 것이고, 또 그 메시아의 뒤를 따르는 사람들도 함부로 대우하면서 그들의 목을 치는 살벌한 상황이 끊임없이 이어질 것을 예고하고 있는 것입니다. 이렇듯, 세례요한의 길과, 예수님이 가시는 십자가의 길과, 오늘 예수 믿는 우리들의 길(고난의 길)은 거의 다르지 않습니다. 그래서 우리가 걷는 이 길을 '좁은 길'이라고 항시 말하는 것입니다. 세상은 예수 믿는 우리를 진정으로 환대하지 않습니다. 우리가 세상에 나가서 거짓말하지 않고 착하게 정말 열심히 정직하게 일하며 살아가려고 하면, 우리를 칭찬해주는 게 아니라 오히려 우리를 따돌립니다. 아무 이유가 없는데도 기회 있을 때마다 기독교인들에게 불이익을 안겨 줍니다. 곧, 세상사람들은 우리 그리스도인들을 항시 "임의로 대우"하는 것입니다. 그러나 이 길은 오늘 우리들만 새삼스럽게 걷는 것이 아니라, 우리를 위해서 친히 목숨을 버리신 우리 주님께서 이미 걸으셨던 길입니다. 또한, 광야에서 주님 오시는 길을 예비했던 우리 믿음의 대 선배 세례요한이 걸었던 길입니다. 이런 각도에서 바울은 빌립보서 3장 10~11절에서 이렇게 고백합니다.

(빌 3:10~11) [10]내가 그리스도와 그 부활의 권능과 그 고난에 참예함을 알려하여 그의 죽으심을 본받아 [11]어찌하든지 죽은 자 가운데서 부활에 이르려 하노니

바울의 고백은 다른 것이 아닙니다. 곧, 주님의 죽으심을 본받지 아니하는 한, 그 누구도 결코 부활에 이를 수 없다는 것입니다. 바울은, ‘고난’과 ‘영광’을 하나로 보고 있습니다. 바울은, ‘고난’을 거부해버리면 ‘부활’의 영광 또한 없다는 것을 아주 잘 알고 있었습니다. 그러기에, 자기가 이 땅에서 육체 안에서 살아가는 동안 정말 본받으려고 하는 것은 다른 것이 아니라 바로 ‘주님의 고난’이라는 것을, 자신의 유언이나 다름없는 빌립보서에서 분명히 고백하고 있는 것입니다. 오늘날 많은 신앙인들이 정말 본 받고 싶어하는 것이 무엇입니까? 그 과정이야 어떠하든, 결과적으로 일단 성공하고 출세한 사람들 아니던가요? 우리 주변에 ‘나도 그렇게 되고 싶은 사람’은 정말 많습니다. 제가 신학대학원에 다닐 때, 예배(채플)시간에 어느 목사님이 오셔서 설교를 하시다 말고 이런 말씀을 하셨습니다.

“여러분, 갖고 계신 공책에 지금부터 제가 말하는 대로 빨리빨리 적으십시오.”

그러더니 이내, “되고 싶은 목사 있으면 종이에 그 이름을 써 보라”고 하셨습니다. 전도사님들이 열심히 쓰고 있었습니다. 어느 정도 다 쓰는 듯 싶으니까, 다시 ‘그 뒤에 존경하는 목사님 이름을’ 쓰라고 하셨습니다. 그러자 갑자기 연필들이 다 멈춰 섰습니다. 참으로 충격적인 순간이었습니다. 우리 주변에 ‘나도 그렇게 되고 싶은 사람’은 정말 많습니다. 그러나 참으로 슬프게도 ‘정말 존경하는 분’은 그리 많지 않습니다. 물론 그런 분들이 아주 없지는 않을 것입니다. 그렇게 귀한 분들, 분명히 있습니다. 하지만 그 수가 그리 많지 않습니다. 정말 드뭅니다. 오늘 이 말씀을 듣는 우리들이, 주변사람들 앞에 그렇게 귀한 사람들, 아브라함처럼 복의 근원이 되는 사람들이 다 되실 수 있기를 바랍니다. 그러기 위해서, 이 땅에서 우리가 정말 애써야 될 것은, '되고 싶은 사람들'을 향해 달려가는 것이 아니라, 바울처럼, 주 예수님의 십자가 고난을 본받으려고 몸부림치는 것입니다. 그러다가 우리는 죽을 수도 있겠지만, 마지막 그 날에 우리 주님께서 부활의 영광 가운데로 우리를 이끌어 주실 것임을 굳게 믿고 그 좁은 길을 꾸준히 걸어야만 하는 것입니다. 결국, 이 고난의 길은 믿음이 없는 사람은 걸을 수가 없기 때문에, 세례 요한이 그랬듯이 주님도, "때가 찼고, 하나님 나라가 가까웠으니, 회개하고 복음을 믿으라"고 말씀하시는 것입니다.

그리스도인들이 걷는 길에, 예수 제자들이 살아서 이 땅에서 누리는 영원한 영광은 없습니다. 우리가 살아서 누리는 영원한 영광은 정말 없습니다. 분명히 솔직하게 다시 말씀드리거니와, 우리 그리스도인들에게 이 땅에서의 세속적인 영광은 정말 없습니다. 이 악하고 추한 세상에서 그리스도인들에게 세상 사람들이 바라는 영광은 그리 쉽게 주어지지 않을 것입니다. 우리가 아무리 착하고 정직하게 살고, 아무리 열심히 바르게 일해보려고 해도, 세상은 그런 우리를 칭찬하지 않습니다. 우리가 그렇게 살려고 하면 할수록, 세상은 오히려 우리를 더 임의로 대우하고 우리를 더 따돌릴 것입니다. 바로 그런 이유로, 우리들에게는 '신앙공동체'의 위로와 격려가 반드시 필요한 것입니다. 그러기에 모든 신앙인들에게는, '신앙공동체'가 생명과도 같습니다. 때문에 우리들의 신앙공동체를 위해서 목숨 걸고 헌신해야 될 분들이 나와야만 하는 것입니다.

그렇지만, 이 땅에서 우리가 누릴 영광이 없다해서 그 영광에 대한 소망조차 함부로 끊어버려서는 안 될 것입니다. 주님께서 섬김으로 왕 노릇하실 그 영광의 나라에 대한 소망을 고이 품고, 하늘 영광이 전혀 없는 이 땅, 죄악의 척박한 땅을 거닐 때, 소망의 주님을 굳게 믿음으로 우리의 발걸음을 끊임없이 다잡을 필요가 있습니다.

(요 10:27~30) [27]내 양은 내 음성을 들으며 나는 저희를 알며 저희는 나를 따르느니라. [28]내가 저희에게 영생을 주노니 영원히 멸망치 아니할 터이요, 또 저희를 내 손에서 빼앗을 자가 없느니라. [29]저희를 주신 내 아버지는 만유보다 크시매 아무도 아버지 손에서 빼앗을 수 없느니라. [30]나와 아버지는 하나이니라.

주님께서 말씀하시는 바와 같이, 우리가 주님의 양이라는 결정적인 증거는 다른 것이 아니라 '그 분의 말씀을 듣고 복종하는 것' 입니다. 그런데 어떤 이들은, 스스로 주님의 양이라고 주장하면서도, 열심히 이마에 교만하게 돋아난 '뿔' 을 갈아댑니다. 그 사납고 거친 '뿔' 로 아무데나 거침없이 들이받으며 살아갑니다. "신앙인답게 정직하게 살아야 한다"고 설교하면, 설교 끝나자마자 발딱 일어나서 이렇게 항의하는 사람도 있다는 얘기를 어느 목사님으로부터 들었습니다.

"원, 목사님은 지금 세상 물정을 몰라도 너무 모르십니다. 그럼 우리더러 사업 그만 하라는 말씀이십니까? 계속 그렇게 말씀하시면 저는 이 공동체에 도저히 더는 있을 수 없습니다."

마치, 닭의 목을 비틀어서라도 오는 새벽을 막으려는 사람들의 우격다짐과 같습니다. 주님의 말씀을 잘 듣고, 그 말씀 앞에 복종함으로써 자신이 주님의 양무리인 것을 증명하는 것이 아니라, 이마에 함부로 돋아난 교만의 뿔로 양의 길을 진지하게 걸으려는 사람들에게 깊고 큰 상처를 주는 사람들이, 우리들 가운데서는 부디 나오지 않기를 간절히 바랍니다. 선포되는 하나님의 말씀 앞에 복종하지 않을 것이면, 말씀의 일꾼들을 강단에 세울 필요가 없을 것입니다. 아무튼, 모세와 엘리야를 구원시켜 그들에게 영원한 생명을 주신 주님께서 오늘도 우리 몫의 십자가를 지고, 말없이 고난과 죽음의 길을 가는 우리 몸도 언젠가는 영광의 몸으로 변화시켜 주실 것을 저는 믿습니다. 그 '믿음'으로 우리는, 주님이 우리에게 주시는 그 고난의 좁은 길을 동역자들과 함께 사랑하고 위로하면서 기쁨으로 걸어야 하는 것입니다. 그러므로 우리가 베드로처럼 산 위의 영광에만 취해 있어서는 안됩니다. 함께 모여서 하나님을 찬양하고 하나님께 기도하고 말씀을 들으며 안식하고 새 힘을 얻었으면, 그 힘을 갖고 다시 (산아래) 어두운 역사의 현장으로, 우리들의 삶의 자리로 "흩어진 교회"가 되어 다시 돌아가야만 합니다(사실 '흩어진 교회' 로서의 삶이 더 중요합니다. 롬 12:1~2 참조). 그 곳에서 다시 예수님의 사랑으로 힘껏 싸워야만 합니다(롬 12:21 참조).

주님은, 변화 산에 그냥 있고 싶어하는 베드로를 비롯한 제자들을 데리고 산 아래로 다시 내려오셨습니다(14~29절). 그 사이, 산아래 쪽에서는 예수님의 제자들과 서기관들 사이에 큰 싸움이 붙어있었습니다. 중증 간질병에 걸린 아들을 둔 어떤 아버지가 일찍이 예수님에 대한 소문을 들었습니다. 불쌍한 자기 아들을 예수님 앞에 데려오면 그를 고칠 수 있으리라는 믿음을 갖고 예수님이 계시는 곳을 찾아 왔는데, 가던 날이 장날이라고, 공교롭게도 예수님과 세 명의 제자는 산 위에 올라가시고 나머지 제자들만 산 아래에 남아 있었습니다. 한 시가 급한 그 아비는 산아래 남아 있는 제자들에게 아이를 고쳐달라고 부탁했습니다. 그러나 산 아래의 제자들 중에 그 누구도 이 아이를 고치지 못했습니다. 마침 그 자리에는, 예수님을 책잡기 위해 눈에 쌍심지를 돋구고 앉아 있던 서기관들이 함께 있었는데, 예수님의 제자들이 아이를 못 고치자 기다렸다는 듯이 서기관들이 시비를 걸어와 분위기가 험악해지고 말았습니다. 솔직히 말하자면, 예수님의 제자들에게 시비걸 것이 아니라, 서기관 자기네들이 고쳐 주면 될 것인데 그러지도 못하면서 예수님의 제자들에게 거칠게 시비를 걸어온 것입니다. 그야말로 도토리 키 재기입니다. 아무튼 이토록 혼란스런 상황의 원인은, 무엇보다도 예수님의 제자들에게 있었음을 아래 성경구절에서 확인할 수 있습니다.

> (막 6:7) 열 두 제자를 부르사 둘씩 둘씩 보내시며 더러운 귀신을 제어하는 권세를 주시고
> (막 6:12~13) [12]제자들이 나가서 회개하라 전파하고 [13]많은 귀신을 쫓아내며 많은 병인에게 기름을 발라 고치더라.

여기 마가복음 6장 7절과 13절 말씀을 보면, 예수님이 이미 제자들에게 '귀신을 쫓아내는 권능'을 주셨고, 그 결과 실제로 나가서 예수님이 하시는 것과 똑같은 일을 제자들도 내내 해왔던 것을 알 수 있습니다. 그런데 그날따라 일이 꼬이느라고 사나운 눈초리로 지켜보고 있는 서기관들 앞에서 평소에 참 잘되던 일이 안 되어버린 것입니다. 참으로 심각한 문제였을 것입니다. 평소에 잘되던 일이 참으로 중요한 순간에 이상하게 전혀 되지 않는 곤혹스런 상황이 발생한 것입니다. 평소에 자연스럽게 하던 일을 하지 못한 이유가 어디엔가 분명히 있긴 있었을 것입니다. 제자들 사이에서 "누가 크냐?"는 다툼이 끊임없이 있었던 분위기를 미루어 볼 때, 산아래 남아 있던 아홉 명의 제자들은 그들 나름대로 소외의식을 느꼈던 것 같습니다.

'저 세 사람은 무엇이고, 우리는 무엇인가? 저 친구들은 찰밥이고, 우리

는 메밥인가?

이런 생각을 하고 있었을지도 모릅니다. 그러던 차에, 그들 앞에 간질병 걸린 아이 하나를 데려 왔을 때, 예수님과 그 세 명의 제자들이 없을 때도 자기들이 얼마든지 눈부신 이적을 행할 수 있다는 것을 사람들 앞에 멋지게 보여줌으로써, 자기들의 신통한 능력을 한번 멋지게 과시하고자 하는 어두운 욕망이 있었던 것 같습니다. 그래서, 여기 보아란 듯이 한껏 거드름을 피우며 장풍(?)을 쏘았는데 이상하게 아이가 꿈쩍도 않고 질병이 전혀 안 고쳐집니다.

"어라? 왜 이러지? 아무래도 난, 잘 안 되는데, 어이, 자네가 한 번 해봐."

아홉 명이 돌아가면서 팔을 걷어 부치고 나서 보았지만 결국 모두 다 실패하고 말았습니다.

"영 안 되는군. 그렇다면 할 수 없지. 자, 이제부터 우리 모두 독수리 9형제처럼 함께 장풍을 쏘자!"

기분을 전환할 겸 우스갯소리로 당시 상황을 한 번 꾸며서 말씀드렸습니다. 그러나…… 아홉 제자들은 끝내 성공하지 못했습니다. 그러자, 기다렸다는 듯이 서기관들과 살벌한 시비가 붙은 것입니다. 시비가 붙었을 뿐만 아니라, 만일 그때 예수님 일행이 내려오지 않았으면 아홉 제자들은 사기꾼으로 몰려 돌에 맞아 죽었을지도 모를 판이었습니다.

때마침 예수님이 내려오시자, 이 아이의 아비가 앞뒤 상황을 대충 설명한 뒤에 주님께 아이를 부탁합니다.

(막 9:22하) 그러나 무엇을 하실 수 있거든 우리를 불쌍히 여기사 도와
주옵소서

아홉 제자들의 실패 때문에 이 아비의 예수님에 대한 기대치가 많이
떨어져 있음을 알 수 있습니다.

"혹시 하실 수 있거든 제 아들을 좀 고쳐주십시오."

이렇게 말하자 예수님이 그 아비를 점잖게 책망하십니다.

"'할 수 있거든' 이 무슨 말이냐? 믿는 자에게는 못할 일이 없느니라."

주님으로부터 책망을 들은 이 아비가 즉시 이렇게 응답합니다.

"내가 믿나이다. 나의 믿음 없는 것을 도와 주소서"

아이의 아비는 예수님의 책망에 즉시 회개하면서 주님 앞에 "내가 믿
나이다. 나의 믿음 없는 것을 도와 주소서" 이렇게 애원했습니다. 언뜻
들으면 이 이야기는 모순처럼 보입니다.

"내가 믿나이다."
"나의 믿음 없는 것을 도와 주소서"

아이 아비의 말에 분명히 논리적인 모순이 드러나 있습니다. 이것이 모순이 아니라면 아이 아비의 "내가 믿는다"는 앞선 고백은 도대체 무슨 뜻인지 궁금해집니다. 아울러 "내가 믿나이다. 나의 믿음 없는 것을 도와주소서"라는 청원은 또 무엇을 의미하는지 궁금합니다. 언뜻 보면 아이 아비의 말에 심각한 모순이 있는 것처럼 보이지만 사실은 그렇지 않습니다. 이 아비의 고백에는 대략 다음과 같은 뜻이 담겨 있었기 때문입니다.

"예수님 당신은, 제 안에 믿음이 있도록, 믿음 없는 저를 도와주실 수 있는 분이신 것을 제가 믿습니다."

오늘 우리 입술에서도 이런 고백이 나올 수 있기를 바랍니다. 이처럼, 하나님의 능력이 내 안에 없는 것을 원망하듯 함부로 말하지 말고, 오직 우리 안에 믿음이 없는 것을 솔직히 고백하고 주님의 도우심을 구하는 정직한 자세가 무엇보다도 필요하다고 생각합니다.

"주님 제가 믿음이 없습니다. 저의 믿음 없는 것을 도와주십시오."

오늘날 우리 기독교인들이 이렇게 무능한 것은, 다른 그 무엇보다도 우리에게 '믿음'이 없기 때문입니다. 그러므로, "주님이 우리를 도우시면, 우리 안에 주님을 향한 굳은 믿음이 생길 줄을 믿습니다. 우리의 믿음 없는 것을 도와주십시오." 이처럼 솔직한 기도의 열매가 우리 입술에 먼저 있어야만 할 것입니다.

그가 이렇게 고백하자, 그의 기도에 따라서 주님은 그의 믿음 없는 것을 도우시고, 즉시 그 불쌍한 아이를 고쳐주셨습니다. 그 분이 꾸짖으시자 즉시 아이를 사로잡고 괴롭히던 귀신이 쫓겨 나갔습니다. 그야말로 순식간에 벌어진 일입니다. 아이를 사로잡고 있던 귀신이 나가버리자, 아이가 그냥 죽은 듯이 고꾸라져 버립니다. 지켜보던 사람들은 아이가 죽었다고 생각했습니다.

'어? 아이가 아예 죽어버렸잖아? 흥, 나사렛 예수도 별 수 없군!'

이렇게 생각하며 고소해 하는 사람들도 있었을 것입니다. 그런데 예수님이 그 아이의 손을 잡아 일으키자마자 죽은 것 같았던 아이가 벌떡 다시 일어났습니다. 할렐루야!

주님은 부활의 주인이십니다. 설사 이 아이가 사람들의 말처럼 진짜 죽어버렸을지라도 부활의 능력이 우리 주님 안에 있기 때문에 그다지 두려워할 일은 아니었습니다. 설사 우리가 이 세상 안에서 이 땅의 부정 부패, 어둠의 권세와 싸우다가 우리 모두가 다 죽어버린다 할지라도, 언젠가 주님께서 우리의 손을 붙잡아 부활의 영광 중에 일으키실 것을 저는 분명히 믿습니다. 평소에 잘 되던 일이 결정적인 순간에 잘 안 되는 탓에 온갖 창피를 다 당하고, 그러지 않아도 자기들만 따돌림당한 듯해서 마음이 편치 않았었는데 엎친 데 덮친 격으로 한껏 창피까지 당했으니…… 참으로, 두고두고 쉽게 잊을 수 없는 사건이 되고 말았습니다. 그래서 제자들이 예수님께 조용히 "저희들은 그 일을 왜 못했습니까? 그 동안에 잘 되던 일이 느닷없이 왜 안 된 것입니까?"라고 다시 여쭈었던 것입니다.

(막 9:29) "기도 외에 다른 것으로는 이런 유가 나갈 수 없느니라"

예수님의 대답은 뜻밖에도 매우 간결합니다. 본문 19절에는, "믿음이 없는 세대여, 내가 얼마나 너희와 함께 있으며"라고 주님께서 이 세대의 믿음 없음을 탄식하는 모습이 나옵니다. '하늘 능력'의 결정적인 근원은 오직 '믿음'입니다. 그러므로, 예수님의 이 대답은 결국 "너희들은 이것을 하나님을 향한 믿음으로, 기도함으로 하지 않았다"는 것을 지적하신 것입니다. "하나님의 능력이 마치 너희 주머니 속에 있는 무슨 소유물이나 되는 것처럼 자만하고 한껏 교만해진 나머지, 너희 스스로 너희의 얼굴을 빛내기 위해서 그 일을 하고자 했기 때문에 이적이 일어나지 않은 것"이라는 따끔한 지적입니다. 우리가 이미 능숙하게 잘 하고 있는 일일수록 주님 앞에 엎드려 더 간곡히 기도해야 된다는 사실을 주님이 우리에게 분명히 가르쳐 주신 것입니다.

구약시대의 많은 선지자들, 히스기야와 엘리야 같은 신실한 일꾼들은 모두 다 기도의 사람들이었습니다. 예수님도 역시 기도를 중요하게 여기셨습니다. 세례를 받으실 때, 열두 제자를 선택할 때, 새벽 미명에 광야에서, 유혹과 맞서 싸우고 있을 때, 겟세마네 동산에서, 심지어 십자가에 매달려서도 하나님 아버지께 기도하셨습니다. 예수님의 가르침을 받아, 베드로와 바울과 야고보와 같은 주님의 제자들도 나중에 모두 기도의 사람들이 되었습니다. 기도 외에는 이 땅의 어두운 권세(귀신들)를 몰아낼 수 있는 능력이 나오지 않기 때문입니다. 그래서 오늘 우리는, 우리의 숫자 적음, 우리의 가난함, 우리의 능력 부족 때문에 그런 것들을 달라고 기도할 것이 아니라, "주님, 우리가 믿음이 없습니다. 우리의 믿음 없음을 도와주십시오"라고 우리의 믿음 없음을 솔직히 고백하는 기도를 먼저 해야만 할 것입니다.

(빌립보서 4:6~7) [6]"아무것도 염려하지 말고 오직 모든 일에 기도와 간구로 너희 구할 것을 감사함으로 하나님께 아뢰라. [7]그리하면 모든 지각

에 뛰어난 하나님의 평강이 그리스도 예수 안에서 너희 마음과 생각을
지키시리라.”

기도생활에 대한 사도 바울의 권면입니다. 하나님을 향한 감사의 마
음, 하나님 앞에서의 정직성이 기도의 기본이 되어야 한다는 것, 기도생
활이 신앙생활의 뿌리가 되어야 한다는 것을 밝힌 말씀입니다.

(막 9:30~32) [30]그곳을 떠나 갈릴리 가운데로 지날 새 예수께서 아무에
게도 알리고자 아니하시니, [31]이는 제자들을 가르치시며 또 “인자가 사
람들의 손에 넘기워 죽임을 당하고 죽은 지 삼 일만에 살아나리라”는 것
을 말씀하시는 연고더라. [32]그러나 제자들은 이 말씀을 깨닫지 못하고
묻기도 무서워하더라.

예수님께서 은밀히 행동하고자 하시는 중요한 이유가 31절에 밝혀져
있습니다. 제자들을 가르치시기 위해서였습니다. 제자훈련에 집중하기
위해서 계속 은밀히 활동하신 것입니다. 그 제자 훈련의 주제가 무엇입
니까? 다름 아닌 ‘십자가’와 ‘부활’이었습니다.

‘십자가’와 ‘부활’

주님은, 제자들에게 이 십자가와 부활에 대해 가르치기를 원하셨습니
다. 그런데 본문 32절을 보면, 제자들은 주님의 이 이야기를 별로 듣고
싶은 마음도 없었고, 그 뜻을 깨닫지도 못했다는 것을 알 수 있습니다.
특히 본문 31절에서, 예수님이 자신을 가리켜 ‘인자’(헬, 호 휘오스 투
안뜨로푸)라는 말을 쓰고 있다는 사실에 주목할 필요가 있습니다. ‘인자’

(The Son of Man)라는 표현을 사용하심으로써 예수님은 그분의 십자가와 부활에 대해 의미 있는 복선을 깔아 나가시고 있는 것입니다. 이 '인자' 라는 말이, 예전에는 흔히 예수님의 인성을 가리키는 말로 알려졌었습니다만, 저의 은사이신 김세윤 박사님이 '인자론' 을 발표하신 후로 이 '인자' 라는 말이 예수님의 신성을 가리키는 매우 중요한 용어라는 것이 세계신학계에 분명히 알려지게 되었습니다. 여하튼 한국이 낳은 세계적인 신학자이신 김세윤 박사님은 이 '인자론' 으로 신학계에 크게 기여하셨습니다. 이해를 돕기 위해 김세윤 박사님의 '인자론'을 잠시 요약하여 소개하겠습니다.

(다니엘서 7:13~14) [13]내가 또 밤 이상 중에 보았는데 '인자 같은 이' 가 하늘 구름을 타고 와서 옛적부터 항상 계신 자에게 나아와 그 앞에 인도되매, [14]그에게 권세와 영광과 나라를 주고 모든 백성과 나라들과 각 방언하는 자로 그를 섬기게 하였으니, 그 권세는 영원한 권세라 옮기지 아니할 것이요, 그 나라는 폐하지 아니할 것이니라.

다니엘 선지자가 어느 날 환상을 보았습니다. 환상 속에서 '인자 같은 형상', 그러니까 '사람의 모습으로 나타난 어떤 분' 을 보게 되었습니다. 사람의 모습으로 나타난 그 분은 '구름을 타고' 나타납니다. 히브리 적인 배경에서, 구름은 '쉐끼나' 곧 '하나님의 임재" 를 상징합니다. 그러므로 '구름을 탄다' 는 말은 그분이 바로 하나님이시라는 것을 나타내는 것입니다(행 1:9 참조). 사람의 모습으로 생긴 어떤 분이 구름을 타고 와서 옛적부터 계신(곧 영원하신) 하나님 아버지가 계시는 영광의 보좌 앞으로 인도되어 우주를 다스릴 권세를 받는 환상을 다니엘이 본 것입니다. 여기서 다니엘서 7장 18~27절 말씀(특히 25절)을 좀 자세히 살펴 볼 필요가 있습니다.

> (단 7:25) 그가 장차 말로 지극히 높으신 자를 대적하며, 또 지극히 높으
> 신 자의 성도를 괴롭게 할 것이며, 그가 또 때와 법을 변개코자 할 것이
> 며, 성도는 그의 손에 붙인바 되어 한 때와 두 때와 반 때를 지내리라.

여기 25절 맨 앞의 '그'는 마귀의 사주를 받는 '적그리스도'입니다. 곧 장차 오실 구세주(메시아)를 대적하는 자입니다. 그 적그리스도가 장차 메시아와 그의 백성들을 괴롭힐 것이라는 겁니다. 한 때와 두 때와 반 때 동안, 곧 영원히 그렇게 하는 것이 아니라 한시적으로 메시아와 그를 따르는 그의 백성들을 괴롭힐 것이라는 것입니다. 다니엘이 본 이 환상은, 여러 가지 메시아 예언 가운데서도 특히 더 중요합니다. 그래서 예수님은 '인자'라는 말을 쓰실 때, 다니엘서 7장 13~14절의 내용을 은근히 빗대어 자신의 정체(본질)를 사람들에게 암시하려고 하셨던 것입니다. 김세윤 교수님의 주장에 의하면, 예수님이 사용하신 '인자'라는 말을 정확히 직역하면 '그 사람의 아들'이 됩니다. 예수님이 '인자'라는 말을 썼을 때 맨 앞에 정관사 '그'를 분명히 의도적으로 덧붙이셨다는 것입니다.

'그 사람의 아들'

곧, 그냥 '사람의 아들'이 아니라 그 앞에 정관사를 붙여서 '그 사람의 아들'이라는 뜻을 담고 있는 말이 바로 '인자'라는 호칭이라는 것입니다. 잘 아시다시피 정관사 '그'는 선행 문맥이 있어야만 사용할 수 있습니다. 메시아를 간절히 기다리고 있던 예수님 당시 유대인들은, 정관사가 가미된 '인자'라는 말을 들으면 즉시 다니엘서 7장 13~14절 말씀을 떠올리

게 되어 있었습니다. 그런 배경에서 '인자' 라는 표현을 자기를 가리키는 호칭으로 예수님이 채택하심으로써 그분은 은근히, '다니엘이 환상 중에 보았던 바로 그 사람의 모양' 으로 구름을 타고 와서 성부 하나님으로부터 우주를 다스릴 권세를 받았던 바로 그 사람, 사람의 모습으로 구름을 타고 왔던 바로 그 사람, 바로 '그 사람의 아들' 이 자기라고 예수님이 말씀하신 것입니다. 예수님은, 이 '인자' 라는 용어를 씀과 동시에 자신이 예루살렘에 올라가서 십자가에서 죽음을 당해야 될 것을 말씀하심으로써, 눈앞에 닥친 그분의 십자가에서 죽음과, 그 후에 주어질 부활의 영광에 대해서 이중, 삼중으로 말씀하고 있는 것입니다. 앞서 확인했듯이, 예수님의 제자 훈련의 핵심 주제는 분명히 '십자가' 와 '부활' 이었습니다. 그러므로, 모든 기독교인들과 신앙공동체가 영원토록 살피고 묵상해야 될 유일한 주제가 바로 예수님의 십자가와 부활입니다. 이것을 빼놓고 다른 이야기를 아무리 많이 해봤자 별 의미가 없습니다. 그런데 이 주제 (십자가와 부활)는 솔직히 굉장히 부담스럽고 힘든 이야기입니다. 힘들고, 부담스럽고, 재미없는 이야기…… 뭐 좀, 찬란한 장미 빛 장래를 보장하는 그럴 듯한 이야기를 해주면 좋겠는데 예수님의 말씀은 그런 것하고는 전혀 상관이 없어 보였습니다.

아무튼 예수님은 제자들에게, '하나님나라' 와 '신앙' 에 대한 그들의 패러다임이 혁신적으로 바뀌어야만 한다는 중요한 사실을 계속 각인시키고 있었습니다. 지금 제자들이 갖고 있는 '기독교 승리주의' 를 계속 가지고 있는 한, 그들이 제자로서의 소명을 제대로 감당하지 못한다는 사실을 예수님은 알고 계셨습니다. 그런 이유로 십자가에 대해서 계속 이야기하시는데, 욕심에 눈이 어두워진 제자들은 그 십자가의 고난을 이해하지도 못하고, 다가오는 수난을 맞이할 준비도 전혀 되어 있지 않았다는 서글픈 사실을 주님은 분명히 알고 계셨습니다. 그래서 좀 조용한 시간에 제자들에게 나직하면서도 매우 심각한 질문을 하십니다.

(막 9:33~34) [33]가버나움에 이르러 집에 계실 새 제자들에게 물으시되, "너희가 노중에서 서로 토론한 것이 무엇이냐?" [34]저희가 잠잠하니, 이는 노중에서 서로 누가 크냐 하고 쟁론하였음이라.

예수님의 물음에 아무 대답을 못한 것은, 자기들의 행동이 잘못 된 줄은 제자들 스스로 이미 다 알고 있었다는 것을 뜻합니다. 열심히 서로 토론한 주제가 무엇이었는지, 주님이 몰라서 질문하셨다고는 생각지 않습니다. 저희 집 막내아이가, 아침에 일어나서 가끔씩 이런 말을 합니다.

"아빠, 어젯밤에 제 팬티가 땀을 좀 흘렸나봐요."

그리고는 잽싸게 제 손으로 옷 서랍에서 속옷을 찾아 갈아입습니다. 아무리 어린 아이지만, 밤에 이불에다 쉬한 것이 잘못된 일이라는 것을 알고 있기 때문입니다. 잘 알기 때문에, "내가 오줌 쌌다"고 하지 않고, "제 팬티가 땀을 흘렸나봐요"라는 말로 연막을 치고 얼버무리면서 옷을 갈아입는 것입니다. 예수님의 제자들도 마찬가지였습니다. 그리 어려운 질문도 아닌데 예수님의 질문에 아무 말을 못합니다. 그 주제가 남이 알면 좀 껄끄럽고 낯뜨거운 것이었기 때문입니다.

"누가 크냐? 우리 중에 누가 크냐? 우리 열두 명 가운데 누가 제일 크냐? 우리 서열 정하자! 누가 첫째고 누가 꼴찌인지 순서를 정하자. 예수님이 등극하신 뒤에, 우리들의 서열을 정하시면서 인선 작업하느라고 골머리 썩게 하지말고 우리끼리 미리 서열을 정해서 주님을 도와드리

자. 과연 우리 중에 누가 크냐?"

키 큰 사람은 키로 정하자고 할 것이고, 몸무게 많이 나가는 사람은 몸무게로 정하자며 열심히 싸웠을 것입니다. 우리 한국누가회 소속 간사님들끼리 어쩌다 군대이야기를 서로 열심히 하다가도, 제가 공수특전단에서 낙하산 타던 이야기를 하면 순식간에 잠잠해 집니다. 이렇듯이 아마 열두 제자 중에 베드로는 이랬을지도 모릅니다. 남들 다 실컷 떠들게 가만 놔두다가, 막판에 가서 이런 얘기로 다른 사람들의 기를 죽였을지도 모릅니다.

"그런데 자네들 물위를 걸을 때의 발바닥에 전해지는 그 감미로운 감각을 알아? 그거 잘 모르지? 내 그 황홀한 감각을 뭘로 비유할꼬?"

그럼 나머지 11명은 솔직히 별로 할 말이 없었을지도 모릅니다. 제자들이, 예수님의 뒤를 따르면서 이런 식으로 서로 열심히 다툰 것입니다. 제자들은, 자기 나름대로 각자 자기가 유리한 어떤 조건들을 한두 가지씩은 다 갖고 있었을 것입니다. 그 것을 가지고 서로 싸우며 힘 겨루기를 계속 한 것입니다.

"우리 중에 누가 크냐?"

지금 예수님은, 자기를 십자가에 못 박아 죽일 원수들이 버티고 있는 그들의 안 마당으로 제자들과 함께 원정 경기(?)를 하러 가시는 길입니다. 원정 경기가 얼마나 부담스러운지 우리는 잘 알고 있습니다. 주님은 지금 그 큰 고통과 수난을 향해 예루살렘으로 가고 있는 것입니다. 그런데 그 뒤를 따르는 응원부대(제자들)가 응원 연습은 않고 전혀 딴 짓을 하고 있는 상황입니다. 제자들 사이에 이권 쟁탈전이 불을 뿜고 있습니다. 어쩌면 예수님이 변화산에 3명만 데리고 갔기 때문에 그런 분위기가 좀더 불붙게 됐는지도 모릅니다. 이런 경쟁 분위기가 마가복음 10장에서는 야고보와 요한 형제의 '야간 치맛바람 로비(?) 사건'으로 나타나게 된 것입니다.

자기들이 한 짓이 얼마나 추한지 이미 다 알고 있기 때문에 제자들은 주님의 물음에 침묵할 수밖에 없었습니다(34절). 자기네가 무엇을 잘못했는지 다 알고 있었던 것입니다. 사실, 오늘 우리들이 신앙 생활을 하면서 종종 주님을 슬프게 하는 길을 걷습니다. 정말 그렇습니다. 저도 명색이 목회자이지만 '아 이건 아닌데' 싶은 길을 어쩌다 나도 모르게 걸을 때가 있습니다. 때로는, 그 죄악의 길, 그것이 잘못된 길인 줄 우리가 잘 알면서도 욕심에 끌려 어쩔 수 없이 그 부끄러운 길을 갈 때도 있습니다. 욕심에 끌려 나쁜 짓을 할 때 그것이 나쁜 짓인 줄 대부분 다 압니다. 대낮에 커튼 쳐 놓고 남의 남자 손잡고 춤추며 노는 것이 나쁜 것인 줄을 알기 때문에, 취재 기자가 카메라 후레쉬를 켜고 들이닥치면 치마를 걷어서 얼굴을 가리는 것입니다. 나쁜 짓인 줄 전혀 몰랐다면 떳떳하게 그냥 가만있을 것입니다. 치마를 걷어서 얼굴을 가리는 행위 자체가, 그게 나쁜 짓인 줄 잘 알고 있었다는 증거입니다. 말다툼해서 상대를 이겨봤자 별 거 없고, 서열 매겨봤자 그 또한 별 의미가 없다는 것을 제자들이 이미 알고 있었던 것입니다. 그런데 그걸 가지고 열심히 싸운 것입니다. 그러니 예수님께 아무 할 말이 없었던 것입니다.

사실 오늘 우리들이 신앙공동체 안에서 입에 거품을 물고 서로 다투고 싸울 때, 주님이 오셔서 "너희들 지금 뭘 가지고 그렇게 싸우는가?"라고 물으신다면, 주님 앞에 자신 있게 말못할 주제들이 참으로 많지 않습니까? 그런 일들 정말 많습니다. 주님 앞에 변명할 말이 전혀 없는 별 것 아닌 주제들…… 어찌 어찌해서 누군가를 이겨봤자 사실 아무 것도 아닌 주제들…… 그런데 우리는 그처럼 사소한 일에 목숨을 걸고 열심히 싸웁니다. 참으로 안타깝고 부끄러운 일입니다.

(막 9:35~37) 35예수께서 앉으사 열 두 제자를 불러서 이르시되, "아무든지 첫째가 되고자 하면 뭇 사람의 끝이 되며 뭇 사람을 섬기는 자가 되어야 하리라" 하시고 36어린 아이 하나를 데려다가 그들 가운데 세우시고 안으시며 제자들에게 이르시되 37"누구든지 내 이름으로 이런 어린 아이 하나를 영접하면 곧 나를 영접함이요 누구든지 나를 영접하면 나를 영접함이 아니요 나를 보내신 이를 영접함이니라."

이런 분위기 속에서, 주님께서 제자들에게 간곡히 부탁하는 것이 있습니다. '패러다임'을 바꾸라는 것입니다. 곧 '서열 경쟁' 패러다임을 '섬김 경쟁' 패러다임으로 바꾸라는 것입니다. '섬김 경쟁'이란 말을 쓸 수 있는지는 잘 모르겠습니다만, 어쨌든 신앙공동체 안에서 정히나 경쟁하고 싶다면 '서열 경쟁'을 '섬김 경쟁'으로 바꿔서 하라는 것입니다. "누가 크냐?" 이런 것 때문에 싸우지 말고, "어떻게 하면 내가 남보다 더 많이 섬길 것인가?" 이런 것을 가지고 선의의 경쟁을 하라는 것입니다.

'어떻게든, 내가 저 형제 자매보다 더 많이 섬겨야지.'

바로 이런 자세를 가져야만 하는 것입니다. 이런 흐름이 예수 제자 공동체의 가장 아름다운 특성이 되어야만 합니다.

‘어떻게든 우리 사랑방이 좀 더 섬기자.’
‘내가 좀 더 수고하자.’
‘내가 죽어서 형제 자매가 살 수 있다면, 그 고난과 희생의 길을 기쁨으
로 가자.’

신앙공동체 안에서, 최고의 가치는 ‘섬김’과 ‘겸손’과 ‘희생’이기 때
문입니다. 그래서 신앙공동체는 늘 ‘거꾸로 가는 모임’일 수밖에 없습니
다. 그래서 신앙생활이 고난의 연속이라고 말하는 것입니다. ‘희생”과
‘수고’ 없이는, 섬길 수도, 사랑할 수도 없기 때문입니다(살전 1:3 참조).
자기 몸을 아끼는 한 섬기는 삶을 살 수 없습니다. 바쁘게 움직이다보면
피곤하고 힘드는 것은 누구나 마찬가지입니다. 사람의 몸(힘)은 거의 다
비슷비슷하기 때문입니다.
　누가 크냐고 서로 다투는 제자들을 행해 주님은 놀랍게도 “어린이가
왕이라”고 말씀하십니다. 여기서 말하는 어린이는 ‘소자’(小子)입니다.
나의 도움이 필요한 형제 자매, 내 곁에 있는 ‘소자’, 이 사람들이 바로
내가 섬겨야할 예수님이라는 것입니다. 내 곁에 있는, 정말 우스워(?) 보
이는 형제 자매들, 그들이 바로 주님이라는 것입니다. 그러므로, 진정으
로 주님을 섬기기 원한다면, 나보다 더 잘나고 유능한 사람들을 바라보
지 말고, 내 옆의 연약한 형제 자매들을 살펴보아야 한다는 것입니다. 나
보다 약한 이들을 향해, 그 소자들을 위해 하나님이 내게 주신 힘을 쏟아
부을 때, 그 때가 바로 우리 예수님을 섬기는 순간이라는 말입니다. 이런
가르침을 확증하기 위해 예수님은 마태복음 25:31~46 말씀에서 다음과
같이 의미심장한 이야기를 들려주십니다.
　최후의 심판대에서 양과 염소를 가를 때, 심판장이신 주님과 오른 편
에 있는 양들과의 대화입니다.

(마 25:35~40) [35]내가 주릴 때에 너희가 먹을 것을 주었고, 목마를 때에 마시게 하였고, 나그네 되었을 때에 영접하였고, [36]벗었을 때에 옷을 입혔고, 병들었을 때에 돌아보았고, 옥에 갇혔을 때에 와서 보았느니라. [37]이에 의인들이 대답하여 가로되, "주여, 우리가 어느 때에 주의 주리신 것을 보고 공궤하였으며, 목마르신 것을 보고 마시게 하였나이까? [38]어느 때에 나그네 되신 것을 보고 영접하였으며, 벗으신 것을 보고 옷 입혔나이까? [39]어느 때에 병드신 것이나 옥에 갇히신 것을 보고 가서 뵈었나이까?" 하리니 [40]임금이 대답하여 가라사대 "내가 진실로 너희에게 이르노니, 너희가 여기 내 형제 중에 지극히 작은 자 하나에게 한 것이 곧 내게 한 것이니라"하시고

심판주이신 예수님의 칭찬에도 불구하고 오른쪽에 있는 양들은 자기들이 한 일을 전혀 기억하지 못합니다. 그러자 예수님께서 "내가 진실로 너희에게 이르노니 너희가 여기 내 형제 중에 지극히 작은 자 하나에게 한 것이 곧 내게 한 것"이라고 하시면서 남모르게 수고하고 섬긴 그 양들을 칭찬하시며 위로하십니다. 예수님께서 사랑하는 어린 양, 소자 하나를 섬겨준 것, 바로 그것이 예수님에게 하는 것이라는 말씀입니다.

사울(바울)이 예수 믿는 사람들을 잡아죽이며 피바람을 몰고 다닐 때, 예루살렘에서부터 유대 전역을 다 휘저은 후에 그래도 화가 풀리지 않아서 멀리 남의 나라인 다메섹에까지 사전 구속영장을 가지고 예수 믿는 사람을 체포하려고 달려갈 때, 다메섹 근처에서 부활의 영광 가운데 나타난 예수님이 사울에게 이렇게 묻습니다.

"사울아 사울아, 네가 왜 나를 핍박하느냐?"(행 9:4, 22:7, 26:14)

예수님을 만난 적이 없는 사울이 예수님을 핍박한 적이 있을 리 만무합니다. 다만 예수 믿는 사람들(교회)을 핍박했을 뿐인데, 예수님은 사울에게 놀랍게도 "네가 왜 나를 핍박 하느냐"고 말씀하신 것입니다. 당황한 사울이 되묻습니다.

"주여 뉘시옵니까?"
"나는 네가 핍박하는 예수다."

이 말씀, 사울에게는 참으로 충격적인 이야기였을 것입니다. 나사렛 예수가 십자가에서 공개 처형당하여 죽고 그것으로 다 끝난 줄 알았는데…… 죽은 줄 알았던 그 예수가 영광 가운데 엄연히 살아 있었습니다. 부활은 없고, 예수꾼들의 부활 주장은 날조된 거짓말이며, 예수님의 제자들이 숫제 시체 도둑놈들인 줄 알았는데, 그들의 그 모든 주장이 진실인 것이 분명해지고 있었습니다. 죽은 자는 살아 날 수 없다고 굳게 믿었는데 죽은 예수가 영광 가운데 살아서 자기를 압도하고 있는 것입니다. 자기는 상대방을 모르는데, 부활한 예수는 자기 이름을 부르며 다가오고, 자기가 그동안 해 온 모든 일을 속속들이 알고 자신을 압도해 오고 있는 숨막히는 상황…… 그 부활의 영광이 얼마나 찬란한지 자신은 이미 순간적으로 실명한 상태이고…… 마침내…… 사울은 부활하신 예수님의 찬란한 영광 앞에서 거꾸러지고 말았습니다. 이 다메섹 사건 후로 사울의 인생이 완전히 바뀌게 되었습니다.

사랑하는 우리 동역자 여러분, 오늘 우리에게도 이 변화산의 체험이 분명히 있기를 바랍니다. 우리가 이 험난한 십자가 고난의 길을 끝까지 걷기 위해서는, 우리 모두에게 이 변화산의 체험, 주님의 영광을 바라본 체험이 반드시 있어야만 합니다. 그리고 그 소망이 주는 힘으로, 우리네 어두운 역사의 현실 속으로 뛰어 내려가서, (우리 곁에 있는 소자들을 무참히 짓밟는 것이 아니라) 그 소자들을 예수님으로 알고 그들을 목숨 바쳐 섬겨야만 하는 것입니다. 누누이 말씀드렸듯이, 예수 믿는 사람들의 (성숙한) 공동체는, '소자가 행복한 공동체', '큰 자가 겸손한 공동체' 여야만 하기 때문입니다. 우리 신앙공동체를 향한 예수님의 뜻이 바로 거기에 있기 때문입니다.

(막 9:38) 요한이 예수께 여짜오되, "선생님, 우리를 따르지 않는 어떤 자가 주의 이름으로 귀신을 내어쫓는 것을 우리가 보고 우리를 따르지 아니하므로 금하였나이다."

그런데, 여기 본문 38절을 보면, 예수님이 '소자가 행복한 공동체가 되어야 한다'는 아주 귀한 가르침을 주실 때, 요한이 전혀 엉뚱한 이야기를 꺼내면서 말문을 돌리는 모습을 볼 수 있습니다. '예수님의 그런 말씀은 별로 듣고 싶지 않다', '그런 말씀에는 복종할 수 없다'며 불편한 속내를 요한이 노골적으로 드러낸 것입니다. 분명히 영광의 본체로 변모된 예수님을 가리켜 하늘아버지께서 제자들에게 "너희는 저의 말을 들으라"고 분명히 명령하셨는데, 예수님의 측근 세 제자 가운데 하나인 요한부터 예수님의 이 말씀을 듣지 않으려고 빠져나가는 것입니다. 전혀 엉뚱한 이야기를 끄집어냄으로써 요한은 예수님의 가르침을 은근히 거부하고 있는 것입니다. 예수님이 지금 정말 진지하게 말씀하고 있는 '십자가 고난'과 '부활'에 관한 이야기를 거부하고 있는 것입니다.

"우리에게 속하지 않은 어떤 사람이 주님의 이름으로 귀신을 쫓아내기에 제가 막아버렸습니다. 잘했지요?"

  예수 제자단에 속하지 않은 어떤 사람이 예수님의 이름으로 귀신을
쫓아내는 것을 요한이 막은 이유가 분명히 있었습니다. 요한은, 자기가
막은 그 사람들을 "우리를 따르지 않는 자들"이라고 부릅니다(38절). 곧
예수 제자인 자기와 한 패거리가 아니라는 것입니다. 오직 그 이유 때문
에 어느 누군가의 사역을 가로막은 것입니다. 물론 그렇게 한 이면에는
변화산 아래에서 제자들이 실패한 쓰라린 경험이 바닥에 잠재의식처럼
깔려 있었을 것입니다. '내가 못하는 것을 우습지도 않아 보이는 누군가
가 했다' 는 사실에 큰 상처를 입은 나머지, 심한 시기심에서 비롯된 열등
감을 강하게 느꼈던 것입니다. '내가 못하는 것을 누군가가 했다?' 그래
서 몹시 배가 아픈 것입니다.

  '아, 방귀 한 방을 뀌어도 내가 뀌어야지, 왜 네가 뀌느냐? 건방지
게……'

  그래서 예수님 이름으로 귀신 쫓아내는 일을 요한이 못하게 했던 것
입니다. 참으로 무섭고 두려운 분파주의, 아집과 독선, 배타주의, 개인주
의, 개교회주의가 사실 이런 데 뿌리를 두고 있는 것입니다. 우리 신앙공
동체 안에 여러 기관과 속회가 있고, 섬기는 모임들도 여럿 있습니다. 모
쪼록 이 모임들이 이처럼 저급한 폐쇄성을 띠지 않고 개방성을 갖기를
바랍니다. 누구라도 들어와서 할 수 있고, 주님으로부터 받은 바 은사와
재능을 발휘할 수 있고, 서로 힘을 합해서 하나님과 이웃을 섬길 수 있는
열린 기관, 열린 구조가 되어야 합니다. 그게 안되면 우리는 십자가 복음
의 원리를 정면으로 어기고 가는 것입니다. 특정인만 그 일을 하라는 법
이 없습니다. 그러므로 주님께서 그 일을 할 수 있는 은사와 능력을 주었
다면 그 누구라도, 그 복된 능력을 힘껏 발휘할 수 있는 기회가 신앙공동

체 안에서 반드시 주어져야 하는 것입니다.

"네까짓 게 뭔데, 감히 그걸 하려고 해? 그런 것은 오직 우리만 해야돼!"

결단코 이건 아닙니다. 이런 생각은 하늘백성의 성품에 전혀 어울리지 않습니다.

(막 9:39~41) [39]예수께서 가라사대, "금하지 말라. 내 이름을 의탁하여 능한 일을 행하고 즉시로 나를 비방할 자가 없느니라. [40]우리를 반대하지 않는 자는 우리를 위하는 자니라. [41]누구든지 너희를 그리스도에게 속한 자라 하여 물 한 그릇을 주면 내가 진실로 너희에게 이르노니 저가 결단코 상을 잃지 않으리라."

예수님은 점잖게 요한을 훈계하십니다. 예수님은 요한에게 앞으로는 함부로 그런 짓을 하지 말라고 당부하십니다. 그 이유가 있습니다. 첫째는, 성경책을 든 채로 예수님을 욕할 사람이 없기 때문입니다. 곧 예배당에 나와 앉아서 예배하는 바로 그 자리에서 예수님을 욕하는 사람은 없다는 것입니다. 두 번째 이유는, 영적인 싸움에서 '중립'(제 3 지대)은 없기 때문입니다. 하나님의 나라와 사탄의 제국 사이에 중립은 없으므로, 노골적으로 하나님나라의 일을 반대하지 않는 사람이라면, 그를 잠재적인 하늘 백성에 포함시켜 보아야 된다는 것입니다. 비록 나와 일 처리 방식이 다르고, 기질이 다르고, 생각하는 각도가 다르다고 할지라도, 우리가 걷는 이 복음의 길, 우리가 하는 이 복음 사역을 노골적으로 반대하지 않는 사람이라면 일단 그를 형제 자매로 용납해야 한다는 것입니다. 불행히도 우리는 그것을 잘못해서 그리스도와 예수를 싸움 붙여 놓고 살아갑니다(대한예수교장로회와 대한기독교장로회의 분열). 어쨌든 배타적인 분파주의를 극복함과 동시에 더 나아가서 적극적으로는 믿음의 사람들(일꾼들)을 도울 것을 주님께서 요청하십니다.

사랑하는 여러분! 특별히 여러분을 말씀으로 돕는 이들을 최선을 다해 도와주십시오. 그들을 동역자 여러분들이 도와주셔야 합니다. 그것이 여러분들의 삶에 무엇보다도 큰 보람이 될 수 있기에 드리는 말씀입니다. 대단한 그 무엇을 하시라는 것이 아닙니다. 주님 말씀처럼, 사랑과 정성이 담긴 물 한 잔이면 되는 것입니다. 아열대 기후로서 물이 귀한 팔레스타인 지방에서, 물 한 잔은 어찌 보면 참으로 귀한 것입니다. 그러기에, 사랑하는 마음이 없으면 도저히 내 줄 수 없는 것이 물 한 잔입니다. 물 한 잔을 내주는 사람은, 그가 하나님의 일꾼들을 위해서 줄 수 있는 것이 물 한잔 밖에 없는 가난한 사람일 것입니다. 물 한 잔으로도 주님의 일꾼들을 섬길 수 있기 때문에, 하나님의 일꾼들을 돕는 이 일은 마음만 있으면 그 누구라도 할 수 있는 것이 바로 교회 봉사인 것입니다.

"난 못해."

"나는 돈이 없으니까 못하고, 시간이 없어서 그런 일 못해……"

이처럼 구차한 이유를 댈 수는 없는 것입니다. '물 한 잔'은 누구에게나 있는 것이기 때문입니다. 물 한 잔 정도면 주님의 일꾼을 얼마든지 도울 수 있기 때문입니다. 주님의 일꾼을 돕고 섬기는 일을 삶의 가장 큰 보람으로 삼으라고 주님께서 친히 당부하십니다. 아주 작은 것이라도 그것이 주님을 위한 봉사라면 결코 헛되지 않을 것입니다(고전 15:58). 우리가 누릴 수 있는 최고의 행복은, 하나님의 백성들, 하나님의 일꾼들을 돌보고 섬기고 돕는 것임을 주님은 분명히 말씀합니다. 그 일은 얼마나 거창한 어떤 것이 아니라 아주 사소한 일상생활에서 물 한 잔을 따뜻하게 가져다주는 인간적인 정으로 얼마든지 할 수 있는 것이기 때문입니다. 저는 우리들의 이 신앙공동체가 이처럼 인정이 넘치게 되기를 바랍니다. 요컨대, 주님의 권고처럼, '신앙인'이 되기 전에 먼저 '사람'이 되어야 한다는 것입니다. 신앙이 좋다고 너나없이 인정하는데, 이마를 찔러도 피 한 방울 안 날 것처럼 싸늘하게 굳어진 영성을 지닌 이들이 더러 있는 것 같기에 드리는 말씀입니다. 그런 이들, 자기가 썩 괜찮은 신앙인인 것으로 착각합니다. 하나님의 백성들을 돕고, 주님의 일꾼들을 격려하고 위로하는 일에 꼭 돈이 필요한 것이 아닙니다. 마음과 사랑이 담긴 '물 한 잔'으로도 얼마든지 할 수 있습니다. 그 정도의 일(작은 섬김)조차 하지 못한다면, 우리 스스로 '예수 제자'이며 '신앙 공동체'라고 말하기는 정말 어려울 것입니다. 복음사역자의 길, 참으로 외롭고 고독한 길입니다. 복음을 위해 외롭고 고통스러운 길을 자발적으로 걷고 있는 동료 복음사역자들을 따뜻하게 위로하고 격려해 주는 일, 바로 그것이, 우리가 주님을 바로 섬기는 결정적인 방편이 된다는 것입니다. 일꾼들을 '비방'하는 시간에 사랑으로 '봉사'하는 일을 더 열심히 해야만 한다는 것을 주님께서 말씀하신 것입니다. '폐쇄성'으로 다른 사람이 하는 일을 막기보다는, 오히려 그를 격려하고, 그를 따스하게 위로하고, 최선을 다해 도와주는 자세가 오늘 우리에게 필요하다고 주님이 말씀하시는 것입니다.

(막 9:42) 또 누구든지, 나를 믿는 이 소자 중 하나를 실족케 하면, 차라리 연자 맷돌을 그 목에 달리우고 바다에 던지움이 나으리라.

여기 본문 42절의 "실족케"(헬, 스칸달리세)라는 말은 영어의 '스캔들'과 똑같은 뜻입니다. 신앙공동체 안에는 늘 '신앙의 초보 운전자들'이 있기 마련입니다. 아직 신앙이 뭔지 잘 모르고, 신앙공동체(교회/선교단체)에 나온 지 며칠 되지 않아서, 도대체 뭐가 뭔지 잘 모르는 사람들이 분명히 있습니다. 이 사람들을 향해,

'에이, 그것도 몰라? 이 바보, 멍충이, 무식이……'

이렇게 함부로 구박하지 말고, 그들이 온전한 믿음에 이르도록 최선을 다해 도와주라는 말씀입니다. 그들을 밟고, 그들에게 상처를 주어서 마침내 그들 중에 단 한 사람이라도 주님(주님의 몸인 교회공동체)으로부터 돌려세우면, 그 사람은 나중에 주님의 무서운 심판을 당하기보다는 차라리 목에 맷돌을 메고 바다에 빠져 죽는 게 더 나을지도 모른다는 무서운 경고입니다. 주님은, 공동체 안에 있는 '소자'들을 짓밟는 것은 참으로 무서운 살인 행위라고 경고하십니다.

'에이, 여태 묵상(Q.T.)도 못해? 원 세상에, 로마서를 구약에 가서 찾니? 원 쯔쯔쯧……'

이렇게 판단(정죄)하지 말고, 성경을 못 찾은 채 헤매고 있으면 친절하게 찾아 주는 것이 도리일 것입니다. 저의 초신자 시절, 예배(설교)시간에 '하박국' 본문을 신약에서 찾다가 예배시간을 다 흘려보냈던 아픈 기억이 저에게도 있어서 드리는 말씀입니다. 설교가 진행되는 동안 계속 헤매고 있는데, 옆에 앉아 있는 그 누구도 저를 도와 주지 않았습니다. 겨우 본문을 찾고 나니까 속 상하게도 이미 설교가 거의 다 끝나 버렸습니다. 그런 점에서, 설교 도중에 인용하는 성경구절이 있는 쪽수를 제가

일일이 불러드리는 것도 강사인 제가 여러분들을 섬기는 매우 성경적인 방식 가운데 하나라고 생각합니다. 사실 신앙생활을 오랫동안 하신 분들에게는 부질없는 과잉 친절이 될지 모르지만, 성경에 익숙하지 않은 어떤 분들에게는 상당히 도움이 될 것입니다. 이렇듯 '소자'들의 약함을 탓하거나 그들의 성장(성숙)을 방해하지 말고, 그리스도의 사랑으로 그들을 온전한 신앙의 길로 이끌어주는 성숙한 그리스도인들이 다 될 수 있기를 간절히 바랍니다. 주님은, 오늘 이 말씀 안에서, 인간관계의 실패를 결코 가볍게 다뤄서는 안 된다는 것을 강조하고 있습니다.

소자 하나를 실족케 하는 것, 공동체 안에서 믿음의 일꾼들을 격려해 주지 못하고 그들을 비난하고 그들을 대적하는 이 추한 행위들은 결코 용서받을 수 없는 무서운 죄가 된다는 것을 우리에게 경고하고 있는 것입니다.

(막 9:43~48) [43]만일 네 손이 너를 범죄케 하거든 찍어 버리라. 불구자로 영생에 들어가는 것이 두 손을 가지고 지옥 꺼지지 않는 불에 들어가는 것보다 나으니라. [44](없음) [45]만일 네 발이 너를 범죄케 하거든 찍어 버리라. 절뚝발이로 영생에 들어가는 것이 두 발을 가지고 지옥에 던지우는 것보다 나으니라. [46](없음) [47]만일 네 눈이 너를 범죄케 하거든 빼어 버리라. 한 눈으로 하나님의 나라에 들어가는 것이 두 눈을 가지고 지옥에 던지우는 것보다 나으니라. [48]거기는 구더기도 죽지 않고 불도 꺼지지 아니하느니라.

"너희는 저의 말을 들으라" 했으니까, 이 말씀에 순종하기 위해 즉시 철물점에 가서 도끼와 칼과 갈고리를 준비해야 되겠습니까? 주님 말씀대로 빼어버리고, 찍어버리고, 잘라 버리려면 그런 도구들을 준비해야 되지 않겠습니까? 주님은 (직설법이 아닌 과장법을 통해 주신) 이 교훈(말씀) 속에서 또 한 가지 중요한 사실을 말씀하십니다. 곧 신앙생활을 하는 동안 '자기 스스로를 스캔들에 빠지게 하지 말라'는 것입니다. 우리가, 그리스도의 제자로서 정말 성공적인 삶을 살려면, 자기를 관리하는 데 있어서 '스스로를 실족케 하는 일을 적극 방지해야 된다'고 말씀하신 것입니다.

내가 나를 실족케 하지 않도록 하기 위해서 특별히 조심해야 될 것 세 가지가 있다고 말씀하십니다. 곧, 눈과 손과 발입니다. 다시 말하면, '눈'과 '손'과 '발'을 조심한다면 우리가 범하는 죄의 대부분을 막을 수 있다는 것을 말씀하시는 것입니다. 보는 것들 때문에, 너무 쓸데없이 만지작거리는 것 때문에, 아무 생각 없이 드나드는 칙칙한 자리 때문에 문제가 되는 일이 너무 많지 않습니까? 볼 수 없다면, 만질 수 없다면, 죄악의 자리에 달려갈 발이 없다면 범하지 않았을 죄가 참으로 많지 않습니까? 우리 지체 중에서 이 눈, 손, 발이 굉장히 중요한 것인데, 하나님이 은혜로 주신 이 복된 수단들이 때로는 우리를 넘어뜨리는 결정적인 도구로 쓰일 때가 많다는 것입니다. 죄인들이 끊임없이 '은혜'를 '원수'로 갚기 때문입니다. 그러기에, 끊임없이 '눈'을 조심하고, '손'을 조심하고, '발'을 조심해야만 한다는 것입니다. 이것들을 조심하면 우리가 비교적 깨끗한 삶을 살 수 있습니다. 날마다 무엇을 주로 보는지, 무엇을 만지작거리는지, 어디를 쫓아다니는지, 이 시간 정직하게 생각해 보십시오.

그렇다면 "찍어버리라", "빼내버리라"는 살벌한(?) 말은 과연 무슨 뜻이겠습니까? 문자적인 해석이 어렵다면 분명히 상징적인 의미로 사용된 것만은 분명한데, 온유하신 주님께서 이렇게 살벌할 정도로 투박한 용어를 사용하신 깊은 뜻이 어디에 있는지를 잘 헤아려야만 할 것입니다. 본문의 "찍어버리라", "빼내버리라"는 과장법은, "그것이 없다고 여기라"

는 뜻을 담고 있습니다.

'없는 것으로 여기라.'

그러므로, 눈에 보이는 것 때문에 시험이 들어오면, '나는 눈이 없다'고 여기라는 것입니다. 손 때문에 문제가 생길 것 같으면 '나는 팔이 없다'고 여기고, 발 때문에 문제가 생길 것 같으면, '나는 다리가 없는 사람, 나는 꼼짝 못하는 사람'이라고 여기라는 것입니다. 그런데 눈과 손과 발을 이미 잘못 써버렸다면 어떻게 해야하겠습니까? 그렇다면, 눈을 빼버리고 손과 발을 절단하는 그런 각오와 결단으로, 정말 가난한 심령으로 하나님 앞에 깊이 회개해야 합니다. 회개의 과정이 그토록 고통스럽고 아픈 것, 그래도 회개하는 것이 회개하지 않고 영원한 징벌에 들어가는 것보다 낫다고 주님께서 말씀하시기 때문입니다.

(막 1:14~15) "…… 때가 찼고 하나님 나라가 가까웠으니, 회개하고 복음을 믿으라."

이미 잘못했다면, 그 손, 발을 스스로 잘라내는 심정으로 주님 앞에 통회, 자복하고 복음을 믿어야만 하늘 백성이 될 수 있다는 말씀입니다. 죄악의 어두운 후유증으로 현실도피적인 삶을 살지 말고, 현재의 삶에 대한 보다 철저한 책임감과 윤리의식을 가지고 살아야만 한다는 것을 밝히신 것입니다. 현재의 삶과 미래의 우리가 들어가야 할 하나님의 나라는 둘이 아니고 하나이기 때문이며, 또한 이 땅에서 우리가 어떻게 깨끗하게 사느냐하는 것이 완성된 주님나라에서의 우리의 존재를 궁극적으로 결정하기 때문입니다. 우리의 삶에서 하나님나라에서의 영생이 무엇보다도 소중한 것이기 때문에, 우리의 소중한 지체(눈, 손, 발)보다도 그 영원한 생명을 더 소중하게 여겨야 된다는 것입니다. 곧 개인의 삶에서 뿐만 아니라, 신앙공동체 안에서도, '거룩성'이 철저하게 유지되어야 한다는 것을 말하는 것입니다. 신앙공동체 안에 여러 지체들이 있는데, 그 지체들 중에 범죄하는 자들이 함부로 나와서도 안되고 그 죄악을 마냥 방치해서도 안 된다는 것입니다. 개인도 물론 거룩해야 하지만, 공동체(의 전부 혹은 일부)가 거룩성을 상실하면 그 공동체는 이 세상에서 소금과 빛으로서의 힘을 발휘할 수가 없기 때문입니다. 그러기에 주님은 마지막으로 매우 심각한 사실 하나를 말씀하심으로써 제자들에게 엄히 경고하십니다.

(막 9:48~50) [48]거기는 구더기도 죽지 않고 불도 꺼지지 아니하느니라. [49]사람마다 불로서 소금 치듯 함을 받으리라. [50]소금은 좋은 것이로되 만일 소금이 그 맛을 잃으면 무엇으로 이를 짜게 하리요? 너희 속에 소금을 두고 서로 화목하라 하시니라.

"누가 크냐?"고 다투기를 좋아하는 제자들에게 주님은 "너희 안에 소금을 두고 화목해야 된다"고 말씀하셨습니다. 서로 물고 다투면 지옥에 갈 가능성이 높다는 경고입니다. 또한 지옥은 구더기도 안 죽는 곳, 극심한 괴로움 때문에 죽고싶어도 마음대로 죽을 수도 없는 곳이기 때문입니다. 구더기하고 사람하고는 비교가 안됩니다. 사람은 구더기보다 훨씬 더 강하고 질긴 생명력을 갖고 있기 때문입니다. 그런데 지옥은, 구더기처럼 약한 벌레도 죽지 않고 영생(?)하는 곳입니다. 구더기도 안 죽는 곳이기 때문에 그보다 강한 사람은 더더군다나 죽지 않는 곳일 것입니다. 죽지 못할 뿐 아니라, 우글거리는 그 벌레들과 영원히 같이 살게 되는 곳이 바로 지옥입니다. 그러니 이게 얼마나 두렵고 무서운 곳입니까? 우스갯소리로 말하자면, 거기는 연료비 걱정도 할 필요가 없는 곳입니다. 발밑에서 유황불이 계속 타고있기 때문입니다.

지옥은…… 구더기도 안 죽는 곳, 회개하지 않은 죄인들과 벌레가 함께 영생하는 곳입니다.

영원히 고통 당하는 곳, 지옥. 그런 곳에 들어가고 싶으시면, 멋대로 보고, 멋대로 만지고, 멋대로 돌아다니고, 말 함부로 해서 남에게 상처 주고, 남의 기를 꺾고, 남을 짓밟는 삶을 열심히 살면 되는 것입니다. 본문 49절은, 신학자들 사이에 논쟁이 지속되고 있는 난해구절 가운데 하나입니다. 그런데 저는 이 구절의 전후 문맥을 잘 살펴보면 그리 어렵지 않게 해석의 실마리가 드러난다고 생각합니다. 왜냐하면 49절 맨 앞에, 우리말 개역성경에는 나와있지 않지만 헬라어 원문에 '왜냐하면' 이란 말이 있기 때문입니다.

"거기는 구더기도 죽지 않고 불도 꺼지지 아니하느니라. 〈왜냐하면〉 불로서 소금 치듯 고통 당하기 때문이다."

곧, 이 말씀은 (문맥 상) 하나님의 '영원한 심판' 을 말하고 있는 구절입니다. 지옥에서의 심판은 반드시 있는데, 그 지옥은, 하찮은 미물인 구더기도 죽지 않는 곳, 그래서 그것들과 고통 중에 영원히 함께 살아야 하는 곳이기 때문에, 거기 들어가지 않으려면 정말 똑바로 살라는 것입니다. 구원의 길을 바르게 걷기 위해서는 지옥 무서운 줄도 분명히 알아야만 하는 것입니다. 곧 하나님의 무서운 심판을 너무 간단하게 낭만적으로 생각하지 말라는 것입니다.

불교를 열심히 신봉하는 제 친구가 한 명 있습니다. (제가 초신자 시절에) 언젠가 그 친구에게 열심히 전도(결과적으로 전도라기보다는 다방에 마주앉아서 6시간 넘게 불교와 기독교가 전쟁을 한 것입니다만)했더니, 마침내 이렇게 짜증을 내고 말았습니다.

"그래, 이광우 너 참 잘났다. 너는 예순가 뭔가 잘 믿고 천당 가거라. 네 말대로 만일 지옥이란 게 있다면 나는 지옥에 중생 제도하러 가야겠다."

누군가가 옆에서 우리들의 대화를 들었다면, 틀림없이 석가모니(불교)가 예수(기독교)를 이겼다고 생각했을 것입니다. 기독교인은 한사코 천당(하나님나라)을 고집하는데, "나는 고통 당하는 중생 제도하러 지옥에 가야겠다"는 불교도의 이 말, 정말 얼마나 멋있습니까? 얼마나 고상합니까? 그러니 이 말싸움(?)에서 누가 이긴 것입니까? 누가 봐도 불교를 신봉하는 제 친구가 이긴 것입니다. 그런데 한 가지 문제가 있습니다. 제 친구를 비롯한 많은 사람들이, '지옥의 고통'이 뭔지 전혀 모르고 있다는 것입니다. 그것이 (상대적인 고통이 아닌) '절대 고통'이라는 것을 잘 모르기 때문에 말을 그렇게 함부로 (낭만적으로) 하는 것입니다. 만일 그것을 억만 분의 일만큼이라도 알았다면 제 친구가 그토록 무모하고 당돌하고 겁나는 이야기를 함부로 하지 못했을 것입니다(실제로 그 고통을 맛보기 시작하면 틀림없이, 중생을 제도하기는커녕 자기부터 먼저 거기서 빠져 나오려고 몸부림칠 것입니다). 지옥의 고통을 이해하는 일은 그리 어렵지 않습니다. 주님의 말씀에 귀를 기울이고 그 말씀을 말씀 그대로 받아들이면 되기 때문입니다. 주님은, 아주 단순한 상징을 동원하여 "거기서는 구더기도 죽지 않는다"고 말씀하셨습니다. 또한 거기는, 불로 소금 치듯 하는 무서운 심판과 영원한 고통의 나라라고 가르쳐 주십니다. 그러면서 본문 50절에서는 또 좀 알쏭달쏭하지만 퍽 의미 깊은 얘기를 해 주십니다.

(막 9:50) 소금은 좋은 것이로되, 만일 소금이 그 맛을 잃으면 무엇으로 이를 짜게 하리요? 〈너희 속에 소금을 두고〉 서로 화목하라 하시니라.

"너희 속에 소금을 두고"

나중에 지옥 가서 영원한 고통 중에 유황불 속에서 소금 쳐지지 않으려면, 지금 공동체 안에서 동역자(이웃)들과의 관계에 거룩한 소금을 지금 치라는 것입니다. 소금은 좋은 것이므로 그 좋은 소금을 지금 쳐서 정말 '맛난 관계'를 유지하는 것이 훨씬 낫다는 것입니다. 그런데 예수님은 그 소금을 공동체 안, 믿음의 식구들간의 사랑과 화평으로 연결시키고 있습니다.

(요일 4:19~21) [19]우리가 사랑함은 그가 먼저 우리를 사랑하셨음이라. [20] 누구든지 하나님을 사랑하노라 하고 그 형제를 미워하면 이는 거짓말하는 자니 보는 바 그 형제를 사랑치 아니하는 자가 보지 못하는 바 하나님을 사랑할 수가 없느니라. [21]우리가 이 계명을 주께 받았나니 하나님을 사랑하는 자는 또한 그 형제를 사랑할지니라

그러므로, 우리 공동체 안에 사랑이 없으면 우리는 예수 제자 공동체가 아닙니다. 비단 제자 공동체가 아닌 것으로만 끝나지 않고, 장차 무서운 심판을 영원히 받게 될 것입니다. 그러니 공동체 안에서 상호관계는,

결국 죽고 사는 문제가 됩니다. 이 '관계'를 잘 하면 살고, 잘 못하면 죽는 것입니다. 우리 안에 자주 나타나는 "누가 크냐?"는 식의 이 분파의식, 하나님의 무서운 심판을 자초하는 참으로 무모한 흐름입니다. 여러분, 민주사회이니까 이 자리에서 다수결로 한 가지를 결정하고 가면 어떨지 모르겠습니다. 공동체 안에 있는 여러 기관 중에서 어떤 기관이 가장 큽니까? 당회입니까, 남전도회입니까, 여전도회입니까, 찬양대입니까? 의료선교단체 안에서 간호대가 큽니까, 의대가 큽니까, 치대가 큽니까, 한의대가 큽니까? 과연 어느 대학이 큽니까? 서울에 있는 대학입니까, 경상도에 있는 대학입니까, 호남에 있는 대학입니까, 제주도에 있는 대학입니까? 과연 어느 지역이 큽니까? 수도권입니까, 중부권입니까, 호남입니까, 영남입니까? 정말 믿기 어려우시겠지만, 제가 의료선교단체인 이 한국누가회(CMF) 간사로 사역을 시작한 지 2년쯤 됐을 때, 전국수련회에 와서 매우 충격적인 장면을 보았습니다. 전남지역 초대 간사로 부름을 받아 전남대 의대와 조선대 치대를 섬기고 있던 때였습니다. 그때 수련회장에서 지방 국립 의대에 다니는 어느 형제하고 (나중에 알게 됐지만 수도권의 어느 의대에 다니는) 어떤 형제가 이야기를 하고 있었습니다. 그 옆을 지나가다가 우연히 그 대화의 일부를 흘려 듣게 됐습니다.

"어느 대학 다니세요?" (그날따라 지방 국립대에 다니는 친구가 명찰을 달고 있지 않았습니다.)
"☆☆대 의대 다닙니다."
"그래요? 그런데…… ☆☆대가 어디에 있죠?"

지나가다 생각해보니, 마지막 "☆☆대가 어디에 있느냐"는 물음, 참으로 명언 중에 명언이었습니다. 순간, 이런 생각이 들었습니다.

'아, 한국누가회 학생 전국 수련회에 ☆☆대 의대가 어디에 있는지도 모르는 외계인도 오는구나'

남한 사회를 잘 모르는 간첩도 ☆☆대가 △△도 ▽▽시에 있는 것은 알기 때문입니다. 순간, 모르는 척 그냥 지나치기에는 좀 심각한 문제가 있다는 생각이 들었습니다. 그래서 바쁜 걸음을 잠시 멈추고 수도권에서 왔다는 그 학생을 불러 제가 물었습니다.

"형제님, 어느 대학 다니세요?"
"예, ○○대학교 다닙니다."(학교 이름은 밝히지 않겠습니다.)

수도권에 있는 학교였습니다. 그러자 제가 그 형제에게 다시 물었습니다.

"그런데…… 그 ○○대학교 어디에 있습니까?"
"……"

소위 지성인이라는 사람들이 도대체 뭐 하는 짓인지 모르겠습니다. 적어도 나이 스물은 넘은 사람들이어서 '철부지여서 그렇다' 고 그냥 접어 생각해 줄 수도 없는 상황이었기에 더더욱 답답했습니다. 신앙생활 하겠다는 사람들이 모여 앉아서 도대체 이게 뭐 하는 짓인지…… 참으로 답답하고 암담하고 한심했습니다.

"누가 크냐?"
"누가 주도권을 잡느냐?"

공동체 안에서, 누가 주도권을 잡으면 어떻습니까? 누가 주도권을 잡든 그것이 무슨 상관입니까? 누가 둘째 셋째가 되면 어떻고, 누군가가 열두 번째 자리에 가면 또 어떻습니까? 주님은, 그처럼 쓸데없는 자리다툼(경쟁)을 하지말고, 동역자들 속에 소금을 두고 서로 '맛 나는 관계'를 맺으며 화목할 것을 간곡히 권고하십니다. 어떤 모양으로 어떤 자리에 있건, 주 예수님을 향한 신앙고백이 분명하다면, 서로를 평생의 소중한 동역자로 받아들여 서로 사랑하며 헌신하라는 것입니다.

그러므로 사랑하는 여러분, 장차 심판 받지 않으려면, 소중한 동역자들을 상대로 부질없는 힘 겨루기를 하며 주님을 슬프게 하는 죄 짓지 말고, 오늘 섬기고, 오늘 화목함으로써, 오늘 바로 이 자리에서부터 주님을 향한 신앙고백을 똑바로 해야만 합니다. 왜냐하면, 장차 우리 앞에 주어질 최후의 판결문은, 그 날에 이르러서야 느닷없이 나오는 것이 아니라, 오늘 지금 이 자리에서, 내 몸으로, 내 마음으로, 내 눈과, 내 손과, 내 발로 〈지금 쓰는 것〉이기 때문입니다. 내 몫의 최후의 판결문을, 내 삶으로, 지금 이 자리에서, 내가, 내 눈, 내 손, 내 발, 내 몸으로 직접 쓰고 있는 것입니다. 우리의 마음 속 아주 작은 흐름까지도 놓치지 않는 주님의 정교한 '몰래 카메라'가 내내 작동하고 있는 것입니다. 주님은 우리의 마음을 찍으십니다. 오늘 우리가 어떤 마음가짐으로 이곳에 모여있고, 어떤 마음으로 그 일을 하는지 다 살피고 계십니다. 구더기도 결코 죽지 않는, 그 무섭고 혐오스럽고 지긋지긋한 나라에 들어가지 않으려면 우리 안에서 "누가 크냐?"는 이 부질없는 논쟁, 곧, 주님이 와서 물으시면 입 다물고 아무 말도 할 수 없는 이 조잡한 서열논쟁(힘 겨루기)을 그치고, 이 모든 우리의 더러운 마음의 열매들을 과감히 십자가에 못 박아야 합니다. 장차 우리 몸에 심판의 소금이 쳐지지 않으려면, 미리 화목의 소금을 우리 안에 쳐서 '정말 살 맛 나는' 화목과 사랑의 공동체를 이루어야만 합니다. "서로 화목하고 사랑하라"는 주님의 말씀을 잘 새겨듣고 그 말씀에 즉시 온전히 복종함으로, 하늘 백성인 우리들이 가는 곳마다, 화목과 사랑이 전파되는 거룩한 역사(마 5:9)가 있기를 간절히 바랍니다. 함께 온 마음으로 기도합시다.

기도하기 전에 한 번 더 생각해 봅시다.

① 한국교회만큼 신앙의 유행을 많이 타는 교회들도 없을 것입니다. 지금 나는(우리는) 사람들과 세상의 흐름을 따라 신앙의 유행을 타고 있지 않습니까?(막 9:7).

② 예수님께서 가시는 길은 십자가 죽음의 길입니다. 제자의 길 역시, 예수님이 주시는 자기 몫의 작은 십자가를 지고(목숨 걸고) 주님의 뒤를 계속 따르는 벅찬 길입니다. 그러나 그 고난의 길은 마침내 부활의 영광에 맞닿아 있습니다. 죽음에 이르더라도 이 길을 끝까지 걷겠다는 결단이 있으십니까(막 9:1)?

③ 혹시 나도 '여기가 좋사오니' 식의 '게토 맨탈리티(이원론)'에 젖어서 우리의 삶의 현장을 외면한 채 신앙의 방안통소가 되지는 않았습니까? '흩어진 교회'로서의 자신의 삶을 정직하게 한 번 평가해 보십시오(막 9:5).

④ 혹시 주님의 영광만을 보며, 주님의 영광만을 추구하는 '기독교 승리주의'적인 신앙생활에 젖어 있지 않습니까?(막 9:9)

⑤ 신앙인의 길, 십자가를 향해 열려 있습니다. 혹시, 이 신앙의 길에서

자꾸만 홍하고 살 것 같은 넓은 길로만 가려 하지 않습니까?(막 13:11)

⑥ 쉬지 않고 기도하십니까? 기도할 때 정말 '믿음으로' 기도하십니까? 믿음으로 기도하지 못했다면, "저의 믿음 없는 것을 도와주십시오"라는 기도를 먼저 주님께 드리십시오(막 9:22).

⑦ 당신 주변에 '힘 겨루기'와 '다툼'은 없습니까? 섬김과 겸손과 희생을 소중히 여기는 '거꾸로 가는 신앙생활', '섬김 경쟁'의 패러다임을 공동체 안에 정착시키는 일에 앞장서시지 않겠습니까?(막 9:33-34).

⑧ 혹시 교회 공동체 안에 분파주의, 아집과 독선, 배타주의, 개인주의, 개교회주의가 가득하지 않습니까? '열린 구조'를 지닌 활기찬 공동체를 이루기 위해 당장 고쳐야할 것들과 세워야할 것들은 무엇 무엇이며 당신이 하실 수 있는 일은 또 어떤 것들입니까?(막 9:38).

⑨ 눈/손/발을 거룩하게 사용하십니까? 요즘, 자주 보고 자주 만지는 것이 무엇이며, 자주 가는 곳이 어디 어디입니까? 혹시 '회개'를 자꾸만 미루고 있지는 않습니까? 장차 당신 앞에 나타날 '최후의 판결문'의 내용이 어떠할지 깊이 생각해 보셨습니까?(막 9:43~48)

⑩ 말씀 사역자들을 통해서 전해지는 말씀 중에서, 특별히 내 마음을 찌르고 부담을 주는 말씀에 대해 어떤 태도를 갖고 있습니까? 지금 당장은 힘들고 부담스런 말씀일지라도 기꺼이 듣고 순종하는 하늘백성이 되고 싶지 않으십니까?(막 9:7)

제 6 강
누가 구원을 얻을 수 있는가?

(마가복음 10:13~52)

(마가복음 10:13~52) [13]사람들이 예수의 만져주심을 바라고 어린 아이들을 데리고 오매 제자들이 꾸짖거늘

[14]예수께서 보시고 분히 여겨 이르시되, "어린 아이들의 내게 오는 것을 용납하고 금하지 말라. 하나님의 나라가 이런 자의 것이니라. [15]내가 진실로 너희에게 이르노니 누구든지 하나님의 나라를 어린 아이와 같이 받들지 않는 자는 결단코 들어가지 못하리라" 하시고 [16]그 어린 아이들을 안고 저희 위에 안수하시고 축복하시니라. [17]예수께서 길에 나가실새, 한 사람이 달려와서 꿇어앉아 묻자오되 "선한 선생님이여 내가 무엇을 하여야 영생을 얻으리이까?" [18]예수께서 이르시되 "네가 어찌하여 나를 선하다 일컫느냐? 하나님 한 분 외에는 선한 이가 없느니라. [19]네가 계명을 아나니 살인하지 말라, 간음하지 말라, 도적질하지 말라, 거짓 증거하지 말라, 속여 취하지 말라, 네 부모를 공경하라 하였느니라." [20]여짜오되 "선생님이여, 이것은 내가 어려서부터 다 지키었나이다." [21]예수께서 그를 보시고 사랑하사 가라사대 "네게 오히려 한 가지 부족한 것이 있으니 가서 네 있는 것을 다 팔아 가난한 자들을 주라. 그리하면 하늘에서 보화가 네게 있으리라. 그리고 와서 나를 좇으라" 하시니 [22]그 사람은 재물이 많은 고로 이 말씀을 인하여 슬픈 기색을 띠고 근심하며 가니라. [23]예수께서 둘러 보시고 제자들에게 이르시되 "재물이 있는 자는 하나님의 나라에 들어가기가 심히 어렵도다" 하시니 [24]제자들이 그 말씀에 놀라는지라. 예수께서 다시 대답하여 가라사대 "얘들아 하나님의 나라에 들어가기가 어떻게 어려운지 [25]약대가 바늘귀로 나가는 것이 부자가 하나님의 나라에 들어가는 것보다 쉬우니라" 하신대 [26]제자들이 심히 놀라 서로 말하되, "그런즉 누가 구원을 얻을 수 있는가?" 하니

[27]예수께서 저희를 보시며 가라사대 "사람으로는 할 수 없으되 하나님으로는 그렇지 아니하니 하나님으로서는 다 하실 수 있느니라." [28]베드로가 여짜와 가로되 "보소서 우리가 모든 것을 버리고 주를 좇았나이다." [29]예수께서 가라

사대 "내가 진실로 너희에게 이르노니 나와 및 복음을 위하여 집이나 형제나 자매나 어미나 아비나 자식이나 전토를 버린 자는 [30]금세에 있어 집과 형제와 자매와 모친과 자식과 전토를 백배나 받되 핍박을 겸하여 받고 내세에 영생을 받지 못할 자가 없느니라. [31]그러나 먼저 된 자로서 나중 되고 나중 된 자로서 먼저 될 자가 많으니라." [32]예루살렘으로 올라가는 길에 예수께서 제자들 앞에 서서 가시는데 저희가 놀라고 좇는 자들은 두려워하더라. 이에 다시 열 두 제자를 데리시고 자기의 당할 일을 일러 가라사대

[33]"보라! 우리가 예루살렘에 올라가노니 인자가 대제사장들과 서기관들에게 넘기우매 저희가 죽이기로 결안하고 이방인들에게 넘겨 주겠고 [34]그들은 능욕하며 침 뱉으며 채찍질하고 죽일 것이니 저는 삼 일 만에 살아나리라" 하시니라. [35]세베대의 아들 야고보와 요한이 주께 나아와 여짜오되 "선생님이여 무엇이든지 우리의 구하는 바를 우리에게 하여 주시기를 원하옵나이다." [36]이르시되 "너희에게 무엇을 하여 주기를 원하느냐?" [37]여짜오되 "주의 영광 중에서 우리를 하나는 주의 우편에, 하나는 좌편에 앉게 하여 주옵소서." [38]예수께서 가라사대 "너희 구하는 것을 너희가 알지 못하는도다. 너희가 나의 마시는 잔을 마시며 나의 받는 세례를 받을 수 있느냐?" [39]저희가 말하되 "할 수 있나이다." 예수께서 이르시되 "너희가 나의 마시는 잔을 마시며 나의 받는 세례를 받으려니와 [40]내 좌우편에 앉는 것은 나의 줄 것이 아니라, 누구를 위하여 예비되었든지 그들이 얻을 것이니라." [41]열 제자가 듣고 야고보와 요한에 대하여 분히 여기거늘 [42]예수께서 불러다가 이르시되 "이방인의 소위 집권자들이 저희를 임의로 주관하고 그 대인들이 저희에게 권세를 부리는 줄을 너희가 알거니와 [43]너희 중에는 그렇지 아니하니 너희 중에 누구든지 크고자 하는 자는 너희를 섬기는 자가 되고 [44]너희 중에 누구든지 으뜸이 되고자 하는 자는 모든 사람의 종이 되어야 하리라. [45]인자의 온 것은 섬김을 받으려 함이 아니라 도리어 섬기려 하고 자기 목숨을 많은 사람의 대속

물로 주려 함이니라." ⁴⁶저희가 여리고에 이르렀더니 예수께서 제자들과 허다한 무리와 함께 여리고에서 나가실 때에 디매오의 아들인 소경 거지 바디매오가 길가에 앉았다가 ⁴⁷"나사렛 예수"시란 말을 듣고 소리질러 가로되 "다윗의 자손 예수여, 나를 불쌍히 여기소서" 하거늘 ⁴⁸많은 사람이 꾸짖어 "잠잠하라" 하되 그가 더욱 심히 소리질러 가로되 "다윗의 자손이여, 나를 불쌍히 여기소서" 하는지라. ⁴⁹예수께서 머물러 서서 "저를 부르라" 하시니 저희가 그 소경을 부르며 이르되 "안심하고 일어나라. 너를 부르신다" 하매 ⁵⁰소경이 겉옷을 내어버리고 뛰어 일어나 예수께 나아오거늘 ⁵¹예수께서 일러 가라사대 "네게 무엇을 하여 주기를 원하느냐?" 소경이 가로되 "선생님이여, 보기를 원하나이다." ⁵²예수께서 이르시되, "가라. 네 믿음이 너를 구원하였느니라." 하시니 저가 곧 보게 되어 예수를 길에서 좇으니라.

"그리스도인이십니까?"

과연 어떤 이유에서 "내가 그리스도인"이라고 대답할 수 있습니까? 복음을 위한 수난과 희생의 흔적이 내 삶의 자취 가운데 있기 때문입니까? 우리 마음 깊은 곳에 죄악의 어둠이 사라지고, 그래서 우리 마음 속에 왕 되신 주님이 오실 수 있는 왕의 대로(큰길)가 건설되고, 그 분이 우리에게 주시는 십자가의 복음을 절대적으로 믿기 때문입니까? 주님께서 찾으시는 거룩한 열매가 우리 삶 속에 있어서입니까? 그 열매가 비록 지금은 조그맣고 보잘 것 없는 것이라 할지라도, 언젠가는 참으로 잘 익어 향내나는 과실을 주님 앞에 드릴 수 있는 '가능성'이 있기 때문입니까? 그리고 예수님이 어떤 분인가를 참으로 잘 알기 때문입니까? 우리가 숱하게 당하는 고난에도 불구하고 내 입술의 고백과 행실이 일치되기 때문입니까? 삶 속에서 주님과 그분의 복음을 위한 실제적인 헌신이 있기 때문에, "내가 그리스도인"이라고 대답하실 수 있습니까? 그렇다면, 그런 사람들이 모인 우리 신앙공동체는 "주님의 소중한 꿈나무"라고 감히 말할 수 있을 것입니다. 비록, 하나님 나라의 거룩한 기대주들임에도 우리가 아직은 초라하고 보잘 것 없는 존재라 할지라도, 우리들의 작은 발걸음과 작은 희생과 헌신의 삶을 통해서, 그리스도의 거룩한 향기를 지닌 이 땅의 모든 사람 앞에, 참으로 의미 있고, 가치 있고, 보람된 삶의 열매를 언젠가는 내놓을 수 있을 것입니다.

예수 믿는 이들 가운데 아주 위험한 양극단의 생각이 있는 듯합니다. 어떤 이들은 우리가 영생을 얻기 위해서는 우리의 행동으로 그 무엇인가를 해야만 한다고 생각합니다. 예수님 앞에 찾아온 부자 청년(오늘 본문 17절)처럼, 내 삶에서 내가 무엇인가를 해야만, 하나님의 거룩한 백성이 '되어' 영생을 얻을 수 있다고 생각하는 분들이 있습니다. 이런 분들, 스스로 생각해서 그런 길이 있다고 판단될 때에는 그 길을 매우 열심히 달려갑니다. 이와 반대편에 또 하나의 극단적인 생각이 있습니다. 어떤 사람들은 기독교인들의 신앙생활을 그저 문화의 일부분으로 생각합니다.

"아, 우리가 교회가 많이 있는 한반도에 태어났으니까 교회에 다니는 것이지, 만일 중동지역에 태어났다면 아주 자연스럽게 이슬람교도가 되었을 거야."

이런 식으로 기독교 신앙의 발걸음을 일반적인 문화의 일부분으로 간주합니다. 그런 흐름 속에서 어떤 이들은 신앙 생활을 취미 활동 가운데 하나로 생각하기도 합니다. 어떤 이들은 여가를 좀 고상하게 선용(?)하기 위해 교회당을 출입하기도 합니다.

"교회 한 번씩 가서 들어 보면, 목사들이 틀린 말은 별로 않는 것 같데."

이런 고상(?)하고도 실용적인 생각으로, 어떤 아저씨들은 좀 특이하게, 자기는 교회당에 안가면서도 자기 아내하고 아이들은 기를 써서 교회당으로 내몰기도 합니다. '나 홀로 집에' 앉아 뭐 하시는지는 잘 모르지만 말입니다.

이처럼, 기독교 신앙과 관련하여 양극단의 사람들이 분명히 있습니다. 이런 이들에게는 '기독교 신앙' 이란 것은, 기껏 우리 삶에 하나의 부수적인 선택사양(옵션)이나 장신구(악세사리)에 지나지 않습니다. 분명히 말씀드립니다. 유일한 길이요 유일한 진리요 유일한 생명이신 구세주 예수님은, 인생의 행복을 위한 선택사양이나 장신구가 결코 아닙니다. 그러기에 신앙생활(예수 믿는 삶)은, 우리가 적당히 골라 즐길 수 있는 여러 가지 취미생활이나 문화활동 가운데 하나가 아니라 이생과 내세를 아울러 '삶과 죽음' 을 판가름하는 치명적인 일입니다. 새 물건을 살 때보면, 대개 본체에 덧붙일 수 있는 선택사양들이 몇 가지씩 따라 붙습니다. 자동차를 한 대 사더라도, 그 자동차에 추가하는 선택사양에 따라서차의 가격과 성능이 아주 조금씩 달라지지 않습니까? 그런데 이 선택사양이라는 것은 대부분이, 있으면 더 좋고 없어도 크게 문제가 없는 것들입니다. 저는 여지껏, 자동차 회사들이 핸들과 엔진을 선택사양으로 설정해놓고 자동차를 파는 것을 보지 못했습니다. 핸들과 엔진은 자동차의 선택사양이 될 수 없는 매우 본질적인 부품들이기 때문입니다. 그것이 없이는 자동차가 자동차로서의 기능을 전혀 발휘할 수 없기 때문입니다. 그렇습니다. 예수님은 우리 인생에, 자동차의 엔진이나 핸들보다 훨씬 더 소중한 본질 곧 '생명' 입니다. 그런데도 참으로 안타깝게도 많은 그리스도인들의 삶을 지켜 볼 때마다, 어떤 분들에게는 '신앙생활' 이 마치 삶의 선택사양(옵션)인 듯이 느껴질 때가 많습니다.

"아, 그거 잘 믿으면 좋지만 좀 못 믿어도 실은 별 거 아닌 거라고."

이런 생각을 가리켜 저는 '신앙의 아마추어리즘'(amateurism) 이라고 종종 이야기합니다. 그동안 누차 강조해왔듯이, 신앙생활은 언제나 삶과 죽음을 가르는 '죽고 사는 문제' 라고 이야기를 할 때에는, 적어도 우리가 이 일에 '프로정신' 을 가지고 임할 필요가 있다는 생각을 포함시키고 있었던 것입니다. 프로 선수들은 시합 결과(승률과 성적)에 죽고 삽니다. 하지만 아마추어들은 전혀 다릅니다. 그들은 운동 자체를 즐기는 것이 목표이므로, 시합에 이겨도 좋고 져도 별 상관없다고 생각합니다.

"함께 땀흘리고 경기하면서 서로 우의를 돈독히 다졌으면 그 걸로 됐지 뭐."

아마추어들은, 시합만 했다하면 밥먹듯이 지면서도, 아주 밝은 표정으로 이내 "내일 또 한 판 붙자"고 합니다. 아마추어 낚시꾼이 밤새 피라미 한 마리도 못 잡고 빈 통을 둘러메고 오다가 그냥 빈손으로 오기가 영 뭐해서 시장에 가 물고기 몇 마리 사 들고 와서 아내에게 "내가 잡았다"고 밉지 않은 거짓말을 할지라도, 그건 그냥 그대로 즐거운 일입니다. 안 그렇습니까? 그거 물고기 몇 마리 못 잡으면 어떻습니까? 못 잡아도 신선한 바깥바람 쐬었으니 좋은 것인데, 게다가 그저 피라미라도 몇 마리 잡으면 그냥 더 좋은 것입니다. 하지만, '신앙생활을 정말 그렇게 느슨하게 해도 좋은 것인가?' 하는 이 심각한 물음에 답하기 위해 이 시간에는, 구원 얻는 사람의 기본적인 자세, 다시 말하면 예수 그리스도의 제자가 되기 원하는 사람들의 기본적인 자세를 이제까지(특히 제 5 강)와는 좀 다른 각도에서 다루도록 하겠습니다.

우리가 다루려고 하는 문제의 핵심에 '돈'이 있습니다. 본문을 자세히 다루기 전에 여러분께 한 번 물어보겠습니다. 솔직히 '돈'에 대한 여러분의 생각은 어떻습니까? 사람들은 흔히 돈이 많으면 그냥 복 받았다고 생각합니다. 신앙 양심 때문에 말은 그리 노골적으로 하지 않아도 우리들의 무의식 세계에서는 늘 그렇게 생각합니다. 돈이 많으면 복 받았다고 생각하고, 돈을 많이 벌 수 있는 자리에 있으면 은혜 받았다고 쉽게 생각합니다. 심지어 신앙인들조차도, 이 '돈'을 하나님 나라의 길목을 막는(최소한 잠재적인 의미에서라도) 장애물로 보는 사람은 사실 별로 없는 듯합니다. 그런데 오늘 본문을 통해서 주님은, '돈'이 하나님 나라에 들어가는 길목에 심각한 걸림돌이 될 수 있다고 분명히 경고하십니다.

본문의 구조는 이렇습니다.

13~16절, 천국백성의 모델을 제시하심
17~22절, 가능성 많은 외부 사람과 실패하는 부자 청년과의 대조
23~31절, 천국백성의 기준을 제시하심
32~34절, 세 번째 수난예언
35~41절, 제자들(내부 사람)의 오해와 실패
42~45절, 예수님의 교훈과 천국 모델
46~52절, 가능성 없어 보이던 외부 사람 소경 거지 바디매오의 구원

이런 구조를 통해서 마가가 우리에게 진정으로 말하고 싶어하는 것은, 31절에 있는 대로 "먼저 된 자로서 나중 되고 나중 된 자로서 먼저 될 자가 있다"는 것입니다. 이렇게 이야기하고 나면, 오늘 본문에 대한 강론

은 사실상 다 끝난 셈입니다.

(막 10:13~16) [13]사람들이 예수의 만져주심을 바라고 어린 아이들을 데리고 오매 제자들이 꾸짖거늘 [14]예수께서 보시고 분히 여겨 이르시되, "어린 아이들의 내게 오는 것을 용납하고 금하지 말라. 하나님의 나라가 이런 자의 것이니라. [15]내가 진실로 너희에게 이르노니 누구든지 하나님의 나라를 어린 아이와 같이 받들지 않는 자는 결단코 들어가지 못하리라" 하시고 [16]그 어린 아이들을 안고 저희 위에 안수하시고 축복하시니라.

본문 13~16절 말씀에서 예수님은 놀랍게도 천국 백성의 본보기(모델)로서 어린아이들을 내세웠습니다. 이것은 당시로서는 아주 혁명적인 가르침입니다. 이 말씀의 충격적 파장은, 어린이들의 인권이 많이 신장된 오늘 우리들 사회에서는 잘 납득이 안 될지도 모릅니다. 요즘 우리 사회에서는 '열린 교육'이니 뭐니 해 가지고 집에 가보면 집집마다 어린아이가 왕 노릇합니다. 어떤 때는 왕이 아니라 아예 황제입니다. 요즘 신세대 부모들이 아이들을 가르치는 것을 보면, 정말 기가 막힐 때가 많습니다.

"우리 아무개 이리 오세요. 어서 밥 먹으세요. 네 네? 어휴, 참 자알 드셨어요오."

정말 기가 막혀서 할 말이 없습니다. 세상에, 언제부터 부모가 자기 자식한테 "이랬어요, 저랬어요"라고 존대하는 법이 생겼습니까? 그런 법은 없습니다. 주제를 좀 비껴 가는 느낌이 있지만, 어차피 청년들이 얼마 후에는 아기 엄마 아빠가 될 거니까 말이 나온 김에 이야기를 조금만 더

하겠습니다. 예수님 당시에 어린아이들은 '사람'이 아니었습니다. 사람 취급을 전혀 받지 못하는 존재들이 바로 어린아이들이었습니다. 어린아이들, 여자들, 노예, 병든 자들, 장애인들, 그리고 파렴치한 범죄를 저질렀다고 생각되는 사람들, 이런 사람들은 도대체 사람취급을 받지 못했습니다. 그래서 예수님 당시에는, 여자들은 법정에 나가서 증인노릇도 할 수가 없었습니다. 여자들의 말은 증거로 채택되지 않았습니다. 그러나 성경은 참으로 얄궂게도 마가복음 16장 끝부분에서 여자들을 부활의 증인으로 내세웁니다. 어떻게 이렇게 불리한 조건들을 세워놓았는지 의아해 하시는 분들이 많겠지만, 이런 점이 성경의 기록이 정말 정직하다는 결정적인 증거입니다. 여인들이 확인한 사실을 사실 그대로 정직하게 적어놓은 것입니다. 만일 누군가가 예수 부활을 주제로 소설(fiction)을 썼다면, 여자의 증언을 인정치 않는 당시 분위기를 감안해서 결코 그렇게 쓰지 않았을 것입니다. 어떻게든, 할 수만 있다면 성전환 수술이라도(?) 시켜서 '남자'가 갔다고 하는 것이 훨씬 설득력이 있을 것이기 때문입니다. 그래서 많은 유대인 남자들은, (1)자기가 여자로 태어나지 않은 것, (2)개 같은 이방인으로 태어나지 않은 것, (3)노예로 태어나지 않은 것, 이 세 가지 사실을 감사하라고 랍비들로부터 끊임없이 세뇌교육을 받았습니다.

반면에, 요즘 가정에는 '아이'만 있고, '어른'이 없는 듯합니다. 어른들을 보아도 깍듯이 인사하는 법도 없습니다. 중요한 대중매체인 텔레비전 프로그램도 대부분이 십대 중심으로 흘러갑니다. 그렇게 생각하시지 않습니까? 청소년들이 듣기에는 퍽 껄끄럽겠지만, '십대'는 아직 이 역사의 주역이 아닙니다. '십대'는 역사의 주인이 되기 위해서 훈련받고 양육 받는 세대이지, 역사의 주역이 아닙니다. 그런데도 시대의 흐름 전체가 얄팍한 상업주의의 노예가 되어 모든 것들이 청소년 중심으로 흘러갑니다. 집에서 부모들이 자식을 제대로 기르지를 못합니다. 아이들이 엄마, 아빠 말을 도무지 듣지 않고 어른들을 이겨 먹습니다. 그렇기 때문에, 주일학교에 오면, 주일학교 선생님들 말씀을 전혀 듣지 않습니다. 지도하시는 목사님의 말도 잘 듣지 않고, 학교에 가면 선생님 말씀을 도무지 듣지 않습니다. 어느 현직 중학교 교사로부터 들은 이야기인데, 교장선생님이 와서 정색을 하고 훈시를 하시는데 학생들 몇이 교실 뒤에 질펀히 누워서 잠을 자더랍니다.

"왜 자는가?"
"아, 참 교장선생님도 답답하십니다. 제가 교장선생님 말씀하시는데 떠들고 방해를 했습니까? 편하게 말씀하시라고 아주 조용히 누워있었는데 뭘 그렇게 저한테 꾸중을 하세요?"

그렇게 행동하면 안 된다고 정색을 하시며 꾸중하는 교장선생님께 이렇게 대들더라는 것입니다. 저는 바로 이런 점에서, 우리 사회가 가능성(장래성)이 없다고 봅니다. 왜냐하면, 지금부터 우리가 약 25년 정도만 바르게 교육을 시키면 이 사회가 좀 맑아 질 수 있다는 확신은 있지만, 안타깝게도 '교육'이 원천적으로 안 되는 분위기가 너무 팽배해 있기 때문입니다. 교권이 너무 허망하게 무너진 나머지 선생님들이 아이들을 거의 다룰 수가 없게 되었습니다. 무얼 좀 바로잡아 주려 하면,

"우리 아버지도 나한테 아무 말 안 하는데, 선생님이 도대체 뭔데 나한테 이래라 저래라 하시느냐?"

며 벅벅 대든다고 합니다. 그래서 이 아이들이 나중에 커서 기성세대가

되면,

"야, 우리가 자라면서 십대시절에 우리가 주인공 노릇(왕노릇)을 했다. 그러니 우리 아이들에게도 그렇게 해주자."

이럴 것 같습니까? 천만에, 그렇지 않을 것입니다. 나이 어린 십대에 주인(왕)노릇을 한 사람들이 기성세대가 되어서 그 주도권을 후대에게 그리 쉽게 넘겨줄 리는 만무하기 때문입니다. 그러니 우리 사회가 이제 더 이상 갈 데가 없는 것입니다. 여러분 오늘 본문에서 어린아이들을 사람들이 자꾸 예수께로 데리고 오고, 그래서 철없는 아이들이 예수님이 가르치는 그 현장에서 시끄럽게 떠들고 분위기를 깨는 이것을 제자들이 제지할 때, 예수님 앞에 아이를 데려온 이 어린아이들을 꾸짖지 아니하고, 예수님 앞에 어린아이들이 오는 이것을 책망한 제자들을 오히려 꾸짖는 대목을, 요즘 우리 사회의 이상한 흐름을 강화시키는(지지하는) 쪽으로 오해하여 받아들이지 않기를 바랍니다. 예수님의 중심 의도가 그것과는 전혀 다르기 때문입니다.

"이런 아이들이 나에게 오는 것을 말리지 마라."

이렇게 말씀하시면서 오히려 아이들을 제자들 앞에 세워놓고 예수님은 "하나님 나라가 이런 자의 것"이라고 충격적인 말씀을 하십니다. 어린 아이들을 제지하는 제자들에 대한 예수님의 반응은 '분히 여겼다'고 14절에 기록되어 있습니다. 어쩌면, 예수님의 제자들은, 말씀하시는 예수님을 피곤치 않게 할 요량으로 그랬든지, 아니면 자기들이 은혜롭게 설교를 듣고 있는데, 아이들이 계속 떠드니까 좀 짜증이 나서 그렇게 얘기했을지도 모릅니다. 분히 여기시면서 예수님은 놀랍게도 어린이를 천국 백성의 모델로 세웁니다(15절).

그렇다면, 예수님께서 어린이의 어떤 점을 칭찬하셔서 그들을 천국백 성의 모델로 세웠는지를 깊이 생각해 봐야만 할 것입니다. 이 문제, 좀 깊이 생각해 보셨습니까? 어떤 이들은, '어린 아이들은 천사니까', '어린 아이들은 너무 너무 순진하니까', 하나님 나라를 우리가 그런 식으로 가 야된다고 말하기도 합니다. 요즘 '열린 교육' 이니 뭐니 해서 어린이 교육 에 대해서 관심들이 퍽 많고, 값비싸고 다양한 교육 프로그램들이 쏟아 지고 있는데, 여러분 이 자녀교육 문제도 성경 안에 바른 답이 있음을 알 아야 합니다. 성경 안에 수많은 자녀교육 프로그램들이 나와 있습니다. 부모의 역할과 의무는 무엇인지, 아이를 어떻게 훌륭하게 길러낼 수 있 는가에 대하여 수많은 이론과 프로그램들이 성경에 이미 다 나와 있습니 다. 그것을 우리가 잘 찾아 활용할 필요가 있습니다.

자녀양육 프로그램의 내용을 분별할 때 한가지 결정적인 요건을 따질 필요가 있습니다.

'그 인간관(의 전제)이 정말 성경적인가?'

사람을 도대체 무엇으로 어떻게 보면서 교육이론을 전개시키고 있느 냐를 확인 재확인해야만 한다는 것입니다.

'사람을 어떤 존재로 보느냐?'

지금 시중에 나돌고 있는 대부분의 자녀교육 프로그램의 기본 전제는 '어린 아이들은 순진하다' 는 것입니다. '어린 아이들은 천사처럼 깨끗하다'고 손쉽게 생각합니다. 또한 '인간은 무한한 가능성이 있다'고 생각하기도합니다. 아인슈타인도 겨우 뇌의 10~20%밖에 못 썼다고, 그러기에 아이들의 잠재능력을 잘 개발만 하면 누구라도 영재가 되고 천재가 될 수 있다고 제법 그럴 듯한 사탕발림으로 선전합니다. 도대체 하나님을 경외하지 않는 '머리만 좋은 못된 사람들'을 만들어서 어디에 쓰려고 그러는지 모르겠습니다. 그래서 아담의 범죄 이후 인간의 본성이 전적으로 부패했다는 사실, 그 때문에 어린아이의 심성에도 깊이 뿌리내려 있는 '죄성'에 대해 전혀 인식을 하지 않고, 교육이론을 전개해 나갑니다. 다시 말씀드리지만, 아무리 정교한 논리로 이 이론 체계를 만들어 놓았다 하더라도, 출발(전제)이 잘못 됐으면 그 모든 것은 아무 쓸데없는 것입니다. 현대 아동교육학자들은, "모쪼록 아이들의 기를 살려줘야 된다"고 주장하며 아이들의 기를 살려 주는 기법을 가르치기에 혈안이 되어 있습니다. 아이들 기 살려 주는 작업이 현대 유아(청소년) 교육의 핵심입니다. 아무 데나 소아과에 가보십시오. 혹시 다음과 같은 문구로 시작되는 액자를 보신 적 없습니까?

"꾸중 들으며 자란 아이, ○○○만 하게 되고⋯⋯"

"아이들이 어떻게 굴든지, 꾸중도 하지말고, 책망도 하지말고, 아이들을 무조건 왕으로 받들어 주자." 그러면 그 아이가 틀림없이 잘 된다는 권고(?)입니다. 정말 그럴까요? 노아시대 대홍수 후에 방주로부터 새 땅으로 나온 하나님의 백성들에게 언약을 주실 때, 하나님께서 하신 말씀이 있습니다.

(창 8:21) "사람의 마음의 계획하는 바가 어려서부터 악함이니라."

사람의 마음이 '어려서부터' 악하다고 하셨습니다. 사람의 마음이 어려서부터 악하다고…… 이미 말씀드렸듯이, 송아지가 한 마리 태어났을 때, 그게 송아지인지 망아지인지 알아보기 위해 꼭이 엉덩이를 차서 울음소리를 들어봐야만 하는 것은 아닙니다. '음메!' 하고 우는 그 순간부터 송아지가 되는 것이 아니고, 송아지로 태어나기 때문에 그런 울음소리를 내는 것과 마찬가지로, 참으로 천사처럼 깨끗하게 태어난 사람들이 죄를 짓기 때문에 죄인이 되는 것이 아니라, 원래 죄인으로 태어나기 때문에 죄를 짓게 된다는 말씀입니다. 하나님은, 어른 아이 가릴 것 없이 '모든 사람'의 마음의 계획하는 바가 '어려서부터 악하다'고 말합니다.

(시 51:5) 내가 죄악 중에 출생하였음이여, 모친이 죄 중에 나를 잉태하였나이다.

다윗의 진실한 고백입니다. 어머니의 자궁 속에 있을 때부터 자신이 죄로 오염된 존재라는 것을 인정하고 있습니다. 이런 정직한 고백이 바로 성경에서 말하는 올바른 인간관의 기초가 됩니다.

'인간은, 모태에서부터 죄로 오염되고 썩어서 나온 존재, 구원의 대상이다!'

이게 기독교적 인간관의 변함 없는 대전제입니다. 이 전제 위에서, 모든 자녀교육 이론이 개발되어야 하고 실제 자녀교육도 이루어져야 하는 것입니다. 기독교 자녀교육의 목표, 주일학교의 목표, 교회 공동체의 목표, 설교와 전도(선교)와 교육의 궁극적인 목표는, 우리에게 구원을 주시는, 유일하신 "여호와 하나님을 경외하는 사람을 길러내는 것"입니다. 이 외에 다른 목표가 있을 수 없습니다. 참으로 '여호와를 경외하는 사람' 이 있으면 이 사회가 맑아질 수밖에 없습니다. 그렇습니다. 하나님을 두려워하는데 아무도 보는 사람 없다하여 어떻게 함부로 검은 돈을 받을 수 있겠습니까? 하나님이 보시고있음을 믿는데 어떻게 함부로 지저분한 돈을 갖다 줄 수 있겠습니까? 하나님이 보시고 있음을 믿는 의사가 어떻게, 집에 가서 낮잠 한숨 자고 편히 좀 쉬고 안정을 취하면 아무렇지도 않을 사람에게 어떻게 "MRI 한 번 찍어 보자"는 식으로 '환자 만들기' 를 할 수 있겠습니까? '하나님을 경외하는 사람' 을 만드는 것이 기독교의 궁극 목표라면, 그리고 적어도 성경에서 하나님이 이 죄인들을 다루시는 방식을 올바르게 이해하고 있다면, 지금 나돌고 있는 교육이론 자체가 혁신적으로 변화되어야만 할 것입니다. 하나님은, 그 죄인들이 하나님을 경외하는 사람으로 성장해 가도록 돕는 과정에서, 철저하게 죄인의 죄성을 무릎 꿇리며 '먼저 회개하라' 고 촉구하시기 때문입니다. 하나님 앞에 진정으로 회개한 사람, 자기의 죄를 인식하고 그 추악한 죄를 토하고 하나님의 자비 앞에 무릎꿇는 사람, 바로 그런 사람들이 여호와를 경외하는 삶을 살 수 있는 힘을 받게 되는 것이기 때문입니다. 그러므로, 내 몸을 통해서 태어난 그 어린 생명들이 아무리 귀엽고 예뻐도, 그 '어린 죄인들' 의 기를 살려주기 위해 애쓰지 말고, 죄인된 그들의 기를 먼저 분명하게 꺾기 위해 애쓰셔야만 됩니다. 어른 아이 가릴 것 없이 죄인의 기를 먼저 꺾어 놔야만 합니다. 그런 과정을 확실히 거친 다음, 그 가슴에 거룩한 생명이 약동하도록 돕는 것이 예수 믿는 부모들이 할 일이고, 교회학교 교사들과 목회자들이 해야될 일입니다. 하나님은 분명히, "사람의 마음의 계획하는 바가 어려서부터 악하다"고 선언하셨기 때문이고, 다윗도, "모태에서부터 죄에 오염된 채로 자기가 이 땅에 태어났다"고 고백하기 때문입니다.

　그럼에도 우리 주님은, 이 어린아이들을 하나님 나라 백성의 본보기로 세우셨습니다. 그렇다면 도대체 어린이들의 그 어떤 점 때문에 예수님이 그런 말씀을 하셨는지를 이해할 필요가 있습니다. 예수님 당시의 어린아이들은 앞서 말씀드렸듯이 '사람'이 아니었습니다. 아이의 아버지에게 아이를 죽이고 살릴 권세까지도 주어져 있었던 시대였기 때문입니다. 아버지가 자기 자식을 죽여도 누가 말을 못합니다. 그만큼 당시 가정에서 아버지의 권한은 절대적이었습니다. 그러기에 이 아이가 그 집에서 살아남아 어른으로 성장하려면 아버지 앞에 어떻게 보이느냐가 결정적으로 중요한 시대였습니다. 그래서 〈아버지에게 절대적으로 의존하지 않으면〉 아이는 결코 살아 남을 수가 없었습니다. 즉 요즘 우리시대하고는 배경이 사뭇 다르다는 얘기입니다. 그래서 예수님이 어린아이들을 제자들 앞에 세워놓고 "하나님 나라가 이런 자의 것이라"고 말씀하셨을 때에는 바로 그 '절대의존성'을 머리에 두고 계셨던 것입니다. 곧, 살아남기 위해서 아이가 아비에게 〈절대적으로 의존하는 그 자세〉, 그 〈의존성〉, 이것이 하나님 나라 백성의 본보기가 된다고 말씀하신 것입니다. 당시 어린 아이들이 아버지에게 온전히 의존하고 복종하듯이, 하나님 나라의 백성이 되고자 하는 자가, 우리의 죄를 용서하시고 우리에게 긍휼을 무한히 베푸시는 하나님 앞에 절대적으로 의존하지 않으면 안 된다는 것을 강조하여 말씀하신 것입니다. 그런 점에서 우리가 하나님 나라의 백성이 되는 이 일은, 우리 생활의 선택사양 혹은 수많은 취미 활동의 하나가 아니라, 우리의 〈삶과 죽음〉을 담보한 참으로 심각한 행위라는 사실을 늘 기억하고 있어야 합니다. 다시 말하면 우리가 하나님 앞에 어떤 태도를 취하느냐 하는 이 주제는 〈죽고 사는 문제〉라는 것입니다. 하나님을 향한 우리의 믿음을 절대화함과 동시에, 상대적으로 우리가 가장 소중하게 여기는 모든 것들을 상대화시키는 자세가 갖춰져 있지 않으면 하나님 나라의 백성으로 살아가기가 아주 어렵습니다. 그런 점에서 진실한 신앙고백에 걸 맞는 실제 신앙생활은 영원한 삶의 결정적인 매듭이 되는 것이기 때문에, 이 매듭을 해결한 다음에야 비로소 삶의 의미가 보다 분명해지게 되는 것입니다. 이 결정적인 문제를 반드시 먼저 해결한 뒤에 하나님이 세워주신 일터에서 일을 해야만 합니다. 이것이 안되면 아무리 가진 힘이 많아도 정말 불쌍한 인생이 되고 맙니다. 그러므로 우리는, 어린 아이들을 볼 때마다, 사랑스런 자녀들을 양육할 때, 유치원 차가 지나갈 때마다, 초등학교 앞을 지나갈 때마다 '하나님 나라'를 생각해야만 합니다. 우리에게 하나님 나라를 생각하라고 하나님께서 우리에게 자녀를 주신 것입니다. 아이를 볼 때마다 하나님을 생각해야 하고 그 분의 나라를 생각해야만 합니다. 그 아이들이 어버이에게 절대적으로 의존하는 것처럼, 내가 하나님 앞에 그처럼 의존적인 존재로 설 수 있도록 아이들을 볼 때마다 우리의 마음을 늘 새롭게 다잡아야만 하는 것입니다.

(막 10:17~22) [17]예수께서 길에 나가실새, 한 사람이 달려와서 꿇어 앉아 묻자오되 "선한 선생님이여 내가 무엇을 하여야 영생을 얻으리이까?" [18]예수께서 이르시되 "네가 어찌하여 나를 선하다 일컫느냐? 하나님 한 분 외에는 선한 이가 없느니라. [19]네가 계명을 아나니 살인하지 말라, 간음하지 말라, 도적질하지 말라, 거짓 증거하지 말라, 속여 취하지 말라, 네 부모를 공경하라 하였느니라." [20]여짜오되 "선생님이여, 이것은 내가 어려서부터 다 지키었나이다." [21]예수께서 그를 보시고 사랑하사 가라사대 "네게 오히려 한 가지 부족한 것이 있으니 가서 네 있는 것을 다 팔아 가난한 자들을 주라. 그리하면 하늘에서 보화가 네게 있으리라. 그리고 와서 나를 좇으라" 하시니 [22]그 사람은 재물이 많은 고로 이 말씀을 인하여 슬픈 기색을 띠고 근심하며 가니라.

똑같은 기준으로, 여기 17~22절 말씀을 통해서 우리는 아주 가능성 많은 외부 사람인 부자 청년의 실패를 확인할 수 있습니다. 본문 17절에서 '한 사람'으로 묘사된 이 사람이 22절에서는 '부자'로 묘사되어 있고, 본문의 병행구절인 누가복음 18장 18절에는, '관원'으로 묘사 되어 있습니다. 예수님 당시의 '관원'은 아주 고위직 공무원을 가리키는 말이었습니다. 예수님을 찾아온 이 젊은이, 정말 대단한 인물이었습니다. 젊습니다. 돈도 많습니다. 우리 식으로 말하자면 아주 이른 나이에 고등고시에 합격한 사람이라고 생각하시면 틀림없을 것입니다. 그 뿐 아닙니다. 본문에서 확인할 수 있듯이 경건한 삶의 모양까지도 잘 갖춘 채 살아가고 있는 사람이었습니다. 경건하게 살고자하는 몸부림이 나이 어려서부터 분명히 있었던 사람입니다. 그런 경건성과 함께 '영원을 향한 열망'도 있었습니다. 금상첨화…… 우리가 흔히 말하는 그야말로 에이 플러스급 신자라고 할 만한 사람이었습니다. 어느 면으로 보아도 부족할 것이 전혀 없는 사람입니다. 아쉬울 것도 없는 사람입니다. 이런 사람이 예수님 앞에 찾아와서 질문을 던집니다.

"선한 선생님이여, 제가 무엇을 해야 영생을 얻을 수 있겠습니까?"

이 젊은이의 물음을 곰곰 생각해 보면, 인간이 가지고 있는 부귀나 명예 같은 것들로는 영생을 결코 보장할 수 없다는 것을 분명히 알 수 있습니다. 지금 이 젊은이가 가지고 있는 '젊음'과 '지성'과 '재능'과 '돈'과 '권세'로 영생을 담보할 수 있었다고 한다면 이 사람이 굳이 예수님을 찾아오지는 않았을 것이기 때문입니다. 그런데 그가 예수님을 찾아와서 영생의 길에 대해 물었다는 사실은, 그가 가지고있던 이 모든 것들이 영생의 궁극적인 보증이 될 수 없다는 것을 웅변하는 것입니다.

“돈으로도 못 가요. 하나님 나라……”

아무리 부족할 게 없는 삶을 살고 있고, 영생을 향한 열망이 있다 할지라도, 인간 내면으로부터 영생의 길을 찾아내는 일은 불가능하다는 것을 이 젊은이는 잘 알고 있었습니다. 그런데, 이 젊은이의 ‘구원관’에 심각한 문제가 있음을 알 수 있습니다. 이 사람의 ‘영생관’이 아주 왜곡되어 있습니다. 우리가 흔히 쓰는 용어로 표현을 하면, 무슨 행위(doing)를 통해서 어떤 자격(being)을 얻을(쟁취할) 수 있다고 생각하고 있는 것입니다. 기독교 구원론은 이와는 전혀 다릅니다. 그리스도의 십자가 대속의 은총으로 주어지는 하나님나라의 백성이라는 신분(being)을 통해서 거룩한 행실(doing)이 나오는 것입니다.

“나를 따라 오너라. 그러면 내가 너희를 사람 낚는 어부(예수 제자의 being)가 되게 하겠다. 그러면 너희들은 장차 사람 낚는 일(예수 제자의 doing)을 하게 될 것이다.”

예수님의 말씀입니다. 그런데 이 청년에게는 이 중요한 진리가 거꾸로 돼 있는 것입니다. 그러므로 이 사람의 구원론은 그야말로 ‘행위구원론’이고, 젊은이 자신의 표현을 빌어 표현하자면 ‘내가 구원론’입니다.

“선한 선생님이여, 〈내가〉 〈무엇을 하여야〉 영생을 얻으리이까?”
청년의 이 말에는 대략 다음과 같은 뜻이 포함되어 있었을 것입니다.

“저, 머리 좋습니다. 설령 시험을 봐서 대통령 하기로 한다면 누구보다도 먼저 제가 할 수 있습니다. 그러니 영생을 얻기 위해 제가 무엇을 하면 될지 말씀만 해 주십시오."

구원에 관한 한, 젊고, 머리 좋고, 가능성 많은 사람들일수록…… 대단히 위험한 자리에 있다는 것을 이 청년의 모습을 통해서 확인할 수 있습니다. 젊고 머리 좋고 가능성 많은 사람들, 바로 그 눈부신 가능성 때문에 항시 천국과 지옥의 아슬아슬한 갈림길에 서있는 경우가 많습니다.

"길만 알려주시면 〈내가〉 하겠습니다. 부디 길만 알려주십시오."

이에 대해 예수님이 뭐라고 하십니까?

"네가 어찌해서 나를 선하다고 하는가? 하나님 한 분 외에는 선한 분이 없다."(18절)

이런 표현을 두고 어떤 이단들은 "예수님은 선한 분이 아니라"고 주장하기도 합니다. "성경에 그런 증거가 분명히 있다"고 하면서 이런 구절들을 증거로 제시하면 뭐라 대꾸할 말이 딱이 없는 난처한 경우가 종종 있을 것입니다. 건전한 성경해석이 중요한 이유가 거기에 있습니다. 18절에 기록된 주님의 이 말씀은 다른 것이 아닙니다. '참된 선을 알려면 하나님을 바라보아야만 된다는 것, 선악의 표준은 신성이지, 인간의 상대적 품성이 아니라는 것' 입니다. 또 이런 뜻도 포함되어 있었을 것입니다.

"네가 보기에 내가 선하다면, 하나님 한 분 외에는 선한 분이 없기 때문에 내가 곧 하나님 아니냐? 그러므로 내가 선하다면, 너는 나를 (하나님으로) 먼저 믿어야 된다."

"절대적인 하나님 앞에서 너는 상대적으로 선하지 않다"는 뜻도 물론 함축하고 있었을 것입니다.

"너는 선하지 않다. 너는 사람이기 때문에 선하지 않다. 오직 하나님만 이 선하시기 때문에 너는 선하지 않다. 네가 보기에 내가 선하다면 나야 말로 하나님이다. 그러니 너는 나를 믿어야 된다."

주님은 분명히 이렇게 말씀하고 있는데 이 청년은 자기가 선하다고 생각하고 있습니다(본문 19~20절).

(막 10:19~20) ¹⁹"네가 계명을 아나니 살인하지 말라, 간음하지 말라, 도 적질하지 말라, 거짓 증거하지 말라, 속여 취하지 말라, 네 부모를 공경 하라 하였느니라." ²⁰여짜오되 "선생님이여, 이것은 내가 어려서부터 다 지키었나이다."

주님은, 19절에서 십계명의 후반부(출 20:12~17, 신 5:16~21 참조)를 중심으로 청년과 대화를 나누십니다. 다시 말하면 '하나님을 향한 신앙 고백'의 진정성은, 인간관계, 다시 말하면 공동체성 속에서 확인될 수 있 다는 것입니다. 그 사람이 하나님을 믿는지 안 믿는지, 이른 바 '투시 은 사'라는 것을 받아야만 그것을 확인할 수 있는 것이 아닙니다. 성경 어디 를 보아도 소위 '투시 은사'라는 것은 없습니다만, 많은 이들이 그런 은 사가 있다고 믿고 있는 듯합니다. 저희 아버님께서 장립하시던 날, 축하 차 찾아오신 우리 아버님의 친구 장로님께서 당시 신학대학원에 다니고 있던 저한테 이런 이야기를 하셨습니다.

"어이, 자네 신학교 다닌다며?"

"예, 그렇습니다."

"근데, 목회에 성공할라면 말여, 다음 두 가지 중에 한가지는 반드시 해야되네."

"뭡니까?"

"빨리 외국에 나가서 외국박사학위를 받아오든지, 아니면 투시 은사를 받든지, 자네 둘 중에 하나는 꼭 해야되네."

나이 드신 어른과 왈가왈부 하기 싫어 그냥 아무 말도 않았습니다만 가슴이 무거워짐을 느꼈습니다. 일찍 장로가 되신 그 분은 그 당시 이미 수십 년째 장로로 봉직하고 계셨기 때문입니다. 속으로 걱정이 많이 됐습니다.

'아, 저 장로님께서 시무하시는 교회의 목사님, 참 피곤하시겠다.'

계속 이런 생각만 하고 있었습니다. '투시은사' 라는 것이 있습니까? 백 보를 양보해서 그런 것이 있다고 합시다. 그리고 이광우 목사가 그 투시 은사를 받았다고 해봅시다. 그런 제가 여기서 설교하면, 여러분은 과연 이 자리에 앉아 계실 수 있겠습니까? 자기 속을 훤히 꿰뚫어 보는 신령한(?) 목사 앞에 교우들이 과연 아무렇지도 않게 앉아 있을 수 있겠습니까? 결코 쉽지 않을 것입니다. 그런 은사가 있지도 않을뿐더러, 설령 있다해도 목회자들한테는 하나님께서 그런 은사를 주시지 않을 거라고 믿습니다. 왜냐하면 목회자들에게는, 모든 교우들을 아무런 편견이 없이 똑같이 대해야할 의무가 있기 때문입니다. 누군가에게 믿음이 있다는 것, 자신이 믿음의 사람이라는 것을 과연 무엇으로 파악할 수 있겠습니까? 다른 것이 아니라 그것은, 신앙공동체 내의 인간관계 속에서 확인할 수밖에 없는 것입니다. 바로 그런 이유로 주님이 십계명의 후반부를 집중적으로 거론하고 있는 것입니다.

본문 20절에서 자신감에 차 있는 청년의 오만을 읽을 수 있습니다.

"예, 그런 것 정도는 〈제가〉 어려서부터 다 지켰습니다."

악상부호로 표시한다면 "내가"에 포르티시모를 붙여야 할 것입니다. "어려서부터"란 표현 속에 자신의 신앙 이력에 대한 자부심을 자신 있게 드러내고 있는 것입니다.

"저, 이래봬도 모태신앙인이랍니다. 모태신앙이 다 뭡니까? 저희 집은 4대째 믿는 집안입니다."
"아, 저희 집은 순교자 집안입니다. 저희 친척 중에 목사, 장로만 30명이 넘습니다."
"저 이래봬도 수련회(부흥회)에 한 두 번 간 사람이 아닙니다. 수준급 강사들의 눈부신 특강도 수없이 들었습니다."

이런 식의 종교적 엘리띠즘의 진수를 이 청년이 보여줍니다. 오늘날도 교회 안팎에서 종교적인 엘리띠즘에 빠져 정신 못 차리고 헤매는 사람들이 아주 많습니다.

언젠가, 이름만 대면 누구나 알 수 있는 서울 강남에 있는 어느 큰 교회를 방문한 적이 있습니다. 다른 지 교회에 다니시는 동역자들을 만날 때마다 빼놓지 않고 제가 꼭 물어보는 게 있습니다. '교회공동체 자랑' 입니다.

“동역자님께서 지금 몸 담고 다니시는 이 교회 자랑을 좀 해보세요.”

그랬더니 기다렸다는 듯이 이런 대답이 나왔습니다.

“저희 교회는요, 정말 굉장한 교회예요.”
“어떤 점에서요?”
“저희 교회는요, 신학대학원 교수님 급 아니면 강단에 못 서요.”

이처럼 우습지도 않은 자랑을 하며 우쭐대는 그 분께 달리 뭐라 해줄 말이 없었습니다. 교회 덩치만 컸지, 덩치 값 하기는 일찌감치 글렀다는 생각에 억장이 무너지는 느낌이었습니다. ‘복음’의 본질이 뭔지를 전혀 모른다는 것이 정말 어이없이 드러난 것입니다. 복음이 무엇인지를 모르고 그 복음의 능력도 모르기 때문에 정말 우습지도 않은 것에서 긍지와 자부심을 확인하려고 달려드는 것입니다. 하기야 내세울 거라고는 그런 것밖에 없으니까 딴은 그럴 수도 있겠습니다. 자랑할 건 건물밖에 없고, 자랑할 건 학력밖에 없으니까 그럴 수밖에 없는 것입니다.

“그런 것은 〈내가〉 어려서부터 다 지켰습니다.”

이 젊은이, 얼마나 자신만만한지, 그 때문에 상대적으로 다른 사람 앞에 얼마나 심각한 우월 의식을 갖고 있는지를 알 수 있습니다. 이 사람은 자기 한계를 모릅니다. 자기 한계를 전혀 모르기 때문에 가장 불쌍한 사람입니다. 언젠가 어느 의과대학의 교수님과 신앙에 대해 이야기를 나누다가, 끝까지 기독교 신앙에 대해 적대적인 태도를 바꾸지 않는 그 교수(박사)님께 이렇게 말씀드린 적이 있습니다.

"이제 보니 교수님, 참 불쌍한 분이십니다."

그 분 일생에 이처럼 아픈 말은 처음 들었을 것입니다. 박사 교수님한테 어느 누가 함부로 불쌍하다고 말할 수 있습니까? 그 분이 저를 향해 불쌍하다고 한다면 또 몰라도……

'영성'이란 게 무엇입니까? 장신대 신학대학원의 박동현 교수님은 프랜시스 쉐퍼와 마찬가지로 영성을 '관계성'이라고 정의했습니다. 문제의 핵심을 굉장히 잘 짚은 것이라고 생각합니다. 하나님과의 관계, 이웃과의 관계, 다른 모든 피조세계 곧 환경과의 관계가 곧 영성을 드러내는 지표가 된다는 것입니다. 그가 얼마나 사랑 안에서 거룩하고 정의로운 〈관계〉를 맺을 수 있는가에 따라서 그 사람의 영성을 파악할 수 있다는 것입니다. 그래서 주님도 십계명의 후반부 내용 곧 인간관계의 계명을 가지고 이 사람의 영성을 점검하려 하시는 것입니다.

"너의 영성을 한번 점검해 보자."

십계명 후반부 인간관계에 대한 계명 속에서 그의 영성이 어떻게 나타나고 있는지를 한 번 확인해 보자고 주님이 말씀하셨던 것입니다. 청년이 참으로 자신만만하게 대답하자 주님은 이렇게 말씀하십니다.

(막 10:21~22) [21]예수께서 그를 보시고 사랑하사 가라사대 "네게 오히려 한 가지 부족한 것이 있으니 가서 네 있는 것을 다 팔아 가난한 자들을 주라. 그리하면 하늘에서 보화가 네게 있으리라. 그리고 와서 나를 좇으라" 하시니 [22]그 사람은 재물이 많은 고로 이 말씀을 인하여 슬픈 기색을 띠고 근심하며 가니라.

예수님께서 그를 보실 때 예수님의 마음속에 이 청년을 향해 '사랑하는 마음'이 있었다고 마가는 증언합니다(21절 상). 그러니까 이 청년 나름대로의 경건한 몸부림을 주님이 분명히 인정했다는 것입니다.

"그래, 그대가 그렇게 살려고 애 쓰는 거 내 다 알아. 그대가 젊고 재능이 있고, 머리 좋고, 가능성 있는 사람이란 거 내 다 알지. 어떻게든 하나님 앞에 정직하게 살아보려고 나름대로 몸부림치는 걸 내 다 알고 있지."

그래서 주님은 그를 '사랑하시는 마음'으로 바라보신 것입니다. 주님은 그 청년의 가능성과 종교적 열정을 인정했습니다. 그러나 그를 사랑하는 마음으로 "딱 한 가지" 그 젊은이의 "부족한 것"을 정직하게 지적하셨습니다. 무슨 말씀입니까?

"그대는 부자다. 어떻게 그렇게 젊은 나이에 부자가 되었나? 그대 주변에 가난한 사람이 단 한 명도 없는가? 그대 주변에 그대의 그 돈을 가지고 섬겨야될 가난한 사람은 단 한 명도 없었는가? 도대체 그대는 어떻게 그렇게 부자가 되었는가? 이웃을 진정으로 사랑한다면, 영생의 길을 정말 알고 싶다면 당장 가서 그대 재산을 다 팔아서 가난한 이들에게 나눠 주라. 그리고 와서 나를 좇으라."

이런 뜻이었을 것입니다. 예수님의 말씀을 요약하면 이렇게 될 것입니다.

"가라."

"나눠 주라."

"그리고 내게로 다시 오라."

"갔다가 다시 오라"고 하셨습니다만, 이 젊은이, 잠시 고민하더니 가서 다시는 예수님 앞에 나타나지 않았습니다. 갔다 오라고 했는데, 아주 가버렸습니다. 주님의 이 말씀은 다른 것이 아니라, '돈'을 버리고 '예수'를 좇으라는 것입니다. 돈이냐 예수냐, 분명히 선택하라는 것입니다. 이 말씀, 참으로 가능성 많은 청년을 향한 고귀한 사랑의 초대장이었습니다.

'돈이냐 예수냐, 바라건대 〈돈〉을 버리고 나를 택하기를 바란다.'

주님은, 이 청년에게 한가지 부족한 것이 있음을 말씀하시면서, 그가 제1계명을 어겼다는 것을 깨우치고 계십니다.

"하나님 외에 다른 것을 섬기지 말라(제1계명)고 했는데 그대는 지금 돈을 섬기고 있다. 그대 마음속에 돈이 우상이 되어 있다. 지금 그대에게는 돈이 하나님이고 돈이 구세주다. 그대는 지금 〈돈-그리스도〉를 따르고 있다. 그대가 과연 영생을 얻고자 할진대 그 '돈'을 몰아내고 그 자리에 '예수'를 모셔야 된다. 그대는, 〈돈-그리스도〉가 아니라 〈예수-그리스도〉를 따라야 된다."

'예수 그리스도'란 말은 "예수가 그리스도"[예수=그리스도]라는 말입니다. 곧 두 낱말의 중간에 등호표시(=)가 생략되어 있는 것입니다. "예수가 그리스도다"는 신앙고백을 담아 '예수 그리스도'라는 표현을 쓰는 것입니다. 서양의 신학자들은 종종 한국 교회를 일컬어서 "예수와 그리스도가 싸우는 교회"라고 이야기합니다. '대한예수교장로회', '대한기독장로회' 등으로 나뉘어 있는 한국교회 현실에 대한 정말 뼈아픈 비아냥거림이 담겨 있습니다. 안타깝게도 오늘 우리는 이에 대해 할 말이 거의 없습니다. 아무튼, 나사렛 달동네 출신 예수가 바로 구세주(그리스도)라는 신앙고백이 '예수 그리스도' 라는 호칭에 분명히 담겨 있는 것입니다. 사람마다 구세주(그리스도)가 있습니다. 어떤 사람은 〈돈-그리스도〉, 어떤 사람은 〈명예-그리스도〉, 어떤 사람은 〈쾌락-그리스도〉, 어떤 사람은 〈문선명-그리스도〉를 믿습니다. 몰몬교 신도들은 〈요셉 스미스-그리스도〉를 믿습니다. 나름대로 그리스도를 따라가기는 합니다만, 예수 그리스도가 아닌 엉뚱한 그리스도를 따르는 경우가 많은 것입니다. 〈돈-그리스도〉를 따라가는 사람들은 얼마 지나지 않아 정신이 돌아버립니다. 그래서 그 돈을 품에 넣을 수만 있다면, 부모 가슴에 칼도 꽂고, 남편 입에 독약도 털어 넣고, 아내를 청부살인 하기도 하고, 인간적인 정도, 신의도, 의리도 하루아침에 헌신짝처럼 팽개쳐 버립니다. 〈돈-그리스도〉에 미치면 그렇게 정신이 돌게 되기 때문입니다. 그러므로, 청년을 향한 주님의 말씀에는 대략 이런 뜻이 담겨 있었다고 보아야 합니다.

"그대는 다른 그리스도를 따르고 있다. 그러므로, 그 가짜 그리스도인
돈을 버리고 와서 진짜 그리스도인 나 예수 그리스도를 따르라."

산상수훈의 한 가운데 마태복음 6장 24절에서 예수님께서는 이렇게 말씀하셨습니다.

"너희가 하나님과 재물을 겸하여 섬길 수 없다."

성경 전체를 통틀어서, 자본주의 체제에서 살고 있는 사람들에게 제일 섭섭한 말씀이 바로 이 말씀일 것입니다. 최소한 "하나님과 재물을 6:4 정도로는 겸하여 섬길 수 있다"든지, 한발 더 양보해서 "8:2 정도로는 겸하여 섬길 수 있다"고 하셨으면 얼마나 부담 없고 좋았겠습니까? '돈'이 왕 노릇하기에 돈 없으면 죽는 자본주의 사회에서, '이익 창출'이 최고의 덕목이 되는 이 살벌한 시장경제 사회에서, 예수님은, 인간이 하나님과 돈을 겸해서 섬길 수 없다고 잘라 말씀하시는 것입니다. 돈이냐, 예수냐, 단호하게 선택하라는 것입니다. 인간이 하나님과 재물을 겸하여 섬길 수 없다는 이 말은, 돈을 섬기려고 하는 사람은 절대 예수를 믿을 수 없고, 예수를 섬기려고 하는 사람은 욕심껏 돈을 모을 수 없다는 뜻을 담고 있습니다. 그러므로 모든 사람들은 '예수'와 '돈' 가운데 하나를 분명하게 선택해야만 합니다. 예수를 그리스도로 섬길 것인지, 돈을 그리스도로 따를 것인지를 분명히 결단해야만 합니다. 누가 뭐래도 우리네 삶의 각 영역에서 신앙인들이 정직운동을 용기 있게 하지 못하는 궁극적인 이유는, 결국 '돈' 때문입니다. 아무리 그럴 듯한 명분과 핑계를 대도, 결국은 돈 문제에 걸려 있음을 시인하지 않을 수 없습니다.

"돈이냐, 예수냐, 선택하라!"

돈을 포기하고 예수를 잘 믿든지, 예수를 등지고 나가서 돈을 많이 벌든지 분명히 결단해야만 하는 것입니다. 돈 많이 벌고 싶으신 분은 신앙 공동체 주변에서 괜히 시간 낭비하며 어슬렁거릴 필요 없습니다. 당장 나가서 열심히 돈을 벌면 됩니다. 이 두 가지를 다 잘할 수 있는 사람은 없다고 예수님이 분명히 말씀하셨기 때문입니다.

(막 10:22) 그 사람은 재물이 많은 고로 〈이 말씀을 인하여〉 슬픈 기색
을 띠고 근심하며 가니라.

예수님의 말씀을 듣고 청년은 슬픈 기색을 띠고 근심하며 예수님을
떠나갔습니다. 예수님을 떠나갈 때 청년이 기쁜 얼굴로 간 건 아니었습
니다. 슬픈 기색을 띠고 마음속에 근심하면서 제 길을 갔습니다. 여지껏
자기 한계를 모르고 살았는데, 예수님을 만나면서 이제 비로소 자기 한
계가 드러난 것입니다. '돈' 앞에서 자신의 중심이 분명히 드러나게 된
것입니다. 속담에도, "그 사람을 확실하게 알려면, 같이 잠을 자보든지,
함께 화투를 쳐봐야 된다"는 말이 있습니다. 그러면 그의 본색이 거의 틀
림없이 드러난다는 것입니다. 이 청년처럼 우리의 한계가 가장 분명하게
드러나는 자리가 있습니다. 바로 '돈' 앞에서 입니다. '돈' 문제만 불거
지면 제 정신 차리기 힘든 경우가 많습니다. 이 청년은 마침내 돈 문제에
서 자기 한계를 분명하게 느끼기 시작했습니다. '영생' 은 얻고 싶은데,
영생의 길에 대해서 예수님으로부터 가르침(처방)은 받았는데 그 말씀대
로 하기는 싫은 것입니다.

'경건으로 요령껏 위장하며 어떻게 피눈물나게 모은 돈인데, 이걸 함부
로 포기하라는가?'

이 친구가 돌아가 버린 두 가지 이유가 있는 것 같습니다. 첫째는 가진
재물이 많기 때문이고, 두 번째는 주님의 말씀 때문입니다. 예수님이 "그
래, 여지껏 모아둔 돈 그대로 가지고 가자"고 하셨으면, 고민할 게 없었
을 것입니다. 그런데, "그 돈에 대한 미련을 버리고, 그 많은 돈을 다 정
리하고, 그리고 너는 나만을 따르라"고 하시는 나사렛 촌뜨기(?)의 말이

몹시 부담스러웠을 것입니다.

제가 하는 이 설교를 들으면서도 어떤 분들은 엄청난 부담을 느낄 것입니다. 하나님의 말씀이 우리에게 주는 부담이 항시 있기 때문입니다. "복 받으라"고 해도 시원찮은데, "모든 것이 잘 될 것"이라고 해도 한번쯤 생각해 볼 일인데, "신앙의 길이 고난 길이라"고, "고통이 있을 거라"고, "손해볼 거라"고, "희생해야 할 거라"고 하는 말에서 부담을 느끼지 않을 사람은 없겠기 때문입니다. 그 뿐입니까? "그 길을 가다 당신은 죽을 거라"고, 영 찜찜한 얘기나 계속해 대고, 아직 사회에 첫 발도 디디지 못했는데, "돈 벌 생각을 말라"고 하니, 그 어찌 부담이 되지 않겠습니까? 그럼에도 불구하고 우리는, 돈이냐, 예수님이냐를 주님의 말씀 앞에서 분명하게 선택하고 결단해야만 합니다.

예수님의 강력한 도전 앞에서 이 청년은 '슬픈 기색을 띠고 근심하며' 돌아갔습니다. 오늘날 그리스도인들의 모습이 바로 이런 것일 것입니다. 사실 우리는 예수 믿기 때문에 함부로 죄를 짓지는 못합니다. 안 믿는 사람들이야, 무서운 죄를 짓고도 그게 죄인 줄도 모르고 그것을 마구 자랑하는 경우도 많습니다. 언젠가 밤에 포장마차 근처를 지나치다가, 어느 술꾼이 술친구랑 마주 앉아 소줏잔을 기울이면서 이렇게 말하는 소리를 들은 적이 있습니다.

"어이, 내가 엊그저께도 우리 여편네 몰래 바람 한 번 신나게 피웠어."
"그래? 자네는 재주도 참 좋아."

이게 얼마나 슬프고 부끄럽고 두려운 죄인데, 그것을 자랑하느라 입에 침이 마릅니다. 그것이 무슨 자랑스런 훈장이라고……

"내가 그 동안에 건드린 여자가 몇이나 되는 줄 아는가?"
"자네는 몇 명이여?"
"나 ☆ 명인데."
"나 따라 오려면 아직 멀었구먼. 나는 수를 셀 수가 없네."

우리들은 예수 믿는 사람들이기 때문에 이렇게 노골적으로 못된 짓은 결코 못합니다. 하지만…… 주님의 말씀이 우리에게 단호한 선택과 결단을 요구할 때 얼굴에 슬픈 기색을 띤 채 고민하기도 합니다.

"아, 정말 괴롭습니다. 주님, 이 무서운 유혹을 이길 힘을 주십시오."

이런 식으로 기도도 합니다. 하지만 결국은 안 믿는 사람들이 마음놓고 함부로 가던 그 길을 따라 갈 때가 많습니다. 다만 차이가 있다면…… 안 믿는 사람들이 당당하게 가는 길을, 믿는 사람들은 슬픈 기색을 띠고 근심하며 멀찍이 따라간다는 것 정도입니다. 다만 정도 차이, 시간 차이가 조금 있을 뿐 걷는 길은 결국 안 믿는 사람들과 똑같을 때가 많습니다.

"목사님 목사님, 저 드디어 결혼하게 됐어요."
"아, 자매 정말 축하해요. 정말 잘됐어요. 어떤 형제예요?"
"참, 좋은 사람이예요. 그런데요, 딱 한 가지 서운한 게 있어요."
"뭔데요?"
"신앙생활을 하지 않는 사람이에요. 그래도 그냥…… 전도하는 차원에서 결혼하기로 했어요."

예수 믿는 사람들의 결혼 원칙에 대해 분명히 가르쳐 주고, 오랫동안 그 자매의 아름다운 결혼을 위해서 기도해 왔는데, 어느 날 느닷없이 전화를 걸어서 이처럼 맥빠지는 이야기를 전해옵니다. 어디서 그렇게 잘나고 좋은 송장(엡 2:1 참조)을 구했는지…… 정말 알다가도 모를 일입니다.

돈 앞에서, 우리의 안목을 자극하는 세상의 아름다운 것들(보암직하고 먹음직하고 탐스러운 것들) 앞에서 예수 믿는 우리들은 안 믿는 사람들과 달리 많이 고민합니다. 때로는 슬픈 기색을 띠기도 합니다. 그러나 그뿐입니다. 꽤 오랫동안 고민한 끝에 마침내 선택하는 길은, 무서운 죄악의 길입니다. 그 길을 슬픈 기색을 띠고 조심조심 따라 나섭니다. 오늘 많은 기독교인들이 그렇게 살고 있습니다. 하나님께서 기뻐하시지 않는 길을 걸으면서 마음에 부담을 느끼지 않는 것이 아닙니다. 세상의 온갖 부정과 부조리에 맞서 싸워야 된다는 생각을 가지고는 있지만 결국은 자신도 걸어가는 이 부정한 길…… 그 길 앞에서 마음속에 부담이 없는 것이 아닙니다. 안타까움이 분명히 있습니다. 그 길을 어쩔 수 없이 걸어야만 하는 자신의 처지를 한없이 슬퍼하기도 합니다. 하지만 그뿐, 그러면서 끊임없이 이렇게 스스로를 달랩니다.

'그래도 저는 이런 것을 마음 아프게 생각은 합니다. 주님, 제 맘 아시지요?'

아무리 그래도 성경은, 그 결과는 노골적으로 죄 짓는 삶을 사는 것과 똑같다고 하고 있습니다. '씨 뿌리는 자의 비유'에서 네 종류의 밭 같지만, 사실은 두 종류의 밭(열매 맺는 밭, 그렇지 못한 밭) 밖에 없다는 것을 이미 확인했습니다. 열매 맺지 못하는 밭들의 상대적인 비교는 사실 아무런 의미가 없다는 것을 우리는 이미 잘 알고 있습니다. 어떤 태도로 주님을 떠났느냐가 중요한 것이 아니라, 주님을 따르느냐 주님을 등지느냐가 결국 중요한 것입니다. 그러므로 '슬픈 기색을 띠고' 결국은 죄악의 길을 슬금슬금 걸으며 자신을 합리화하고 자위하는 어리석음에서 속히 벗어나야만 합니다.

그러므로, "예수님이 없으면 내 삶에 아무런 의미가 없다"는 절대적인 고백이 나에게 있는지를 정직하게 되물어볼 필요가 있습니다. 청년은, 재물이 많으므로 그 말씀 때문에 잠시 고민하다가 결국은 예수를 버리고 돈을 택했습니다. 참으로 가능성 많았던 젊은이, 주님이 정말 사랑스러운 눈으로 바라보셨던 한 청년이 영생의 마지막 문턱을 넘지 못하고 슬픈 얼굴로 돌아 서 갔습니다. 그 젊은이에게 예수님은 결국 선택사양(옵션)에 지나지 않는 것이었습니다. 예수…… 있으면 더 좋고, 없다해도 우선은 무엇보다도 확실한 '돈'이 있기 때문에 크게 문제가 되지 않는 '선택사양'이었던 것입니다. 그러기에 우리가 해야 될 유일한 일은, 예수님이 세우신 절대적인 표준을 따라서 오직 예수님만을 절대적으로 의지하는 것입니다.

> (빌 4:11) 내가 궁핍하므로 말하는 것이 아니라 어떠한 형편에든지 내가
> 자족하기를 배웠노니

그리스도인들은 바울의 이 고백을 마음판에 새길 필요가 있습니다. 하늘백성들은 '어떠한 형편에서든지 자족할 줄 알아야' 합니다. 우리가 아무리 고생을 해도 어쨌든 예수님보다는 훨씬 더 잘 지내기 때문입니다.

'자족하는 은혜……'

영생의 문은 너무 좁아서 돈이 가득 담긴 봇짐을 지고는 쉽게 통과하지 못합니다. 그러기에 예수님께서 이렇게 사랑으로 권면하시는 것입니다.

(막 10:23~27) [23]예수께서 둘러 보시고 제자들에게 이르시되 "재물이 있는 자는 하나님의 나라에 들어가기가 심히 어렵도다" 하시니 [24]제자들이 그 말씀에 놀라는지라. 예수께서 다시 대답하여 가라사대 "얘들아 하나님의 나라에 들어가기가 어떻게 어려운지 [25]약대가 바늘귀로 나가는 것이 부자가 하나님의 나라에 들어가는 것보다 쉬우니라" 하신대 [26]제자들이 심히 놀라 서로 말하되, "그런즉 누가 구원을 얻을 수 있는가?" 하니 [27]예수께서 저희를 보시며 가라사대 "사람으로는 할 수 없으되 하나님으로는 그렇지 아니하니 하나님으로서는 다 하실 수 있느니라."

어느 유명한 유아용 학습지 회사의 텔레비전 광고물에, (자기네 학습지로 공부해서 실력이 좋아진) 어린아이가 머리를 써서 코끼리를 냉장고에 집어넣는 장면이 나온 적이 있습니다만, 낙타가 바늘 귀로 빠져나가는 일, 텔레비전 광고화면 속에서처럼 그리 간단한 것이 아닐 것입니다. 마찬가지로 부자가 천국에 들어가기가 정말 힘든 일(불가능하다고 말씀하시지는 않았음)이라는 것을 주님께서 과장법을 사용하여 강조하신 것입니다. 예나 지금이나, 돈은 힘있는 것이고 또한 돈은 매우 매력적인 것이기 때문입니다. 특별히 국제통화기금(IMF)의 구제 금융 혜택을 받을 정도의 극심한 경제적 어려움 속에서는 더더욱 더 그렇다는 것을 우리가 뼈저리게 체험했습니다. 우리 사회의 온갖 어두운 사건 뒤에는 으레 돈과 여인들이 숨어 있다는 것을 우리가 다 잘 압니다.

저희 막내 아이가 여섯 살 때였습니다. 어느 날 막내아이의 셋째 누나가 밖에 나갔다오면서 과자 봉지를 하나 들고 왔습니다. 어린 나이에도 그 과자를 혼자 먹기 미안했는지, 자꾸만 동생한테 과자를 하나씩 계속 줍니다. 그런데 어린 막내가 그 과자를 한사코 받지 않습니다. 저는, 왜 그런지 대충 짐작을 했습니다.

'아 막내가 저것을 먹기 싫어서 안 먹는 게 아니고 딴 생각이 있구나'

계속 두고봤습니다. 끝까지 누나가 주는 과자를 안 먹습니다. 누나가 한 봉지 과자를 다 먹을 때까지 끝까지 하나도 안 받아먹고 그대로 있더니, 누나가 과자봉지를 다 치우고 나니까 저한테 와서 이렇게 말합니다.

"아빠 과자냄새 나는데요?"
"어디서?"
"아! 저쪽 수퍼 쪽에서 나잖아요."

막내 녀석 하는 짓이 하도 재치 있어서 과자를 사줬습니다. 어린아이도 온전한 과자 한 봉지를 차지하기 위해서 누나가 주는 맛있는 과자 몇 조각의 유혹(?)을 끝까지 참는 것을 보았습니다. 예수 제자가 되고 영생을 누리려는 자, 주님을 위해서 뭔가를 버리고 포기한다고 말씀하십니다. 우리가 이해하든 하지 못하든 그 타당한 이유가 분명히 있을 것입니다.

예수님은 이 '부자 청년 이야기'에 대한 제자들의 반응을 점검하십니다(23절). 주님은 재물이 하나님 나라에 들어가는 데 잠재적인 장애물이 된다는 것을 분명히 말씀하셨습니다. 그래서 "심히 어렵도다"라는 표현을 쓰신 것입니다. 이 말은, "문이 좁을 뿐이지 들어갈 수는 있다"는 뜻을 함축하고 있습니다. '소유욕'과 '하나님을 사랑하는 일'을 병행할 수는 없다는 것입니다. 그래서 과장법을 사용해서 "부자가 하나님 나라에 들어가기가 어떻게 어려운지 약대가 바늘구멍으로 빠져나가는 것보다 더 어렵다"고, 해석하기 약간 어려운 말씀을 하신 것입니다(25절). 이것을 놓고 어떤 이들은, '이거 뭐, 어떻게 낙타가 바늘구멍으로 빠진다'는 이 따위 엉터리 비유를 쓸 수가 있느냐…… 그게 아니다. '낙타'라는 말과 '밧줄'이라는 말과 헬라어 철자법 상 글자 한 자밖에 차이가 나지 않기 때문에, 성경을 기록하는 사람들이 글을 옮겨 적는 과정에서 착오를 일으켜서 철자 하나가 바뀌었을 것이다. 그러므로 이것은 '낙타가 바늘 귀로 빠진다'는 말이 아니라 원래는 '밧줄이 바늘귀로 빠지는 것'이라는 표현이라고 그럴 듯한 논리를 펼치기도 합니다. 제 생각에는 그렇게 복잡하게 생각할 필요가 아예 없을 것 같습니다. 어차피 '과장법'이기 때문입니다. 그러므로, '낙타' 아니라 '코끼리'나 '공룡'이 바늘귀로 빠지는 것이라고 표현해도 그건 그리 문제가 안 될 것입니다. 창세기(3장)을 읽으면서 선악과가 자두냐, 사과냐를 열심히 따지는 분들도 종종 보았습니다. 이런 분들, 얼핏 성경을 참 깊게 보는 것 같지 않습니까? 말씀을 묵상 (QT)할 때 이처럼 쓸데없는 곳에 온갖 신경을 다 쓰면서 주먹구구식 자세를 갖는 분들이 많습니다. 성경을 실컷 오해해 놓고, 혼자 앉아서 이상한 은혜(?)를 받고 두부자루 터지듯 실실 웃으며 히죽거리는 분들도 있습니다. 복잡하게 생각할 것 없이 예수님이 과장법으로 썼으면 우리도 그걸 과장법으로 이해하면 되는 것입니다.

'돈'은 힘있는 것입니다. 의학계열대학의 입시경쟁이 치열한 이유도 바로 '돈'에 있다고 봅니다. 인류를 괴롭히는 질병을 퇴치함으로써 삶의 질을 높이기 위한 거룩한 목표 때문에 입시경쟁에 뛰어드는 사람들은 그리 많지 않을 것입니다. 의학을 깊이 연구해서 정말 보람 있고 의미 있는 삶을 살아야겠다는 결단 속에서, 중·고등학교 때부터 삶의 목표를 설정해 놓고 의대, 간호학과에 들어온 사람 또한 그리 많지 않을 것입니다. 솔직히 '돈'이 대다수 학생들의 진로에 영향을 미치지 않았습니까? 설령 입학할 때는 그런 생각이었다 하더라도 예수 제자답게 이제부터라도 정신을 올바로 가지면 될 것입니다. 다시 말씀드리거니와 우리 사회에서 돈은 곧 능력입니다. 돈을 벌고, 돈을 쓰는 과정에 대해서는 사람들이 그다지 문제삼지 않습니다. 오직 '현재' 얼마를 호주머니에 넣고 있는가, 이것이 문제가 될 뿐입니다. 현재 손에 넣고 있는 돈이 많으면 그 사람은 순식간에 능력자가 됩니다. 가문의 영웅이 되기도 합니다. 돈만 있으면 순식간에 '회장님'이 되기도 합니다. 하지만 아무리 돈을 많이 벌어도, 주변 사람들에게 베풀지 않으면 '나쁜 사람' 소리 듣습니다. 예수와 돈을 겸하여 섬길 수는 없습니다. 그러니 돈 벌고 싶거든 신앙생활 어서 그만두고 나가서 돈을 열심히 버시는 것이 차라리 현명할 것입니다.

자본주의 사회 과소비 문화 속에서, 돈의 매력은 때로는 신성하기까지 합니다. 그래서 '돈'을 포기하기가 너무 어려운 것입니다. 그러므로, 그 젊은이가 이미 부자가 되었다면, 그 마음속에 돈 욕심이 이미 상당히 있다는 것을 알 수 있습니다. 그렇다면 그 젊은이는 하나님의 표준에서는 이미 하나님 나라에 합당치 않은 사람인 것입니다. 예수님의 이런 말씀에 제자들은 소스라치듯 놀라고 말았습니다.

(막 10:26) 제자들이 심히 놀라 서로 말하되 "그런즉 누가 구원을 얻을 수 있는가" 하니

제자들은 이런 생각을 했을 것입니다.

'하나님의 은혜로, 하나님으로부터 복을 받아서 저렇게 부유하게 잘 사는 사람들이 하나님 나라에 가장 가까워 보이는데, 저런 사람들이 탈락한다면 그보다 더 형편없는 가난한 사람이 어떻게 구원을 받을 수 있겠는가? 과연 우리처럼 천한 것들이 〈구원〉의 "구"자라도 만져볼 수 있겠는가?'

예수님 당시의 유대인들(바리새인들)은, 부자들은 하나님의 복을 받아서 부자로 산다고 가르쳤습니다. 오늘날 교회 안에서도 흔히 들을 수 있는 이야기입니다. "우리 교회는 복 받아서 단 시일내에 이렇게 크게 예배당을 지었다"고 큰소리치는 이들도 많습니다.

(막 10:27) 예수께서 저희를 보시며 가라사대 "사람으로는 할 수 없으되 하나님으로는 그렇지 아니하니 하나님으로서는 다 하실 수 있느니라."

여러분, 몇 만 명씩 모이는 수도권의 큰 교회 교인들에게, 거기에 모인 사람들이 천국에 들어가기가 낙타가 바늘귀로 빠지는 것보다 더 어렵다고 말하면 사람들이 놀라 자빠지지 않겠습니까? 이 얼마나 충격적인 이야기입니까? 이에 대해 놀랍게도 성경은 "그럴 수 있다"고 말씀합니다. 그러므로 예수님의 이 말씀, 정말 심각하게 들어야만 합니다. 그런즉 누가 구원을 얻을 수 있는가? 사람의 힘으로는 할 수 없지만 하나님께서 도우시면 구원을 받을 수 있다는 것이 예수님의 주장입니다.

"인간은, 누구든 돈을 포기 할 수 없다. 그러나 하나님의 은혜가 임하면 부자도 돈을 포기할 수 있다. 그러면 그 사람은 천국에 들어갈 수 있다."

그래서, 낙타가 바늘귀로 빠져나가는 것 같은 이적은 오직 하늘의 은혜가 임해야만 가능한 것입니다. 그러므로, 예수 그리스도의 십자가 안에서 내가 구원받은 감격이 있어야, 이 절대적인 감격이 너무 크고 중한 것이기 때문에, 그까짓 돈 별 것 아니라고 생각할 수 있는 것입니다. 이 은혜는 하나님이 주시는 것입니다. 그러므로 하나님의 성령께서 우리 마음에 감동을 주고 우리 심령에 변화를 일으키기 전에는 누구도 돈을 포기할 수 없습니다. 참으로 매력적인 '돈'을 포기하는 일은 우리의 의지와 능력으로는 절대 불가능합니다. 그러므로 우리의 구원, 구원의 소망은 오직 하나님께만 달려 있는 것입니다. 그러므로 부자가 재산을 포기하고 하나님의 백성이 되는 것은 전적으로 하나님의 은혜의 결과라는 것, 그것은 마치 낙타가 바늘구멍으로 빠져나가는 것과 같은 이적에 속한다는 것입니다. 그런 점에서, 돈에 대한 혁명적인 태도 변화가 없는 한 진정한 구원은 없다는 것입니다. 우리 구주 예수님의 말씀입니다.

(막 10:28~31) [28]베드로가 여짜와 가로되 "보소서 우리가 모든 것을 버리고 주를 좇았나이다." [29]예수께서 가라사대 "내가 진실로 너희에게 이르노니 나와 및 복음을 위하여 집이나 형제나 자매나 어미나 아비나 자식이나 전토를 버린 자는 [30]금세에 있어 집과 형제와 자매와 모친과 자식과 전토를 백배나 받되 핍박을 겸하여 받고 내세에 영생을 받지 못할 자가 없느니라. [31]그러나 먼저 된 자로서 나중 되고 나중 된 자로서 먼저 될 자가 많으니라."

본문 28절에서, 자신을 부자 청년과 비교하며 한껏 우쭐대는 베드로의 모습을 볼 수 있습니다.

"주님, 우리가 저 부자 청년보다 훨씬 낫지요? 저 친구, 저렇게 머리 좋고, 저렇게 돈 많은 사람이지만, 사실 우리는 북부 갈릴리 바닷가 출신의 초라한 어부들에 지나지 않는데, 그래도 우리는 이 모든 걸 버리고 주님을 따랐고, 저 청년은 주님의 말씀을 듣고 슬픈 얼굴로 근심하며 돌아가 버렸기 때문에…… 저 젊은이보다는 우리가 훨씬 낫지요?"

베드로의 이런 자랑, 아래 내용과 크게 다를 바 없는 것이라고 생각합니다.

"우리 옆집 아무개는 한 달에 20일 이상 바람 피우며 외박하는데, 저는 한 달에 세 번밖에 외박 안 하니까 제가 훨씬 착하지요?"

본문의 병행구절인 마태복음 19장 27절에는 보다 노골적인 이야기가 적혀 있습니다.

(마 19:27) 이에 베드로가 대답하여 가로되, "보소서! 우리가 모든 것을 버리고 주를 좇았사오니 그런즉 우리가 무엇을 얻으리이까?"

여섯 살 박이 어린아이 수준과 똑같습니다. 과자 한 봉지를 다 차지 하기 위해서 과자 부스러기는 안 받는 식입니다. 예수님을 따르면서 무언가를 버리긴 버렸는데, 더 좋은 다른 것을 더 많이 받기 위해서 버린 것입니다.

"우리가 다 버리고 주님을 좇았습니다. 이제, 우리가 무엇을 〈되돌려 받을〉 수 있겠습니까?"

　　이런 상황에서 주님은 베드로의 자랑에 대한 평가를 뒤로 미룹니다 (29절). 그리고, 절대적으로 가치 있는 것은 오직 예수님 자신과 그 분의 복음이기 때문에, 사람들이 소중히 여기는 집과 형제와 자매와 어미와 아비와 자식과 전토 등은 상대적인 가치를 지닐 뿐이라고 말씀하십니다. 여기 열거된 목록들은 인간의 삶 속에서 언제든 우상이 될 수 있는 것들입니다. 사실 이런 것들은 우리가 생활하는 데 대단히 중요한 것들입니다. 너무 중요한 나머지 예수님을 가볍게 여기도록 만들 수 있는 것들 아닙니까? 그런데 예수님은, 그분 자신과 그분의 복음이 절대적인 것이라고 주장하시는 것입니다. 살아가는 데 요긴한 것들이 오히려 상대적이고 유한한 가치를 지닐 뿐이라고 말씀합니다. 그런 점에서 예수님이 지금 여기서 다루고 있는 ‘돈’ 은, 우리가 예수님 때문에 때로는 포기하고 버려야 될 이러저러한 목록 중에 하나일 뿐입니다. 누누이 말씀드렸듯이, ‘돈’ 을 포기하지 못하는 사람이 어떻게 ‘시간’ 을 내놓을 것이며, ‘시간’ 을 내놓을 줄 모르는 사람이 어떻게 더 소중한 ‘목숨’ 을 내놓을 수 있겠습니까? ‘돈’ 을 포기지 못하는 사람이 어찌 이 땅에서 그렇게 중요한 학연과 지연과 그 든든한 ‘배경’ 을 포기할 수 있겠습니까? 더더군다나 하나 뿐인 자기 목숨을 어떻게 포기할 수 있겠습니까? 그러나 주님은 “예수님과 그 복음을 위하여” 이런 것들을 포기 할 수 있어야 한다고 말씀하십니다. 그런 점에서 ‘제자도’ 의 핵심은 ‘포기하는 것’ 입니다. 주님은 무언가를 단순히 포기하는 데서 제자의 도리를 다하는 것은 아니라고 하십니다. 모든 것을 포기한 ‘동기’ 까지도 면밀히 점검되어야만 한다는 것입니다. 사실 우리는 뭔가를 포기하는 모양만 있어도 그냥 후하게 평가해 버리기를 잘합니다. 무언가를 포기한 그 사실만으로 점수를 후히 주어 버립니다만, 사실은 그게 아닌 것입니다.

(고전 13:3) 내가 내게 있는 모든 것으로 구제하고 또 내 몸을 불사르게
내어 줄지라도 사랑이 없으면 내게 아무 유익이 없느니라.

"불사르게 내어 준다"는 말은 핍박당하던 초대교회의 상황을 반영하는 말로서 "화형 당한다"는 뜻입니다. 신앙을 지키기 위해 순교하는 것입니다. 그런데…… 참으로 두렵게도 '자기를 위해서' 하는 순교도 있을 수 있다는 것입니다. 그처럼 눈부신 겉모양으로 사람은 속일 수 있지만, 우리 중심의 숨겨진 동기까지 세세히 살피시는 하나님은 속일 수 없는 것입니다. 이것이 참으로 두렵고 어려운 것입니다. 포기 한 사실 자체가 중요한 것이 아닙니다. 도대체 어떤 중심, 어떤 마음에서 그것을 포기했느냐가 먼저 검토되어야만 하는 것입니다.

본문 30절에, 주님과 그 복음을 위해서 진실로 무언가를 포기한 사람들에게, 주님께서 돌려주시는 것들의 목록이 나오고 있습니다.

(막 10:30) 금세에 있어 집과 형제와 자매와 모친과 자식과 전토를 백배
나 받되 〈핍박을 겸하여 받고〉 내세에 영생을 받지 못할 자가 없느니라

제자들이 포기한 것과 주님으로부터 되받는 것들의 목록을 비교해보면 추가된 것이 하나 있음을 알 수 있습니다. '핍박' 입니다. 다시 말하면, 주님을 위해서 무언가를 포기하는 과정에는 반드시 고통과 희생이 뒤따른다는 것을 말하는 것입니다. 고통과 희생을 각오하지 않고 무언가를 포기할 수는 없기 때문입니다. 시설이 형편없고 보수가 넉넉지 않은 일터에 자원해서 가게될 때 주님을 위해 기꺼이 희생하고자 하는 마음이 없으면 그 길을 못 갑니다. 하지만 모든 것이 그저 단순한 희생으로 끝나는 것은 아닙니다. 믿음으로 그 핍박과 희생의 길을 자원하여 걷는 사람

들에게 놀라운 '역전 가능성'이 있음을 주님께서 말씀하십니다(31절). 마침내 누가 하나님 나라의 백성이 되어 그 나라에 들어가느냐 하는 것은 전혀 예측할 수 없다는 것입니다. 겉모양을 내기 위해 형식적으로 포기하는 시늉을 하면서 사람의 눈을 속이는 사람들은, 사람의 눈에는 '먼저 된 자'처럼 보일 지 모르지만 나중에 보면 나중 된 사람들에게 추월 당하는 결과를 맞이할 수 있다는 것입니다. 다시 말하면 하나님은 결단코 속일 수 없다는 것입니다. 그가 영생을 누리느냐, 아니면 그가 영생으로부터 탈락되느냐 하는 이 문제는 오직 하나님만이 판단하실 문제라고 말씀합니다. 그러니 함부로 속단하지 말라는 것입니다.

'아, 저 사람은 굉장히 많은 걸 희생하면서 살아가는 구나. 저 사람은 과연 하나님의 백성이야.'

이런 식으로 함부로 말하지 말라는 것입니다. 하나님은, 무언가에 대한 포기 그 자체가 아니라 그 이면의 숨은 동기를 살피시는 분이시기 때문입니다. 진심으로, 예수 그리스도와 그분의 복음을 위하여 소중한 것들을 포기하는 삶, 복음의 영광을 위하여 기꺼이 핍박받는 삶을 우리가 살아야만 합니다. 그럴 때 주님께서 이 땅에서 백 배로 보상하겠다고 말씀하십니다. 그렇다면 '백 배의 보상'이 과연 무엇을 가리키는 것입니까? 바로 '신앙 공동체'입니다. 마가 당시, 많은 사람들이 기독교 신앙을 지키려다가 가족들로부터 배척 당하고 사회에서 소외를 당하고 있었습니다.

"너 끝까지 그 나사렛 예수 이단 믿을 거야? 그러면 우리 인연 끊자."

이렇게 해서 가족을 잃어버리는 이들이 많았습니다. 그렇지만, 그 신앙 때문에 가족을 잃은 사람들이 신앙공동체에 들어오면 신앙 안에서 새로운 하늘가족들을 새로이 만나게 되는 것입니다. 가령 그 공동체에 백 명이 모여 있다면, 하나를 잃은 그에게 백 사람의 새 가족이 생기기 때문에 '백 배를 받는다'고 말씀하신 것입니다. 그런 점에서 예수 믿는 사람들에게 신앙공동체는 대단히 중요합니다. 다시 말씀드리거니와 〈우리는 개인적으로 부름 받지만, 우리의 구원은 공동체적으로 완성되기 때문〉입니다. 직장 안에, 사회 구석구석에, 나름대로 아주 신실하게 서 있는 기독교인들이 적지 않습니다. 적어도 개인 경건에 있어서 만큼은 확실한 신자들이 퍽 많다고 생각합니다. 그런데도 이 사회의 문화적 흐름은 별로 바뀌지 않습니다. 공동체적인 역량이 떨어지기 때문입니다. 개인의 경건(영성)은 그럭저럭 잘 관리하는데 공동체적인 단합은 잘 안 되기 때문입니다. 이 세상 속에 그리스도인의 파편이 아닌 '신앙공동체'가 존재해야 되는 결정적인 이유가 바로 거기에 있습니다. 보다 더 구조적이고, 보다 더 복합적인 문제들은 개인의 힘으로 어쩌지 못합니다. 그런 문제들일수록 공동체의 역량으로 싸워야만 해결의 실마리가 보일 것입니다. 우리 개인의 힘으로는 어떻게 할 수 없는 문제들, 보다 구조적인 문제들은 신앙공동체의 결집된 역량으로만 해결할 수 있는 것입니다. 그 과정에서 우리가 무엇인가를 희생하게 될 때, 주님께서 우리에게 백 배로 갚아주신다는 사실을 분명히 믿어야 될 것입니다. 그러기에 우리는 자신이 속한 신앙공동체에 대한 긍지와 자부심을 반드시 가져야만 합니다.

나의 사랑 신앙공동체,
나의 자랑 신앙공동체,
나의 인생의 보람과 꿈이요 소망인

이 신앙공동체를 자랑스러워해야만 합니다. 이 공동체를 통해서 주님이 우리에게 순간순간 주시는 이 복이 궁극적으로 내세의 영생에 결정적인 보증이 된다고 주님께서 말씀하시기 때문입니다.

본문 32~34절까지는 예수님의 세 번째 수난 예언을 다루고 있는 말씀입니다. 그런데 여기 세 번째 수난 예언은 앞의 있던 두 번의 수난 예언보다 훨씬 더 자세합니다.

(막 10:32~34) [32]예루살렘으로 올라가는 길에 예수께서 제자들 앞에 서서 가시는데 저희가 놀라고 좇는 자들은 두려워하더라. 이에 다시 열 두 제자를 데리시고 자기의 당할 일을 일러 가라사대 [33]"보라! 우리가 예루살렘에 올라가노니 인자가 대제사장들과 서기관들에게 넘기우매 저희가 죽이기로 결안하고 이방인들에게 넘겨 주겠고 [34]그들은 능욕하며 침 뱉으며 채찍질하고 죽일 것이니 저는 삼 일 만에 살아나리라" 하시니라.

유대교 교권주의자들이 주범, 로마 권력이 공범이 되어 예수님을 죽일 것이라는 것, 그 과정에서 예수님이 인격적으로 정신적으로 육체적으로 극심한 고통을 당할 것을 미리 말씀하십니다. 사실 당시 유대교 교권주의자들의 분위기는, "유월절 절기 기간에는 예수를 죽이지 말자"는 쪽으로 흐르고 있었습니다. 유대인들의 계획은 순례객들이 붐비는 유월절 절기(명절)를 피해서 은밀히 예수를 제거하려는 것이었습니다. 그런데 예수님은 이미, 그들의 계획과는 전혀 다르게 그분의 사형이 유월절 절기 중에 집행될 것을 정확하게 내다보고 있었습니다. 예수님이 전지전능하신 하나님이시라는 증거입니다. 십자가와 부활은 불가분이라는 것을 말씀하심으로써 주님의 수난이 바로 부활의 전주곡이라는 사실을 분명하게 말씀합니다. 아울러서 예수님은 그분의 십자가 죽음을 인류 역사상 가장 추악한 사건이라고 말씀하심과 동시에 이 사건이 또한 인류 역사상 가장 영광스러운 사건이 될 것임을 말씀해 주신 것입니다.

본문 35~45절은, 예수님의 이 수난예언에 대한 제자들(내부 사람들)의 오해를 다루고 있습니다. 특별히 예수님의 열두 제자 중에 핵심 3인(베드로, 야고보, 요한)이었던 야고보와 요한의 실수를 고발하고 있습니다. 그동안에는 이 세 사람 중에 주로 베드로가 실수를 도맡아서 했습니다. 아시다시피 이 세 사람은 아주 중요한 사건의 목격자들이었습니다. 회당장 야이로의 딸을 살릴 때 주님과 함께 있었고, 변화산에서 예수님이 영광의 본체로 변화되는 모습도 보았고(9장), 또 겟세마네 동산에서 그분이 십자가를 앞에 두고 어떻게 피눈물로 기도하시는가를 눈으로 목격한 사람들이 바로 예수님의 열두 제자 중에 이 세 사람입니다. 참으로 흥미로운 것은, 마가가 이 세 사람의 실수를 골고루 기록하고 있다는 점입니다. 예수님의 제자들 중에서도 특별히 친위그룹이라고 말할 수 있는 사람들조차도 당시에 이 십자가의 복음에 대해서 얼마나 어두웠는가를 우리에게 증언하고자 하는 의도에서 그렇게 했을 것입니다. 오늘 우리 역시, 예수 그리스도의 십자가의 복음에 대해서 어둡게 되면, 다시 말해서 신앙 생활하는 과정에서 당하는 핍박과 고난에 대한 관점이 흐려지기 시작하면 우리 역시 이 사람들이 걸었던 부끄러운 길을 그대로 걷게 된다는 것을 경고하는 것입니다. 그리 되면 참으로 결정적인 순간에 십자가 앞에서 배신하고 도망칠 가능성이 있다는 것을 마가가 말하고 싶어하는 것입니다. 32~34절에서, 세 번째 수난예언을 주심으로써 예수님이 걸으셔야 될 길에 대해서 말씀하셨다면 35~45절까지의 말씀에서는 제자들의 빗나간 길을 말씀하심으로써 예수 제자가 걸어야할 길에 대해서 말씀하고 계심을 알 수 있습니다.

본문에 드러나듯, 예수님의 제자들 안에서, 주님의 수난 예언에 대한 빗나간 반응이 나타나고 있었습니다. 야고보와 요한은, (확실치는 않지만 전승에 의하면) 예수님과는 이종사촌간입니다. 이 두 사람이 예수님 앞에 가서 "당신의 나라에서 우리를 좌정승 우정승 삼아달라"고 말 한 것은, 이런 '인맥'을 활용하고자 하는 의도가 깔려 있었을지도 모릅니다. 이렇듯 제자들 안에서도 권력에 대한 암투와 명예욕이 불꽃을 튀기고 있었습니다. 그 세 사람 중에서도 야고보와 요한은 형제간입니다. 이 형제들이 그 세 사람 중에서도 베드로를 따돌리고 자기들만의 이득을 추구하고 있는 것입니다. 나중에 베드로가 제껴지고 나면 둘이 또 싸울망정 지금 당장은 형제가 의기투합하여 은밀히 예수님께 로비하며 베드로를 따돌리는 작업을 하고 있는 것입니다. 바로 이런 점에서 우리는 인간의 뼛속깊이 뿌리내린 '죄성'을 확인할 수 있습니다.

> (막 10:35~37) 35세베대의 아들 야고보와 요한이 주께 나아와 여짜오되, "선생님이여, 무엇이든지 우리의 구하는 바를 우리에게 하여 주시기를 원하옵나이다." 36이르시되, "너희에게 무엇을 하여 주기를 원하느냐?" 37여짜오되, "주의 영광 중에서 우리를 하나는 주의 우편에, 하나는 좌편에 앉게 하여 주옵소서."
> "우리의 구하는 바를 해 주십시오."

이게 바로 기독교 승리주의의 핵심입니다. "우리가 원하는 바를 해달라"는 말, 얼마나 무서운 말인지 모릅니다. 이렇게 한 번 생각해 봅시다. 지금 이곳에 있는 우리 마음속 소원대로 주님이 다 해 주신다면 무슨 일이 생길 것 같습니까? 만약 우리 마음에 있는 소원대로 주님이 그대로 다 응답해 주신다면, 지금 이 자리에서 우리가 기도하는 것을 주님이 즉시 다 들어주신다고 한다면 무슨 일이 일어날 것 같습니까? 아마 바로 그 순간에 이 세상이 지옥이 될 것입니다. 신앙을 행복한 삶을 위한 도구로 만드는 것, 하나님을 해결사나 머슴으로 만드는 것, 하나님을 우리의 심부름꾼으로 전락시키는 것, 다시 말씀드리거니와 이것은 또 하나의 우상 숭배에 지나지 않는 것입니다. 예수님은, 온 우주의 왕이시며, 만물의 주인이시며, 역사의 주권자이시며, 우리 생명의 주인이시기 때문입니다.

(막 10:36) "너희에게 무엇을 하여 주기를 원하느냐?"

주님이 본문 51절에서 소경 거지 바디매오에게 물으신 것과 똑같은 내용입니다. "무엇을 해주기를 원하느냐?"는 주님의 물음에 대해 야고보와 요한의 대답과 소경 거지의 대답은 전혀 달랐습니다.

"뭘 해주기를 원하느냐?"
"예. 주님의 영광 중에서 우리를 하나는 주의 우편에 하나는 좌편에 앉게 하여 주옵소서."

쉽게 풀어 말하자면, "모양새 좀 그럴 듯한(폼 나는) 자리로" 달라는 것입니다.

'모양 좋고 빛나는 자리' ……

제가 삼십대 후반의 한참 늦은 나이에 신학대학원에 다닐 때, 신학대학원 동기생들 몇 백 명 됐는데, 그 중에 꽤 많은 사람들이 신학자가 되겠다고 나서는 것을 보았습니다. 신학자가 되기 위해 유학 가겠다고 하는 사람들이 의외로 많았습니다. 저는, 하나님으로부터 '신학자'로 부름 받은 사람은 제 동기생 몇 백 명중에 한두 명이 채 안 된다고 생각하고 있었습니다. 그런데 걸핏하면 신학자가 되어야겠다고 나서는 이들이 많았습니다. 누가 뭐래도 '모양 좋은 길'을 가겠다는 것입니다. 신앙공동체 안에서도, 해외선교사로 부름 받은 사람은 그렇게 많지 않을 것인데도 너나없이 해외로 나가야만 한다고 생각하고, 선뜻 못 나가는 이들은 부질없는 열등감에 끊임없이 시달리는 경우가 많습니다. 참으로 어려운 여건 속에서 힘들게 사역하는 시골 오지의 농어촌교회들이 있습니다. 도시에 우르르 몰려 있는 교회들은 농어촌교회의 아픈 문제들에 대해서 문제의식을 거의 느끼지 않는 듯합니다. 도시교회의 일년 치 강단 꽃꽂이 비용이 시골 농어촌교회 일년 예산보다 더 많은 경우가 많습니다. 예배당 강단을 장식하지 말자는 것이 아닙니다. 우리가 예배드릴 처소를 지저분하게 놓아두자고 주장하는 것도 아닙니다. 그러나 정말 그렇게 많은 돈을 들여서 꼭 값비싼 꽃꽂이 장식을 해야만 하는지 다시 한 번 깊이 생각해 봐야 합니다. 그래서 저는 저희 전주열린문교회 교우들에게 "집에서 화분 하나씩 잘 키우고, 예쁜 꽃이 피면 예배당에 갖다 놓으시라"고 부탁드렸습니다. 꽃이 지면 다시 집으로 가져가고. 나중에 또 꽃이 피면 또 갖다놓아 온 교회가 함께 보며 하나님을 기쁘시게 하고…… 그러므로 교회는, 세상처럼 하지 말아야 합니다. 교회는 세상과 달라야 합니다. 사회 구석구석에 약자를 괴롭히고 따돌리는 부끄러운 현상이 뿌리 깊이 나타나고 있는 나라가 우리나라입니다. 학교에서, 힘 센 아이들이 힘없는 아이들을 사정없이 두들겨 패는 나라가 우리나라입니다. 학교폭력이 일상화된 나라는 지구촌에서 일본하고 우리나라 밖에 없다고 들었습니다. 우리 아이들이 왜 그렇게 됐습니까? 어른들 때문입니다. 어른들이 다 그렇게 사니까 아이들이 본 받아서 그렇게 하는 것입니다. 이런 못된 습성이 오랜 세월 몸에 배어서 믿음 안에 들어와 신앙생활을 시작한 뒤에도 그와 똑같은 방식으로 살아가는 이들이 많습니다. 후닥닥 교회당건물 크게 짓고 덩치 큰 교회가 되면, 자기들이 복 받아서 그런 것으로 착각합니다. 그리고 틈만 나면 '큰 교회', '작은 교회'를 구별합니다. 여러분, 성경 어디에 '큰 교회', '작은 교회'가 있습니까? 없습니다. '네 교회', '내 교회'는 또 어디 있습니까? 서울 강남에 있는 '사랑의교회'도 우리 교회고, '전주열린문교회'도 우리 교회고, 필리핀이나 아프리카 오지에 있는 교회도 우리 교회입니다. 그런데도 우리는 서로 만나기만 하면 참으로 쓸데없는 것부터 으레 먼저 물어봅니다.

"그 교회 지금 몇 명이나 모여요?"
"200명 정도 모입니다."
"그래요? 우리 교회는 201명씩이나 모이는데, 우리 교회에 비하면 정말 형편없이 작군요."

다른 지 교회 동역자들을 만날 때마다 제일 안타깝게 여기는 것이 이런 질문입니다. 다시 말씀드리거니와, '큰 교회', '작은 교회'의 구별은 없습니다. 몸집의 크기보다 더 중요한 것은 '과연 덩치 값을 제대로 하느냐'입니다.

(막 10:44~45) 44너희 중에 누구든지 으뜸이 되고자 하는 자는 모든 사람의 종이 되어야 하리라. 45인자의 온 것은 섬김을 받으려 함이 아니라 도리어 섬기려 하고 자기 목숨을 많은 사람의 대속물로 주려 함이니라

'권세'에 대한 혁명적인 발상을 읽을 수 있습니다. 주님의 주장은 다른 것이 아닙니다. "종(노예)이 왕"이라는 것입니다. 곧, 가장 낮은 종이

최고의 왕이라는 것입니다. 헬라어 성경에는 본문 45절 맨 앞에 "왜냐하면"이라는 접속부사가 들어 있습니다. 말하자면, 예수님의 이 모범이, 제자공동체(신앙공동체)에 절대적인 규율되어야 한다는 것을 강조하시는 것입니다. 예수님은, 많은 사람('모든 사람'이라는 뜻)을 섬기러 모든 사람들의 종이 되어 오셨습니다. 그분이 모든 사람의 종이 되었기 때문에 그분은 모든 사람의 왕이 되실 수 있다는 것입니다. '섬김으로 왕 노릇' 해야 한다는 것입니다. 그러므로, 열 명을 섬기는 사람, 열 명의 왕이 되고, 백 명을 섬기는 사람, 백 명의 왕이 되는 것입니다. 하나님 나라 공동체 안에서는 왕의 권세는 이렇게 발휘되는 것입니다. 손에 넣은 돈과 권세를 함부로 써서, 힘으로 힘을 쓰며 약자를 괴롭히는 것이 아니라, 그 힘으로 약한 자를 돌보고 섬기고 사랑함으로써 약한 자들의 종이 되는 가운데 그들의 왕이 되는 이 고상한 길을 주님이 먼저 앞장서서 걸으시겠다는 것입니다. 그런 의미에서 주님은 "너희들은 내 뒤를 따라 오라"고 말씀하시는 것입니다.

오늘 우리 신앙공동체 주변에 함부로 왕 노릇 하는 못된 종들이 너무 많습니다. 환자들의 종이 된 의사보다는 불쌍한 환자들 앞에 왕이 된 의사들이 너무 많습니다. 병원에서 함께 일하는 다른 직원들을 함부로 무시하고 소중한 동역자들을 우습게 여기는 못된 종들이 많습니다. 마구잡이로 돈을 벌어서 얻은 수입의 80%는 자기가 가져가고 쥐꼬리만한 나머지 것으로 생색내듯 아주 조금씩 나눠주면서 병원 직원들 앉혀놓고 예배(큐티)하는 모양은 갖추고…… 예수 제자들의 헌신의 한계는, 예수님처럼 내가 섬겨야 될 그들을 위해서 목숨까지 내어주는 것입니다. 우리들의 헌신은 거기까지 이르러야 합니다. 그러기 전에는 "내가 헌신했다"고 자만하지 말아야 합니다. 사랑하는 여러분, 내 삶의 주변에서 내가 목숨 바쳐 섬겨야 될 소자가 누구인가를 끊임없이 생각하고, 나보다 힘이 약

한 사람들에게 하나님이 내게 주신 그 힘을 어떻게 쓸 것인가를 지금부
터 부지런히 고민하는 진실한 예수 제자들이 다 되었으면 합니다.

(막 10:46~52) [46]저희가 여리고에 이르렀더니 예수께서 제자들과 허다
한 무리와 함께 여리고에서 나가실 때에 디매오의 아들인 소경 거지 바
디매오가 길가에 앉았다가 [47]“나사렛 예수”시란 말을 듣고 소리질러 가
로되 “다윗의 자손 예수여, 나를 불쌍히 여기소서” 하거늘 [48]많은 사람
이 꾸짖어 “잠잠하라” 하되 그가 더욱 심히 소리질러 가로되 “다윗의 자
손이여, 나를 불쌍히 여기소서” 하는지라. [49]예수께서 머물러 서서 “저
를 부르라” 하시니 저희가 그 소경을 부르며 이르되 “안심하고 일어나
라. 너를 부르신다” 하매 [50]소경이 겉옷을 내어버리고 뛰어 일어나 예수
께 나아오거늘 [51]예수께서 일러 가라사대 “네게 무엇을 하여 주기를 원
하느냐?” 소경이 가로되 “선생님이여, 보기를 원하나이다.” [52]예수께서
이르시되, “가라. 네 믿음이 너를 구원하였느니라.” 하시니 저가 곧 보
게 되어 예수를 길에서 좇으니라.

이 본문 46~52절까지 말씀에서는, 예수님 가까이 있는 제자들의 실
패(?)와는 대조적으로, 가능성 없는 ‘외부 사람’ 의 구원에 대해서 이야기
합니다.

여리고는 요단으로부터 서쪽, 약 8㎞ 지점에 있는 곳입니다. 그러니까
예루살렘으로부터 요단강변으로 내려가는 급경사 지역에 있는 고을입니
다. 본문에 등장하는 바디매오는 ‘소경’, ‘거지’ 라고 묘사되어있습니다.
바디매오라는 이름의 맨 앞 글자 ‘바’ 는 ‘아무 아무개의 아들’ 이라는 뜻
을 갖고 있습니다. 그러므로, ‘바디매오’ 는 ‘디매오의 아들’ 이라는 뜻입

니다. 장애를 안고 있는 자식에게 그 아비 디매오가 변변한 이름조차 붙여주지 않았음을 짐작케 합니다. 당시 유대 율법에 의해서 소경인 이 사람은 부정한 사람으로 간주됩니다. 그래서 부정타지 않기 위해 사람들이 그를 만나주지도 않고 배척하고 항시 소외시켰을 것입니다. 따라서 그는 모세의 율법도 제대로 배우지 못한 무식한 사람이라는 것을 짐작할 수 있습니다. 그런데 47절에는 이 소경의 참으로 놀라운 고백이 기록되어 있습니다.

"나사렛 예수"시란 말을 듣고 소리질러 가로되 "다윗의 자손 예수여, 나를 불쌍히 여기소서" 하거늘

그 소경 거지 바디매오의 귀에, 어느 날 수많은 행인들의 웅성거림 속에서 "나사렛 예수님이 지나가신다"는 소리가 들려 왔습니다. 그 소리를 그 순간 그는 즉시 소리를 질렀습니다.

"다윗의 자손 예수여, 나를 불쌍히 여기소서"

마가복음 10장 20절에서 , "그런 것은 내가 어려서부터 다 지켰습니다"고 한 젊은 부자의 말과 소경 거지 바디매오의 "다윗의 자손 예수여 나를 불쌍히 여겨주시옵소서"라는 말이 얼마나 큰 차이가 있는지를 살피지 못하면 본문을 제대로 이해할 수 없습니다. 또한 본문 39절의 "할 수 있나이다"라는 야고보와 요한의 자신에 찬 대답과, "나를 불쌍히 여겨달라"는 이 소경 거지 바디매오의 외침의 차이를 살피지 못하면 역시 본문의 의미를 제대로 파악할 수 없게 됩니다. 사실 우리는 모두 다 하나님의 긍휼(불쌍히 여겨주심) 때문에 사는 사람들입니다. 정말 그렇습니다.

주님이 불쌍히 여겨주니까 오늘 이 순간을 사는 것입니다. 가령, 우리가 죄 짓는 대로 하나님께서 500 볼트 짜리 벼락을 한 방씩 때린다고 하면 이 자리에 남아있을 사람이 단 한 명이라도 있었겠습니까? 그저 하나님께서 우리 죄인들을 불쌍히 여겨주니까, 우리가 밥먹듯 죄를 지어도 불쌍히 여겨주고, 우리가 주님의 뜻과 상관없는 길을 걸어도 불쌍히 여겨주고…… 주님께서 불쌍히 여겨주기 때문에 그 은총으로 우리 같은 죄인들이 이처럼 거룩한 자리에 앉아 있을 수 있는 것입니다.

"나를 불쌍히 여겨주시옵소서!"

이 말은 분명히 회개와 믿음의 결과라는 사실을 알아야만 합니다. 그 마음 깊은 곳에서 우러나는 진실한 회개가 있고, 주님의 복음을 향한 확고한 믿음이 없는 사람은 이런 말을 결코 할 수가 없기 때문입니다. 그런 점에서 이 소경 거지 바디매오의 "다윗의 자손 예수여, 나를 불쌍히 여겨주십시오"라는 이 고백은 가장 위대한 신앙 고백이라고 할 수 있습니다.

(사 11:1) 이새[다윗의 아버지]의 줄기에서 한 싹이 나며 그 뿌리에서 한 가지가 나서 결실할 것이요
(사 11:10) 그 날에, 이새의 뿌리에서 한 싹이 나서 만민의 기호로 설 것이요, 열방이 그에게로 돌아오리니 그 거한 곳이 영화로우리라.
(렘 23:5~6) 5나 여호와가 말하노라. 보라! 때가 이르리니, 내가 다윗에게 한 의로운 가지를 일으킬 것이라. 그가 왕이 되어 지혜롭게 행사하며 세상에서 공평과 정의를 행할 것이며 6그의 날에 유다는 구원을 얻겠고 이스라엘은 평안히 거할 것이며 그 이름은 '여호와 우리의 의' 라 일컬음을 받으리라.

(겔 34:23~24) ²³내가 한 목자를 그들의 위에 세워 먹이게 하리니 그는
내 종 다윗이라. 그가 그들을 먹이고 그들의 목자가 될지라. ²⁴나 여호와
는 그들의 하나님이 되고 내 종 다윗은 그들 중에 왕이 되리라. 나 여호
와의 말이니라.

이사야 11장 1절 말씀 '이새의 줄기에서 한 싹이 나온다' 는 말은, 구세
주(메시야)가 다윗의 자손으로 올 것을 예언한 것입니다. 선지자 예레미
야가 예레미야 23장 5~6절의 예언을 할 당시에 다윗은 이미 세상을 떠
나고 없었습니다. 그런데 지금 '다윗에게 한 의로운 가지를 일으킬 것' 이
라고 놀라운 약속을 하고 있습니다. 장차 오실 구세주가 다윗의 후손으
로 오실 것이라는 것을 예언한 것입니다. 에스겔서 34장 23~24절 말씀
도 마찬가지 내용을 담고 있습니다. 이와 같은 구약의 약속(예언)에 기대
어 예수님 당시 유대인들은 그들 앞에 나타날 구세주를 '다윗의 자손' 으
로 알고 있었습니다. 그러므로 소경 거지 바디매오가 예수님을 '다윗의
자손' 으로 부른 사실은, 예수님이 바로 사람들이 그토록 고대하던 구세
주라는 것을 담대히 고백한 것입니다.
그러자 많은 사람들이 다 나서서 바디매오를 꾸짖습니다.

(막 10:48) 많은 사람이 꾸짖어 "잠잠하라" 하되 그가 더욱 심히 소리질
러 가로되 "다윗의 자손이여, 나를 불쌍히 여기소서" 하는지라.

이것이 바로 오늘 우리들이 사는 세상의 단면입니다. 사실 이 소경 거
지는 따뜻하게 보호받아야 될 사람입니다. 보호받아야 될 소자를 보호해
주어야 할 사람들이 되려 윽박지르는 것입니다.

"입 닥쳐 임마! 으이구, 병신 육갑하고 있네……"

그러나 사람들의 모진 핍박에도 불구하고 바디매오는 주님 앞에 목놓아 하소연하였습니다. 마침내 예수님께서 머물러 섰습니다. 그리고 제자들에게 바디매오를 불러오라고 시켰습니다. 그러니까 바디매오가 예수님을 "다윗의 자손 예수"라고 불렀을 때, 주님께서 "저 친구에게 내 이름이 잘못됐다고 잘 좀 일러줘라"고 말하지 않았습니다. 이 소경 거지가 외치는 '다윗의 자손' [구세주]이라는 이 호칭을 주님이 그대로 정당하게 인정하고 받아들이신 것입니다.

"그래. 내가 바로 다윗의 자손 구세주다. 너의 눈은 멀었는데도 나를 제대로 보고 있구나. 저 친구 이리로 불러 오라."

무리들과 달리 예수님은 이 사람을 책망하지 않고 오직 자비와 사랑으로 그를 대하셨습니다. 그리고 "다윗의 자손"이라는 이 소경 거지의 외침을 그대로 용납하시고 받아들였습니다. 예수님의 신분을 드러낼 때가 되었기 때문입니다. 구원역사의 매우 중요한 때(헬, 카이로스)가 드디어 온 것입니다.

(막 10:50) 소경이 겉옷을 내어버리고 뛰어 일어나 예수께 나아오거늘

소경이 내달리는 모습 보셨습니까? 어떤 자세로 뛰었을까요? 우리도 소경처럼 눈 가리고 한 번 내달려 볼까요? 참으로…… 눈물겨운 장면입니다. 자신의 유일한 재산인 '겉옷'을 던져버리고 소경은 예수님이 계신다고 짐작되는 쪽으로 내달립니다. 이 소경에게 '겉옷'은 전 재산이고,

장사 밑천(?)입니다. 낮에는 옷이고 밤에는 이불이고, 낮에는 이 겉옷을 땅에 깔아 놓고 구걸을 하는 도구이니 소중한 장사 밑천인 셈입니다. 겉옷마저 없으면 소경은 죽은 목숨이나 다름없습니다만, 예수님이 오라고 하시자 이것마저 벗어 던져 버리고 먼 눈을 히번덕이며 허청 허정 예수님을 향해 내달린 것입니다. 그 겉옷이 주님을 향해 달려나가는 데 장애가 되기 때문에 그것마저 미련 없이 내던져 버리고 주님께로 달려갑니다. 어쩌면 그의 인생에 이것이 예수님을 만날 마지막 기회일지 모른다고 생각했기 때문에……

(막 10:51) 예수께서 일러 가라사대, "네게 무엇을 하여 주기를 원하느냐?" 소경이 가로되 "선생님이여, 보기를 원하나이다."

참 기가 막히는 대화입니다. 예수님께서 소경을 향해 "뭘 하여 주기를 원하느냐?"고 물으십니다. 뭐 하러 이렇게 빤한 질문을 하시는 것입니까? 소경이 예수님 앞에 달려나올 때는 그 마음에 무슨 소원이 있는지 빤한 거 아니겠습니까? 그런데 새삼 "뭘 하여 주기를 원하느냐?"고 굳이 물으시는 것입니다. 하지만 이 질문은 대단히 중요한 의미를 담고 있습니다. 그 분의 신성을 드러냄(무슨 일이든 하실 수 있음을 밝히심)과 동시에, 그 분의 신성에 대한 이 소경 거지의 믿음을 요구(확인)하고자 하는 것입니다.

"그대의 소원대로 내가 뭐든지 해줄 수 있다는 것을 그대는 믿지? 자, 그럼 뭘 해줄까?"
"예. 보기를 원합니다. 당신은 저의 눈을 뜨게 하실 수 있는 구세주이십니다."

예수님의 질문에는 이런 뜻이 함축되어 있었던 것입니다.

목마른 사슴 시냇물을 찾아 헤매이듯이
내 영혼 주를 찾기에 갈급하나이다.

요즘 우리가 즐겨 부르는 복음성가의 노랫말입니다(시 42:1). 목마른 사슴에게는 감미로운 비스켓도 필요 없고, 맛난 땅콩도 필요 없고, 살진 풀도 필요 없습니다. 목마른 사슴에게는 오직 시원한 생수 한 모금이 필요합니다. 마찬가지로 소경에게는 다른 것 전혀 필요 없습니다. 오직 만물을 밝히 보는 것, 그것 외에 다른 소원이 있을 리 없습니다.

"내가 그대에게 뭘 해줄까?"
"예. 보기를 원합니다."

바디매오의 이 소원처럼 절절한 기도 제목이 지금 우리 가슴에 있습니까?

"주님. 다른 건 몰라도 이것만은 주님께서 꼭 도와 주셔야겠습니다."
주님이 지금 이 자리에 오셔서 여러분에게 "너희에게 뭘 해주기를 원하느냐?" 물으시면 선뜻 대답하실 것이 있으십니까? "좀 생각해 봐야겠어요." 이런 대답을 하시는 분들, 진실되게 기도하지 않고 사는 사람들입니다. 가슴 속 깊은 곳에서 우러나는 간절함이 없이 기도할 리가 없기 때문입니다. 소원이 없는 사람, 기도하지 않게 되는 것입니다.
어찌 보면 하나마나한 주님의 물음에 이 소경은 "보기를 원하나이다"라고 즉시 대답하며 그의 간절한 소원 하나를 주님 앞에 아뢰었습니다.

(막 10:52) 예수께서 이르시되, "가라. 네 믿음이 너를 구원하였느니라."
하시니 저가 곧 보게 되어 예수를 길에서 좇으니라.

소경 거지 바디매오는 믿음으로 '구원'을 얻었습니다. 구원의 감격에
전율하는 그에게 주님은 "가라"고 말씀했습니다. 그러나 예수님이 십자
가를 향해서 예루살렘으로 올라가고 있는 그 두려운 길, 예수님의 제자
들조차 헛된 망상으로 들떠서 허둥대는 그 길에서, 바디매오는 주님이
가라고 했음에도 불구하고 그 두려운 길에서 예수님의 뒤를 따르기 시작
했습니다. 이 길에서 예수님의 제자들은 계속 뒤에서 "누가 크냐?"며 자
리다툼을 하느라 힘 겨루기에 여념이 없었습니다. 세 명의 핵심 제자들
가운데서도, 베드로는 베드로대로, 나머지 두 명은 두 명대로 은밀히 로
비하면서 '좌정승, 우정승' 자리에만 눈독을 들이고 있었습니다. 하지만
바디매오는 돌아가라는 예수님의 말씀을 듣고도 그는 자원해서 그 고난
찬 길에 예수님의 뒤를 좇는 제자가 되었습니다. 참으로 쓸모 없었던 변
두리 인생이 믿음으로 주님의 제자가 되는 영광을 누리게 되었습니다.
할렐루야!

(사 35:5~6) [5]그 때에 소경의 눈이 밝을 것이며 귀머거리의 귀가 열릴
것이며, [6]그 때에 저는 자는 사슴 같이 뛸 것이며 벙어리의 혀는 노래하
리니 이는 광야에서 물이 솟겠고 사막에서 시내가 흐를 것임이라.

"그때"가 언제입니까? 구세주(메시야)가 오시는 때입니다. 메시야의
왕국이 올 때 소경의 눈이 떠질 것이라고 이사야 선지자가 예언한 대로,
주님이 사역하시는 동안 소경의 눈이 열리는 하나님의 능력이 이 땅에
임하기 시작하였습니다. 소경이 눈을 뜨는 이적, 예수님이 바로 구세주

(메시야)라는 것을 분명히 시위한 역사적 사실입니다. 예수님이 곧 하나님이시라는 것입니다.

오늘 본문(막 10장)에 등장하는 부자 청년과 제자들은 자기들이 스스로의 노력으로 구원을 얻을 수 있다고 생각했습니다. 하지만 결국은 주님이 당신을 좇으라고 하는데 돌아가 버렸습니다. 본문에 등장하는 어린이와 소경 거지 바디매오는, 누가 보아도 도무지 구원을 얻을 수 없을 것처럼 생각되는 사람들이었습니다. 그런데 놀랍게도 본문 31절의 말씀대로 대역전극이 발생했습니다. 구원으로부터 한없이 멀어 보이던 이들은 주님의 제자가 되었고, 그 감격에 젖어 주님이 가시는 그 고난 찬 길을 뒤따랐습니다.

그러므로, 구원의 조건은 '회개'와 '믿음' 외에 다른 것이 있을 수 없다는 것을 기억하는 것이 무엇보다 중요합니다.

'그러면 과연 누가 구원을 얻을 수 있는가?

오늘 본문에서 예수님은 상식적 기대를 깨고 어린이를 구원의 본보기로 내세웠습니다. 어린이들은 부모에 대한 '절대적 의존성'을 갖고 있기 때문입니다. 어린아이가 아비를 절대적으로 의지하듯이 하나님을 절대적으로 의지하는 사람이 아니면 결코 하나님 나라에 들어갈 수 없다는 것을 주님이 분명히 밝히신 것입니다. 그리고 가능성 많았던 외부 사람인 부자 청년의 이야기, 내부 사람인 베드로의 실패, 또 다른 내부 사람인 야고보와 요한의 실패, 가망이 없어 보였던 외부 사람인 소경 거지 바디매오의 구원에 대한 기록을 제시함으로써, "먼저 된 자가 나중 되고, 나중 된 자가 먼저 되는" 충격적인 상황(31절)이 하나님 나라에서 일어나게 될 것을 우리에게 가르쳐 주신 것입니다.

그러므로, 하나님을 먼저 믿었다고, 하나님 앞에서 남보다 먼저 무언가를 한 흔적이 있다고 해서 자만하지 말아야 합니다. 반면, '나는 너무 늦게 출발했다' 고 낙심하지도 말아야 합니다. 누구든지, 주님 앞에서 중심으로 회개하고, 주님의 복음을 어린아이가 아비를 의존하는 것처럼 절대적으로 의존하는 사람은 언제라도 하나님 나라의 거룩한 백성이 될 수 있는 것입니다. 하나님 나라를 절대시하고 이 땅의 모든 소중한 것들을 상대화 시킬 수 있는 사람, 그래서 예수 그리스도만을 향한 절대적인 믿음을 확고히 갖는 사람은 그 누구라도, 그가 지난 날 소경이었건 거지였건 상관없이 주님 나라의 거룩한 백성의 대열에 동참하며 주님이 걸으시는 그 거룩하고 의미 있는 길을 따라 걸을 수 있는 것입니다. 우리 모두 바디매오처럼 자원해서 고난의 길을 기쁨으로 걷는 믿음의 사람들이 다 될 수 있기를 바랍니다. 기도합시다.

[회개와 결단의 기도]
기도하기 전에 한 번 더 생각해 봅시다.

① 혹시, 예수님을 마치 삶의 선택사양(옵션)인 듯이 여기며 살아가고 있지는 않습니까? 예수님이 없으면 내 삶에 아무런 의미가 없다는 분명한 고백이 있습니까?

② 그동안 '아마추어 신앙인' 으로 살아오지는 않았습니까? 신앙생활은 언제나 삶과 죽음을 가르는 '죽고 사는 문제' 라는 생각이 있습니까? 이왕 신앙 생활하는 것, '프로 신앙인' 이 되고 싶지 않으십니까?

③ 혹시 갖고 있는 돈이, 당신의 신앙이 열매맺는 데 심각한 걸림돌로 작
용하고 있지는 않습니까? 돈이 많고 돈을 많이 벌 수 있는 자리에 있
으면 복 받았다고 생각하는 기복주의적인 물질관을 갖고 있지는 않습
니까? 돈을 노예로 부리기보다는 돈에게 종노릇하고 있지는 않습니
까? 예수님과 돈 중에서 어느 쪽을 택하시겠습니까?(막 10:22).

④ 어린아이가 아버지에게 '절대 의존' 하듯이, 하나님만을 절대적으로
의존하며 살아가십니까, 아니면 하나님 외에 달리 믿는 것들이 또 있
습니까? 자신의 자녀교육관은 어떠한지(장차 자녀를 어떻게 기를 것
인지) 생각해 보십시오. 철부지 어린 자녀가 제멋대로 하도록 내버려
두거나 자녀를 과보호하지는 않습니까?(막 10:15)

⑤ 예수님을 찾아온 부자 청년은, 행위(doing)를 통해서 자격(being)을
얻을(쟁취할) 수 있다고 생각하고 있었습니다. 그러나 기독교 구원론
은 이와는 전혀 다릅니다. 주 예수 그리스도의 십자가 대속의 은총으
로 '하나님나라 백성' 이라는 신분이 은혜로 주어지기 때문에 거룩한
행실이 나올 수 있는 것입니다. 당신의 영생관(구원론)은 어떤지 점검
해 보십시오.

⑥ 예수님은 젊은 청년에게 "가라, 나눠 주라, 그리고 내게로 다시 오라!"
고 말씀하셨습니다(막 10:21). 그러나 이 청년은 잠시 고민하다 슬픈
기색을 하고 떠난 후 다시는 예수님 앞에 나타나지 않았습니다. 즉,
'돈' 을 버리고 '예수' 를 좇으라는 주님의 초대에 응하지 않은 것입니
다. 혹시, 〈예수 그리스도〉가 아닌 〈돈-그리스도〉를 추구하고 그것을
섬기며 살아오지는 않았습니까?

⑦ 어떤 태도로 주님을 떠났느냐가 중요한 것이 아니라, 주님을 따르느
냐 주님을 등지느냐가 결국 중요한 것입니다. 예수님의 말씀을 듣고
슬픈 기색을 띠고 근심하며 떠나간 부자 청년처럼, 혹시 하나님이 분

명한 결단을 요구할 때, 잠시 고민하다가 결국은 슬픈 얼굴로 말씀을 거역하는 길로 갔던 적은 없습니까? '슬픈 기색을 띠고' 결국은 죄악의 길을 슬금슬금 걸으며 자위하는 신앙의 고질병(난치병)을 고쳐 달라고 주님께 간구하십시오(막 10:22).

⑧ 예수 그리스도와 복음을 위하여 나의 소중한 것들을 포기하는 삶, 복음의 영광을 위하여 핍박받는 삶을 살아가고 있습니까? 혹시, 나는 무언가 보상받기를 기대하며 헌신하는 '모양' 만 나타내고 있지는 않습니까? 우리의 삶에 백 배의 보상인 신앙공동체를 허락해주실 것을 확신하며 삶 전체를 드릴 것을 지금 결단하십시오(막 10:29~30).

⑨ 세베대의 아들 야고보와 요한처럼 예수님께 "우리의 구하는 바를 해주십시오"라고 주님을 조르는 것이 바로 '기독교 승리주의' 입니다. "우리가 원하는 바를 해달라"는 기도, 신앙을 행복한 삶을 위한 도구로 만드는 것, 우주의 왕이신 하나님을 해결사나 머슴으로 만드는 것, 하나님을 우리의 심부름꾼으로 전락시키는 것 등은 정말 신성모독적인 죄악입니다. 혹시 우리의 기도가 대부분 이처럼 이기적이지 않습니까? 그렇다면 주님 앞에 깊이 회개하십시오(막 10:35).

⑩ 본문에서 한 젊은 청년의 "그런 것은 내가 어려서부터 다 지켰습니다"고 하는 말과 소경 거지 바디매오의 "다윗의 자손 예수여 나를 불쌍히 여겨주시옵소서"라는 말은 크게 대조가 되고 있습니다. 또한 본문 39절의 "할 수 있나이다"라는 야고보와 요한의 자신에 찬 대답과, "나를 불쌍히 여겨달라"는 소경 거지 바디매오의 외침의 차이 또한 분명합니다. 사실, 하나님과 원수되었던 우리는 모두 다 하나님의 긍휼(불쌍히 여겨주심) 때문에 사는 사람들입니다. 소경 거지 바디매오의 정직한 외침과 고백이 항시 우리 입술에 있게 해달라고 엎드려 기도합시다(막 10:46~ 52).

⑪ 예수님께서 소경을 고쳐준 후 "가라!" 고 말씀하셨음에도 불구하고 바디매오는 십자가를 향해서 가시는 예수님의 뒤를 따르기 시작합니다. 그러나 십자가를 향하는 그 길에서조차 예수님의 제자들은 계속 뒤에서 "누가 크냐?"는 자리다툼을 하기에 여념이 없습니다. 과연 오늘 우리는 어떻습니까? 받은 은혜와 복을 다만 누리는 삶에만 안주하지는 않습니까? 끊임없이 더 많은 것을 누리려고만 하지는 않습니까? 아무리 고난 찬 십자가의 길이라 할지라도, 믿음으로 주님의 뒤를 따르는 참된 제자의 삶을 살아가겠다고 지금 결단하십시오(막 10:52).

⑫ 가능성 많았던 부자 청년은 스스로의 노력으로 구원을 얻을 수 있다고 생각했습니다. 그는 결국 주님을 등지고 떠나 버렸습니다. 소경 거지 바디매오는, 누가 보아도 도무지 구원을 얻을 수 없을 것처럼 생각되는 사람이었습니다. 과연 누가, 어떻게 구원을 받았습니까(31절)? 구원으로부터 한없이 멀어 보이던 이들은 주님의 제자가 되고, 그 감격에 젖어 주님이 가시는 그 고난 찬 길을 기쁨으로 뒤따랐습니다. 결국, 구원의 조건은 '회개'와 '믿음' 외에 다른 길이 있을 수 없습니다. 어느 길을 선택하시겠습니까? 부자 청년의 길입니까, 아니면 바디매오의 길입니까? 지금 결단하십시오.

제 7 강
일어나라! 함께 가자!

(마가복음 4:35~41, 6:45~52, 8:14~21, 14~16장, 요한복음 21장)

(마가복음 4:35~41) [35]그날 저물 때에 제자들에게 이르시되, "우리가 저편으로 건너가자" 하시니 [36]저희가 무리를 떠나 예수를 배에 계신 그대로 모시고 가매 다른 배들도 함께 하더니 [37]큰 광풍이 일어나며 물결이 부딪혀 배에 들어와 배에 가득하게 되었더라. [38]예수께서는 고물에서 베개를 베시고 주무시더니 제자들이 깨우며 가로되, "선생님이여 우리의 죽게 된 것을 돌아보지 아니하시나이까?" 하니 [39]예수께서 깨어 바람을 꾸짖으시며 바다더러 이르시되, "잠잠하라. 고요하라" 하시니 바람이 그치고 아주 잔잔하여지더라. [40]이에 제자들에게 이르시되, "어찌하여 이렇게 무서워하느냐? 너희가 어찌 믿음이 없느냐?" 하시니 [41]저희가 심히 두려워하여 서로 말하되 "저가 뉘기에 바람과 바다라도 순종하는고?" 하였더라.

(마가복음 6:45~52) [45]예수께서 즉시 제자들을 재촉하사 자기가 무리를 보내는 동안에 배 타고 앞서 건너편 벳새다로 가게 하시고 [46]무리를 작별하신 후에 기도하러 산으로 가시다. [47]저물매 배는 바다 가운데 있고 예수는 홀로 뭍에 계시다가 [48]바람이 거스리므로 제자들의 괴로이 노 젓는 것을 보시고 밤 사경 즈음에 바다 위로 걸어서 저희에게 오사 지나가려고 하시매 [49]제자들이 그의 바다 위로 걸어오심을 보고 유령인가 하여 소리 지르니 [50]저희가 다 예수를 보고 놀람이라. 이에 예수께서 곧 더불어 말씀하여 가라사대, "안심하라, 내니 두려워 말라" 하시고 [51]배에 올라 저희에게 가시니 바람이 그치는지라. 제자들이 마음에 심히 놀라니 [52]이는 저희가 그 떡 떼시던 일을 깨닫지 못하고 도리어 그 마음이 둔하여졌음이러라.

(마가복음 8:14~21) [14]제자들이 떡 가져오기를 잊었으매 배에 떡 한 개 밖에 저희에게 없더라. [15]예수께서 경계하여 가라사대 "삼가 바리새인들의 누룩과 헤롯의 누룩을 주의하라" 하신대 [16]제자들이 서로 의논하기를 "이는 우리에게 떡이 없음이로다" 하거늘 [17]예수께서 아시고 이르시되, "너희가 어찌 떡이 없음으로 의논하느냐? 아직도 알지 못하며 깨닫지 못하느냐? 너희 마음이

둔하냐? [18]너희가 눈이 있어도 보지 못하며 귀가 있어도 듣지 못하느냐? 또 기억지 못하느냐? [19]내가 떡 다섯 개를 오천 명에게 떼어 줄 때에 조각 몇 바구니를 거두었더냐?” 가로되, “열둘이니이다.” [20]“또 일곱 개를 사천 명에게 떼어 줄 때에 조각 몇 광주리를 거두었더냐?” 가로되, “일곱이니이다.” [21] 가라사대, “아직도 깨닫지 못하느냐?” 하시니라

(마가복음 14~16장) : 역사적 수난의 폭풍 속에서[지면사정으로 본문의 줄거리만 요약함]

예수 체포 공작(마가복음 14:1~2)

옥합을 깬 여인 이야기 삽입(14:3~9)

가룟 유다의 음모(14:10~11)

유월절 식사 · 최후의 만찬(14:12~31) “내가 살아난 후에 갈릴리에서 다시 만나자”(28절, 16:7)

겟세마네 동산의 철야기도 전쟁(14:32~42) : “일어나라! 함께 가자!”(42절)

예수께서 체포당하심(14:43~52)

산헤드린 공회의 불법 재판(14:53~65)

베드로의 배신(14:56~62)

총독 빌라도 앞에 서신 예수님(15:1~20)

왕의 개선행진(15:21~22)과 십자가 등극(24~41절, 요 17:1)

백부장의 고백(39절) : “이 사람은 진실로 하나님의 아들이었도다.”

예수님을 장사지냄(15:42~47)

예수님이 부활하심(16장)

(요한복음 21장) 부활하신 예수님과 배신자 베드로의 만남

(요 21:1~22) [1]그 후에 예수께서 디베랴 바다에서 또 제자들에게 자기를 나타내셨으니 나타내신 일이 이러하니라. [2]시몬 베드로와 디두모라 하는 도마와 갈릴리 가나 사람 나다나엘과 세베대의 아들들과 또 다른 제자 둘이 함께

있더니 ³시몬 베드로가 "나는 물고기 잡으러 가노라" 하매 저희가 "우리도 함께 가겠다" 하고 나가서 배에 올랐으나 이 밤에 아무 것도 잡지 못하였더니 ⁴날이 새어갈 때에 예수께서 바닷가에 서셨으나 제자들이 예수신 줄 알지 못하는지라. ⁵예수께서 이르시되, "얘들아 너희에게 고기가 있느냐?" 대답하되 "없나이다." ⁶가라사대 "그물을 배 오른편에 던지라. 그리하면 얻으리라" 하신대 이에 던졌더니 고기가 많아 그물을 들 수 없더라. ⁷예수의 사랑하시는 그 제자가 베드로에게 이르되 "주시라" 하니 시몬 베드로가 벗고 있다가 '주라' 하는 말을 듣고 겉옷을 두른 후에 바다로 뛰어 내리더라. ⁸다른 제자들은 육지에서 상거가 불과 한 오십 간쯤 되므로 작은 배를 타고 고기든 그물을 끌고 와서 ⁹육지에 올라보니 숯불이 있는데 그 위에 생선이 놓였고 떡도 있더라. ¹⁰예수께서 가라사대, "지금 잡은 생선을 좀 가져오라" 하신대 ¹¹시몬 베드로가 올라가서 그물을 육지에 끌어올리니 가득히 찬 큰 고기가 일백쉰 세 마리라. 이같이 많으나 그물이 찢어지지 아니하였더라. ¹²예수께서 가라사대, "와서 조반을 먹으라" 하시니 제자들이 주신 줄 아는 고로 "당신이 누구냐" 감히 묻는 자가 없더라. ¹³예수께서 가셔서 떡을 가져다가 저희에게 주시고 생선도 그와 같이 하시니라. ¹⁴이것은 예수께서 죽은 자 가운데서 살아나신 후에 세 번째로 제자들에게 나타나신 것이라. ¹⁵저희가 조반 먹은 후에 예수께서 시몬 베드로에게 이르시되, "요한의 아들 시몬아, 네가 이 사람들보다 나를 더 사랑하느냐?" 하시니 가로되, "주여, 그러하외다. 내가 주를 사랑하는 줄 주께서 아시나이다." 가라사대 "내 어린 양을 먹이라" 하시고 ¹⁶또 두번째 가라사대, "요한의 아들 시몬아, 네가 나를 사랑하느냐?" 하시니 가로되 "주여, 그러하외다. 내가 주를 사랑하는 줄 주께서 아시나이다." 가라사대 "내 양을 치라" 하시고 ¹⁷세번째 가라사대 "요한의 아들 시몬아, 네가 나를 사랑하느냐?" 하시니 주께서 세번째 "네가 나를 사랑하느냐?" 하시므로 베드로가 근심하여 가로되, "주여 모든 것을 아시오매, 내가 주를 사랑하는 줄을 주께서 아시나이다.” 예수께서 가라사대, “내 양을 먹이라. [18]내가 진실로 진실로 네게 이르노니 젊어서는 네가 스스로 띠 띠고 원하는 곳으로 다녔거니와 늙어서는 네 팔을 벌리리니 남이 네게 띠 띠우고 원치 아니하는 곳으로 데려가리라.” [19]이 말씀을 하심은 베드로가 어떠한 죽음으로 하나님께 영광을 돌릴 것을 가리키심이러라. 이 말씀을 하시고 베드로에게 이르시되 “나를 따르라” 하시니 [20]베드로가 돌이켜 예수의 사랑하시는 그 제자가 따르는 것을 보니 그는 만찬석에서 예수의 품에 의지하여 “주여, 주를 파는 자가 누구오니이까?” 묻던 자러라. [21]이에 베드로가 그를 보고 예수께 여짜오되 “주여, 이 사람은 어떻게 되겠삽나이까?” [22]예수께서 가라사대, “내가 올 때까지 그를 머물게 하고자 할지라도 네게 무슨 상관이냐? 너는 나를 따르라” 하시더라.

“그리스도인입니까?”

마가복음 강론 제 1 강에서 제 6 강까지, 과연 어떤 이유에서 “내가 그리스도인”이라고 대답을 하는가가 무엇보다도 중요하다는 것을 누누이 말씀드렸습니다. 주님과 그의 복음을 위한 수난과 희생의 흔적이 있기 때문에 “내가 그리스도인”이라고 대답할 수 있습니다. 우리 마음의 깊은 곳에서 진정한 회심의 경험이 있고, 주님의 이 십자가의 복음을 절대적으로 믿는 믿음이 있기 때문에 “내가 그리스도인”이라고 대답할 수 있습니다. 하나님을 기쁘시게 할 만한 작은 열매를 맺을 가능성이 내 안에 있기 때문에 내가 주님 앞에 감히 그리스도인이라고 대답할 수 있습니다. 나 자신을 부인하고 내 몫의 십자가를 지고 주님을 끝까지 따르기를 원하기 때문에 “내가 그리스도인”이라고 할 수 있습니다. 이 어렵고 힘든 십자가의 길을 내 힘으로는 걸을 수 없지만, 하나님의 은혜가 내게 임하고 주님께서 내 삶 가운데서 능력으로 역사 하시면 내 안에 온전한 구원의 역사가 능히 일어날 것을 절대적으로 믿기 때문에 "내가 그리스도인"이라고 감히 대답할 수 있습니다. 그리고 주님께서 나에게 무슨 말씀을 하시든지 그 말씀대로 그 말씀 앞에 복종할 마음의 준비가 되어 있기 때문에 "내가 그리스도인"이라고 대답할 수 있는 것입니다. 다시 묻겠습니다.

"그리스도인이십니까?"

사랑하는 동역자 여러분, 이 물음을 이 강론집을 읽을 때뿐만이 아니라 우리 남은 생애의 날마다 때마다 스스로에게 던질 수 있기를 바랍니다. 왜냐하면,

'내가 정말 그리스도인인가?'
'나는 과연 누구인가?'

와 같은, 내 존재에 대한 본질적인 물음은 언제나 '그러면 내가 어떻게 살 것인가' 에 대한 진지한 물음을 수반하기 때문입니다. 저는 가끔 이런 생각을 합니다.

'내가 사람인가?'
'목사 이전에 내가 사람인가?'

그리고는 이내 '나는 사람이다' 라고 스스로 대답합니다. 그 대답 끝에 이내 '그러면 어떻게 살아야 되는가?' 를 묻고 '사람답게 살아야 한다' 고

스스로 다짐합니다. '내가 그리스도인인가?'를 물음과 동시에 '그러면 기독교인으로서 어떻게 살아야 되는가?'를 고민합니다. 이렇듯, 나의 존재(Being)에 대한 의식은 언제나 나의 삶/행위(Doing)의 방향을 결정적으로 이끌어 갑니다. 우리는, 영생의 길을 묻기 위해 예수님을 찾아왔다가 허망히 돌아서 버린 부자 청년처럼, 자신의 행위가 자신의 존재를 만들어낼 수 있다고 생각하는 것이 아니라, 구세주 예수님을 믿는 신앙인이기 때문에, 하나님께서 그리스도를 통해 내 안에 이루어주시는 거룩한 인격(Being)이 있는 까닭에 거룩한 행위(Doing)를 드러낼 수 있다고 고백하는 사람들입니다. 그래서 우리는, 세월 따라 우리의 존재/명함(Being)이 어떻게 변하든지 간에, 매 순간마다 스스로에게 끊임없이,

'내가 그리스도인인가',
'도대체 어떤 근거에서 내가 그리스도인이라고 대답할 수 있는가?'
'내가 그리스도인이라고 대답할 수 있다면 도대체 무엇을 어떻게 해야 되는가'

를 항시 생각하면서 고난의 길을 기쁨으로 걸어야 합니다. 우리가 내내 그렇게 살 때, 우리의 전 생애를 통해서 하나님께서 영광을 받으실 것으로 믿습니다.

"너희는 하나님의 대로를 평탄케 하라 모든 골짜기가 돋우어지며 산마다 작은 산마다 낮아지며 고르지 않은 곳이 평탄케 되며 험한 곳이 평지가 되어야 한다"(이사야 40:3~4)고 선지자를 통해 예언하신 대로, 세례 요한이 광야에 나타나 "주의 길을 예비하고 그의 첩경을 평탄케 하는 일"(막 1:3)을 마침내 시작하였습니다. 이 말씀을 살피면서 저는, 우리의 마음과 우리 신앙공동체 안에, 왕 되신 주님이 오시는 왕의 대로를 건설

하는 데 결정적인 장애물이 되는 것이 바로 〈기독교 승리주의〉라고 생각했습니다. 사실 여기서 마가복음을 강론하는 궁극적인 목표는 한국교회의 가장 심각한 암(癌)이라고 말할 수 있는 〈기독교 승리주의〉를 물리치는 것이었습니다. 앞선 여섯 번의 강론을 통해 그 목표가 어느 정도는 달성되었으리라고 생각합니다. 사랑하는 동역자 여러분, 오늘 강해 마지막 시간, 지난 여섯 차례의 마가복음 강론을 정리하는 동안 "내가 그리스도인"이라는 자기 존재에 대한 고백이 확실해졌다면, '그러면 우리가 앞으로 어떻게 살아가야 되는가'를 이 시간에 하나님 앞에서 진지하게 고민하고 결단할 수 있기를 바랍니다.

〈기독교 승리주의〉는 다른 것이 아닙니다. 그것은, 무엇보다도 '길'에 대한 오해입니다. 주님이 가셨던 길, 그리고 주님의 길을 예비하는 사람으로 왔던 세례요한이 걸었던 길, 그리고 주님을 따라서 우리가 나선 이 길, 그리고 수많은 사람들 앞에 "당신들도 이 길을 걸어야 된다"고 우리가 제시해야될 그 길…… 이 '길'에 대한 오해가 우리 안에 〈기독교 승리주의〉로 나타난다고 생각합니다. 그리고 이 '길'에 대한 오해에서 온갖 비신앙적인 일탈행동이 나오는 것이고, 그리고 이 온갖 비신앙적인 일탈행동을 통해서, 우리 주님께서 원하지도 찾지도 않으시는 저질 열매를 조작하기 위해 부질없이 몸부림치게 되는 것입니다. 그러면서 어쩌다 자기 생각대로 그런 열매가 좀 나타나면 그것으로 남과 비교하고 남을 판단하고 정죄함으로 주님이 그토록 원하셨던 주님의 몸된 신앙공동체의 공동체성을 무참히 허물어 버리는 슬픈 결과들이 우리 가운데 끊임없이 나타나는 것입니다. 우리 안에 '복음'(구원의 기쁜 소식)에 대한 참된 이해가 있고, 나의 존재에 대한 고백이 분명하며 그래서 우리가 무엇을 어떻게 해야 될 것인가에 대한 인식이 뚜렷하다면, 이처럼 조잡한 〈기독교 승리주의〉는 우리 안에 발붙일 틈새가 없을 것입니다. 그런데도 이런 가

라지들이 들어와서 우리 신앙의 발걸음을 꼬이게 만드는 궁극적인 이유
는, 우리 안에 마가복음에 등장하는 예수 제자들처럼, 복음에 대한 건전
한 깨달음이 없기 때문입니다. 진리와 복음에 관한 한 꾕장히 아둔한 것
입니다. 오늘 우리는 본문말씀을 통해서 예수님의 제자들이 얼마나 아둔
한지, 그럼에도 불구하고 그 아둔한 제자들이 마침내 어떻게 주님 앞에
쓰임 받게 되었는지를 점검함으로써, 예수님의 제자들과 견주어서 별로
나아 보일 게 없는 오늘 우리들이 그러면 앞으로 주님 앞에 어떻게 거룩
하게 쓰일 것인가를 꿈꾸어보는 복된 시간을 갖고자 합니다.

　사흘 전, 제 숙소 창문 틈새에 제법 큰 대추벌 한 마리가 어디선가 날
아 들어왔습니다. 한동안 방안을 붕붕대며 요란하게 날아다니더니 어쩌
다 그만 유리창과 방충망 사이에 갇힌 신세가 되었습니다. 창틀에서 붕
붕 소리가 나서 가만히 살펴보니, 그 대추벌은, 방충망을 통해 내다보이
는 밖으로 나가려고 쉴새없이 날개 짓을 계속하고 있었습니다. 지난 3일
동안 내내 그러고 있었습니다. 문을 열어 내보내주고 싶었지만, 이곳 김
천대학의 기숙사 방충망이 여닫지 못하게 단단히 고정되어 있어서 문을
열어 줄 수 없었습니다. 손으로 잡아서 내다 주자니, 그러다 자칫 벌 쏘
여 가지고 퉁퉁 부은 모습으로 강단에 서게되지 않을까 조금 조심스럽기
도 하고…… 그래서 그냥 가만 놓아둘 수밖에 없었습니다. 만 사흘이 지
난 오늘 아침에는 아예 날아다닐 힘이 없는지 아주 느리게 기어다니고
있었습니다. 호기심에서 대추벌이 기어다니는 문턱을 겨우겨우 올려다
봤더니 유리창 문턱 여기저기에 일찍이 죽은 대추벌 몇 마리의 몸뚱이가
나뒹굴고 있었습니다. 여하튼 대추벌의 몸부림을 보면서, ‘길’을 안다는
것, 그것이 우리에게 얼마나 중요한 지 새삼 깨닫게 됐습니다. 걸어야 될
바른 ‘길’을 안내 받는다는 것, 삶과 죽음을 가르는 치명적인 것입니다.
그 ‘길’을 우리 주님께서 앞서 걸으셨습니다. 그리고 우리에게 그 ‘길’을

따라오라고 말씀하십니다.

　몇 년 전, 인기 리에 방영되던 TV 어린이 프로그램 '꼬꼬마 텔레토비'의 주제곡이 생각납니다. 언젠가, 제 딸아이를 통해 그 주제곡 끝부분을 저능아들이 어떻게 부르는지를 들으며 한참 웃은 적이 있습니다. 그 주제곡 끝에 나오는 "어린이 여러분, 안녕!"이라는 인사말을 어떤 저능아는 "어린이 여러분, 안경!"이라고 한답니다. 정말 너무 너무 우습고 재미있는 발상이었습니다. 그런데 우리는 오늘, 마가복음에 기록된 세 개의 항해기사(마가복음 4:35~41, 6:45~52, 8:14~21)를 통해서 그 저능아 뺨칠 만큼 아둔한 제자들을 만나볼 수 있습니다.

　신약성경 안에 있는 네 권의 복음서 중에서 마가복음이 가장 짧습니다. 모두 16장밖에 안 되는 작은 분량입니다. 그런데 16장밖에 안 되는 이 복음서 안에 마가는 항해기사를 세 번씩이나 포함시키고 있습니다. 마가가 기록한 복음서 기록에서, 낱말 하나도 마가가 함부로 쓰지 않았다는 것을 그동안의 강론을 통해 이미 잘 아셨을 것입니다. 그렇다면 이 짧은 복음서 안에서 마가가 왜 세 번씩이나 항해기사를 기록했는지를 깊이 생각해 볼 필요가 있습니다. 이것은 우리가 마가복음의 흐름을 이해하기 위해서 반드시 짚어야될 중요한 주제입니다. 그래서 오늘 이 마지막 시간에 이 항해기사 세 개를 다루고 이어서 실제로 예수님의 제자들에게 불어닥쳤던 역사적 환란의 바람을 점검한 다음 '후일담'(요한복음 21장)살피는 것으로 마가복음 강론을 마무리하려 합니다.

　이스라엘 민족이 모세의 인도로 고난의 애굽 땅을 빠져나왔습니다. 은혜 중에 홍해를 건넜습니다. 홍해를 건넘으로써 그들의 출애굽사건이 일단락 된 후, 그들 앞에 나타난 것은 뜻밖에 고달픈 광야 길이었습니다. 구원을 받았는데, 구원받은 이스라엘 백성들 앞에 나타난 길은 탄탄대로가 아니라 광야 길이었던 것입니다. 이스라엘은 그 고난의 길을 40년 동안 걸어야 했습니다. 물론 하나님께서 처음부터 그들에게 40년 동안 그 길을 걸으라고 말씀하신 것은 아니었습니다. 한 2년 남짓이면 걸을 수 있었던 그 고달픈 길을 38년이나 더 걸어야 했던 궁극적인 이유는, 약속의 땅 가나안을 정복해 들어갈 만한 '믿음'이 없었기 때문입니다. 이미 살펴본 바와 같이 마가는, 예수님을 통한 구원의 역사를 새로운 출애굽 사건으로 소개함으로써, 예수 그리스도안에서 구원의 은총을 받은 하나님의 백성들이 걷는 길이 어떤 길인가를 우리에게 제시하고자 했습니다. 출애굽한 이스라엘 민족이 홍해를 건너서 걷기 시작한 길이 '광야'였다면, 예수 그리스도의 십자가 사건을 통해서 구원을 받은 하나님의 새로운 백성, 곧 '새로운 영적 이스라엘'이 걸어야할 그 길은 고난과 수난과 능욕의 십자가의 길이라는 것, 그리고 그 '길'에서 우리가 복음에 대한 절대적인 믿음을 보이지 못하면 출애굽 1세대들처럼 우리 역시 하나님나라의 그 풍성한 은총을 다 누리지 못하고 삶을 슬프게 마감할 수도 있다는 것을 경고하고자 했던 것입니다. 이 큰 줄거리를 이해하지 못하면 마가복음의 교훈을 제대로 받기가 어렵습니다.

마가복음 4:35~41에 첫 번째 항해기사가 기록되어있습니다. 이 첫 번째 항해기사 바로 앞에 하나님 나라와 영적 성장의 법칙에 대해서 주님께서 (비유로) 설명한 내용이 있습니다. 동시에 하나님 나라가 최종적으로 어떻게 성장하게 될 것인가를 비유를 통해서 우리에게 약속해 주셨습니다.

(마가복음 4:34) 비유가 아니면 말씀하지 아니하시고 다만 혼자 계실 때에 그 제자들에게 모든 것을 해석하시더라.

비유로 말씀하시고, 혼자 계실 때 제자들에게 따로 성경 과외(?)를 시켰다는 말씀입니다. 비유로 설명할 때 제자들이 빨리 빨리 잘 알아들었으면 따로 해석해 줄 필요가 없었을 것입니다. 그러니까 이 마가복음 4:34 말씀에서부터 우리는 제자들의 아둔함을 어렴풋이 짐작할 수 있습니다.

'아, 주님이 말씀하는 대로 바로 바로 이해하는 데는 한계가 있는 사람들이구나.'

그래서 나중에 주님이 별도로 다시 해석해 주시는 작업을 하셨다고 기록되어 있습니다.

(막 4:35~36) ³⁵그 날 저물 때에 제자들에게 이르시되, "우리가 저편으로 건너가자" 하시니 ³⁶저희가 무리를 떠나 예수를 배에 계신 그대로 모시고 가매 다른 배들도 함께 하더니

주님은 휴식과 제자훈련을 위해서 동쪽 거라사 지방으로 제자들과 함께 건너가기로 했습니다. 제자들이 아니라 예수님이 먼저 건너가자고 하셨습니다. 이스라엘 민족의 출애굽 사건을 하나님이 친히 일으키신 것과 마찬가지입니다. 이스라엘을 출애굽 시킨 다음, 하나님은 그들을 광야로 몰아넣습니다. "저편으로 건너가자"는 말을 주님께서 먼저 하십니다. 그런 다음 그들을 풍랑 한 가운데로 몰아넣습니다. 주님이 가자고 한 이 길, 우리가 가자고 한 것이 아니라, 우리가 가고 싶다고 나선 것이 아니라 주님이 먼저 가자고 한 그 길, 곧 주님이 제시하신 비전(vision)을 따라 가는 그 길에 어이없게도 무서운 풍랑이 일기 시작한 것입니다. 제자들은 저편으로 건너가자는 주님의 분부에 말없이 순종했는데도 무서운

풍랑이 일어났습니다. 바로 이것이 상식적으로 잘 이해할 수 없는 것입니다. 기독교 승리주의자들은 이런 점을 전혀 이해하지 못합니다. 그렇기 때문에 이런 어렵고 어지러운 상황에서 신앙이 뿌리부터 흔들리는 경우가 많습니다. 물론 그런 것은 '신앙'이라고 부르기도 좀 뭐하지만……제자들은 순종했습니다. 순종하는 그 길에 다른 배들도 동행했습니다.

(마가복음 4:37~38) [37]큰 광풍이 일어나며 물결이 부딪혀 배에 들어와 배에 가득하게 되었더라. [38]예수께서는 고물에서 베개를 베시고 주무시더니 제자들이 깨우며 가로되, "선생님이여 우리의 죽게 된 것을 돌아보지 아니하시나이까?"

풍랑 속에서 천하태평인 예수님과 사망 직전 제자들의 공포에 떠는 모습을 대조시켜 볼 수 있습니다. 큰 광풍이 일었습니다. 지금 그들이 건너고 있는 갈릴리 호수는 길이가 21km, 폭이 12km의 호수라고 하기는 너무 큰 '바다'입니다. 그래서 당시 사람들은 갈릴리 호수를 그냥 '갈릴리 바다'라고 불렀습니다. 이 갈릴리 호수의 해수면은 지중해보다 약 200m정도가 낮습니다. 호수 주변에는 높은 산들이 있었습니다. 갈릴리 호수 일대는 아열대 기후입니다. 그러기에 낮에 뙤약볕이 내려 쪼이면 호수를 둘러싸고 있는 산들이 뜨겁게 달궈집니다. 그러면 바다에서 산으로 바람이 올라갑니다. 이것을 골바람이라고 합니다. 해가 지면 낮에 더워졌던 물은 천천히 식고, 주변의 산들은 빨리 식기 때문에, 밤에는 산에서 바다 쪽으로 돌풍이 내려 붑니다. 갈릴리 주변에서 사는 어부들은, 이런 이유로 밤이면 갈릴리 바다 한 가운데에 돌풍이 자주 일어난다는 것을 잘 알기 때문에 웬만해서는 밤에 갈릴리 바다 깊숙한 데로 노 저어 들어가지 않았습니다. 예수님 앞에 부름을 받은 제자들 역시 갈릴리 바다에서 잔뼈가 굵은 어부들이기 때문에 갈릴리 밤바다가 어떻다는 것을 아주 잘 알고 있었습니다. 그런데도 주님이 건너가자고 하시니까 그 부름에 말없이 순종한 것입니다. 마가는 "저물 때" 출발했다는 사실을 강조하고 있습니다. 큰 부담이 있었지만 제자들은 주님의 말씀에 순종했습니다. 주님이 가자고 한 길, 위험 부담이 있음에도 불구하고 주님께 순종해서 나간 길입니다. 주님이 제시하신 비전을 좇아가는 길에 어이없이 풍랑이 몰아치고 있는 것입니다. 본문 37절의 "물결이 부딪혀"라는 말은 미완료시제(동작의 반복 진행 표시)로 되어있습니다. 곧, 쉴새 없이 계속해서 세찬 물결이 배를 두들겨 대는 급박한 상황을 표현하는 말입니다. 제자들이 탄 배는 거대한 항공모함이 아니었습니다. 사람이 노를 저어서 다니는 똑딱배, 아주 작은 목선입니다. 갈릴리 밤바다의 돌풍을 도무지 견뎌낼 재간이 없는 초라한 배입니다. 마가는 "물이 배에 들어와서 배에 가득하게 되었다"는 말로 당시의 급박한 상황을 소개합니다. 배에 물이 가득 찬 상황, 곧 배가 가라앉기 직전이라는 것입니다. 그러나 그처럼 긴박한 상황에서 주님은 뱃머리에서 베개를 베고 태평하게 주무시고 계십니다. 제자들은 죽을 지경인데 주님은 마냥 주무시고 계시는 것입니다. 다급해진 제자들이 황급히 예수님을 깨웠습니다. 바닷가에서 잔뼈가 굵은 어부들로서도 어찌할 수 없는 강력한 풍랑이 몰아쳐 왔고, 그 풍랑 속에서 그들의 배는 금방이라도 침몰할 것 같았기 때문입니다. 제자들의 가슴에 한없이 크고 무거운 두려움이 몰려오고 있었기 때문입니다. 그런데도 예수님은 마냥 주무시고 계셨습니다.

(왕하 6: 16~17) [16]대답하되, "두려워하지 말라. 우리와 함께 한 자가 저와 함께 한 자보다 많으니라"하고 [17]기도하여 가로되, "여호와여 원컨대 저의 눈을 열어서 보게 하옵소서" 하니 여호와께서 그 사환의 눈을 여시

매 저가 보니 불말과 불병거가 산에 가득하여 엘리사를 둘렀더라.

아람 왕이 이스라엘을 집어삼키려고 작전 계획을 세우는 족족 이상하게도 이스라엘이 그 계획을 먼저 알고 있었습니다.

'이상하다, 우리 안에 이스라엘과 내통하는 첩자가 있나?'

아무리 찾아보아도 그게 아니었습니다. 이스라엘에 하나님의 선지자 엘리사가 있기 때문에 아람 왕이 침대 속에서 생각하는 것까지 그가 다 알고 있다는 얘기를 나중에 듣게 되었습니다. 그래서 아람 왕은, 이 전쟁에서 이기려면 엘리사를 먼저 제거해야겠다고 생각하고, 아람군대를 엘리사가 있는 머물고 있는 도단성으로 비밀리에 보내서 밤중에 엘리사와 게하시가 있는 도단성을 완전히 포위해 버렸습니다. 엘리사의 사환인 게하시가 밖을 내다보니 아람군대의 포위망이 얼마나 두터운지 '이제 죽은 목숨'이라는 생각이 절로 들었습니다. 이처럼 절박한 상황에서 게하시가 엘리사에게 하소연합니다.

"어떡합니까? 우리는 이제 독 안에 든 쥐가 되었습니다."

그때 엘리사가 하나님 앞에 기도해서 "하나님, 이 게하시의 눈을 열어서 마땅히 볼 것을 보게 해 주십시오." 이렇게 기도했더니 하나님이 게하시의 눈을 열어주었습니다. 게하시가 신령하게 열린 눈을 들어 바라보았습니다. 그들이 머물고 있는 도단성을 하늘의 불말과 불병거가 가득 싸고 있는데, 거기 비하면 산밑에서 성을 포위하고 있는 아람군대는 정말 아무 것도 아닌 것처럼 느껴졌습니다. 그때 비로소 엘리사의 몸종 게하시가 안심하게 되었다는 내용입니다. 본 마가복음의 상황이 마치 열왕기하 6장의 분위기와 비슷합니다.

그 뿐 아니라, 본문 마가복음 4장 38절 하반절은 또한 요나서 1: 5~6 말씀을 연상하게 합니다.

(요나서 1:5~6) [5]사공이 두려워하여 각각 자기의 신을 부르고 또 배를 가볍게 하려고 그 가운데 물건을 바다에 던지니라. 그러나 요나는 배 밑층에 내려가서 누워 깊이 잠이 든지라. [6]선장이 나아가서 그에게 이르되, "자는 자여 어찜이뇨? 일어나서 네 하나님께 구하라. 혹시 하나님이 우리를 생각하사 망하지 않게 하시리라" 하니라.

물론 약간의 분위기 차이는 있습니다. 요나서 1:5~6 말씀은, 믿지 않는 자(선장)가 믿는 자(요나)를 깨우는 상황입니다. 오늘 본문도 바로 그와 비슷한 각도에서 기록된 것입니다. 믿음 없는 자들이 주님을 깨우는 겁니다. 제자들은 지금 믿음이 바닥났습니다. 이처럼 대비를 통해서 마가는 예수님이 요나 보다 큰 분이라는 것을 은근히 밝히려고 하는 것입니다. 요나는 자기 몸을 던져서 풍랑을 가라앉혔지만, 예수님은 그냥 말씀 한 마디로 이 풍랑을 잠잠케 하셨다는 것을 밝혀줌으로써 예수님이 요나 보다 크신 분이라는 것을 우리에게 말하고 있는 것입니다. 거센 풍랑 앞에서, 예수님의 평온한 상태와 제자들의 미숙한 믿음의 현격한 대조, 그리고 그 미숙한 믿음 때문에 예수님께 기도가 아닌 항의를 하는 제자들의 모습을 볼 수 있습니다.

(막 4:39) 예수께서 깨어 바람을 꾸짖으시며 바다더러 이르시되, "잠잠하라! 고요하라!" 하시니 바람이 그치고 아주 잔잔하여지더라.

예수님의 신성을 확인할 수 있습니다. 다급해진 제자들의 요청에 주님이 선뜻 응답하셨습니다. 그런데 제자들의 이 요청은 다른 것이 아니라 〈죽게된 자기들을 돌아보아 달라〉는 것이었습니다.

언젠가 기독교계 어느 기관에서 무슨 중요한 자격시험을 치렀습니다. 그런데 그 시험에 엄청난 부정이 있었던 것이 나중에 밝혀졌습니다. 응시 원서도 안낸 사람들이 합격자 명단에 들어있었던 것이 뒤늦게 밝혀진 것입니다. 문제가 확대돼서 진상조사단까지 만들어져 세밀한 뒷조사가 이루어졌습니다. 그 과정에서 부정과 비리가 들어 날 것을 두려워한 시험 관계자들이 관계서류를 서둘러 몽땅 다 불태워버렸습니다. 조사단이 조사할 자료가 하나도 없게 된 것입니다. 논란 끝에 합격 불합격을 가리지 않고 전원 재시험을 치르기로 결정했습니다. 그랬더니 이제는 합격자들이 들고일어났습니다. 이미 합격통지를 받은 자들이 자기들의 대표단을 조직해 가지고 노골적으로 고시를 주최한 쪽에 항의하기 시작했습니다. 마침내 양쪽 대표들의 협상이 시작되었습니다. 그 자리에서 합격자들 대표가 이런 주장을 했다고 합니다.

"우리를 합격만 시켜달라. 그러면 이 고시 부정과 전원재시험에 대해서는 문제삼지 않겠다."

그 과정을 지켜보고 온 어떤 분이 한국교회에는 이제 소망이 없다고 탄식했습니다. 문제의 본질이 무엇입니까? 시험이 원천적으로 부정하게 치러졌다는 사실 아닙니까? 이것을 바로잡아야 되는데, "우리를 합격만 시켜주면 더 이상 문제삼지 않겠다"며 아주 고약한 타협안을 제시하는 것입니다. 지금 제자들에게 문제는 거센 풍랑입니다. 제자들의 "우리의 죽게 된 것을 돌아보지 않습니까?"라는 말에는 이런 뜻이 담겨 있었습니다.

"우리만 죽지 않게 해 주신다면, 풍랑이야 일주일이고, 일년이고 계속
쳐도 상관없습니다."

그들은 이렇게 외쳤습니다. "우리의 죽게 된 것을 돌아보지 않습니까?
우리를 돌아보아 주십시오." 거기에 대해서 주님이 응답하셨습니다. 풍
랑을 꾸짖어서 잠잠케 하신 것입니다. 요컨대, 문제를 해결하는 방식에
본질적으로 차이가 있다는 것을 알 수 있습니다. 예수님의 제자들은, 자
기들이 죽게 된 것이 문제라고 생각했지만, 주님이 보시기에 그것은 문
제가 아니고, 그 문제로 인해 파생된 어떤 증상일 뿐이었습니다. 예수님
이 보시기에 문제의 본질은 날뛰는 풍랑에 있었던 것입니다. 그래서 그
분은 이 풍랑을 향해서 "잠잠하라"고 명령하셨고, 순식간에 그 뛰놀던 풍
랑이 잠잠해져버렸습니다.

(막 4:39) 주님께서 바람을 꾸짖으시매⋯⋯ 바람이 그치고 잔잔하여졌
다.

본문 39절에 쓰인 동사들은 헬라어 부정과거시제로 되어 있습니다.
헬라어의 부정과거시제는 단 한번으로 동작이 완결되고 그 결과가 끝까
지 지속되는 상황을 가리킵니다. 주님께서 '단 한번' 말씀하셨고, 그랬더
니 그 거친 풍랑이 '단번에 그쳐서' 그대로 '계속 잔잔해진 상태가 유지'
되었다는 것입니다. 두 번 다시 손볼 필요가 없었다는 것입니다. 이렇듯,
예수님은 하나님이며 새 창조의 주인이신 것을, 그 분이 〈말씀하신 그대
로 되는 이 모습〉을 통해서 우리에게 보여주시는 것입니다. 창세기 1장

에 나타난 창조기사의 기본 골격, 〈여호와 하나님이 말씀하시니/그대로 되니라/하나님 보시기에 좋았더라〉가 예수님의 사역(말씀 한 마디로 풍랑을 잠잠케 하심)을 통해 그대로 드러나고 있기 때문입니다.

(막 4:40) "어찌하여 이렇게 무서워하느냐? 너희가 어찌 믿음이 없느냐?"

이 절박한 문제를 해결하신 뒤에 주님께서 제자들을 세워놓고 따져 묻기 시작했습니다.

"너희들, 왜 그렇게 무서워하느냐? 왜 믿음이 없는가?"

우리가 걸핏하면 무서워하는 이유가 무엇입니까? 우리가 무서워한다는 것은 궁극적으로 무엇을 말합니까? 우리 안에 우리와 함께 가시는 주님에 대한 믿음이 무너졌다는 뜻입니다. 그래서 주님이 "왜 무서워하느냐? 왜 믿음이 없는가?"라고 물으시는 것입니다. 배에 물이 가득 차서 금방 가라앉을 것 같은 다급한 위기에서 제자들이 무서워하고 두려워하는 것은 사실 당연한 것입니다. 매우 당연한 것인데 주님은 두려워하던 그들을 책망하십니다.

"왜 믿음이 없느냐?"

이렇듯 주님이 제자들을 꾸짖으시는 것은, 그 제자들에 대한 주님 나름대로의 기대가 있었다는 것을 말하는 것입니다. 이 제자들에게 주님께서 믿음을 기대할 만한 상황들이 지금까지 여러 차례 전개되어왔기 때문입니다. 오늘 본문 4장에 오기까지(마가복음 1장에서 4장에 이르기까지), 우리는 제자들이 예수님에 대한 믿음을 가질만한 충분한 바탕이 이미 마련되어 있었다는 것을 확인할 수 있습니다. 세례요한이 분명히 "내 뒤에 오시는 분은 나보다 능력이 많으신 분"(막 1:7)이라고 증거했고, 그분이 요한에게 세례를 받고 올라오실 때에 "하늘이 찢어지고, 성령이 비둘기처럼 머리 위에 임하는 모습"을 주님께서 몸소 보셨습니다(막 1:10). 성령의 인도에 민감한 분이시라는 것(막 1:12), 사단의 권세를 결박한 분이시라는 것, 그래서 천사들의 수종을 받으신 하나님이시라는 것(막 1:13), 수많은 귀신들이 "당신은 하나님의 거룩한 자"라고 그 분의 신성한 본질을 이미 밝힌 사실(막 1:24)을 우리가 알고 있고, 새로운 권세로 설교(막 1:27)하셨으며, 수많은 사람들을 가르치시고 각종 병자를 고치시고, 귀신을 내어쫓고, 이 땅에서 수많은 사람들의 죄를 용서하는 권세가 있음(막 2:5~12)을 보여주셨고, 그리고 예수님 자신이 안식일의 주인(막 2:28)이라는 것을 이미 밝혀온 터입니다. 그렇기 때문에 이 모든 사실로 인해서 제자들은 예수님에 대한 믿음을 갖고 있어야 마땅하다는 것입니다. 그런데 왜 그 '믿음'이 없어서 주님처럼 그 풍랑 속에서 평안하게 쉬지 못하느냐는 것입니다. 제자들은, 예수님의 신성에 대한 이 모든 증거를 보았으면서도, 눈앞에 몰아치는 풍랑만 보고, 조용히 그들과 함께 하시는 예수님을 믿지는 못했습니다. 그들의 이 불신이 그들 안에 끝없는 두려움을 일으키고 있었던 것입니다. 오늘 우리들의 모습과 아주 비슷합니다. 그토록 믿음이 좋은 것 같다가도 막상 어떤 문제가 불거지면, 그 순간 믿음은 어디 가버립니다. 문제만 한없이 커 보이고 우리와 함께 계시는 예수님은 흔적도 보이지 않습니다. '믿음'이 무엇입니까? 믿음은, 하나님의 능력이 예수님 안에 활동하고 있다는 사실을 흔들림 없이 받아들이는 것입니다. 그러기 때문에, 예수님의 이 책망이 좀 심한 것 같지만 사실은 매우 정당한 것입니다. 그것은, 주님께서 우리에게 어떤 기대를 갖고 계셨다는 분명한 증거이기 때문입니다.

성장 과정에서 부모님들의 과중한 기대가 부담될 때가 있지만, 젊은 이들은 그런 때가 행복한 줄 알아야 합니다. 어떤 경우에 부모님들이 화가 좀 나셔서 "난, 너한테 도무지 기대하는 게 없다"고 말하면 정말 섭섭할 것입니다. 이보다 더 낙심되는 말씀은 없을 것입니다. 좀 부담스럽더라도 누군가가 나에게 기대를 걸어주는 것, 그것이 은혜이고 복이라는 사실을 알아야 합니다. 주님께서 우리에게 "그대들 신앙공동체에는 내가 기대하는 게 하나도 없다"고 말씀하시면 정말 끔찍할 정도로 가슴 아픈 일일 것입니다. 우리가 예수님으로부터 따끔하게 꾸중을 들을 망정,

"그래, 그래도 난 그대들에게 기대하는 게 있어. 왜 그런데 그 소박한 기대에 부응하지 못하나?"

이렇게 말씀하실 때, 사실 이게 은혜인 것입니다. 이 얼치기 제자들에게 그것이 큰 은혜가 되는 것입니다.

(막 4:41) 저희가 심히 두려워하여 서로 말하되 "저가 뉘기에 바람과 바다라도 순종하는고?" 하였더라.

"아, 저 사람 세기적인 마술사(데이비드 카퍼필드)인가? 저 분이 누구냐? 저 분이 도대체 누구기에 이 엄청난 풍랑이 말씀 한마디로 잠잠해지는가?"

예수님이 누구입니까? 하나님이십니다. 그런데 제자들은, 이처럼 놀

라운 이적을 또 한번 체험하면서도 예수님의 존재에 대해서 '저분이 누구인가?'에 대해 물음표만 찍어 놓을 뿐 그분이 바로 하나님이시라는 결론은 내리지 못하고 있습니다.

'도대체 이 분이 누구이기에 이 엄청난 풍랑이 말씀 한마디로 잠잠하게 되는가?'

사실 여기서 예수님의 제자들은 굉장히 놀랐을 것입니다. 왜냐하면 그 동안 행하셨던 이적들은 당시 마술사들도 그럭저럭 더러 흉내를 냈던 것이었기 때문입니다. 하지만 어떤 마술사도 예수님처럼 말씀 한 마디로 바다의 풍랑을 잠잠케 하는 마술을 행하지는 못했습니다. 그렇기 때문에 제자들이 깜짝 놀란 것입니다. 그러므로, 예수님은 말씀 한 마디로 자연도 다스리는 하나님이심을 우리가 분명히 고백할 수 있어야 합니다. 예수님은, 우리의 삶에 시시때때로 일어나는 수많은 풍랑들을 그 분의 말씀 한마디로 얼마든지 다스리고 잠잠케 하실 수 있는 전능하신 하나님이요, 우주의 왕이시라는 사실을 겸손히 인정하는 믿음이 우리 신앙고백의 밑바닥에 있어야 하는 것입니다. 그래서 예수님은, 공생애 마지막 기간에 가이사랴 빌립보에서 "너희는 나를 누구라 하느냐?"하고 물었던 것입니다(마가복음 8장). 그러므로 '믿음'을 갖기 위해 우리는 예수님의 정체성을 신뢰해야만 합니다. 예수님의 정체성을 신뢰하기 위해서는 지난날 내 삶 가운데 주님의 은총으로 주어진 그 수많은 이적을 기억하는 것이 대단히 중요합니다. 아울러 그 기억에 기초해서 나의 불안정한 미래에 대한 소망과 확신을 갖는 것 또한 매우 중요합니다.

주님이 제시하신 비전을 따라 나선 길에도 세찬 풍랑이 몰아칠 수 있습니다. 그 풍랑 앞에서 흔히 나타나는 두 가지 반응을 이미 확인했습니다.

두려워 할 것인가?
믿음으로 평안의 길을 갈 것인가?

우리 모두가, 그런 풍랑 앞에서 주님의 다리를 베고라도 주님과 함께 누워 평안의 잠을 잘 수 있기를 바랍니다. 그럴 리야 없겠지만 '만일 주님이 돌아가시면 나도 같이 죽는다'는 생각으로……

사랑하는 동역자 여러분, 우리 삶에 일어나는 풍랑은 우리와 함께 계시는 주님의 능력을 체험할 수 있는 절호의 기회가 된다는 사실, 그러므로 우리는 풍랑 앞에서 불평보다는 오히려 감사를 해야 된다는 사실, 궁극적으로 예수님이 어떤 분이신가를 잘 알수록 우리 신앙의 성숙도도 더 올라갈 것이라는 사실을 우리가 알았으면 좋겠습니다.

"예수님이 계시는 한 '최악의 상황'은 없다."

그렇습니다. 예수님이 함께 계시면 우리에게 '최악의 상황'이라는 건 없습니다. 때로 '좀 힘들고 불편한 상황'은 있을지 몰라도, 예수님 앞에서 '최악의 상황'이라는 것은 없습니다. 첫 번째 항해기사를 통해서 마가가 우리에게 분명히 말해주고 싶어하는 게 있습니다. '풍랑 속에서 허덕이는 우리를 주님이 반드시 돌보신다'는 것입니다.

이제 두 번째 항해기사(마가복음 6:45~52)를 살펴보겠습니다. 이 두 번째 항해기사의 바로 앞에 오병이어의 이적(막 6:30~44)이 기록되어 있습니다. 이 오병이어의 이적을 통해서, 주님은 우리의 육신의 필요를 채워주실 수 있는 목자이시며 또한 우리 영혼의 필요를 채워 주실 수 있는 참 목자이시라는 것을 분명히 밝혀 주셨습니다. 그리고 참 목자 되신 주님께서 우리에게 주시는 이 은총은 '차고 넘치는 은총' 이라는 것을, 열 두 광주리에 남은 음식을 거두는 과정에서 상징적으로 보여줍니다. 차고 넘치는 은총, 그리고 그 부스러기 은총만으로도 얼마든지 만족할 수 있는 그 은총을 주님께서 우리에게 주실 수 있는 분이라는 것을 이 기사를 통해서 보여주신 것입니다. 병행구절인 요한복음 6장을 보면, 이 이적이 일어난 뒤에 사람들이 예수님을 붙잡아다 억지로 왕 삼으려고 했다는 것을 알 수 있습니다. 사람들의 어둡고 추한 중심을 아시는 예수님은 그들을 뿌리치고 거기서 도망칩니다. 본문 마가복음 6장은, 이렇듯 예수님이 도망치는 과정에서 다시 배를 타고 가시는 장면을 그리고 있습니다.

(마가복음 6:45) 예수께서 즉시 제자들을 재촉하사 자기가 무리를 보내
는 동안에 배 타고 앞서 건너편 벳새다로 가게 하시고

영어성경 번역본에는, 45절의 "제자들을 재촉하사"라는 말이 'compel' 혹은 'constrain' 으로 되어있습니다. 그러니까 예수님이 강제로 그렇게 하도록 하셨다는 것입니다. 그러니까 사람들이 예수님을 왕 삼으려고 하는 그 분위기 속에서 제자들의 마음은 굉장히 들떠 있어서 그 곳에 머물러 있고 싶어했다는 것입니다.

'이런 분위기 속에 좀 오래 머무시지. 그냥 이 자리에서 제발 그냥 왕 노릇하시지……'

예수님이 왕 되시면 자기들은 장관 한 자리 정도는 간단히 할 수 있을

거라고 생각한 것입니다. 아무리 못해도 열두 명에게 장관 한 자리 정도 씩은 돌아가지 않겠습니까? 제자들에게 이처럼 달콤한(?) 생각이 있었던 것 같습니다. 제자들의 그 지저분한 욕망을 제지하시는 주님의 의도가 이 "재촉하사"라는 표현 속에 들어있는 것입니다. 예수님의 제자들은, 그 인기 절정의 예수님 주변에서 사람들의 인기를 마음껏 누리면서 그 자리 에 머물기를 원했던 것 같습니다. 그것을 아시는 주님이 제자들을 강제 로 배에 태워서 건너편으로 가시려고 하시는 것입니다.

"이 무리들의 뒷정리와 마무리는 내가 다 할 테니까, 너희들은 배타고 먼저 떠나라. 빨리!"

뱃새다는 예수님 일행이 있는 곳으로부터 약 5km 정도 떨어진 곳입 니다. 인기 절정의 그 자리를 박차고 주님은 제자들을 배에 태워서 뱃새 다로 떠나 보냅니다. 그런 다음 당신은 산으로 올라가서 기도합니다. 사랑하는 동역자 여러분, 제가 그 동안에 여섯 번의 강론을 하면서 "모양 번듯한 일/폼 나는 일"이라는 표현을 자주 썼습니다. 폼 나는 일, 사람들 이 우러러 보는 일, 사람들이 아, 멋지다고 생각하는 그 일, 그 일을 통해 서 우리가 누리는 인기, 이것이 복음 사역에 치명적인 위협이 될 수 있다 는 것을 주님은 알고 있었던 것입니다. 주님은 인기에 연연하는 제자들 을 강제로 배를 태워서 떠나 보내는 것입니다. 가기 싫지만, 이번에도 제 자들은 주님의 명령에 순종합니다. 순순히 복종합니다. 예수님의 명령을 어기고 안 가는 게 아니었습니다. 예수님 앞에서 버티지 않았습니다.

"주님, 딱 한 나절만 더 있다 가면 안될까요? 아니면 한두 시간만이라 도……"

이렇게 생떼 쓰지 않고, 가기 싫지만 주님 말씀을 따라 뱃새다로 갑니다. 제자들은 피로가 겹쳐 있었습니다. 주님이 주신 권세를 가지고 나가서 병자를 고치고 귀신을 쫓고, 복음을 전하는 사역(6장)을 하고 돌아왔기 때문입니다. 그들이 돌아오자, 주님께서 제자들에게 "너희들 한적한 곳 광야에 가서 좀 쉬어라" 이렇게 말씀하시고 쉬러 가는데 사람들이 또 쫓아 온 것입니다. 휴식 장소에 가 보면, 사람들이 달음박질해서 제자들의 도착 예정 지점에 먼저 와서 기다리고 있었습니다. 할 수 없이 거기서 또 한 번 예정에 없던 전도집회가 벌어진 것입니다. 그런 가운데 이 사람들이 배가 고플 것 같으니까 주님이 오병이어의 이적을 행사하신 것입니다. 그러니까 예수님의 제자들은 휴식시간을 전혀 갖지 못한 것입니다. 그들은 쉬어야 했습니다. 예수님은 그것을 알고 계셨습니다. 이 분주하고 번잡한 자리에서 한참 올라간 인기를 누리면서 그 인기를 유지하기 위해서 계속해서 피곤한 발걸음을 계속 내딛을 것이 아니라 이 자리를 떠나서 조용한 곳에 가서 쉬어야 된다고 주님은 생각했던 것입니다. 인기에 춤을 추며 분주하게 지내기 보다, 조용한 곳에 가서 쉴 것을 명령하시고, 제자들을 배를 태워 떠나 보내신 뒤에 주님은 기도하러 혼자 산으로 가셨습니다. 제자들에게는 휴식이 필요했고, 예수님에게는 기도가 필요했기 때문입니다. 왜냐하면 예수님이 걸어야 될 이 길은 십자가의 길, 그러기에 기도하지 않으면 걸을 수 없는 길이기 때문에, 또한 이 엄청난 인기의 유혹과 싸울 수 있는 길은 기도밖에 없기 때문에 주님은 혼자 산에 가서 기도하신 것입니다. 사랑하는 여러분, 오늘날 한국 교회 안에 성공병 환자들이 너무 많은데, 성공은 그 자체가 신앙의 결정적인 위기가 된다는 사실을 분명히 알아야 합니다. 성공한 사람들에게 하나님의 지속적인 다스림이 뒤따르지 않으면 순간적으로 그는 자만하게 되고 그래서 결국은 실족하게 되는 것입니다. 그런 점에서 (세속적) 성공은 우리에게 영적인 지뢰밭이라고 말할 수 있습니다. 그래서 예수님은 심야 산상기도를 통해서 오직 하나님 아버지만을 바라보시려 하셨던 것입니다.

(마가복음 6:47~48) [47]저물매 배는 바다 가운데 있고 예수는 홀로 뭍에 계시다가 [48]바람이 거스리므로 제자들의 괴로이 노 젓는 것을 보시고 밤 사경 즈음에 바다 위로 걸어서 저희에게 오사 지나가려고 하시매

장소는 바다, 시간은 밤입니다. 항해 기사에서, 항시 시간은 밤, 장소는 바다로 나타나는데, 그 바다는 평온한 바다가 아니라 계속해서 풍랑이 일고 역풍이 몰아치는 바다로 나타납니다. 이것이 도대체 무얼 의미하는가는 마지막 마무리 시간에 정리하도록 하겠습니다. 주님의 부르심을 받고 주님이 제시하신 비전을 좇아서 건너편을 향해 노를 저어 나아가고 있는데 제자들은 계속 역풍에 시달리고 있습니다.

바다에서 역풍이 얼마나 무서운 것인지를 잘 모르실 것입니다. 1970년대 말 제가 군대(공수특전단)에 있을 때, 여름철이면 동해안으로 수영 훈련을 나갔습니다. 수영 훈련장에 가면, 도착하자마자, A조, B조, C조로 조를 편성합니다. A조는 인명 구조반, B조는 중간, C조는 그냥 수영 기초부터 배워야 하는 사람들입니다. A조는 날씨좋은 날은 낮에 물 속에 들어가 훈련하고, 비가 오면 쉽니다. 하지만 C조는 날씨 좋고 햇볕이 쨍쨍 내려 쬐는 날엔 모래밭에서 계속 체력단련(PT체조)만 하고, 비가 오는 날엔 하루종일 차가운 물 속에다 담가 놓습니다. 여름에도 몹시 차가운 동해 바닷물, 비 내리는 날이면 뼛속까지 시려오는 물 속에 들어가 실컷 고생하는 게 C조입니다. 인명구조원 자격증을 따는 A반에 들어가면, 몇 주간 열심히 훈련하다가 마지막 날 자격시험을 치릅니다. 바닷길 1마일(약 1.6km 정도)을 혼자 헤엄 쳐 나와야 합니다. 마지막 시험 날, A조

원들을 모터보트에 싣고 바닷가에서부터 1마일을 나가 거기에 응시자들을 풀어놓습니다. 그러면 해안에서 1마일 거리 되는 곳에서부터 해안까지 혼자 헤엄쳐 나와야 합니다. 혼자 헤엄쳐서 바닷가까지 나오는 사람에게는 인명구조원 자격증이 주어집니다. 만일 중간에 지쳐 가지고 모터보트 신세를 지면 자격증을 주지 않습니다. 그 자격증을 가지면 평생동안 어느 수영장이든 공짜로 출입할 수 있습니다. 그런데 1.6km 거리 별거 아닌 것 같은데, 문제는 꼭 썰물 때에 헤엄을 치게 한다는 것입니다. 바닷물이 빠져나가는 썰물 시간에 끌고 나가서 헤엄을 치게 만듭니다. 그러기에 물살을 거슬러 아무리 팔을 저어도 앞으로 잘 나가질 않습니다. '역류' 속에서 헤엄치는 것, 정말 힘들고 어렵습니다. 그러기에 그걸 통과하면 인명구조원 자격증이 주어지는 것입니다. 남의 목숨을 물에서 건져내려면 그 정도 실력은 있어야 된다는 것입니다. 별 것 아닌 썰물의 힘도 엄청난데, 똑닥배를 타고 노 저어 가는 제자들에게 휘몰아치는 '역풍'의 힘은 정말 엄청난 것이었을 것입니다. 더더군다나 어둠 속에서는 공포감이 배나 더한 것입니다만, 제자들은 어둠 속에서 역풍에 시달리며 밤새 괴로이 노를 젓고 있었습니다. 예수님의 제자들은 어부 출신입니다. 바다에서 잔뼈가 굵었기 때문에 웬만한 바람에는 눈 하나 꿈쩍 않을 사람들이었습니다. 그런데도 (마가복음에서는) 이 사람들이 바다에만 들어오면 헤매는 모습으로 그려집니다. 그들이 가야할 목표지점까지의 거리는 실제로는 5km정도 밖에 안되었습니다. 그런데 본문을 보면 '저물 때부터 밤 사경까지' 제자들이 내내 허둥대고 있었다는 것을 알 수 있습니다. 벌써 아홉시간 정도의 시간이 흐르고 있었다는 것을 알 수 있습니다. 5km 거리는, 정상적인 항해였다면 한 시간 반이나 두시간 정도면 도달할 수 있는 거리입니다만, 그보다 네 곱절이나 되는 시간이 흘렀는데도 제자들이 아직도 바다에서 헤매고 있는 것입니다. 기진맥진하여 더 이상 노를 저을 힘도 없는 상태인데도 어둠 속에서 아직도 목표지점은 감감하기만 하고…… 멈출 줄 모르고 끊임없이 몰아치는 풍랑 속에서 제자들은 기진하여 하염없이 허둥대고 있는 것입니다. 시간이 가고 하염없이 세월만 흐르고 열매는 없고…… 오늘 우리들의 모습과 비슷하지 않습니까? 시간은 흐르는데 뚜렷이 하는 일은 없고, 세월은 흘렀는데 내놓을 열매는 없고, 열심히 무언가를 한다고는 했지만 힘만 빠지고 이루어진 일은 없고…… 마가는, 이 두 번째 항해기사를 통해서 사람 낚는 어부의 길이 얼마나 어려운 것인지를 생생하게 보여줍니다. 바다에서는 내로라 하는 전문가인데도 제자들은 고통스러운 밤의 시간 속에 끊임없이 시달리고 있습니다. 제자들은 기진맥진했습니다.

여기서, 첫 항해기사(마가복음 4장)와 두 번째 이 항해기사(마가복음 6장)의 차이점을 잠시 살펴보도록 하겠습니다. 자세히 살펴보면, 첫 번째 항해기사에서는 예수님이 배 안에 계셨습니다만, 지금 두 번째 항해기사에서는 예수님이 배에 계시지 않았다는 것을 알 수 있습니다. 두 차례 모두 다, 예수님이 명령해서 그 분이 제시하신 방향과 비전을 따라서 가는 길, 그런데 두 번 다 어김없이 풍랑이 일었습니다. 차이가 있다면 조금 전에 말씀드렸듯이, 처음 항해 때는 예수님이 배 안에 함께 계셨고, 두 번째 항해 때는 예수님이 배에 안 계신다는 것입니다. 그렇습니다. 신앙생활을 하면서 어떤 때는 하나님의 임재(현존)를 강하게 느낄 때가 있는 반면 전혀 그렇지 않을 때도 있습니다.

'아, 주님이 지금 나와 함께 계시구나, 내 손을 잡고 계시구나, 나를 안고 계시구나.'

이런 느낌이 강한 때가 분명히 있습니다. 하나님의 임재를 강하게 느끼면서 일할 때가 있습니다. 그런데 또 어떤 때는, 하나님이 나를 완전히 버린 것 같고, 내가 도무지 하나님의 사람이 아닌 것 같고, 평소에 잘 되던 하찮고 사소한 일도 왜 그렇게 팍팍하게만 느껴질 때도 있습니다. 세월은 하염없이 가는데 답답하기만 하고 되는 일은 별로 없고…… 이럴 때가 있지 않습니까? 마가는, 바로 이런 상황을 이 두 개의 약간 다른 항해기사를 통해서 보여주고 있는 것입니다.

밤바다에 역풍이 자주 일고 있습니다. 주님이 제시하신 비전을 따라서, 그 비전을 성취하기 위해서 달려가는 발걸음에 반대가 많다는 것을 말하는 것입니다. 믿음 안에서 큰 뜻을 품고 기도한 끝에 무언가를 "하자!" 하면, "무슨 말씀! 하지 말자!"고 온갖 성경구절을 그럴 듯하게 들이대며 궤변을 늘어놓으면서 성경적으로(?) 대적하는 이들이 나타나기도 합니다. 그럴 때 우리는 역풍에 시달리는 제자들처럼 낙심하기 쉽습니다. 그리스도인들으로서 인생을 한 20년, 30년, 40년쯤 살면 사는 것에 제법 이력이 날 것도 같습니다. 어떤 일이든 한 10년 정도 하면 상당한 수준에 이를 수 있습니다. 인생을 적어도 한 20년, 30년, 40년 사는 동안 세월이 이리 저리 많이 흘러도 여전히 무얼 어떻게 해야될지 길을 모르는 건 마찬가지, 그게 인생입니다. 10년, 20년, 30년…… 이렇게 신앙의 경력과 경험이 쌓이게 되면 신앙에 대해서 뭔가를 좀 알 것도 같습니다만, 그런데 가만히 돌이켜 생각해보면, 아는 게 정말 별로 없다는 것을 인정하지 않을 수 없습니다. 익숙한 길인데도 갈 바를 모를 때가 너무 많습니다. 그런 가운데서 시도 때도 없이 불어닥치는 역풍 앞에서 지친 나머지 도대체 무엇을 어떻게 해야 될지 모르는 절망적인 상황에 낙심할 때가 너무 많습니다. 세월이 흘러도 어두움과 죄악의 물결은 여전합니다. 고상한 비전을 따라 나선 길, 그까짓 한 5km 정도 배를 타고 호수를 건너가는 일 별 것 아닌 듯한데, 그 별 것 아닌 일을 하는데 그토록 어려움이 많습니다. 공동체의 비전을 성취하기 위해서 기도하면서 세워 놓은 크고 작은 목표들이 있을 것입니다. 조금만 노력하면 금방 성취될 것 같은데도, 막상 부딪혀 보면 그 별 것 아닌 것 같은 일을 해 나가는데 느닷없이 드러나는 암초가 너무 많습니다. 그러다가 마침내 지쳐버린 일꾼들이 많이 있습니다.

'안 되는구나. 우리는 도저히 안되겠구나……'

이렇듯 낙심하고 주저앉는 이들이 많습니다. 그렇습니다. 인생에는 왕도가 따로 없습니다. 마찬가지로 우리 신앙의 길에도 왕도는 없습니다. 마치 거친 풍랑의 바다에서 베테랑 어부들의 노 젓는 실력이 별 것 아니었던 것처럼, 우리에게 불어닥치는 역풍 앞에서 우리들의 알량한 신앙 경력이나 인생의 경륜이라는 것은 사실 별 것 아니라는 것을 뼈저리게 느낄 때가 많습니다. 이럴 때 우리가 잊지 말아야 할 것은, 바로 이런 상황에서 예수님이 우리들의 이 고통스러운 항해를 지켜보고 계신다는 사실입니다. 주일 공동체예배에 참석하고 싶은데 응급환자를 돌보기 위해 당장 수술실에 들어가야 되는 인턴, 레지던트들의 안타까운 가슴을 주님은 분명히 보고 계십니다. 우리의 이 쓰린 아픔, 우리의 이 고통이 어떤 것이든 주님은 이 모든 것을 다 보아서 알고 계십니다. 주님은 제자들이 괴로이 노 젓는 것을 내내 지켜보고 계셨습니다. 그러다가 마침내 바다 위를 걸어서 풍랑 가운데로 오시는 것입니다.

(막 6:48) 바람이 거스리므로 제자들의 괴로이 노 젓는 것을 보시고 밤 사경 즈음에 바다 위로 걸어서 저희에게 오사 지나가려고 하시매

'제자들의 괴로이 노 젓는 것을 보시고 오사……' 그 다음에 참 이상한 표현이 있습니다. 괴로이 노 젓는 것을 보고 오셨으면, 와서 건져 주든지, 아니면 풍랑을 잠재워 주시든지 해야될 것인데, 실컷 오셔놓고는 주님께서 그만 그곳을 지나쳐 가려고 하시는 것입니다. 이 부분을 이해하기 위해 출애굽기 33:14 이후의 말씀 중에서 특별히 출애굽기 33:19~20절을 찾아 확인해 볼 필요가 있습니다.

(출 33:19~20) [19]여호와께서 가라사대, "내가 나의 모든 선한 형상을 네 앞으로 지나게 하고 여호와의 이름을 네 앞에 반포하리라. 나는 은혜 줄 자에게 은혜를 주고 긍휼히 여길 자에게 긍휼을 베푸느니라." [20]또 가라사대, "네가 내 얼굴을 보지 못하리니 나를 보고 살 자가 없음이니라."

하나님께서 모세에게 하시는 말씀입니다. 주님이 은혜줄 자에게 은혜를 주고 불쌍히 여길 자에게 긍휼을 베푼다고 말씀하십니다. 하나님을 보고 살 자가 없기 때문에 "너 모세는 내 뒷모습만 보게 될 것"이라는 말씀도 하십니다. 모세를 향한 하나님의 사랑이 얼마나 큰 지, 친히 말씀하시는 것입니다. 모세가 하나님의 앞모습을 보고 살수가 없기 때문에, 하나님이 모세를 몹시 사랑하신 나머지 그를 살리기 위해서 바위틈에 그를 숨기시고 지나가시는 하나님의 뒷모습만 보게 만드신 것입니다. 언약백성이 모세를 향한 하나님의 긍휼과 은혜와 사랑이 "너는 내 뒷모습만을 바라보라"는 이 말씀 속에 무르녹아 있습니다. 영광스런 하나님의 임재, 그것은 바로 하나님(의 뒷모습이라도)을 바라볼 복된 기회였던 것입니다.

바로 이런 각도에서, 주님이 괴로이 노 젓는 제자들에게 다가오셔서 그 옆을 그냥 지나가려고 하신 것은, 고난 당하는 제자들을 내버려두고

자 하신 것이 아니라, 그들에게 은혜와 긍휼과 사랑이 풍성하신 주님을 바라볼 기회를 줌과 동시에 주님께 간절히 기도하도록 하시기 위함이었음을 아는 것이 중요합니다. 힘에 부치는 역풍을 만나 마치 하나님께서 침묵하시는 것 같은 고통스러운 항해가 지속될 때, 바로 그 때가 우주의 왕 되신 능력의 주님 앞에 엎드려 마음을 다해 기도해야할 때인 것입니다.

(막 6:49) 제자들이 그의 바다 위로 걸어오심을 보고 '유령인가' 하여 소리 지르니

정작 주님 앞에 엎드려 간구해야 할 때, 본문에 등장하는 제자들처럼 마음이 둔하여(막 6:52), 많은 이들이 주님께 기도하기보다는 공포의 고함 내지르기를 더 잘 합니다. 기도하기보다는, 회한과 분노의 눈물을 쏟는 경우도 많습니다. 슬퍼서 울고, 약 올라서 울고, 속 상해서 울고, 자존심 상해서 웁니다. 하지만 이런 분노와 회한의 눈물은 결코 기도가 될 수 없습니다.

(막 6:50) 저희가 다 예수를 보고 놀람이라. 이에 예수께서 곧 더불어 말씀하여 가라사대, "안심하라, 내니 두려워 말라" 하시고

그럼에도 불구하고, 예수님은 그처럼 어리석고 어설픈 부르짖음에도 귀를 기울이시고 그들을 위로해 주십니다.

"안심하라. 내니(나는 나다) 두려워 말라(두려움을 그치라)."

여기 본문 50절의 "안심하라"는 말은 미완료시제로서 동작의 계속 반복을 의미합니다. "내니"라는 말은 "나는 나다"라는 뜻으로서 출애굽기 3장 14절의 "나는 스스로 있는 자"라는 여호와 하나님의 이름을 연상케 하는 장중한 표현입니다. 곧 예수님의 신성과 능력을 강하게 시사하는 말씀인 것입니다.

"안심하고 또 안심하고 끝까지 안심하라. 나는 하나님이다. 하나님인 내가 너희와 함께 있다. 그러니 이제 그만 두려움을 멈춰라."

본문 50절 말씀에는 바로 이런 사랑의 위로와 격려의 말씀이 담겨 있었던 것입니다.

(막 6:51~52) [51]배에 올라 저희에게 가시니 바람이 그치는지라. 제자들이 마음에 심히 놀라니 [52]이는 저희가 그 떡 떼시던 일을 깨닫지 못하고 도리어 그 마음이 둔하여졌음이러라.

그동안의 정황으로 볼 때, 예수님께서 제자들이 타고 있는 배를 향해 가시면서 풍랑을 향해 "잠잠하라"는 무언의 명령을 내렸음을 알 수 있습니다. 거친 풍랑이 잠잠해지면서 느닷없이 찾아온 평화와 고요 앞에 제자들은 그만 넋이 나가버리고 말았습니다(51절). 약해진 믿음 탓에 뜻밖에 베풀어진 하나님의 은총에 놀라버린 것입니다. 제자들의 마음은 참으로 강퍅해진 상태였습니다. 그러기에 예수님의 신성의 증거인 이적을 숱하게 확인하고도 예수님을 믿지 못했습니다. 여기서 우리는 믿음(예수님에 대한 신뢰)은 이적 체험에 정비례하지 않는다는 것을 알 수 있습니다. 그러므로 이적 체험은 우리 믿음의 근거가 결코 될 수 없습니다. 우리의 믿음의 근거는 천지가 없어져도 변치 않을 예수 그리스도의 말씀이고, 그 분의 존재에 대한 확신입니다.

'사람 낚는 어부가 되어 가는 과정'이 얼마나 어려운지, 예수님의 말씀에 순종하는 과정에서 주님이 제시하신 비전을 따라 나아가는 그 길에서 우리가 얼마나 숱한 역풍을 만나는지, 참으로 별 것 아닌 듯한 일을 하는 가운데서도 시도 때도 없이 몰아 닥치는 이 역풍은 우리의 필사적인 노력에도 불구하고 얼마나 거세기만 한지, 이것을 우리는 그동안에도 많이 체험했고, 앞으로의 삶 속에서도 또 다시 숱하게 체험하게 될 것입니다. 힘만 빠지고 성과는 없는, 시간은 흐르는데 되는 일은 별로 없는 이런 안타까운 상황을 얼마나 자주 만나게 될지 모릅니다. 그때 우리는 우리 마음속에 이렇게 외칠 수 있어야 합니다.

'그래도 주님은 우리의 이 고통을 지켜보고 계신다!'
'예수님은 고통에 허덕이는 나를 지금도 사랑하고 계신다!'

본문 52절에서 마가는 은근히 우리를 향해 "역사공부를 다시 하라"고 말합니다. 제자들이 부질없이 두려워하고 통한의 울부짖음을 토하면서도 기도는 하지 못하고, 주님의 능력으로 찾아온 평안에 그저 어리둥절할 수밖에 없었던 결정적인 이유가 바로, 저희가 주님께서 오병이어의 이적을 행하시던 지난날 곧 지나간 신앙의 역사를 제대로 이해하지 못했기 때문이라고 꼬집습니다. 그러므로 우리는 몰아치는 삶의 폭풍우 속에서 두려워하고 낙심할 때마다 우리 신앙의 지나온 자취를 다시 점검할 필요가 있습니다. 지나온 자취 속에 임했던 오병이어의 이적과 수많은 은총과 능력을 되새길 필요가 있습니다. 여러분, 이적을 체험한 적 없다고 하면 안됩니다. 우리가 하루하루 먹고살고, 옷 입고, 학교 다니고 직장에 나다니는 것이 바로 눈부신 이적이기 때문입니다. 어디 그 뿐입니까? 더 기가 막히는 이적, 이 '성경 말씀'이 살아 계신 하나님의 말씀으로 믿어지는 것, 이것 이상의 이적이 또 어디 있습니까? 어떤 무협지가 성경을 따라 옵니까? 저는, 고등학생 시절 기분 전환할 겸 틈틈이 읽던 와룡생의 무협지를 읽으면서 처녀가 애 낳는 이야기를 읽어본 적이 없습니다. 죽은 자가 살아났다는 기록도 물론 본 적이 없습니다. 성을 하루에 한 바퀴씩 돌고 일곱째 날에 성을 일곱 바퀴를 돈 후에 고함을 질렀더니 이중 놋성벽이 무너졌다는 기록도 본 적이 없습니다. 초자연적인 사건들에 관한 한 와룡생의 무협지가 성경을 좇아올 수 없습니다. 그런 성경의 모든 내용이 역사적 사실로 믿어지고 그 성경말씀이 진리의 유일한 표준으로 받아들여지는 것, 이보다 더 큰 이적은 없는 것입니다. 성경이 역사적 사실로 믿어지면, 성경 속에 있는 수천 수만 가지의 간증사건들이 다 내 것인데 무얼 더 봐야 합니까? 어떤 사람이 좀 희한한 꿈을 꾼 후에 천국이 있다고 간증을 해야만 천국이 있고, 그렇지 않으면 천국이 없는 것입니까? 왜 이 성경말씀을 통해서는 믿음을 갖지 못하고 누군가가 꿈을 꾸고 와서 꿈 이야기를 하면 그제야 비로소 믿는지, 참으로 이상한 일입니다. 그 간증이란 것이 사실인지 아닌지도 모르고, 그것의 진정성을 확인할 방법도 없는데 왜 그걸 함부로 믿고 따라가는지…… 참 알다가도 모를 일입니다. 그러므로 우리 삶 속에 감당하기 힘든 풍랑이 일 때마다 '역사 공부' 다시 해야 합니다. 고통스러울 때마다, 우리 개개인과 공동체의 지나온 역사를 재점검해야 하고, 낙심될 때마다 내 지나온 삶의 자취 속에 주님께서 은혜로 임하셨던 그 수많은 흔적들을 되돌아볼 필요가 있습니다. 그리고 신실하시고 변치 않으시는 그 하나님이 지금껏 내 발걸음을 인도하시면서 그렇게 나를 붙드셨으면 앞으로도 나를 그렇게 붙들고 가실 것이라는 분명한 믿음을 가져야만 하는 것입니다. 그 믿음으로 험한 역풍과 싸워야 합니다. 역풍이 몰아 칠 때, 주님은 우리에게 그 분을 향한 진지한 기도를 원하십니다. 내 삶의 역풍이 있다고 생각될 때, 성공과 인기의 안정된 자리를 뿌리치도록 하시고 우리를 역풍의 바다로 친히 인도하신 주님, 역풍과 싸우는 우리를 지켜보고 계시는 주님, 우리 곁에 변함 없이 서 계시는 사랑의 주님 앞에 겸손히 무릎 꿇어야 합니다. 그 분은 무엇보다도 믿음의 기도를 원하시기 때문입니다.

이제, 세 번째 항해기사(마가복음 8:14~24)를 살펴보겠습니다. 방금 우리가 다룬 이 두 번째 항해 기사(마가복음 6:45~52)와 세 번째 항해 기사는 구조상 아주 비슷한 점이 있습니다. 두 번째 항해 기사 앞에 오병 이어의 이적이 있었듯이, 이 세 번째 항해기사 앞에도 주님이 또 4천 명을 먹이는 이적이 기록되어 있기 때문입니다. 오병이어의 이적에 이어서 두 번째 항해 기사가 나오고 있고, 이어서 바리새인들과 예수님과의 논쟁(마가복음 7장)이 나옵니다. 곧 정결의식에 관한 논쟁입니다. 그 논쟁 다음에 수로보니게 여인의 딸이 그 어머니의 믿음으로 구원의 은총을 입는 이야기가 나옵니다.

이 세 번째 항해 기사도 전후 구조가 두 번째 항해기사와 비슷합니다. 주님께서 4천 명을 또 먹이신 기록이 나오고, 이어서 바리새인들이 예수님 앞에 와서 하늘로부터 오는 표적을 보이라고 말하는 장면이 나옵니다. 그러니까 구조상 이 바리새인들의 시험이 항해기사보다 약간 먼저 나옵니다. 그 뒤에 바다를 항해하는 세 번째 기사가 나오고, 그 뒤에 강퍅한 세대, 곧 제자들의 무지에 대해서 주님이 책망하시는 이야기가 나옵니다. 그러니까 두 번째 항해기사와 세 번째 항해기사는 중간 부분에 약간의 구조적 변화가 있지만, 그것은 사실 아주 사소한 문학적 기교의 차이 일뿐이고 근본적인 구조는 같다고 보는 것이 옳을 것입니다. 이 비슷한 구조의 항해기록을 삽입함으로써 마가는 수로보니게 여인의 믿음과 제자들의 무지를 대비시키려고 했던 것을 알 수 있습니다. 수로보니게 여인, 모세가 전해준 율법도 모르고 참으로 무지해 보였던 그 여인이 믿음으로 구원을 얻은 사실에 비추어, 예수님으로부터 날마다 성경 과외(?)까지 받은 이 제자들이 믿음에 관한 한 또 얼마나 형편없이 무지한가를 뚜렷하게 대조시켜 보이려 했던 것입니다.

(막 8:14) 제자들이 떡 가져오기를 잊었으매 배에 떡 한 개 밖에 저희에게 없더라.

세 번째 항해기사에 대한 상황설명입니다. 예수님의 지시를 받아 급히 출발하느라고 어쩌면 제자들이 비상시에 먹을 떡을 제대로 챙기지 못했을 것입니다.

(막 8:15~16) [15]예수께서 경계하여 가라사대 "삼가 바리새인들의 누룩과 헤롯의 누룩을 주의하라" 하신대 [16]제자들이 서로 의논하기를 "이는 우리에게 떡이 없음이로다" 하거늘

예수님께서 제자들에게 "삼가 바리새인들의 누룩과 헤롯의 누룩을 주의하라"고 경고하셨습니다. 헬라어 성경 원문에는 "경계하라", "삼가라", "주의하라"는 말이 미완료(반복)시제, 혹은 현재(진행)형으로 되어 있습니다. 엄밀히 말하면 헬라어에는 현재 진행형이 없습니다. 그래서 현재형은 종종 현재진행형을 포괄합니다. 여기 "삼가라", "주의하라"는 말이 현재시제로 되어 있습니다. 그러니까 '계속해서 삼가야' 하고, '계속해서 주의하고 있어야 한다'는 것입니다. 그 앞에 "경계한다"는 말이 미완료(반복)시제로 되어있는데, 주님이 "계속 되풀이해서 경계하고, 또 다시

경계하셨다"는 뜻입니다. 곧 바리새인들의 누룩과 헤롯의 누룩을 계속 조심하고 계속 삼가라는 말씀입니다. '바리새인의 누룩', '헤롯의 누룩', 이런 표현은 여러분들이 잘 아시다시피 '은유법' 입니다.

> A of B(A의 B)
> A = B(A는 B다)

이런 구조가 바로 아주 전형적인 '은유법' 입니다. '바리새인의 누룩', '헤롯의 누룩' 이라는 표현, 아주 전형적인 은유법입니다. 이 은유를 해석할 때는, 항시 보조관념(B)의 특성으로 원관념(A)의 본질을 유추해야만 합니다.

> "너희들이 바리새인의 누룩과 헤롯의 누룩을 계속해서 주의하고 계속해서 삼가고 있어야 한다."

주님이 이렇게 말씀하시자 제자들은 주님의 이 말씀을 '은유' 로 받아 해석한 것이 아니라 어이없게도 직설법으로(문자적으로) 받아들이고 말았습니다. 그 결과, 제자들 사이에 큰 혼란이 발생했습니다. 성경을 해석할 때 비유로 주어진 것을 직설법으로(문자적으로) 해석해 버리면 정말 복잡한 일이 생기게 됩니다. 앞서 말씀 드렸듯이 "무슨 독을 마실지라도 해를 받지 아니하며"(막 16:18)와 같은 구절을 함부로 문자적으로 해석한 나머지 농약을 마시고 한 가족이 모조리 죽는 어이없는 일이 언제든 생길 수 있는 것입니다. 참고로 말씀드리자면, 마가복음 16장 18절 말씀은, '우리가 하나님을 시험하기 위해서 무슨 독을 마실지라도 해를 받지 않는다' 는 뜻이 아닙니다. 마가복음 16장 18절의 정확한 의미는, '우리가 복음 사역을 감당하다가 강제로 독을 마시게 되는 위급한 상황이 올 때에는 하나님께서 해를 받지 않도록 비상하게 보호하실 것'이라는 뜻입니다. 사도 바울이 멜리데 섬에서 맹독을 지닌 뱀에게 물렸을 때(행 28:1~6 참조) 이 말씀의 진정성이 입증됐습니다. 비바람 추위를 피하기 위해 장작더미에 불을 지피려 장작을 집는 순간 독사가 물고 나왔습니다. 그때 그 섬 원주민들이 '아 저 사람 금방 죽을 거'라고 생각하고 지켜보고 있는데 아무리 시간이 흘러도 바울이 죽지 않습니다. 그 독사를 가볍게 그냥 툭 떨어버리고 잠잠하게 지나갔습니다. 그러자 원주민들이 땅에 엎드려서 "하나님 오셨다"며 바울을 향해 절하고 바울은 정색을 하고 절을 못 하게 한 후 거기서 한바탕 전도집회(?)가 이뤄졌던 것을 우리가 잘 압니다. 우리가 하나님을 시험하기 위해서 독을 마셨을 때 그걸 통해서 우리의 믿음이 입증된다는 뜻이 아니고, 복음 사역자들이 위험에 처하여 하나님의 보호를 받아야 될 절박한 상황에서, 다니엘이 사자 굴에 들어갔을 때 하나님께서 사자의 입을 막으신 것(다니엘서 6장) 같은 특별한 보호의 은총이 있을 것을 약속하신 말씀인 것입니다.

한 가지 예를 더 들겠습니다.

(막 13:35) 그러므로 깨어 있으라. 집 주인이 언제 올는지 혹 저물 때엘는지, 밤중엘는지, 닭 울 때엘는지, 새벽엘는지 너희가 알지 못함이라.

1992년 10월 28일 예수님의 재림을 주장하며 세상을 시끌짝하게 했던 다미선교회(대표 이장림) 사람들은, "깨어있으라"는 이 말씀을 따라 밤이면 밤마다 철야부흥회를 했습니다. 예수님 재림하실 때 휴거를 준비한다면서 직장도 그만두고, 학교도 그만두고 자기들 회관에 모여서 열심히 철야부흥회를 했습니다. 저녁마다 철야를 하는 그들에게 "왜 그러냐?"고 물으면, 으레 "성경에 깨어 있으라고 했다"고 대답합니다. 그런데 참으로 이해하기 어려운 것은, 이 사람들, 낮에는 실컷 자고 밤만 되면 올빼미처럼 요란하게 깨어있는 것입니다. 주님께서 "깨어 있으라"해서 정말 깨어 있기로 했으면 낮에도 깨어있어야 맞는 것입니다. 주님께서 "밤에만 깨어 있으라"고 말씀하신 적이 없기 때문입니다. 또한 하루 이틀만 그렇게 해서는 안되고 이천년동안 내내 깨어 있었어야 될 것입니다. 그러므로 "깨어 있으라"는 주님의 말씀은 "밤에 잠들지 말라"는 뜻이 아닙니다. 직설법이 아니라 '비유'로 주신 말씀이기 때문입니다. '기독교 윤리에 의해서 하나님 나라의 거룩과 정의를 이루는 삶을 계속 살고 있어야 된다는 것'을 비유로 말씀하시면서 "깨어 있으라"고 당부하신 것입니다. 모든 사람들이 죄악에 취해 잠을 자고 있을 때, 하나님의 거룩과 의의 길을 올곧게 걷는 것이, 하나님 편에서 볼 때에는 죄악의 잠을 자고 있는 사람들에 비해 '깨어있는 것'으로 보인다는 것을 말씀하신 것입니다. "깨어 있으라"고 비유로 말씀하신 것을 직설법으로(문자적으로) 받아들이면 이처럼 우습지도 않은 일들이 생기는 것입니다.

"바리새인의 누룩, 헤롯의 누룩을 조심하라"고 말씀하시니까, 칠칠맞은 제자들은 순간적으로 이런 연상을 하게 된 것입니다.

누룩 ➡ 이스트(밀가루 반죽을 부풀리는 효소) ➡ 떡(빵)

너무 기가 막히신 예수님이 이렇게 말씀하십니다.

(막 8:17~21) 17예수께서 아시고 이르시되, "너희가 어찌 떡이 없음으로 의논하느냐? 아직도 알지 못하며 깨닫지 못하느냐? 너희 마음이 둔하냐? 18너희가 눈이 있어도 보지 못하며 귀가 있어도 듣지 못하느냐? 또

기억치 못하느냐? [19]내가 떡 다섯 개를 오천 명에게 떼어 줄 때에 조각 몇 바구니를 거두었더냐?" 가로되, "열 둘이니이다" [20]"또 일곱 개를 사천 명에게 떼어 줄 때에 조각 몇 광주리를 거두었더냐?" 가로되, "일곱이니이다." [21]가라사대, "아직도 깨닫지 못하느냐?" 하시니라.

숨 쉴 틈도 주지 않고 제자들에게 질문공세를 펼치시는 주님의 모습을 볼 수 있습니다. 예수님이 이렇게 호된 질문으로 제자들을 몰아붙인 적이 없습니다. 제자들의 강퍅함과 아둔함에 기가 막히셨기 때문입니다. "바리새인의 누룩과 헤롯의 누룩을 주의하라, 삼가라"고 하니까. 먹는 '떡'을 떠올리는 제자들…… 우리는 여기서 예수님의 전지(全知)적 능력을 확인할 수 있습니다. 제자들이 '마음 속으로' 생각하고 있는 것, 자기들끼리 우물우물 속닥거리고 있는 것을, 예수님께서 다 알고 계시기 때문입니다. 본문 17절의 "의논하느냐?"는 말은, 헬라어 성경의 원래 의미로는 왜 이렇게 "의심하느냐?"는 뜻을 담고 있습니다.

"왜 이렇게 의심하느냐?"
"아직도 깨닫지 못하느냐?"
"아직도 알지 못하느냐?"
"아직도 마음이 둔하냐?"
"아직도 보지 못하며,
아직도 듣지 못하며,
아직도 기억하지 못하느냐?"
"아직도?"

여러분, 제가 이런 정도까지 말씀 드렸는데 '아직도' '기독교 복음' 이 뭔지 잘 모르시겠습니까? 아직도?

(막 8:19~20) [19]내가 떡 다섯 개를 오천 명에게 떼어 줄 때에 조각 몇 바구니를 거두었더냐?” 가로되, “열 둘이니이다.” [20]“또 일곱 개를 사천 명에게 떼어 줄 때에 조각 몇 광주리를 거두었더냐?” 가로되, “일곱이니이다.” [21]가라사대, “아직도 깨닫지 못하느냐?” 하시니라.

예수님의 제자들, 예수님의 기세에 눌려서 그랬는지는 몰라도 부잣집 막내아들처럼 대답은 정말 잘합니다. 두 번에 걸친 급식 이적(병행구절인 요한복음 6:31~65 말씀에 의하면, 오병이어의 이적을 통해 나눠진 '떡'은 바로 대속제물로 드려질 '예수님 자신의 몸', 더 나아가서 '예수 그리스도의 복음'을 상징함)에서 남은 음식물이 꽤 많이 있었던 것을 잘 알면서도 여전히 '떡' 가지고 고민하느냐는 주님의 책망이 이 문답 속에 들어 있습니다(19~20절). 차고 넘치는 은혜를 거듭 체험하고서도 여전히 먹는 '떡' 문제로 고민하는 제자들에 대한 주님의 탄식이 드러나 있습니다. 그러면서 "아직도 깨닫지 못하느냐?"고 말씀하심으로써 자꾸만 오해하고 엉뚱한 생각만 하는 제자들을 향한 주님의 안타까움을 드러내십니다. 예수님이 상징과 비유로 말씀하신 것을 제자들이 자꾸만 직설법으로 그냥 받아들이고 있었기 때문입니다. 제자들은 예수님의 비유를 직설법으로 제멋대로 이해했습니다. 자기들 나름대로는 충분히 이해했다고 생각하는데 예수님 편에서는 크게 오해한 것으로 보이는 것입니다. 예수님과 제자들 사이에 언어 코드가 달랐기 때문입니다. 미국의 저명한 컴퓨터 제조회사인 애플사의 매킨토시에서 만든 자료를 아이비엠으로 가져 와 봤자 그것을 활용하기가 쉽지 않습니다. 코드 변환 프로그램이 있어야만 하기 때문입니다. 주님께서 제자들에게 변환 프로그램을 갖다 손에 쥐어 주어야만 말이 통할 정도로 제자들의 마음이 어두워져 있습니다. 신앙의 길에서 언어 전달 과정이 얼마나 중요한지 알 수 있습니다. 그러기에 신앙생활을 똑바로 하려면 '하나님 나라의 어법'을 잘 익힐 필요가 있습니다. 말씀을 정말 열심히 공부해야만 합니다. 예수님이 즐겨 사용하시는 하나님나라의 어법에 익숙지 못했던 제자들은 오직 '먹는 떡' 외에 다른 것은 생각할 줄 몰랐습니다.

주님은 곰팡이 균의 강한 영향력과 전파력을 머릿속에 두고 "바리새인과 헤롯의 누룩을 계속 조심하라"고 말씀하셨습니다. 아주 작아 보이는 곰팡이 균 포자가 단 하나만 떨어져도, 이것이 얼마나 신속히 번식하여 아주 치명적인 영향을 미치는가를 말씀하시는데, 제자들은 "누룩"이라는 말을 문자적으로 받아들인 나머지 누룩을 넣어 빚는 떡 쪽으로 생각이 엉뚱하게 넘어가 버린 것입니다. 예컨대, 어떤 며느리가 부엌 문틈으로 밖을 내다보다가 시어머니가 손자 업고 마실 나갔다 들어오는 것을 보고 "아이구 저 호랑이 또 들어온다"는 말을 할 때, 우리 중에 어느 누구도 '아! 저 여자의 시어머니가 호랑이 수염이 나서 호피무늬 옷을 입고 네 발로 기어 들어오나 보다'고 생각하는 이는 없을 것입니다. 그런데, "바리새인의 누룩, 헤롯의 누룩"을 주의하라고 하자마자 잽싸게 '먹는 떡'을 생각하며 입맛을 다시는 제자들을 보시며 예수님이 얼마나 기가 막혔을 것인지 짐작이 갑니다. 참다못해 예수님이 마치 기관총을 쏘듯 제자들을 책망하십니다.

"아직도 몰라? 눈이 없어? 귀가 없어? 아직도 깨닫지 못해? 아직도 기억치 못해? 이 한심한 사람들아, 도대체 언제쯤이나 제 정신을 챙길꼬?"

주님이 보시기에 제자들은 영적인 귀머거리고, 영적인 소경에 지나지 않았습니다. 아직도 볼 것을 보지 못하고, 아직도 들을 것을 듣지 못하고, 아직도 마땅히 깨우쳐 알아야 될 것을 깨우치지 못하기 때문입니다. 결국 마가복음 4장, 6장, 8장에 기록된 항해 기사들을 통해서 마가는, 종말을 사는 교회의 내적인 문제를 집중적으로 다루려 했음을 알 수 있습니다. 다시 말하면, 바다에 떠있는 배는 종말의 교회를 상징하고, 바다를 감싸고 있는 짙은 어두움과 그 속에서 시시 때때로 일어나는 드센 풍랑은 종말의 교회가 겪어야 될 환난과 시련의 바람을 상징하는 것입니다. 그 풍랑 속에서 제자들이 신앙의 항해를 원만하게 성공적으로 하기 위해서는 무엇보다도 먼저 볼 것을 바로 보고, 들을 것을 바로 듣고, 깨달을 것을 바르게 깨닫고, 기억할 것을 항시 기억하고 있어야 한다는 것입니다. 제자들은…… 안타깝게도 그런 준비가 아직 덜 돼있었던 것입니다. 그래서 항시 조심해야 할 것 두 가지를 손에 쥐어 줄 정도로 분명하게 알려 주었더니 그만 '먹는 떡' 문제로 엉뚱하게 받아들이는 어리석음을 드러내 버린 것입니다.

하나님의 비전을 향해서 떠난 길에도 항시 풍랑과 역풍이 있습니다. 그 속에서 수많은 제자들은 때로 두려워하고 낙심합니다. 바로 그 두려운 순간에 우리는 우리와 함께 하시는 주님의 능력을 체험해야 합니다. 우리와 함께 계시는 주님을 믿음의 눈으로 좀더 새롭게 바라보아야만 합니다.

다만 한가지, 바로 이 세 번째 항해기사(막 8장)의 특징에 주목할 필요가 있습니다. 앞서 다룬 두 개의 항해기사(막 4장, 6장)의 차이점은 이미 말씀드렸습니다. 앞선 두 개의 항해기사와 이 세 번째 항해기사는 분명히 다른 점이 있습니다. 그것은…… 이 세 번째 항해기사에는 거친 '풍랑'이 나타나지 않는다는 점입니다. 이 세 번째 항해 기사에는 이상하게도 '풍랑'이나 '역풍'이 나타나지 않습니다. 아무런 풍랑이 없는 평온한 바다를 예수님과 제자들이 그냥 배를 타고 가고 있습니다. 그 배 위에서 예수님이 제자들에게 "바리새인의 누룩과 헤롯의 누룩을 계속 삼가고, 계속 주의하고 있으라"고 부탁하신 것입니다. '풍랑'이 나타나지 않는다는 것은 그리스도인들(신앙공동체)의 삶이 평안할 때, 나름대로 우리의 삶이 별 문제없이 잘 나아가고 있다고 생각될 때, 우리가 생각했던 대로 세상일이 잘 풀려간다고 생각되는 바로 그 때, 정말 조심해야 될 것이 다름 아닌 '진리의 표준'이라는 것입니다. 사단(악한 영)은 풍랑으로만 우리를 시험하는 것이 아니라 때로는 우리에게 화평의 단잠(풍랑 없는 바다)을 달콤하게 내어 주면서 우리의 영적 감각을 (곰팡이 균이 서서히 온 덩어리에 번지듯) 서서히 마비시키려 한다는 것입니다. 바로 그 평온한 때일수록, 그리스도들은 바리새인의 누룩과 헤롯의 누룩을 조심해야 된다는 것입니다. 주님께서, 종말의 교회(종말의 그리스도인들)에게 건전한 말씀과 건전한 교리가 무엇보다도 중요하다는 사실을 말씀하시는 것입니다. 신앙공동체 안에 목회자들을 세우는 이유가 바로 이것 때문입니다. 공동체 안에 교사, 말씀 인도자, 말씀 도우미를 세우는 이유도 바로 이것 때문입니다. 그런 점에서 말씀을 맡아 가르치는 목회자들과 교사들 인도자와 도우미들은, '누룩 청소반', '누룩 제거반'입니다.

죄악의 바다를 항해하는 제자들의 배, 그 안에서 언제나 진리의 곰팡이 균인 '바리새인과 헤롯의 누룩'을 끊임없이 조심해야만 합니다. 그렇다면, 이제, 도대체 '바리새인의 누룩'은 무엇이고, '헤롯의 누룩'은 무엇인지를 이해하는 것이 중요합니다(〈강의안〉에 들어 있는 예수님 당시 유대 사회의 여러 분파들에 대한 내용을 잘 살펴보시기 바랍니다). 지면 관계상 결론만 말씀드리면, '바리새인의 누룩'은 거짓 경건과 외식을 상징합니다. 또한 바리새인의 누룩은 이적 신앙을 상징하기도 합니다. 예수님께 '하늘로부터 내려오는 표적'을 보이라고 한 사람들이 바로 바리새인들이기 때문입니다. 앞서 말씀드린 바와 같이, 바리새인들의 이적 신앙과 경건과 외식은 불신앙입니다. 그러므로, 신앙의 겉모양은 멋져 보이는데 사실은 참 신앙의 알맹이는 없는 이중적인 모습을 조심하라는 것입니다.

한편 '헤롯의 누룩'은 정치적인 야망, 세속주의, 기회주의, 이 땅의 안락한 삶 위해서 영원을 포기하는 세속적인 삶의 방식을 상징합니다. 저는 이 두 가지 누룩의 공통점을 하나로 묶어서 이제껏 〈기독교 승리주의〉라고 이야기해 왔습니다. 세 번째 항해기사를 통해 마가는, 말세의 교회와 말세의 그리스도인들은, 비진리의 유혹에 흔들리지 않기 위해서 바른 복음을 추구할 의무가 있다는 것을 말하고 싶었던 것입니다. 그런 의미에서 이 마가복음 강론의 초점 역시 '바른 복음'을 전달하는 것, '바른 복음'을 이해시키려는 것 외에 다른 것이 없습니다. 마가복음을 통해서 기독교 복음의 핵심인 십자가와 부활에 대해서 분명하게 생각을 정리하자는 것입니다. 이 일에 실패하면 그리스도인으로서의 바른 삶을 살 수 없기 때문입니다.

(갈 5:9) 적은 누룩이 온 덩이에 퍼지느니라

누룩(곰팡이 균) 포자 한 개만 떨어지면 얼마 지나지 않아 그것이 온 덩어리에 번져서 덩어리 전체를 잠식해 버리듯이, 비진리와 죄악의 곰팡이 균이 단 하나라도 우리의 삶 속에 뿌리를 내리면 이내 그 비진리의 권세가 성도의 삶을 사로잡아 버리게 된다는 것을 경고한 말씀입니다. 그러기에 우리는, 단 한 포자의 누룩이라도 우리의 삶 속에 뿌리내리지 못하도록 계속해서 삼가고 계속해서 주의해야만 하는 것입니다. 이것은 예수님의 '부탁'이 아니라 예수님의 '명령'입니다. 말세에는 무엇보다도 진리에 대한 분별력을 분명히 가져야 한다는 것입니다. 기독교계에 어떤 흐름이나 유행이 있으면, 그것이 정말 성경적으로 맞는 것인지, 그것을 판단하고 분석하고 잴 수 있는 분명한 객관적 기준이 있어야 하는 것입니다. 그것이 없기 때문에 하찮은 바람에도 함부로 요동치면서, 이곳 저곳을 마냥 기웃거리다가 마지막날 심판의 유황불이 영원히 타오르는 지옥으로 가게 되는 것입니다. 그러므로 우리 신앙의 발걸음을 온전케 하기 위해서, 바른 복음을 사모하고 바른 복음을 듣고, 바른 복음을 깨달아서 진리 위에 견고히 서야 될 의무가 성도들에게 있습니다. 그래서 주님은 "아직도 깨닫지 못하느냐?"(21절)고 제자들에게 책망하시는 어조로 물으셨던 것입니다.

"아직도 신앙의 길이 어떤 것인지 잘 모르는가? 아직도 생명의 주인이고 우주의 왕인 나와 함께 있다는 것의 의미를 잘 모르겠는가?"

주님은, 바른 말씀, 그리고 그 바른 말씀을 들을 수 있는 바른 귀를 요구하고 있습니다. 사랑하는 동역자 여러분! 평온한 시절, 우리 삶의 바다에 풍랑이 없이 잔잔하고 모든 것이 마음먹은 대로 진행되는, 정말 살 맛 나는 때일수록, 우리 내면의 적, 교회 내부의 적, 교회 내부에 사단(악한 영)이 감쪽같이 덧뿌려 놓은 가라지를 조심할 필요가 있습니다. 허울만 그럴 듯한 사이비 복음을 경계해야 합니다. 설교를 비판하라는 것이 아닙니다. 설교를 잘 분별하며 받아들이라는 것입니다. 제가 여기서 하나님의 양떼인 여러분들에게 독초를 주면 그 독초를 먹고 배탈은 여러분들이 나지 제가 나는 것이 아니기 때문입니다. 그러기 때문에 주님의 모든 양들은 각자에게 주어지는 진리의 꼴이 좋은 꼴인지 아니면 독초인지 잘 분별해야만 하는 것입니다.

(눅 22:35) 저희에게 이르시되, "내가 너희를 전대와 주머니와 신도 없이 보내었을 때에 부족한 것이 있더냐?" 가로되, "없었나이다."

"부족한 것이 있었느냐?"
"없었나이다."

"하나님의 자녀들이여, 그대들이 지금까지 살아오는 동안 그대들에게 부족한 것이 있었는가?" 주님이 이렇게 물으시면, "없었나이다"라는 아름다운 고백이 오늘 우리 입술에서 나와야만 할 것입니다. 그러기에 본문 18절에서 주님이 말씀하시는 것처럼 신앙의 기억(역사적 기억)이 대단히 중요한 것입니다. 예수 안에서 살아온 지난날들…… 그 속에서 "부족한 것이 전혀 없었다"는 아름다운 고백을 주님은 듣기 원하신다고 믿습니다. 부족한 것이 없는 삶의 길로 인도하시는 주님이 곁에 계시기에, 오늘 우리의 관심은 육신의 것이 아니라 바른 복음(진리의 말씀)이어야 한다는 것을 강조하신 것입니다. "홍수에 먹을 물 없다"는 말이 있습니다. 홍수 나면 천지에 넘쳐나는 게 물인데도 마음놓고 마실 물이 별로 없습니다. 그러므로 교회공동체와 목회자들이 많으면 많을수록 안심하고 먹을 좋은 꼴이 적을지도 모릅니다. 그러기에 말세에는 바른 말씀(진리)을 깨닫고 기억하는 것이 무엇보다 중요합니다(딤후 3:1~5 참조).

본문 14절을 보면, 배 안에 떡 하나밖에 없었다는 것(곧 떡 한 개가 있었다는 것)을 알 수 있습니다. 오병이어 이적과 단번에 사천 명을 먹이는 이적을 거듭거듭 체험했다면, 주님께서 그 떡 하나로 그 배에 탄 몇 사람을 충분히 먹일 수 있다는 사실을 왜 깨닫지 못하고 왜 믿지 못하느냐고 주님이 안타까워하시는 것입니다. 그러므로 주님이 지금 말씀하시는 이 누룩 교훈이 떡에 관한 이야기가 아니라 '진리의 표준'에 관한 이야기라는 것을 왜 아직도 알지 못하느냐고 주님이 책망하시는 것입니다. 그러므로, 평온한 때일수록 비진리와의 싸움이 더욱 치열할 것임을 우리 모두가 깊이 인식하고 우리 마음과 귀를 열어서 진리의 말씀을 사모하는 일에 더욱 열심을 내야만 할 것입니다.

이제, 이 얼치기 제자들이 실제 역사적 수난의 폭풍우 속에서 하나님 앞에 어떤 모습으로 서는지를 자세히 살펴보겠습니다. 여러분들이 이미 짐작하시듯 실제로 마가복음 전체(16개 장)에서 수난 기사가 약 1/4정도를 차지합니다. 지면 관계로 이 부분을 좀더 세밀하게 다루지 못하는 아쉬움이 참 많지만, 마가복음 14장부터 16장까지의 기록을 통해 수난기사 부분의 대략적인 흐름을 잠시 점검해 보겠습니다.

[마가복음 14장] 마가복음 14장 1~2절에서, 유대교 교권주의자들이 유월절 이후에 예수님을 잡아죽이기로 모의하는 모습을 볼 수 있습니다. 14장 3~9절에는, 향유옥합을 가져와서 예수님의 몸에 향기름을 부은 여인의 헌신 기사가 있고, 14장 10~11절에는, 배신자 가룟 유다의 음모가 기록되어 있습니다. 그러니까 예수님에 대해서 부정적인 내용의 기록이 있고 그 가운데에 이 여인의 헌신 기록이 보석처럼 박혀 있음을 알 수 있습니다. 이런 문학적 기법을 '액자 기법' 혹은 '봉투 기법'이라고 합니다. 이와 같은 액자기법이나 봉투기법 혹은 수미쌍관기법을 통해서 성경 기자가 우리에게 강조하고자 하는 것은 한 가운데 들어있는 기록입니다. 이 이름 없는 여인(마가복음에 이 여인의 이름은 밝혀져 있지 않음)의 아름다운 헌신을 기리고자 한 것입니다.

이름 없는 여인……

지난날 엄청난 죄악의 짐 가운데서 허덕이던 이 여인, 예수님을 만나서 새로운 삶의 길을 얻게 되었고 그 구원의 은총에 감사 감격한 나머지 참으로 값비싼 향유 옥합을 깨어 향기름을 곧 돌아가실 예수님의 몸에 붓습니다. 전통적으로 모세 율법을 따라 유대의 왕들이 즉위식을 거행할 때 머리에 기름을 부었습니다. 요컨대 만왕의 왕이신 예수님의 즉위식이 이름 없는 여인에 의해서 참으로 간소하게 진행되는 것입니다. 이 여인이 이렇게 할 수 있었던 것은, 예수님의 수난 예언을 그대로 듣고 믿었기 때문입니다. 예수님의 제자들조차도 "수난을 당하고 죽어야 한다"는 주님의 말씀을 귓등으로 듣고 믿지 않았지만, 이 여인만은 예수님의 그 말씀을 들은 그대로 믿었습니다. 그리고 그분의 말씀대로 자기 생명의 은인인 그분이 실제로 죽게 된다면 어떻게 처참하게 죽게 될 것이지, 그래서 십자가에 달려서 공개 처형될 예수님의 시신이 앞으로 어떻게 비인간적인 취급을 당할 지를 이 여자는 어렴풋이 알고 있었습니다. 죽은 후에 시신에 기름을 바르는 것이 상식이므로 순서가 약간 바뀌긴 할지라도, 돌아가시기 전에라도 왕이신 그 분의 몸에 기름을 먼저 발라드려야겠다고 생각한 것입니다. 그래서 주님 앞에 옥합을 깨어 향기름을 그 분 몸에 발라 드렸습니다. 그러자 이 여인을 향해 예수님의 제자들로부터 비난의 화살이 쏟아졌습니다.

"그 비싼 향기름을 팔아서 가난한 자 구제하는 데 썼으면 훨씬 더 좋았을 것을, 저 여자 괜히 쓰잘데기 없는 짓을 하고 있구먼. 원 쯔쯧……"

예나 지금이나 하나님나라를 방해하는 사람들이 얼마나 정교한 성경적(?) 논리를 갖고 달려드는지 모릅니다. 이단에 속한 사람들을 만나보십시오. 그들 나름대로 얼마나 치밀하게 만들어진 신학적 교리체계를 갖고 있는지 정말 놀라 자빠질 지경입니다. 교회 다니는 줄 빤히 알면서도 굳이 찾아 와서 초인종을 누르고 "진리에 대해서 아세요?"하고 물으면 그게 바로 이단입니다. 기독교인인 줄 알면서 자기네들한테로 끌어들이려 접근하는 자체가 이미 이단이라는 확실한 증거입니다. 프랭크 모리슨은 《누가 돌을 옮겼는가?》라는 부활 변증서에서, 예수님이 체포당하실 무렵의 상황을 치밀하게 추리해서 아주 정교한 논리를 세워놓았습니다. F. 모리슨에 의하면, 당시 유대교 교권주의자들이, 유월절 절기 이후 순례객들이 돌아간 뒤에 예수를 잡아죽이자고 했던 계획을 갑자기 바꿔서 그 계획을 앞당겨 집행하는 데 결정적인 역할을 한 사람이 가룟 유다였다고 합니다. 다시 말하면 유대교 지도자들은 예수님의 의중(마음)에 대한 정보가 전혀 없었던 것입니다. 예수님을 죽이고 싶어 안달하는 유대교 교권주의자들이 마치 당시 군중들을 두려워 한 것처럼 보이지만 사실은 그게 아니었습니다. 실제로 이들이 정작 두려워했던 것은 바로 예수님이었습니다. 3년 동안에 예수님이 행한 놀라운 이적으로 볼 때, 예수님을 체포하는 과정에서 예수님이 저항하려고 마음을 먹으면 그게 그렇게 간단한 일이 아니라는 것을 그들이 잘 알고 있었기 때문입니다. 쥐도 새도 모르게 감쪽같이 일을 처리해야 하는데 군중의 인기를 한 몸에 받고 있는 예수님이 저항하기 시작하면 문제가 뜻밖에 아주 커질 수도 있다는 것을 잘 알고 있었기 때문입니다. 그러기에 실제로 이 사람들이 두려워 한 것은 민중이 아니라 예수님 자신이었던 것입니다. 그런데 가룟 유다가 그 부분에 관한 결정적인 정보를 유대교 교권주의자들에게 갖다 준 것입니다.

"내가 그 예수라는 사람 3년 간 겪어봐서 잘 아는데, 그 사람 무엇이든 한다면 하는 사람입니다. 그런데 얼마 전부터 계속해서 자기가 죽는다고 했고, 그것도 유월절에 예루살렘에서 죽는다고 거듭 말했지요. 그 사람이 거짓말 않는다는 건 내가 확실히 보증할 수 있습니다. 그러니 당신들이 일어서서 잡으러 가면, 예수가 틀림없이 순순히 잡혀 줄 것이므로 별 잡음 없이 예수를 잡아 처단할 수 있을 것입니다."

요컨대 이런 식의 정보를 갖다 준 것입니다. 예수를 죽이고는 싶지만 그 일을 함부로 하지 못하고 전전긍긍하던 그들에게 가룟 유다가 제공한 이 정보가 결정적인 힘이 되었습니다. 그런 정보에 힘을 얻은 그들이 예수님을 잡으려고 나선 길에 군병들을 몽땅 끌고 온 것을 보면 예수님에 대한 그들의 두려움이 얼마나 컸는지 잘 알 수 있습니다. 그러자 예수님은 자기를 체포하러 온 이들을 향해 "너희들이 강도를 잡는 것처럼 검과 몽치를 들고 왔느냐"고 호통을 치시면서 순순히 결박을 당하십니다.
　마가복음 14장 12~31절에, 유월절 식사를 겸한 최후의 만찬(최초의 성찬식)이 기록되어 있습니다.

(막 14:28) "그러나 내가 살아난 후에 너희보다 먼저 갈릴리로 가리라"

잡혀가시면서 주님은 제자들에게 "내가 살아 난 후에 갈릴리에서 다시 만나자"며 정말 믿기 어려운 약속을 주셨습니다.
　주님은 최후의 만찬자리(27~31절)에서 이미 제자들의 배신을 예언하셨습니다. 그 자리에서 베드로는 이렇게 호기롭게 장담했습니다.

(막 14:31) 베드로가 힘있게 말하되, "내가 주와 함께 죽을지언정 주를 부인하지 않겠나이다"하고, 모든 제자도 이와 같이 말하니라.

베드로의 호언장담에 나머지 11명의 제자들도 "아멘, 이하동문!"을 힘차게 외쳤습니다. 예수님의 제자들은 자기 한계를 아직 모를 뿐만 아니라, 예수님의 수난과 죽음을 비현실적인 일로 여기거나 아니면 그것을 현실로 받아들인다 할지라도 주님의 수난을 상당히 낭만적으로(?) 생각하고 있었기 때문입니다. 그들은 주님이 당하실 수난이 무엇인지를 아직 잘 모르고 있습니다. 십자가가 무엇인지도 잘 몰랐습니다. 주님이 걸으시는 이 십자가의 길이 무엇인지를 전혀 모르고 있었습니다. 그걸 모르기 때문에 자기 자신의 한계도 잘 몰랐던 것입니다. 최후의 만찬 자리에서의 기분으로는 주님을 위해서 기꺼이 죽을 수 있을 것 같은 자신감이 분명 있었을 것입니다. 이런 자신감 때문에, 겟세마네 동산에서 피땀 흘려 기도하시는 주님과 달리 기도도 하지 않고 잠만 잤습니다. 베드로를 비롯한 제자들은, 우리들이 가끔씩 농담 삼아 말하는 것처럼 '기도 3년 유효의 법칙' (?)을 마음 속에 되뇌고 있었을지도 모르는 일입니다.

마가복음 14장 32~42 말씀, 주님은 세 제자와 함께 찾아가신 겟세마네 동산에서 밤새 기도하면서 처절한 영적 전쟁을 하십니다. 그리고 그 치열한 기도 끝에 이렇게 말씀하십니다.

(막 14:42) "일어나라! 함께 가자!"
"보라! 나를 파는 자가 가까이 왔느니라."

십자가 고난의 현장으로 "일어나서, 함께 가자"고 제자들에게 강력하게 도전하십니다. 우리 신앙공동체를 향해 주님께서 이렇게 도전하시는 것입니다.

"일어나서 함께 가자. 이 어두운 세상, 성도의 고난이 예상되는 이 슬프고 고통스런 삶의 현장으로 우리 같이 가자! 일어나라! 우리를 핍박하는 자들이 우글거리는 그곳으로 우리 함께 가자!"

이 일을 감당하기 위해서 주님은 겟세마네 동산에서 땀을 피처럼 흘리면서 고독하게 기도하셨습니다. 세 차례의 피를 토하는 기도 끝에 성자이신 주님은 마침내 성부 하나님 앞에서 이렇게 고백하셨습니다.

"내 뜻대로 마옵시고 아버지의 뜻대로 되기를 원합니다."

저는 겟세마네 동산에서 주님이 드리신 이 간절한 기도를 성부 하나님께서 외면하셨다고 생각합니다. 주님이 세 번 간절히 기도했음에도 불구하고 주님의 이 기도가 거부되었다고 봅니다. 우리가 아무리 기도해도 하나님의 응답이 없을 때가 있습니다(물론 응답 없는 그 상황이 바로 기도의 응답인 것은 사실입니다). 예를 하나 들겠습니다. 어느 예수 믿는 대학생이 시험을 치르고 있습니다. 짐작컨대 딱 한 문제만 더 풀면 장학금을 탈 수 있을 것 같은데, 그만 골치 아픈 문제의 답을 도무지 알 수 없습니다. 얄궂게도 염치없이 옆 친구의 답을 좀 베껴 쓰고 싶은 마음이 듭니다. 잠시 고민하다가 신앙인답게 기도합니다.

"주님 제가 옆 친구의 답안지를 좀 참고해야 됩니까 말아야 됩니까?"
"……"
"주님, 시간 없어요. 3분 후면 시험시간이 끝나요. 급해요. 빨리 응답해 주세요. 그리고 이왕 알려주시는 김에 옆 사람 것을 봐도 된다면 어느 쪽 친구 답안지를 봐야 하는지 그것까지도 좀 알려 주세요."

　좀 우습지만, 아무리 오랜 시간동안 이렇게 기도해도 아무런 응답이 없을 것입니다. 하나님으로부터 응답이 없다는 것은, 그 상황에 대한 해법을 내가 이미 알고 있다는 증거일 수도 있습니다. "복잡하게 생각말고, 이미 네가 알고 있는 대로 행하라"는 뜻이 하나님의 침묵 속에 담겨 있기 때문입니다. 예수 믿는 학생이 시험시간에 부정행위하면 안되다는 것, 상식적으로 이미 잘 알고 있는 것입니다. 이미 알고있는 그대로 부정행위를 안 하면 된다는 것입니다. 다 아는 문제를 가지고 새삼스럽게 뭘 물어보느냐는 것입니다(민 22:8 발람 이야기 참조).

　주님은, 단 3일의 짧은 기간이라 할지라도 도무지 생각조차 하기 싫은 (생각도 할 수 없는) 성부 하나님과의 단절이 두려워서 하나님 아버지께 간곡히 기도했습니다.

"할 수만 있다면 이 잔을 내게서 옮겨주십시오."

　한 번, 두 번, 세 번…… 몸에서 땀방울에 피가 배어 나올 정도로 피땀 어린 기도를 했지만 아무런 응답이 없었습니다. 그래서 주님이 이렇게 생각하셨을 것입니다.

'아, 이건 내가 이미 알고 있는 이 길을 그냥 가라시는 것이구나.'

깊은 기도 끝에 주님은 마침내 이렇게 결단하십니다.

"아버지 하나님, 제 뜻대로 마옵시고 아버지의 뜻이 이루어지기를 바랍니다."

기도는, 제 1 강에서도 말씀 드렸듯이 하나님을 조종하는 리모콘이 아닙니다. 오히려 기도는, 그 기도의 과정에서 우리의 조잡한 욕망이 하나님의 뜻 앞에 무릎 꿇려지는 과정이라는 것을 주님의 겟세마네 동산 기도에서 배워야 합니다. 이것이 바로 진정한 기도입니다. 기독교 승리주의자들은 기도를 마치 수단처럼 생각합니다. 그래서 그 기도의 단추를 가지고 하나님을 제 맘대로 조종하려고 덤빕니다.

"일어나라! 함께 가자!"

이처럼 굳은 결단과 각오로 예수님께서 순순히 군병들에게 몸을 맡깁니다. 본문 44~45절에, 배신자 가룟 유다가 입맞춤으로 주님을 파는 가증한 모습이 그려지고 있습니다. 유대인들에게는, 어떤 경우에도 배신할 수 없는 관계가 있었습니다. 유대인들의 전통적인 관습에 의하면, 밥을 먹으면서 한 그릇에 손을 함께 넣은 사람은 절대 배신할 수 없게 되어 있었습니다. 그러니까 최후의 만찬 자리에서 "나와 함께 그릇에 손을 넣는 자 중에 하나가 나를 팔 것"(막 14:20)이라는 이 말씀이 얼마나 뼈아프고 가슴아픈 이야기인지 모릅니다. 또 하나, 서로 만날 때 거룩한 입맞춤으로 인사를 할 수 있는 사람을 절대 배신할 수 없게 되어 있었습니다. 그래서 예수님은 다른 복음서의 병행구절에서 "유다야, 너는 입맞춤으로 나를 파는가?"(눅 22:48)라는 말씀으로 유다의 배신행위를 책망하셨던 것입니다. 너무 슬프고 안타까운 이야기입니다. 그래서 어떤 신학자는 "인류 역사상 가장 슬픈 키스가 바로 가룟 유다의 키스이고, 두 번째로 안타까운 키스는 사랑하는 부부가 베일을 사이에 두고 하는 키스"라고 말하기도 했습니다. 가룟 유다는, 가장 친밀한 관계임을 공공연히 드러내는 그 사랑의 입맞춤으로 자기 선생(구세주)을 팔아먹었습니다. 유다의 그 입맞춤이 예수님을 잡으러 온 군병들에게 그들의 목표물을 지시하는, 은밀히 약속된 신호였던 것입니다.

"밤중에 예수 붙잡으러 갔다가 어둠 속에서 괜히 엉뚱한 사람 잡아오면 어떡합니까? 이왕 일하는 김에 확실하게 해야 하니까, 내가 다가가서 '선생님 안녕하시옵니까?' 하고 입을 맞추는 바로 그 사람을 꼭 붙잡으십시오. 그가 바로 예수니까……"

이와 같은 사전 약속대로 예수님께 입맞춤으로 군병들에게 신호를 했고 군병들은 유다의 신호를 따라 예수님을 붙잡았습니다. 유다의 예측(정보)대로, 예수님은 정말로 순순히 체포당하셨습니다. 그 과정에서 제자들은 걸음아 날 살려라 하고 모두 다 도망쳐 버렸습니다(50절). 마가는, "다 도망갔다"고 적고 있습니다. 한 사람도 남김없이 다 도망가 버렸습니다. "주님을 위해서 죽을 수도 있다"(30~31절)고 한 목소리로 힘있게 말했던 제자들이 한결같이 줄행랑을 쳤습니다. 예수님만 남겨두고 다 도망가 버렸습니다. 예수님이 십자가를 지시기도 전에 그 분이 붙잡혀 가는 그 자리에서 다 도망가 버렸습니다. 사실 우리가 하나님 앞에서 안 배워도 잘 하는 것, 하나님이 가르쳐 주지도 않았는데 잘하는 것들이 있는 듯합니다.

요령껏 십자가를 피해서 도망 다니는 것

이것은 거의 본능적으로 다들 잘합니다. 진리(진실)로부터의 도망질, 가르쳐서 되는 게 아닌 듯합니다.

본문 14장 53~65절에는, 산헤드린 공회의 불법 재판이 기록되어 있습니다. 명색이 종교지도자들이 예수님을 죽이기 위해 증거를 합법적으로(?) 조작하는 역설을 보게 됩니다. 모세 율법에 의하면 두 사람 이상의 증인이 없으면 벌을 주지 못하게 되어있기 때문입니다(민 35:30, 신 19:15). 어떻게든 합법적으로 예수를 죽여야겠다는 것이었습니다. 할 수 있는 대로 합법적인 모양은 잘 갖춰 두겠다는 심산이었던 것입니다. 그러나 한 밤중의 산헤드린 공회 소집 자체가 불법이었습니다. 산헤드린 공회는 밤에 소집되지 않기 때문입니다. 더더군다나 대제사장의 사택에서 모여서도 안됩니다. 장소도 틀렸고, 회의 소집 시간도 잘못되어 있었습니다. 뿐만 아니라 누군가에게 사형을 선고할 때는 단심으로 형을 확정해서는 안 되고 적어도 두 번 세 번 재판을 해서 확정 판결을 내린 뒤에 적법하게 처형을 해야하는 것입니다. 물론 초심과 재심 사이에는 일정한 시간적 간격이 있게 마련이므로, 예수님에 대한 재판처럼 전날 밤에 잡혀온 죄인을 바로 그 다음날 사형을 집행하는 것 또한 불법이었습니다. 그러니까 산헤드린의 재판 절차가 온통 불법 투성이인데, 유대교 교권주의자들은 그들 나름대로는 합법을 가장한 모든 절차를 다 밟아 두려 했던 것입니다. 그래서 가짜증인을 들이대는데 황당하게도 증인들끼리도 앞뒤가 잘 안 맞았습니다(막 14:55~59). 그러자 마침내 다급해진 대제사장이 직접 나서서 예수님께 묻습니다.

(막 14:61) "네가 그리스도냐?"
(막 14:62) "그래, 내가 그리스도이고 재림주다."

예수님의 입에서 이처럼 기다렸던 대답이 나오자마자,

(막 14:63~64) "아, 신성모독이다. 여러분 이 나사렛 출신 예수의 신성

모독적인 대답 분명히 다 들었지요? 그러니 더 이상의 증인은 필요 없
지 않겠습니까?"

이런 식으로 재판현장에서 유도심문을 통해 날조된 증인(증거)을 얼렁
뚱땅 확보한 다음 당시 사형집행권을 갖고 있던 로마 당국에 예수님을
넘겨 버립니다.

이런 장면에서 보듯이, 하나님의 말씀대로 살고자 할 때 말씀을 적용
하는 과정에서의 '일관성'은 대단히 중요한 것입니다. 어떤 일을 할 때는
말씀대로 가고, 또 어떤 일을 할 때는 자기생각대로 하고, 내가 좀 손해
를 많이 볼 것 같은 일은 적당히 그냥 해버리고, 손해봐도 별 것 아닐 것
같을 때는 말씀의 원칙을 따라가는 그럴 듯한 모양을 갖추고…… 오늘날
많은 그리스도인들이 이런 식으로 이중잣대를 가지고 적당히 세상에 적
응하며 살아갑니다. 누군가를 향해 "저 사람 독재자"라고 마구 외치면서
자기 역시 독재자 노릇을 스스럼없이 하는 사람들이 우리 주변에 많이
있습니다.

"내가 그리스도다. 장차 너도 내 앞에서 심판 받을 것이다."

죽음을 각오하고 이렇듯 당당하게 대답하시는 예수님의 불법재판 현
장(대제사장의 집 뜰)에 베드로 혼자서 마지못해 체면치레로 멀찍이 따
라 들어가 있었습니다. 유월절 절기 무렵(이른 봄), 팔레스타인 지방의
밤 공기는 몹시 차갑습니다. 일교차 또한 몹시 커서 예수님이 잡혀가시
던 날 밤도 모닥불을 지피지 않으면 안될 만큼 밤 공기가 차가웠음을 본
문에서 확인할 수 있습니다. 추위와 사태의 추이에 대한 궁금증에 몸이
달아오른 베드로가 그 밤에 불쬐는 척하며 대제사장의 뜰, 웅성대는 사

람들 틈에 숨어 들어갔습니다만, 불행히도 무리들은 그런 그를 가만 놓아두지 않았습니다. '나사렛 예수와 한 패거리다', '아니다' 몇 마디 실랑이를 벌이던 중에 마침내 그의 갈릴리 사투리가 들통이 나서(막 14:70, 마 26:73) 대제사장의 계집종 앞에서 베드로는 그만 예수님을 저주하면서 부인해버립니다. 갈릴리 사투리 특유의 억양 때문에 베드로가 예수님과 관련이 있는 사람이라는 것이 들통난 것입니다.

"당신도 이 예수와 한 패지?"
"나는 아니지비(북부 갈릴리 사투리 억양)."
"아니 아니, 당신 사투리 억양을 보니 분명한 갈릴리 사람이야. 당신도
이 예수와 분명 한 패야!"
"참말로 아니지비. 내가 이 예수와 한 패라면, 내 머리에 당장 벼락이 떨
어져도 좋다 앵이요?"

참으로 슬픈 대화입니다. 내가 예수 그리스도의 사람이라는 것이 자랑스러울 때가 있습니다. 그런가 하면 내가 그리스도의 사람이란 것이 너무 부담스러워 어떻게든 그 사실을 감추고 싶을 때도 있습니다. 살다 보면 그런 경우가 더러 있습니다. 내가 그 사람을 안다는 것이 너무 자랑스러울 때가 있는데 어떤 때는 내가 그와 안다는 것이 너무 낯뜨겁고 부끄러울 때가 있습니다.

약국을 경영하시는 어떤 약사님께서, 전두환 대통령 시절에 새마을운동 본부장이었던 전경환 씨(전 대통령의 아우)와 악수하는 사진을 한 장 찍어, 그 사진을 대문짝만하게 확대해서 약국 안에 붙여 놓고 영업을 했습니다. 약국 문을 열고 들어가면 그 사진이 아주 잘 보이도록 해 놓고 약을 열심히 팔았습니다. 그러다가…… 전두환 씨가 권좌에서 물러나고

그의 친족들이 굴비 엮듯이 줄줄이 감옥으로 끌려 들어갈 때, 어느 날 약국에 가보니까 전경환 씨와 약사가 함께 찍은 사진이 감쪽같이 사라져 버렸습니다. 약국에 오신 어떤 분이 약사에게 이렇게 비아냥거렸다 합니다.

"그 사진, 그림 참 좋던데 사진 대체 어디로 가버렸습니까?"

마찬가지로, 예수님의 인기가 하늘을 찌르던 시절에는 그의 곁에 있다는 것이 그렇게 자랑스럽고 영광스러웠는데 이제 그분이 죽음의 자리에 처하게 되자 예수와 어떤 관계가 있다는 사실이 너무 부담스럽고 후회스러운 것입니다.

'아, 나는 예수를 너무 일찍 믿었다. 인생을 실컷 즐기다가 죽기 직전에 야무지게 회개하고 천국 가는 수도 있을 텐데…… 막판에 멋지게 구원받은 십자가상의 강도가 정말 정말 부럽도다. 아아, 아무리 생각해도 나는 너무 일찍 예수를 믿었다.'

행여라도 이런 생각을 하는 사람, 바로 그가 베드로입니다. 여하튼, 드디어 예수님이 총독 빌라도 앞에 끌려갑니다.

[마가복음 15장] 하지만 빌라도 총독은 예수님의 무죄를 알고 있었습니다. 시기심 때문에 유대인들이 예수를 죽이려한다는 것도 알고 있었습니다. 그래서 예수님을 어떻게든 석방시켜야겠다고 생각했습니다. 나름대로 예수님을 석방시킬 수 있는 길을 찾다가, 당시에 명절(유월절) 때에 죄수 하나를 총독의 권한으로 석방시킬 수 있도록 한 관례를 활용해서 예수를 석방시키려고 했습니다. 그래서 당시 민중선동죄로 잡혀 들어와

있는, 강도의 괴수인 바라바와 예수 두 사람을 세워놓고 군중들의 뜻을 물었습니다. 빌라도의 짐작으로는 사람들이 아무래도 바라바보다는 예수를 택할 것이라고 여겼기 때문입니다. 또한 빌라도가 유대인들을 좀 더 깊이 알지 못했기 때문입니다. 빌라도의 제안이 나오자 유대교 지도자들의 사주를 받아 군중심리에 휩싸인 무리들은 이구동성으로 "바라바"를 풀어달라고 외쳤습니다. 기가 막힌 빌라도가 물었습니다.

"그러면, 이 예수를 내가 어떻게 하랴?"

군중들은 약속이나 한 듯 한 목소리로 "(나무)십자가에 못 박게 하소서!"를 계속 외쳐댔습니다(막 15:13). 이들이 왜 (나무)십자가를 고집했는지, 그 이유를 아는 것은 그리 어렵지 않습니다.

(신명기 21:23) 그 시체를 나무 위에 밤새도록 두지 말고 당일에 장사하여 네 하나님 여호와께서 네게 기업으로 주시는 땅을 더럽히지 말라. 나무에 달린 자는 하나님께 저주를 받았음이니라

"나무에 달린 자는 하나님께 저주를 받은 것"이라는 이 신명기 말씀을 근거로 나사렛 예수를 구세주(메시아)가 아닌 하나님의 저주를 받은 자로 낙인을 찍음으로써 예수 사건을 한시 바삐 종결시켜 버리고 싶은 열망이 그들에게 있었기 때문입니다. 가뜩이나 말썽 많은 팔레스타인 지방의 총독으로서 정치적 입지가 몹시 취약했던 빌라도는, 무자비한 여론에 밀려 무죄가 확실한 예수를 그만 십자가에 넘겨주고 맙니다. 빌라도의 정치적 입지가 취약하다는 것을 잘 아는 유대인들이 그를 정치적으로 몰아세웠기 때문입니다.

(요 19:12) "만일 당신이 이 예수를 놓아주면 당신은 [로마 황제]의 충신
이 아닙니다."

김세윤 교수님은 바로 이 부분을 옛언약(구약)과 새언약(신약)의 갱신
시점으로 봅니다. 아브라함의 후예로서 언약의 은총 가운데 들어있던 유
대인들이 빌라도에게 이런 말을 하는 과정에서 암암리에 로마 황제(가이
사)에게 충성을 서약한 셈이 되어, 하나님과의 옛 언약(구약) 체계가 자
연스럽게 종결되었고, 바로 이 시점에서부터 새로운 언약(신약) 가운데
서 새로운 하나님 나라의 백성 곧 새로운 영적 이스라엘이 태동하게 된
다고 보는 것입니다. 그러자 빌라도가 되묻습니다.

"그러면 이 사람 예수의 피를 어떻게 할까?"
"(쓸 데 없는 걱정일랑 거두시고) 그 피 값은 우리와 우리 후손에게 돌리
소서."

이 말에 대한 책임을 지느라고 그랬는지, 이후로 오늘날까지 유대인
들이 얼마나 오랜 세월동안 피 흘리는 세월을 지내왔는지 모릅니다. 가
까이는 2차 대전 때 유대인들이 아우슈비츠를 비롯한 인간학살공장에서
히틀러에게 600여만 명이 학살당하는 아픔을 겪었던 것도 예수님을 죽
이면서 그들이 무심코 내뱉은 이 고백에 대한 책임을 추궁 당한 것으로
보는 시각도 있습니다.

예수를 십자가에 넘겨주기 위해서 끌고 갑니다. 골고다 언덕까지 시
가행진을 하는 모습을 마가는 왕이신 주님의 개선행진으로 은근히 묘사
합니다. 고대사회에서는, 왕(혹은 장군들)이 전쟁에 나가서 이기면 승리
의 개선행진을 했습니다. 개선할 때 자기가 나가서 정복한 나라의 왕을

비롯한 고위 대신들의 눈을 뽑는다든지 하여 패전국 사람들을 전리품으로 삼아 끌고 들어옵니다. 자기는 앞에서 황금갑옷을 입고 황금으로 장식한 말을 타고 시가행진(퍼레이드)을 합니다. 그러나 우주만물의 왕이자 우리의 왕 되신 주 예수님의 시가행진은 너무도 처참하고 슬픈 것이었습니다. 얼마나 채찍질을 많이 당하고 얼마나 피를 많이 흘렸는지 잠시 후에 자기가 못 박힐 십자가 나무토막의 무게를 이기지 못하고 골고다 언덕길을 오르다가 숱하게 거꾸러졌습니다. 보다 못한 로마 군병이 구경꾼 틈에 섞여 있던 구레네 출신 시몬을 현장에서 차출해서 그 십자가 버팀목을 시몬이 대신 짊어지고 골고다 언덕을 오르도록 했습니다.

이렇게 해서 주님은 결국 십자가에 못 박히고 말았습니다(막 15:23~41). 요한복음 17장 1절에서 암시하고 있는 것처럼 이렇게 해서 그분은 그분의 영광스런 왕좌(나무십자가)에 즉위하신 것입니다. 십자가에 즉위하신 후 예수님의 머리 위 죄패에는 '유대인의 왕' 이라고 기록되었습니다(막 15:26). 선민 유대인이 인류의 대표임을 감안한다면 '유대인의 왕' 이라는 로마사람들의 비아냥거리는 이 호칭이 바로 예수님이야말로 '온 인류의 왕' 이라는 것을 선포한 것입니다. 예수님이 매달린 십자가 좌우편에 강도가 있었습니다(막 15:27). 예수님은 양심수였습니다. 그런데도 강도의 두목인 바라바 자리에 예수님이 대신 들어가심으로써 그 분이 마치 강도의 우두머리나 된 것처럼 애매히 십자가에 매달린 것입니다. 그 좌우에 십자가에 못 박힌 강도들이 있었습니다. 바로 이 자리, 예수님의 좌·우편 자리가…… 야고보와 요한이 그토록 탐내던 자리였다는 것 우리가 잘 알고 있습니다. 나무십자가에 달린 예수님을 향해서 유대인들은 "십자가에서 내려오라"(29~32절)고 조롱하듯 외칩니다. 그러면서 그들이 솔직히 내뱉은 말이 있습니다.

"저 사람이 남은 많이 구원하더니 정작 자기 몸은 구원하지 못하는구나. 지금 십자가에서 내려와 봐라. 그러면 우리가 보고 너를 구세주로 믿겠다."

그러나 예수님은 끝까지 십자가에서 내려오지 않으시고 언뜻 참으로 무능한 모습으로 죽어버리고 말았습니다. 예수님이 십자가에서 마지막 숨을 거두실 때, 예루살렘 성전 성소의 휘장(성소와 지성소 사이)이 위에서부터 아래로 쪼개져 버렸습니다(38절). 구세주 예수님의 죽음으로, 참 성전이신 예수님이 자신의 몸(성소의 휘장)을 찢어 거룩한 보혈을 쏟으심으로써 마침내 하나님의 보좌에 이르는 〈길〉이 활짝 열리게 되었습니다. 우리들이 예수님 이름으로 기도하는 이유가 바로 거기에 있습니다 (요 14:13~14, 15:16, 16:23~26). 그분만이 유일한 길이기 때문입니다.

(요 14:6) 예수께서 가라사대, "내가 곧 길이요 진리요 생명이니 나로 말미암지 않고는 아버지께로 올 자가 없느니라." [Jesus answered, "I am the way and the truth and the life. No one comes to the Father except through me."]

"I am the way(헬, 에고 에이미 헤 호도스)." 잘 아시다시피 이 문장에 사용된 정관사(영, the/헬, 헤)는 유일성을 나타냅니다. 곧 "내가 유일한 길이고, 유일한 진리고, 유일한 생명이다. 다른 길은 없다"는 뜻을 담고 있는 것입니다. 사도행전 4장 12절에도 이와 똑같은 내용이 기록되어 있습니다.

(행 4:12) [예수 외에] "다른 이로서는 구원을 얻을 수 없나니 천하 인간

에 구원을 얻을만한 다른 이름을 우리에게 주신 일이 없음이니라" 하였
더라.

하나님은, 이제껏 예수님 외에 구원을 얻을 만한 다른 이름을 인류에
게 주신 일이 없습니다. 그러니 요즘 목청을 높이고 있는 종교다원주의
자들의 주장처럼, 하나님 아버지께(하나님의 보좌 앞에) 석가모니를 통
해서도 갈 수 있고 그밖에 무엇 무엇을 통해서도 갈 수 있다는 생각은 어
리석기 그지없는 것입니다. 등산로가 여럿이라도 정상은 하나이듯, 어떤
종교를 통하는 구원에 이르는 것은 결국 똑같다는 종교다원주의자들의
이따위 이야기에 넘어가 아무 생각 없이 '종교간 대화'를 하려 들면 안됩
니다. 길은 하나뿐입니다. 그러기에 이 진리에 관한 한 기독교인들은 배
타적일 수밖에 없습니다. 국가시민의 일원으로서 사회와 국가의 시급한
문제들을 놓고 다른 종교인들과 머리를 맞대는 것은 필요한 일이고 또
반드시 그렇게 해야 하지만, 부질없는 종교간 대화까지 시도할 이유는
없는 것입니다. 그러므로 기독교인들의 배타적인 신앙고백(이 점, 다른
종교도 마찬가지, 정직하게 말하자면 종교적 확신은 그 어떤 것이든 배
타적일 수밖에 없는 것입니다. 배타적이지 않은 고백은 확신이랄 수 없
습니다)을 국가사회공동체 분열의 결정적인 걸림돌로 여기는 시각은 아
주 편협한 것이며 또한 부당한 것입니다.

(요 2:18~22) [18]이에 유대인들이 대답하여 예수께 말하기를, "네가 이런
일을 행하니 무슨 표적을 우리에게 보이겠느뇨?" [19]예수께서 대답하여
가라사대, "너희가 이 성전을 헐라. 내가 사흘 동안에 일으키리라." [20]유
대인들이 가로되, "이 성전은 사십 륙년 동안에 지었거늘 네가 삼 일 동
안에 일으키겠느뇨?" 하더라. [21]그러나 예수는 성전 된 자기 육체를 가

리켜 말씀하신 것이라. ²²죽은 자 가운데서 살아나신 후에야 제자들이
이 말씀하신 것을 기억하고 성경과 및 예수의 하신 말씀을 믿었더라.

'예수님이 부활한 후에야 믿었더라' 는 말씀은 '그전에는 안 믿었더
라' 는 뜻으로 보아도 괜찮을 것입니다. 요한이 밝히고 있듯이 예수님의
몸이 바로 성전입니다. 그래서 성전 된 그분의 몸이 찢어질 때 지성소(하
나님의 보좌 상징)를 가리고 있던 휘장이 찢어지고 지성소 곧 하나님의
보좌에 이르는 길이 열리게 된 것입니다. 예수님의 죽음을 통해 하나님
의 보좌 앞에 나아가는 길이 활짝 열려서 이제는 속죄의 제사에 짐승을
갖지 않고, 그 피를 갖지 않고도 하나님의 보좌 앞에 언제든 출입할 수
있게 되었습니다(히 4:16). 우리가 대통령이 집무하시는 청와대에 함부
로 들어갈 수 있습니까? 더더군다나 깊은 밤중에 대통령 집무실에 들어
갈 수 있습니까? 그런데 오늘 우리들은 하나님의 영광의 보좌에 새벽이
건 밤중이건 예수님 이름으로 아무 때나 들어갔다 나올 수 있는 영광을
얻게 되었습니다. 이런 각도에서 로마 군대의 백부장이 남긴 고백(39절)
은 대단히 중요한 의미를 지니게 됩니다.

(막 15:39) 예수를 향하여 섰던 백부장이 그렇게 운명하심을 보고 가로
되, "이 사람은 진실로 하나님의 아들이었도다" 하더라.

비록 백부장의 이 고백이 진실한 신앙 고백은 아니라 할지라도 이 말
속에 엄청난 신학적 의미가 담겨 있는 것은 분명합니다. 예수님은 살아
있을 때(공생애 기간 동안) "이 사람은 하나님의 아들"이라는 말을 사람
들로부터 들어보시지 못했습니다. 성부 하나님께서는 "내 사랑하는 아
들"이라고 선언하셨지만, 사람들 가운데서는 심지어 그분의 제자들조차

도 예수님을 하나님의 아들이라고 인정해주지 않았습니다. 그가 십자가에 달려 처참하게 공개 처형된 뒤에야 비로소, 유대인이 아닌 그의 사형을 집행한 이방인 망나니 우두머리의 입을 통해서 "진실로 하나님의 아들"이라는 고백을 듣게 되었습니다. 주님은 죽음을 통해서 자신이 하나님의 아들 됨을 증명했습니다. 그러므로, 우리들이 예수님을 향한 신앙으로 하나님의 자녀가 되었으니 우리 역시 살아 남고자 하는 자세를 가지고는 우리가 하나님의 아들이라는 것을 증명할 수 없을 것입니다. 예수님처럼 그리스도인들은 늘 죽어서 진실을 말하는 것입니다. 우리 주변에 유명 무명의 위대한 신앙의 선배들이 더러 있습니다. 그 이들이 '믿음의 사람'으로 나타날 수 있었던 공통적인 이유는 단 하나, 믿음으로 기꺼이 자신을 죽였다는 것입니다. 주님이 맡겨 주신 그 일을 하는 중에 기꺼이 죽으려고 했다는 것 그거 하나밖에 없는 것입니다. 주님을 위해 기꺼이 죽고 손해보고 희생했기 때문에, 복음의 영광을 자기가 서 있는 그 자리에 드러낼 수 있었던 것입니다.

십자가에 달리신 예수님은 참으로 무기력하게(?) 돌아가셨습니다. 세례 요한이 죽었을 때는 그의 제자들이 나서서 요한의 시신을 수습해 줬습니다. 그러나 정작 세례 요한의 주님이신 예수님은 그러지도 못했습니다. 제자들이 모두 다 도망쳐 버렸기 때문입니다. 그래서 선뜻 예수님의 제자라고 나서지도 못했던 아리마대 사람 요셉이 나서서, 예수님의 시신을 근근히 수습하여 모시게 되었습니다.

[마가복음 16장] 예수님이 부활하신 기록입니다.

(막 16:6~7) 6청년이 이르되, "놀라지 말라. 너희가 십자가에 못 박히신 나사렛 예수를 찾는구나. 그가 살아나셨고 여기 계시지 아니하니라. 보라! 그를 두었던 곳이니라. 7가서 그의 제자들과 베드로에게 이르기를

예수께서 너희보다 먼저 갈릴리로 가시나니 전에 너희에게 말씀하신 대
로 너희가 거기서 뵈오리라 하라" 하는지라.

십자가의 수난을 당하시기 전에 예수님께서 친히 "갈릴리에서 다시
만나자"고 약속하신 그 자리, 제자들이 예수님을 처음 만났던 추억의 그
갈릴리 바닷가에서 부활의 주님을 다시 만날 수 있을 것이라는 놀라운
이야기를 예수님의 빈 무덤에 있던 천사가 무덤을 찾아간 여인들에게 해
주었습니다.

이 시간에 우리가 살펴본 항해기사 ①②③을 통해서 하나님께서 우리
에게 말씀하시고 싶은 것이 있었습니다. 다른 것이 아니라, 시편 107편
29절에 기록된 것처럼 하나님은 이 땅의 우리의 삶의 모든 풍랑을 잠재
우시고 그것과 싸워서 이기시는 유능한 군인(장수)이시라는 것입니다.
그러기에 우리 스스로의 힘으로 그 거센 풍랑과 싸우는 것이 아니라 우
리 대신 싸워 주시는 능력의 하나님이 함께 계심을 흔들림 없이 믿으라
는 말씀이었던 것입니다. 유능한 군인이신 하나님을 믿음으로 따라가기
만 하면 된다는 것을 세 개의 항해기사를 통해서 분명히 가르쳐 주신 것
입니다. 예수님의 제자들은 그 길을 바르게 걷지 못한 나머지 주님이 십
자가를 지시는 역사적인 풍랑 앞에서 그만 좌초해 버리고 말았습니다.
주님의 말씀에 대한 확고한 믿음이 없었던 탓입니다. 말씀을 제대로 듣
지 않았기 때문입니다. 주님의 말씀에 한없이 둔감하고 그 때문에 한껏
자만했기 때문입니다. 말씀의 빛이 제대로 들어가지 못하기 때문에 자기
한계를 모를 수밖에 없었습니다. 자기가 무엇이 문제인지, 자기 안에 있
는 어두움이 무엇인지 전혀 모르고 있었기 때문입니다. 자신도 모르는
사이 〈기독교 승리주의자〉가 되어서, 자기 한계도 모르고 날뛰면서, 주
님께서 시험에 들지 않게 깨어 기도하라고 당부하실 때 기도도 하지 않

고 잠만 잤기 때문입니다. "주님을 위해 죽을 수도 있다"고 너나없이 그 토록 큰소리를 쳤음에도 불구하고 대제사장 집의 계집종 앞에서까지 자기 생명의 주인인 주님은 세 번이나 저주하면서 "나는 이 예수와 아무 상관없다"고 선언하며 배신의 길을 가고 말았던 것입니다. 그러나 일찍 도망쳐 버린 제자들에 비하면 베드로는 가시떨기 속에 떨어진 씨앗처럼 줄기는 제법 남아 있는 모습을 보였습니다. 하지만 그런 그도 결국 끝까지 결실하지는 못했던 것입니다. 시련의 풍랑 앞에서 신앙의 배가 뒤집혀 배신자의 너울을 쓰고 좌초해 버린 제자들에게 주님은 갈릴리에서 다시 만날 것을 약속했습니다. 그렇다면, 예수님을 배신한 베드로를 비롯한 제자들은 나중에 어떻게 되었는지, 마지막으로 부활하신 예수님과 배신자 제자들이 다시 만나는 장면(후일담)을 좀 살펴보도록 하겠습니다.

[요한복음 21장]

(요 21:1~22) [1]그 후에 예수께서 디베랴 바다에서 또 제자들에게 자기를 나타내셨으니 나타내신 일이 이러하니라. [2]시몬 베드로와 디두모라 하는 도마와 갈릴리 가나 사람 나다나엘과 세베대의 아들들과 또 다른 제자 둘이 함께 있더니 [3]시몬 베드로가 "나는 물고기 잡으러 가노라" 하매 저희가 "우리도 함께 가겠다" 하고 나가서 배에 올랐으나 이 밤에 아무 것도 잡지 못하였더니 [4]날이 새어갈 때에 예수께서 바닷가에 서셨으나 제자들이 예수신 줄 알지 못하는지라. [5]예수께서 이르시되, "얘들아 너희에게 고기가 있느냐?" 대답하되 "없나이다." [6]가라사대 "그물을 배 오른편에 던지라. 그리하면 얻으리라" 하신대 이에 던졌더니 고기가 많아 그물을 들 수 없더라. [7]예수의 사랑하시는 그 제자가 베드로에게 이르되 "주시라" 하니 시몬 베드로가 벗고 있다가 '주라' 하는 말을 듣고 겉옷을 두른 후에 바다로 뛰어 내리더라. [8]다른 제자들은 육지에서 상거가

불과 한 오십 간쯤 되므로 작은 배를 타고 고기든 그물을 끌고 와서 [9]육지에 올라보니 숯불이 있는데 그 위에 생선이 놓였고 떡도 있더라. [10]예수께서 가라사대, "지금 잡은 생선을 좀 가져오라" 하신대 [11]시몬 베드로가 올라가서 그물을 육지에 끌어올리니 가득히 찬 큰 고기가 일백 쉰 세 마리라. 이같이 많으나 그물이 찢어지지 아니하였더라. [12]예수께서 가라사대, "와서 조반을 먹으라" 하시니 제자들이 주신 줄 아는 고로 "당신이 누구냐" 감히 묻는 자가 없더라. [13]예수께서 가셔서 떡을 가져다가 저희에게 주시고 생선도 그와 같이 하시니라. [14]이것은 예수께서 죽은 자 가운데서 살아나신 후에 세 번째로 제자들에게 나타나신 것이라. [15]저희가 조반 먹은 후에 예수께서 시몬 베드로에게 이르시되, "요한의 아들 시몬아, 네가 이 사람들보다 나를 더 사랑하느냐?" 하시니 가로되, "주여, 그러하외다. 내가 주를 사랑하는 줄 주께서 아시나이다." 가라사대 "내 어린 양을 먹이라" 하시고 [16]또 두번째 가라사대, "요한의 아들 시몬아, 네가 나를 사랑하느냐?" 하시니 가로되 "주여, 그러하외다. 내가 주를 사랑하는 줄 주께서 아시나이다." 가라사대 "내 양을 치라" 하시고 [17]세번째 가라사대 "요한의 아들 시몬아, 네가 나를 사랑하느냐?" 하시니 주께서 세번째 "네가 나를 사랑하느냐?" 하시므로 베드로가 근심하여 가로되, "주여 모든 것을 아시오매, 내가 주를 사랑하는 줄을 주께서 아시나이다." 예수께서 가라사대, "내 양을 먹이라. [18]내가 진실로 진실로 네게 이르노니 젊어서는 네가 스스로 띠 띠고 원하는 곳으로 다녔거니와 늙어서는 네 팔을 벌리리니 남이 네게 띠 띠우고 원치 아니하는 곳으로 데려가리라." [19]이 말씀을 하심은 베드로가 어떠한 죽음으로 하나님께 영광을 돌릴 것을 가리키심이러라. 이 말씀을 하시고 베드로에게 이르시되 "나를 따르라" 하시니 [20]베드로가 돌이켜 예수의 사랑하시는 그 제자가 따르는 것을 보니 그는 만찬석에서 예수의 품에 의지하여 "주여,

주를 파는 자가 누구오니이까?" 묻던 자러라. [21]이에 베드로가 그를 보고 예수께 여짜오되 "주여, 이 사람은 어떻게 되겠삽나이까?" [22]예수께서 가라사대, "내가 올 때까지 그를 머물게 하고자 할지라도 네게 무슨 상관이냐? 너는 나를 따르라" 하시더라.

십자가에서 무능하게 죽어버린 예수님에 대해 실망한 제자들은 갈릴리 바닷가, 예수님을 만나기 전의 삶으로 돌아 가버렸습니다. '사람 낚는 어부의 길'에 아주 심각하고 치명적인 문제가 생긴 것입니다. 신앙생활하다 보면 이렇듯 어느 한 순간 목사 그만 하고 싶고, 이러 저러한 직분다 그만 내팽개쳐버리고 싶고, 그냥 떠나버리고 싶고, 신앙생활 그만 하고싶을 때가 더러 있습니다. 이처럼 몹시 낙심하여 부름 받기 전 어부의 삶으로 돌아가 갈릴리 바닷가로 되돌아 가 고기잡이의 길을 다시 걷는 제자들…… 밤샘 수고에도 불구하고 얻은 게 없어 예수님을 처음 만나기 전날처럼 몹시 낙심한 제자들…… 그 좌절의 갈릴리 바닷가에 부활하신 주님이 제자들을 다시 찾아가셨습니다. 주님을 처음 만나던 날과 아주 비슷한 상황이 다시 전개되기 시작한 것입니다.

누가복음 5장 1~11절에, 제자들이 처음 부름 받던 날의 상황이 좀더 자세히 기록되어 있습니다. 밤새 고기를 못 잡아 추위와 피곤에 지친 몸으로 낙심하고 있을 때 주님이 갈릴리 바닷가로 찾아 오셨습니다. "깊은 데 그물을 던지라"는 주님의 말씀에 의지해서 그물을 던졌더니 뜻밖에도 고기가 엄청나게 많이 잡혔습니다. 이 이적을 보며 베드로는 주님 앞에 무릎 꿇었습니다.

"나는 죄인이로소이다. 나를 떠나소서."
"너는 나를 따르라. 내가 너를 사람 낚는 어부가 되게 하겠다."

그렇게 해서 3년 간 오직 주님만을 따라온 길. 그 길의 끝에 결국은 돌고 돌아서 제자들은 추억과 회한의 갈릴리로 되돌아 와 있었습니다. 사람 낚는 어부로서, 사역자로서의 삶에 치명상을 입고 가슴에 씻을 수 없는 자존심의 상처를 입은 채로…… 그런데 그 추억의 갈릴리 바닷가에서 부활하신 주님이 지쳐버린 그들을 다시 불러모았습니다. 꾸중과 회초리 대신 손수 지으신 따뜻한 아침밥을 먹입니다. 그 날 아침 갈릴리 해변의 식사는 그런 대로 훌륭했습니다. 구운 생선도 있고 밥도 있었기 때문입니다.

아침밥을 배불리 먹고 난 뒤에 주님이 베드로에게 묻습니다.

(요 21:15) 저희가 조반 먹은 후에 예수께서 시몬 베드로에게 이르시되, "요한의 아들 시몬아, 네가 이 사람들보다 나를 더 사랑하느냐?"

주님은 베드로에게 상대적인 형식의 질문을 던졌습니다.

"여기 있는 나머지 사람들보다 네가 나를 더 사랑하느냐? 이 나머지 열한 사람보다 나를 향한 너의 사랑이 더 낫다고 말할 수 있는가 대답해 보라."

베드로와 주님의 대화가 이어집니다.

"주여 그렇습니다. 제가 주님을 사랑하시는 줄을 주님께서 아시지 않습니까?"
"내 어린양을 먹이라."

베드로의 대답을 들으신 주님이 또 물으십니다.

"요한의 아들 시몬아, 네가 나를 사랑하느냐?"
"주여, 그러하외다."

이번에는 앞서와는 달리 절대적인 형식의 질문을 던지십니다. 앞 뒤 잴 것 없이 다짜고짜 "너, 나를 사랑하느냐?"고 물으신 것입니다.

"예, 그렇습니다. 제가 주님을 얼마나 뜨겁게 사랑하는지 주께서 아십니다."
"내 양을 치라."

본문의 "치라"는 말은 "돌보라, 지키라"는 뜻입니다. 곧 "내 양을 돌보고 지키라"고 주님께서 당부하신 것입니다.

(요 21:17) 세 번째 가라사대 "요한의 아들 시몬아, 네가 나를 사랑하느냐?"

이쯤 되자 베드로가 몹시 심각해졌습니다.

'왜 똑같은 이야기를 세 번이나 되풀이할까? 한번이면 될 것을, 왜 세 번씩 똑같은 이야기를 하시는가?'

정말 심각해졌습니다. 그리고 가슴이 몹시 아프고 저려왔습니다. 자기가 예수님을 이미 세 번씩이나 저주하며 부인한 부끄러움과 아픔을 생생하게 간직하고 있었기 때문입니다.

(요 21:17) 주께서 세번째 "네가 나를 사랑하느냐?" 하시므로 베드로가 근심하여 가로되, "주여 모든 것을 아시오매, 내가 주를 사랑하는 줄을 주께서 아시나이다." 예수께서 가라사대, "내 양을 먹이라."

베드로의 대답에는 이런 뜻이 담겨 있었을 것입니다.

"주님, 주님이 아시지 않습니까? 제가 어떤 사람이지. 내가 주님을 배신했음에도 불구하고 제 마음속에 주님을 사랑하는 열정이 있다는 그 사실만은 주님이 잘 아시지 않습니까? 제가 믿음이 없어서, 제가 복음을 잘 깨닫지 못해서 주님 말씀에 순종하지 못했습니다. 기도하지 못해서 어떻게 주님을 배신하고 돌아섰는지, 지금 돌이킬 수 없는 그 일을 얼마나 슬퍼하고 마음 아파하고 있는지, 그것 때문에 제가 얼마나 낙심하고 있는지, 그럼에도 불구하고 제 마음으로 주님을 어떻게 사랑하고 있는지 주님께서 아시지 않습니까?"

베드로의 아픈 마음을 아시는 예수님께서 "내 양을 먹이라"는 마지막 당부를 하신 다음 본문 18절에서 "앞으로 네가 네 팔을 벌릴 것"이라고 예언하셨습니다. 베드로가 장차 십자가에 못 박혀 순교하게 될 것이라는 것입니다.

"너는 십자가를 결국 지게 될 것이다. 내가 준 네 몫의 십자가를 결국 지게 될 것이다. 젊은 날에는 네가 네 멋대로, 네 발로 네 욕심껏 돌아다녔지만, 이제 앞으로는 내가 준 소명대로 이 '사람 낚는 어부의 길'을 걷다가 너는 결국 이 길 끝에서 죽게 될 것이다.”

자기를 사랑한다고 온 마음으로 고백하는 사람에게 죽음을 주시는 주님의 마음, (기독교 승리주의자들은 도무지 이해할 수 없는 일이지만) 이해하시겠습니까? 그러면서 주님은 베드로에게 다른 사람이 어떻게 되든 거기에 개의치 말고 “너는 나를 따르라”고 단호하게 말씀하십니다.

사랑하는 동역자 여러분, 우리 모두, 주님에 대한 상대적인 사랑으로 일하지 말고 우리 주님에 대한 절대적인 사랑으로 헌신할 수 있기를 바랍니다. 우리 주 예수님은 아무리 빛나는 명함을 가진 사람이라도 주님을 사랑하지 않는 사람에게는 그의 어린양을 맡기지 않습니다. 그러므로 십자가에서 이루신 주님의 사랑, 주님을 향한 사랑이 있는 자는 마땅히 주님의 양들을 지키고 돌보아야 합니다. 사람 낚는 어부의 삶은 종잡을 수 없는 일시적인 열정이 아닌, 주님을 향한 변함 없는 사랑에 그 뿌리를 두어야 하는 것이기 때문입니다. 주님은 우리가 지금 무엇으로 이 길을 걷고 있는지 모든 것을 알고 있습니다. 베드로의 중심을 꿰뚫어 보신 주님은 지금 이 순간에도 이 곳에 앉아 있는 한 사람 한 사람을 밝히 꿰뚫어보고 계십니다. 우리가 얼마나 주님을 사랑하고자 하는지, 그럼에도 불구하고 우리가 얼마나 힘이 모자라는 사람인지, 환란의 풍랑 앞에서 우리가 얼마나 자주 낙심하고 좌절하는지, 그럼에도 불구하고 얼마나 주님을 위해서 헌신하고 싶어하는지 주님은 다 알고 계십니다. 주님이 오직 우리에게 확인하고 싶어하는 것은 우리 대신 우리 죄짐을 십자가에서 지고 죽으신 ‘주님을 우리가 얼마나 사랑하는가?’ 입니다. 이 ‘사랑’ 이 있으면 비록 우리가 제자들처럼 잠시 실패했더라도, 우리 안에 주님을 향한 열정이 있는 것을 주님이 아시기 때문에 그 중심을 아시는 주님께서 베드로에게 주셨던 또 한번의 기회를 우리에게도 주실 것입니다.

주님께서 맡겨주신 양떼의 주인은 우리 주 예수님이십니다. 그 양떼의 참된 목자는 예수님이시고 목회자나 지도자나 도우미들은 그 목자 곁에 지켜 서 있는 사냥개(셰퍼드)입니다. 언젠가 이중수 목사님이 목사들을 일컬어서 '목자이신 예수님 곁에 있는 사냥개' 라고 말한 적이 있는데 저는 그 말씀의 의도를 충분히 이해합니다. 그럼에도 불구하고 신앙공동체 안에서 그 사냥개의 권위는 충분히 보호(보존)되어야 됩니다. 양떼의 안전이 그 사냥개의 활동에 좌우될 때가 아주 많기 때문입니다.

(요 21:18) 내가 진실로 진실로 네게 이르노니 젊어서는 네가 스스로 띠 띠고 원하는 곳으로 다녔거니와 늙어서는 네 팔을 벌리리니 남이 네게 띠 띠우고 원치 아니하는 곳으로 데려가리라."

이렇듯, 주님이 주신 비전을 성취시키기 위해 그 거룩한 비전을 향하여 달려나가는 일꾼들에게 희생의 십자가가 주어진다고 말씀합니다. 그러므로 사람 낚는 어부의 길에 들어선 사람은 십자가가 면제된 곁길로 우회하려 하지말고 우직한 충성심으로 오직 십자가의 좁은 길만을 걸어야 한다는 것입니다. 사람 낚는 어부로 부름 받은 사람들은 자기 마음대로 삶을 살 수 없습니다. 오직 성령에 사로잡혀 그 길을 걸어야만 합니다. 그래서 주님께서 사랑하시는 그 분의 어린 양 들을 위해서 그들을 돌보고 섬기는 일을 목숨 바쳐 해야만 합니다. 그 양무리를 지켜내기 위해서 사랑으로 섬김과 희생의 길, 십자가의 길을 자발적으로 걸어야만 합니다.

'복음' 은 '기쁜 소식' 입니다. 그리고 우리는 그 복음을 믿고 있습니다. 복음의 내용은, 우리 왕 '예수 그리스도의 나를 위한 죽음과 부활' 입니다. 우리가 그것을 바르게 이해했다면 우리는 그 복음 안에서 주님의 나를 향한 사랑을 뼛속 깊이 체험해야 됩니다. 이 사랑을 체험한 사람만이 주님 앞에 사랑을 온전히 고백할 수 있습니다. 사랑하는 여러분! 우리가 이 복음을 깨달았다면 주님을 향한 사랑으로 우리에게 주어진 고난의 길을 담대하게 걸어야 합니다.

[뒷 이야기]

그렇다면 베드로가 그 후에 어떻게 되었는지 궁금해집니다. 베드로의 삶과 사역을 알아보기 위해 우선 사도행전 2장 14절 이하에 있는 말씀 가운데 특별히 사도행전 2장 33절을 읽어보십시오.

(행 2:33) "하나님이 오른손으로 예수를 높이시매 그가 약속하신 성령을 아버지께 받아서 너희 보고 듣는 이것을 부어 주셨느니라."

베드로가 선포한 복음의 결론(핵심)에 해당되는 말씀입니다. 오순절 성령강림 이후에 성령의 권능을 받아(행 1:8) 비겁한 배신자에서 담대한 전도자로 놀랍게 변화된 베드로가 지금 반역의 땅 예루살렘에서 복음 설교를 하고 있는 것입니다. 그는 지금 오순절 성령강림 사건의 의미에 대해 설교하고 있습니다. 성령께서 각 사람의 머리에 임해서 사람들이 성령 충만하게 변화 된 이 사건이 바로 부활하신 예수님이 승천해서 하나님의 보좌 우편에 다윗의 왕권을 가지고 좌정하신 증거라고 베드로는 외치고 있습니다.

(행 2:36) "그런즉 이스라엘 온 집이 정녕 알지니 너희가 십자가에 못박은 이 예수를 하나님이 주와 그리스도가 되게 하셨느니라" 하니라.

베드로의 설교 내용 안에서 예수님을 십자가에 못 박아 죽인 피조물

(유대인)과 그렇게 해서 피조물에게 죽임을 당한 하나님을 다시 살리신 하나님이 대조되고 있습니다. "너희들이 나무 십자가에 매달아 죽인 그 나사렛 예수가 사실은 구세주(하나님)이었다. 너희들은 피조물이 창조주를 죽이는 아주 심각한 범죄를 행한 것"이라고 베드로가 유대인들의 죄악을 담대히 지적합니다. 바로 이와 같은 베드로의 복음 설교를 통해서 하루에 남자만 3천명씩 회개하고 돌아오는 놀라운 열매가 나타났습니다. 심지어는 예루살렘에 있는 허다한 제사장의 무리들까지 이 복음 앞에 무릎을 꿇는 전무후무한 전도의 열매가 풍성하게 나타났습니다. 그런 점에서 베드로의 이 설교야말로 전도설교의 아주 훌륭한 모범입니다.

결국 베드로는 주님의 부르심을 받아 반역의 땅 예루살렘에서 주님의 양떼를 돌보고 지키는 일에 목숨을 걸었습니다. 그러다가 마침내 (전승에 의하면) 로마 근교에서 십자가에 거꾸로 못 박혀서 순교하였습니다.

십자가에 못 박히기 전, 베드로는 군병들에게 이렇게 말했다고 합니다.

"주님이 매달리신 십자가에 내가 어떻게 옳게 매달리겠습니까? 제발 나를 거꾸로 못 박아 주시오."

그는 예수님의 부탁대로 하나님나라의 새로운 서기관의 직임을 다 감당하고 나무십자가에서 목숨 바쳐 주님의 부르심에 온전히 응답했습니다.

만일 주님께서 갈릴리 바닷가로 제자들을 다시 찾아가시지 않았다면 베드로를 비롯한 제자들은 어떻게 되었겠습니까? 사랑하는 동역자 여러분, 예수님은 당신께서 한번 불러서 훈련시킨 사람들을 결코 버리지 않습니다. 예수님은 우리 공동체가 그동안 주님께 온전히 충성하지 못했다 해서 이 모임을 버리고 또 다른 모임을 새로 만들지 않으십니다. 문제는 우리들입니다. 변함 없으신 주님 앞에 우리가 하루 빨리 거룩하게 변해야 하는 것입니다. 베드로가 변화된 것처럼, 말씀으로 인한 깨달음이 있고, 진리에 대한 이해가 있어서, 중심으로 회개하고, 그리스도의 이 생명의 복음을 믿음으로, 우리 안에 거룩한 열매가 맺혀야 하는 것입니다. 우리 안에 주님을 향한 사랑이 뜨겁게 불타 올라야 합니다. 오직 그 '사랑'으로 예배에 참여하고, 공동체를 섬기며 주님께 희생해야만 합니다. 그 '사랑'으로 주께서 돌보라고 맡겨주신 불쌍한 사람들, 돈 없고 힘없는 사람들을, 하나님이 각 사람에게 주신 은사를 가지고 사랑하고 돌보고 섬겨야 합니다. 이 거룩한 일을 결단하도록 하기 위해 우리를 이 자리에 부르셨다고 믿고 있습니다.

주님께서 가신 이 십자가의 길은 우리 힘으로 갈 수 있는 길이 아닙니다. 그러기에 주님께서 "사람으로는 할 수 없으되 하나님으로는 다 할 수 있다"(막 10:27)고 말씀하셨던 것입니다. 다시 말하면 이 길은 오직 믿음으로만 걸을 수 있는 길입니다. 우리들의 지난 날, 사람 낚는 어부로서 우리가 풍랑 앞에서 지금껏 실패하는 삶을 살아왔다 할지라도, 좌절과 낙심의 바닷가에 다시 찾아와서 새로운 비전을 주시는 주님의 무한한 긍휼과 자비 앞에서 우리 모두가 좀더 가능성 있는 신앙의 나무가 되기를 바랍니다. 이 어두운 세상을 사는 동안, 주님께서 주신 이 거룩한 비전을 성취시키기 위해서 주님과 함께 일어서서 이 풍랑을 헤치고 사람 낚는 어부의 길을 믿음으로 끝까지 갈 수 있기를 바랍니다. 풍랑을 잠재우는 주님의 뒤를 따라 마침내 하늘 영광의 나라, 그 안식의 항구에 도달할 때까지, 이 고난 찬 길을 끝까지 걸어야 할 것입니다.

사랑하는 동역자 여러분!

"그리스도인이십니까?"

"주님을 사랑하십니까?"

그렇다면 주님의 어린 양떼를 돌보고 그 어린양들을 지키고 그 어린
양들을 사랑하고 섬기는 일에 우리 모두의 목숨을 기꺼이 바칩시다. 그
고난 찬 길을 믿음으로 걷되 십자가를 지고 죽기까지 충성하는 제자들에
게 장차 부활의 영광이 주어 질 것입니다. 우리가 이 고난의 길을 걸을
때 주님은 우리를 버려 두지 않고 우리와 함께 걸으시면서 우리 앞에 있
는 모든 풍랑을 잠재우고 우리를 격려하고 위로하시면서 영원토록 우리
와 함께 가실 것입니다(마 28:18~20). 그러므로 풍랑이 이는 그 순간이
야말로, 주님의 함께 하심과 도우심과 위로를 우리가 삶 깊이 체험할 수
있는 참으로 소중한 기회가 된다는 사실을 기억하고, 풍랑이 드셀수록
오히려 더 담대하게 주님을 사랑하는 모습을 남은 생애에 끝까지 보이는
우리 모두가 되기를 간절히 바랍니다.

"일어나라! 함께 가자!"

지금 이 순간, 복음의 일꾼을 애타게 부르시는 주님의 이 음성이 들리
지 않으십니까?

"그리스도인입니까?"

그렇다면, 주님의 이 감격스런 부름에 과연 어떻게 응답하시겠습니
까?

기도하기 전에 한 번 더 생각해 봅시다.

① 〈기독교 승리주의〉는 다른 것이 아닙니다. 그것은, '길'에 대한 오해입니다. 주님이 가셨던 길, 주님의 길을 예비하는 사람으로 왔던 세례 요한이 걸었던 길, 주님을 따라서 우리가 나선 이 길, 그리고 많은 사람들 앞에 "당신들도 이 길을 걸어야 된다"고 우리가 제시해야될 그 복된 길…… '그리스도인'으로서 자기 존재(Being)에 대한 고백이 분명하십니까? '그러면 이제 어떻게 살아가야 되는가'(Doing)를 하나님 앞에서 진지하게 고민하고 결단하십시오.

② 주님이 제시하신 비전(vision)을 따라 가는 길에 무서운 풍랑이 일어날 수 있습니다. 주님의 말씀을 순종하여 나선 길에 어려움과 고난이 언제든 다가올 수 있습니다. 혹시, 이와 같은 삶(신앙)의 풍랑 앞에서 신앙이 뿌리째 흔들려버리는 '기독교 승리주의자'의 길을 걷고 있지는 않으십니까?

③ 거센 풍랑 앞에서, 주님을 원망하지는 않았습니까? 풍랑 앞에서, 풍랑 속에서 늘 우리와 함께 하시는 능력의 주님께 조용히 기도하며 그 풍랑을 오히려 감사하는 성숙한 믿음이 있습니까?(막 4:38~39) 풍랑에도 불구하고 하늘의 평화를 늘 맛보는 삶을 살 수 있는 믿음을 달라고 주님께 간구하십시오.

④ 주님의 부름을 받아 주님의 뒤를 따르는 길에도 고난의 역풍이 불어올 수 있습니다. 주님께서 우리를 버려 두지 아니하시고 그 고통의 순간을 내내 '지켜보고 계신다'는 확신이 있습니까?(막 6:45~52)

⑤ 그리스도인들(신앙공동체)의 삶이 평안할 때, 우리의 삶에 별 문제가

없다고 생각될 때, 우리가 생각했던 대로 세상일이 잘 풀려간다고 생각되는 바로 그 때, 정말 조심해야 될 것이 다름 아닌 '진리의 표준' 입니다. 삶이 순조로울 때, '바리새인의 누룩' 과 '헤롯의 누룩' 을 조심해야 합니다. 종말의 교회(그리스도인들)에게 건전한 말씀과 건전한 교리가 무엇보다도 중요하다는 사실을 기억하며 말씀으로 비진리의 누룩을 제거하는 삶을 살아갑시다. 여러분들을 말씀으로 섬기며 동역하시는 목회자들을 위해 기도해 주십시오.

⑥ 비진리와 환란의 풍랑 속에서 제자들이 신앙의 항해를 원만하게 성공적으로 하기 위해서는 무엇보다도 먼저, 볼 것을 바로 보고, 들을 것을 바로 듣고, 깨달을 것을 바르게 깨닫고, 기억할 것을 항시 기억하고 있어야만 합니다. 혹시 보고 듣고 만지고 먹는 외적인 문제 때문에, 우리가 정말 보아야 할 것을 보지 못하고 들어야 할 것을 듣지 못하고 있지는 않습니까?

⑦ '바리새인의 누룩' 은 거짓 경건과 외식을 상징합니다. 또한 바리새인의 누룩은 이적 신앙을 상징하기도 합니다. 바리새인들의 이적 신앙과 경건과 외식은 불신앙입니다. 그러므로, 신앙의 겉모양은 멋져 보이는데 사실은 참 신앙의 알맹이는 없는 이중적인 모습을 조심해야 합니다. 한편 '헤롯의 누룩' 은 정치적인 야망, 세속주의, 기회주의, 이 땅의 안락한 삶 위해서 영원을 포기하는 세속적인 삶의 방식을 상징합니다. 혹시, 우리 안에 바리새인의 누룩과 헤롯의 누룩이 퍼져 있지 않습니까? 지체하지 말고 속히 제거하십시오. 그 누룩은 십자가와 부활의 복음으로만 제거할 수 있습니다. 십자가와 부활의 바른 복음을 분별하는 영적인 안목을 열어달라고 주님께 기도하십시오(막 8:15).

⑧ "일어나라! 함께 가자!"(막 14:42) 이 시대 예수 제자들을 향한 우리 주님의 마지막 호소입니다. 그러나 이 부름을 굳이 외면한 채, 예수님

이 잡히시던 날 밤의 제자들처럼, 끊임없이 '넓은 길' 만을 찾으며 요령껏 자기 십자가를 피해서 도망치는 모습이 나에게는 없는지 진지하게 돌아보고 회개하며 결단하십시오.

⑨ 십자가에 달려 돌아가신 예수를 향하여 섰던 백부장이 주님의 운명하심을 보고 가로되, "이 사람은 진실로 하나님의 아들이었도다"(막 15:39)고 고백합니다. 예수님처럼 그리스도인들도, 죽어서 진실을 말하고 하나님의 아들임을 증명할 수 있습니다. 믿음으로 기꺼이 우리 자신을 죽이고 손해보고 희생할 때 복음의 영광과 하나님의 자녀 됨을 드러낼 수 있습니다. 나 혼자만 살아남으려는 자세로 신앙 생활하는 탓에 하나님의 아들 됨을 나타내지 못하고 살아가지는 않습니까? 내가 죽어서 형제 자매를 살리고 복음의 영광을 드러내고자 하는 것이 십자가 정신입니다. 이 십자가 정신으로 무장한 개인과 공동체가 될 수 있게 해 달라고 기도합시다.

⑩ 주님을 향한 나의 사랑은 어떠합니까? 자기 위안이 담긴 상대적인 사랑입니까, 아니면 오직 우리 주님만을 향한 절대적인 사랑입니까? 주님을 향한 절대적인 사랑으로, 사람 낚는 어부의 삶을 성실히 살고, 주님의 양무리를 섬길 수 있게 해 달라고 기도합시다(요 21:15~17).

⑪ 그리스도인이십니까? 주님을 사랑하십니까? 그렇다면 우리도 사람 낚는 일과 주님의 양무리를 사랑하고 섬기는 일에 우리 모두의 목숨을 바쳐야 합니다. 그 길 끝에 부활의 영광이 있기 때문입니다. 하지만 우리 힘으로는, 십자가의 길을 단 한 걸음도 걸을 수 없습니다. 그 길은 오직 믿음으로만 걸을 수 있습니다. 주 예수 그리스도에 대한 믿음을 가지십시오. 지금껏 사람 낚는 어부로서 풍랑 앞에서 실패한 삶을 살았을지라도 우리는 주님이 함께 하실 때 가능성 있는 나무인 것을 기억하십시오. 주님으로부터 은혜로 받은 '그리스도인' 이라는 거

록한 신분(being)이 우리의 거룩한 행실(doing)을 가능케 하는 것임을 잊지 마십시오. 삶이 다하는 마지막 순간까지 이 흑암의 세상에서 주께서 주신 비전을 성취시키기 위해 내 몫의 십자가를 지고 주님의 뒤를 따라 고난의 길을 끝까지 걸을 힘을 달라고 주 예수님께 엎드려 간구하십시오.

"오직 하나님 홀로 영광 받으소서 (soli Deo gloria!)"

무슨 까닭인지, 돌담을 볼 때마다 숨이 막힐 정도로 가슴이 벅차 오릅니다.
작은 돌, 큰 돌이 어쩌면 그렇게도 어엿이 어우러져
이토록 아름답고 든든한 돌담이 되는지……
작은 돌 자리에 작은 돌이, 큰 돌 자리에 큰 돌이 놓여 옹골차게 이룬 한 몸.
작은 돌을 큰 돌이 떠 안고, 큰 돌을 작은 돌이 괴어 주며,
한 번 놓인 자리에 천 년을 말없이 버텨 줌으로, 돌담은,
비바람 눈보라 천 년의 세월을 말없이 이깁니다.
그러기에 전주열린문교회 공동체는 '돌담'입니다. 이 돌담 곁을 지나며,
돌담 너머의 아늑하고 영원한 평화와 사랑을 사모하는 모든 이의 가슴에,
하늘영광의 감동과 감격을 안겨줄, 천만 년을 지탱할
우리 하나님 아버지의 튼실한 돌담입니다.

"평안의 매는 줄로 성령의 하나 되게 하신 것을 힘써 지키라."(엡 4:3)

사진 / 글 : 이광우 목사 · 시인 · 수필가